X.media.press

Springer-Verlag Berlin Heidelberg GmbH

Ulrike Häßler

Cascading Stylesheets
Stil mit <stil>

Mit

Springer

Ulrike Häßler
Media Engineering
Augustinusstr. 11e
50226 Frechen-Königsdorf
u.haessler@ivent.de

ISSN 1439-3107

Additional material to this book can be downloaded from http://extras.springer.com.
ISBN 978-3-642-62404-9   ISBN 978-3-642-19010-0 (eBook)
DOI 10.1007/978-3-642-19010-0

Bibliografische Information Der Deutschen Bibliothek
Die Deutsche Bibliothek verzeichnet diese Publikation in der Deutschen Nationalbibliografie;
detaillierte bibliografische Daten sind im Internet über <http://dnb.ddb.de> abrufbar.

Dieses Werk ist urheberrechtlich geschützt. Die dadurch begründeten Rechte, insbesondere die der Übersetzung, des Nachdrucks, des Vortrags, der Entnahme von Abbildungen und Tabellen, der Funksendung, der Mikroverfilmung oder der Vervielfältigung auf anderen Wegen und der Speicherung in Datenverarbeitungsanlagen, bleiben, auch bei nur auszugsweiser Verwertung, vorbehalten. Eine Vervielfältigung dieses Werkes oder von Teilen dieses Werkes ist auch im Einzelfall nur in den Grenzen der gesetzlichen Bestimmungen des Urheberrechtsgesetzes der Bundesrepublik Deutschland vom 9. September 1965 in der jeweils geltenden Fassung zulässig. Sie ist grundsätzlich vergütungspflichtig. Zuwiderhandlungen unterliegen den Strafbestimmungen des Urheberrechtsgesetzes.

Der Springer-Verlag ist nicht Urheber der Daten und Programme. Weder der Springer-Verlag noch der Autor übernehmen Haftung für die CD-ROM und das Buch, einschließlich ihrer Qualität, Handels- oder Anwendungseignung. In keinem Fall übernehmen der Springer-Verlag oder der Autor Haftung für direkte, indirekte, zufällige oder Folgeschäden, die sich aus der Nutzung der CD-ROM oder des Buches ergeben.

http://www.springer.de

© Springer-Verlag Berlin Heidelberg 2003
Ursprünglich erschienen bei Springer-Verlag Berlin Heidelberg New York 2003
Softcover reprint of the hardcover 1st edition 2003
Die Wiedergabe von Gebrauchsnamen, Handelsnamen, Warenbezeichnungen usw. in diesem Werk berechtigt auch ohne besondere Kennzeichnung nicht zu der Annahme, dass solche Namen im Sinne der Warenzeichen- und Markenschutzgesetzgebung als frei zu betrachten wären und daher von jedermann benutzt werden dürften.

Umschlaggestaltung: KünkelLopka, Heidelberg
Texterfassung und Layout durch die Autorin
Datenaufbereitung: Rotabene Medienhaus, Rothenburg o. d. T.

Gedruckt auf säurefreiem Papier   33/3142 ud   543210

Mein besonderer Dank gilt Ursula Zimpfer, die sich als Lektorin mit unglaublicher Sachkompetenz durch das Thema arbeitete und Ulrike Drechsler, die als Herstellerin im Springer-Verlag alles so professionell in ein „handfestes" Buch umsetzte.

Inhaltsverzeichnis

Einleitung		9
Kapitel 1 Wie sich das Web selber ausbremste		**14**
1.1	Es werde Nacht	15
1.2	Stillstand	17
1.3	Minenfelder	20
1.4	Der Tag, an dem der Browser starb	22
Kapitel 2 Der Bildschirm ist keine Seite		**26**
2.1	Der kleine große Unbekannte: Der Monitor	27
2.2	Layouttechniken	29
2.3	Darstellung und Konsistenz	35
2.4	Aus dem Fenster geworfen: Frames	37
2.5	Layouttabellen: Ein Segen und eine Seuche	41
2.6	Layout mit Cascading Stylesheets	45
Kapitel 3 Grundlegende Techniken		**50**
3.1	Stilvorlagen für die Auto-Formatierung	51
3.2	Wenn das Stylesheet zweimal klingelt	53
3.3	Eigenschaften sind für alle da	56
3.4	Die Syntax der Stile	59
3.5	Interne und externe Stylesheets	63
3.6	Geburtsrecht und Erbe: Inhärenz	68
3.7	Nah schlägt fern: Cascading	71
3.8	Abkürzungen und Kommentare	73
Kapitel 4 Alle Stylesheet-Eigenschaften		**76**
4.1	Die Cascading-Stylesheets-Spezifikation	77
4.2	Schriftgestaltung: font	82
4.3	Stile für die Textgestaltung	92
4.4	Aufzählungen und Listensymbole: lists and markers	101

4.5	Vordergrundfarbe und Hintergrund: color and background	105
4.6	padding, margin, border	110
4.7	Visuelle Formatierung	120
4.8	table: Stile für Tabellen	142
4.9	Stile für die visuelle Gestaltung der Benutzeroberfläche	146
4.10	Eigenschaften für dynamisch generierte Inhalte	150
4.11	Aural – Eigenschaften für die Sprachausgabe	155
4.12	Paged Media – Stile für den Druck	164

Kapitel 5 Das Fischen nach Elementen – Selektoren 169

5.1	Verschiedene Arten von Selektoren	170
5.2	Universalselektor und HTML-Elementselektoren	172
5.3	Klassenselektoren	174
5.4	ID-Selektoren	177
5.5	Absteigende Selektoren – Kontextselektoren	179
5.6	Pseudoklassen	181
5.7	Pseudoelemente	184
5.8	Attributselektoren (neu in CSS2)	187

Kapitel 6 Bis zum letzten Tag: Beispiele 189

6.1	Beispiel 1: Stile für Schriftgestaltung	190
6.2	Beispiel 2: Eigenschaften »ausschalten«	193
6.3	Beispiel 3: Ein einfaches CSS-Layout	199
6.4	Beispiel 4: Einfach nur Stylesheets I	202
6.5	Beispiel 5: Einfach nur Stylesheets II	212
6.6	Beispiel 6: Wie gedruckt – das Stylesheet für den Drucker	215

Kapitel 7 HTML is a Box in a Box 221

7.1	Die wahrscheinlich kleinste Programmiersprache der Welt	222
7.2	HTML-Attribute	227
7.3	Kleinlich: Wie schreibt man ein Tag?	230
7.4	Kopfstände: Das !Doctype-Tag	232
7.5	Container für alles: <div>- und <span>-Tag	234
7.6	Geben Sie hier Ihren Namen ein ... Formulare, Formulare	240
7.7	Vom Leben in der Zelle: Die Tabelle	256
7.8	Der kleine Bruder des Framesets: iframes	272
7.9	Wenn das Stylesheet nicht funktioniert	276

Kapitel 8 Schrift, Grafik und Farbe 287

8.1 Schriften für den Monitor 288
8.2 Ladbare Schriften 293
8.3 Schrift als Grafik: GIF und Flash 295
8.4 Maßangaben 298
8.5 Farben 302

Glossar 305

Technische Begriffe 306
Kleines Typo-ABC und -Wörterbuch für Screen und Web 310

Anhang 315

Sonderzeichen in HTML 4.01 und Farbnamen 316
Ressourcen im Internet 328
Literatur 333
Index 334

Einleitung

Im Vergleich zu Satzprogrammen wie QuarkXPress und PageMaker scheinen die Werkzeuge für Webseiten aus der digitalen Steinzeit zu stammen – HTML, die Seitenbeschreibungssprache des Web, wird in Code gemeißelt, Stylesheets sind ein Mysterium, Browser ein Alptraum. Typografie und Layout unterliegen – so scheint es – unendlich vielen Einschränkungen und werden zusätzlich von den Unzulänglichkeiten der Browser unterminiert.

Dabei hat sich das W3C, das Konsortium, das die Empfehlungen für HTML ausspricht, schon 1996 und 1998 der Präsentation von Dokumenten angenommen und mit Cascading Stylesheets Version 1 und 2 die Mittel geschaffen, das Erscheinungsbild einer Webseite ebenso professionell umzusetzen wie mit Stilvorlagen in einem Satzprogramm. Aber Cascading Stylesheets setzen sich nur zögerlich durch.

Wer aus dem Printdesign kommt, erleidet bei den ersten Gehversuchen im Word Wide Web einen Schock. Nichts ist so, wie es scheint, nichts bleibt dort stehen, wohin man es setzte.

Good Old Times

Fehlerhafte Browser haben die Umsetzung der beiden Empfehlungen bis heute ausgebremst. »Besucher mit älteren Browsern dürfen nicht durch moderne Technologien benachteiligt werden«, lautete der Grundsatz des W3C. Und der Wunsch des Designers und seiner Kunden, Webseiten für jeden Besucher in gleicher Funktionalität und gleicher Darstellung zu liefern, beschränkt den Einsatz von Stylesheets auf die Technik vor 1996.

Mit Netscape 6, Internet Explorer 5 auf dem Mac, Internet Explorer 6 auf dem PC und Opera 5 steht jetzt eine neue Browsergeneration zur Verfügung und löst die Bremse. Gleichzeitig ruft die Webstandards-Organisation dazu auf, alte und fehlerhafte Browser nur noch funktionell zu unterstützen. Die Türen sind geöffnet.

```
From:    Diego Martin Lafuente
  <dlafuente@1...>
Date:    Mon Jun 18, 2001   9:58 am
Subject: Someone here hates the web?

've in the field more than 5 years... i was
  a print designer... and i still hate the
  web...
this doesn't make reference that i'm a
  looser on this... i've done nice projects
  but i really hate it... print design or
  another topics related made
me more happier than internet...do you?
--
Diego Martin Lafuente / dlafuente@1...
Visitanos en Livra.com
```

Effizienz statt Tricks und Hacks

»State of the Art« steht hier im Vordergrund – neue Techniken, die uns durch eine neue Browsergeneration nun zur Verfügung stehen – und weniger all die Tricks, mit denen wir Browser in der guten alten Zeit überlisten mussten. Die Tricks der Hardcore-Hacker werden überflüssig: »Moderne« Browser ab Version 5 stellen Seiten mit CSS1 und CSS2 überraschend konsistent dar. Die Zeit wird reif für neue Tricks: Jetzt geht es nicht mehr um das Überlisten, sondern um Gestaltung, effiziente Pflege und Arbeitstechniken.

Das Buch wendet sich an Designer und Grafiker, die bereits Seiten entworfen und codiert oder mit einem HTML-Editor wie Macromedia Dreamweaver oder Adobe GoLive umfangreiche Sites aufgebaut haben. Es wird ergänzt durch Beispiele, praktische Hinweise und Techniken für die Gestaltung und einfache Pflege komplexer Sites mit Stylesheets. Hier steht Praktikabilität, keine theoretische Beschreibung im Vordergrund. In diesem Sinne beschäftigt sich das Buch mit den Einsatzmöglichkeiten von Stylesheets für Webdesign, Druck und alternative Ausgabetechniken:

- Traditionelle Elemente für das Layout von Webseiten wie Layouttabellen und Frames
- Strukturbildende Elemente für HTML-Dokumente
- Definition und Umfang von Stylesheets für Layout, Schrift- und Textgestaltung, Druck und Sprachausgabe
- Anlegen von Stylesheets mit Macromedia Dreamweaver
- Typografie für den Bildschirm
- Einsatz von ladbaren Schriften und Grafikschriften

Plattformen

Schnell fällt auf, dass die meisten Screenshots mit Internet Explorer 5 auf dem Mac entstanden sind: Sie wurden mit Internet Explorer 5.1 auf dem Mac erzeugt. Internet Explorer 5 ist der erste Browser, der CSS1 laut World Wide Web Consortium zu mehr als 99% und den größten Teil von CSS2 unterstützt. Nur so war es mir möglich, neue Techniken zu testen, die erst jetzt in den Browsern der Version 6 implementiert sind. Wo Abweichungen in der Darstellung eklatant sind, werden Screenshots aus Netscape, Internet Explorer und Opera auf dem PC zum Vergleich herangezogen.

Alle Verfahren sind auch auf dem PC getestet. Internet Explorer 5 und 6, Netscape 6/7 und (eingeschränkt) Opera 5+ sind die Referenzbrowser für dieses Buch. In den Beispielen wird Wert darauf gelegt, dass Netscape 4 dem Benutzer »funktionierende« Seiten bietet, ohne moderne Browser in ihrer Funktionalität einzuschränken.

Der feste Punkt im Universum: Satzprogramme

Um das Verständnis zu erleichtern und die Ideen anhand bekannter Techniken zu erklären, vergleicht das Buch die Struktur von HTML-Dokumenten und Cascading Stylesheets immer wieder mit Satzprogrammen wie QuarkXPress und Adobe InDesign und Textverarbeitungsprogrammen wie Microsoft Word.

Wer sich bereits professionell mit dem Printdesign beschäftigt hat, wird überrascht sein – das Potential von Cascading Stylesheets steht dem der Satzprogramme nicht mehr nach. Da Stylesheets aus Rücksicht auf fehlerhafte Browser bislang kaum ausgeschöpft werden konnten, ist dieser Umstand bis heute kaum jemandem aufgefallen.

Notationen und Namensgebung

Alle Codebeispiele sind farbig hervorgehoben und in einer Nichtproportionalschrift gesetzt. Damit die Struktur in HTML-Beispielen besser hervortritt, sind die Beispiele teilweise extra breit gesetzt oder Zeilenumbrüche sorgen für eine logische Darstellung. Stylesheetnotationen in Codebeispielen geht in der Regel ein »bullet« voran:

- `body { background: white }`

HTML-Tags werden im Fließtext klein- und in spitzen Klammern geschrieben. Die Attribute der HTML-Tags sind ebenfalls durchgängig kleingeschrieben und im Fließtext farbig hervorgehoben.

Vor HTML-Codezeilen steht eine Raute, damit Stylesheetregeln und HTML-Code besser voneinander zu unterscheiden sind:

◊ `<body>`

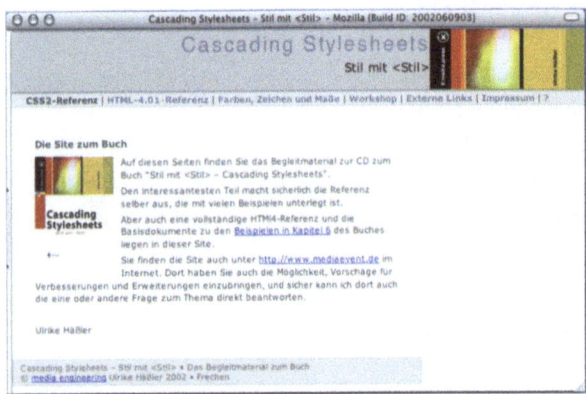

**Alle Beispiele »Online«:
Die CD zum Buch**

Ressourcen auf der mitgelieferten CD-ROM

Sobald ich anfing, die beschriebenen Eigenschaften und Tags zu testen, wurde klar, dass eine CD-ROM dazu gehört. Auf dem Papier bewegt sich nichts ...

Nach einem Doppelklick auf index.html erscheint die Übersichtsseite von Cascading Stylesheets. Unter dem Navigationspunkt »CSS2-Referenz« sind alle CSS2-Eigenschaften (die auch die Eigenschaften von CSS1 beinhalten) mit nahezu identischem Text beschrieben und fast alle sind mit einem oder mehreren Beispielen versehen. Damit kann jeder Benutzer testen, was sein Browser aus den jeweiligen Eigenschaften macht und welche Browser die Eigenschaften unterstützen.

Unter dem Navigationspunkt »HTML-4.01-Referenz« sind alle Tags aus HTML-4.01 und ihre Attribute untergebracht, die ebenfalls mit Beispielen dokumentiert sind.

Unter »Farben, Zeichen und Maße« liegt die Liste der 128 Farbnamen, die von den meisten Browsern verstanden werden (auch wenn ich noch einmal davor warne, sie tatsächlich einzusetzen). In diesem Ordner ist auch eine Liste der HTML-4.01-Sonderzeichen, anhand derer jeder Benutzer wieder testen kann, welche Sonderzeichen von welchem Browser unterstützt werden.

In der Sektion »Workshop« liegen die Beispiele aus dem Kapitel 6 und unter »Externe Links« können Sie Websites zum Thema Stylesheets direkt ansteuern.

Ein Schritt zurück
Ein Schritt vor

Kapitel 1 Wie sich das Web selber ausbremste

Auch wenn wir glauben, dass sich die Technik überschlägt, dass sich neue Technologien schnell und unaufhaltsam ausbreiten – interessanterweise steckt ausgerechnet das Webdesign in einer langjährigen Phase des Stillstands. Seit 1996 gibt es die Werkzeuge für ein ausgefeiltes Design – Cascading Stylesheets –, aber hier haben alle Beteiligten dafür gesorgt, dass die Welt des Webs auf dem Stand vor 1996 stehen bleibt: die Hersteller von Browsern, die Webdesigner und die Standardisierungsgremien.

Die einen gaben sich wenig Mühe, neue Technologien in ihre Browser zu integrieren, die anderen gaben sich viel Mühe, die Fehler der Browser zu verbergen. Die fürsorglichen Gremien schufen Standards und riefen die Designer auf, die Finger von ihren Standards zu lassen, um alte Browser nicht in Verlegenheit zu bringen.

Das war kein Browserkrieg, sondern das größte Computerspiel aller Zeiten: Tricky HTML.

1.1 Es werde Nacht

In der digitalen Steinzeit bis in die Mitte der 90er Jahre war das Internet ein Tummelplatz der Puristen – Text, nichts als Text und ein paar Hyperlinks. Schöngeister hatten hier nichts zu suchen.

Dementsprechend stellte der Autor nur beschränkte Ansprüche an das Layout und der Besucher gab sich mit einem einfachen Seitenbild zufrieden – Hauptsache waren Inhalt und Geschwindigkeit.

Offene Plattformen brauchen die solide Unterstützung der Hersteller – nur das trägt das Verfahren.

Wenn Dokumente eitel werden ...

HTML beherbergt einen besonderen Aspekt: Es gibt Absätze, Überschriften und Listen. Am Anfang seiner Karriere kümmerte sich das HTML-Dokument nicht um sein Erscheinungsbild, trug aber bereits die Struktur für die Organisation des Inhalts in sich.

Mit dem zunehmenden Erfolg des Internets und HTML stiegen die Ansprüche an die Optik ... oder war es umgekehrt? Zuerst kamen die <b>- und <i>-Tags (bold und italic), schließlich möchte jeder Autor das eine oder andere betonen und hervorheben. Das <img>-Tag, mit dem wir heute noch Bilder auf die HTML-Seite setzen, war ein Schnellschuss von Mosaic, dem Vorgänger des heutigen Netscape-Browsers.

Das <font>-Tag schließlich durchbrach massiv die goldene Regel, dass HTML nur die Struktur und den Inhalt liefert, und nicht für die Darstellung verantwortlich zeichnen solle. Die Browser übertrafen sich in der Entwicklung eigener Tags und das W3C – das Konsortium, das die Empfehlungen für HTML ausspricht – rannte hinterher und versuchte, das Chaos zu konsolidieren.

Die Empfehlungen des W3C

Cascading Stylesheets [CSS] sind eine Empfehlung des World Wide Web Consortium (W3C). CSS1 stammt von 1996 und befasste sich in erster Linie mit der Darstellung von Schrift und der Formatierung von Texten. CSS1 ließ viele interessante Elemente außen vor: Dazu gehören insbesondere das Erscheinungsbild von Tabellen und die Positionierung von Elementen.

Das World Wide Web Consortium, abgekürzt W3C, ist ein Gremium von Universitäten, Firmen wie Netscape und Microsoft und Experten aus verwandten Gebieten. Eine seiner Aufgaben ist es, »Empfehlungen« auszusprechen, die von den Entwicklern von Browsern als »Standards« anerkannt werden. Das W3C hat zwei Empfehlungen zu Stylesheets ausgesprochen: CSS1 und CSS2. Zurzeit arbeitet das W3C an CSS3.

**Ein Schritt zurück
Ein Schritt vor**

Ladbare Zeichensätze waren ausgeklammert, auch die Unterstützung weiterer Medien war in CSS1 noch nicht inbegriffen – der Monitor des Computers blieb das Hauptziel. CSS1 diente im Wesentlichen dazu, die Bedürfnisse der »Designer« unter den Entwicklern zu befriedigen und das Erscheinen weiterer Tags für die Darstellung von Schriften zu verhindern.

CSS2 wurde im Mai 98 verabschiedet. Es erweitert CSS1 um 42 Eigenschaften, so dass CSS1 eine Untermenge von CSS2 ist. Der Clou von CSS2 sind frei positionierbare HTML-Elemente. Alternative Ausgaben sind ein wichtiger Bestandteil von CSS2. In CSS3 erwarten wir den lang ersehnten Spaltensatz, vielleicht sogar einen registerhaltigen Satz und eine intensive Auseinandersetzung mit alternativen Medien.

Die große Suche

Mit Stylesheets trennen sich Inhalt und Darstellung – eine alte Idee, die schon vor HTML und dem W3C in vielen Ansätzen verfolgt wurde. Wissenschaftler und Techniker hatten schon lange den Wunsch, ihre Arbeiten in Archiven zu speichern und dabei eine effiziente Suche nach Begriffen mit einer Relevanz zu versehen.

Die Idee war, die Relevanz eines Begriffs aus der Struktur des Dokumentes zu lesen: Der Begriff, der in einer Überschrift gefunden wird, ist relevanter als ein Begriff, der im Text auftaucht. Ein Begriff, der als Definition gekennzeichnet ist, gibt dem Dokument eine höhere Relevanz als der gleiche Begriff irgendwo tief in einer Auflistung. Wie Relevanzkriterien angelegt sind, ist Sache des Archivs. Die Suchmaschinen haben diese Idee aufgegriffen.

Abgespeckt und gestrafft

Mit Stylesheets verschwinden die <font>- und <center>- und <basefont>-Tags aus dem HTML-Dokument. Stattdessen liegen die Anweisungen, wie HTML-Elemente darzustellen sind, an zentraler Stelle – vorzugsweise in einer separaten Datei –, wo jedes HTML-Dokument auf sie zugreifen kann. Die reinigende Wirkung: Das Dokument wird schlank und rank, seine Struktur gestrafft, Konsistenz zieht ein und Pflege und Erweiterung der Seiten wird vereinfacht.

In diesem Sinne sind Cascading Stylesheets ein Schritt zurück und ein Schritt vor. Sie sind die Konsolidierung des Chaos, entsorgen den immensen Overhead der Darstellung und gehen einen Schritt weiter: Sie übernehmen Verantwortung für das Layout, beenden die Konzentration auf den Computermonitor, kümmern sich um Druck- und Sprachausgabe und packen am Ende die Einkaufsseite auch noch auf das Display des Palmtops.

1.2 Stillstand

Einer der großen Grundsätze, die vom W3C immer wieder ausgesprochen wurden, ist die »Aufwärts- und Abwärtskompatibiltät«: Webdesigner sollen Seiten so anlegen, dass Benutzer mit älteren Browsern nicht benachteiligt werden und die Entwickler von Browsern sollen ihre Browser so programmieren, dass sie unbekannte Elemente ignorieren.

Natürlich heißt das nicht, dass ein Browser von 1996 eine Seite, die unter Ausschöpfung der Möglichkeiten von HTML 4 und CSS2 erstellt wurde, noch korrekt darstellen kann – im Idealfall (wenn der Entwickler der Seite sehr umsichtig agiert) kann ein Browser wie Internet Explorer 3 den Inhalt der Seite anzeigen (oder zumindest Teile des Inhalts), ohne dabei abzustürzen.

Ein buddhistischer Mönch stellte diese Frage: »Wenn der Wagen sich nicht mehr bewegt, wen willst Du dann treten: die Kutsche oder das Pferd?«

Stillstand

Netscape 4.xx wurde nur wenige Tage vor der Verabschiedung von CSS1 im Jahr 1996 freigegeben und dementsprechend entwickelt, als Stylesheets noch in der Planung waren. Netscape 4.xx beherrscht nur wenige Stile aus CSS1 und die zumeist nicht korrekt. An CSS2, die Empfehlung und Erweiterung von 1998, ist mit Rücksicht auf Netscape 4.xx nicht zu denken.

Internet Explorer wurde in der gleichen Zeit konstant gepflegt. So kommt es, dass Stile, die im Internet Explorer unterstützt werden, in Netscape gar nicht oder nicht korrekt behandelt werden, so dass wir nur wenige Stile verwenden, wenn wir sichergehen wollen, dass die Seiten auch in Netscape korrekt dargestellt werden.

Ein Grundsatz fährt auf Grund

So führte der gut gemeinte Grundsatz des W3C in den letzten Jahren dazu, dass sich Webentwickler von CSS2 und selbst von CSS1 lieber fernhielten und Netscape in den Updates bis 4.78 keinen Finger rührte, um die fehlerhafte Interpretation von CSS1 zu korrigieren und zumindest eine Basis für CSS2 zu legen. Netscape 5 ist ausgefallen, Netscape 6 kam viel zu spät auf den Markt. Ausgebremst.

**Ein Schritt zurück
Ein Schritt vor**

Kapitel 1 Wie sich das Web selber ausbremste

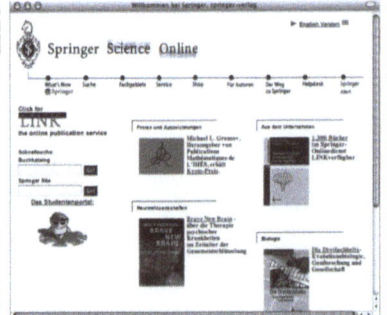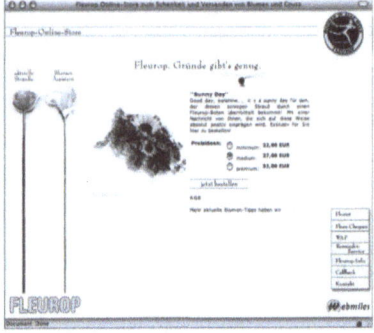

```
<TITLE>SPIEGEL
ONLINE</TITLE>
<STYLE TYPE="text/css">
<!--
A {text-decoration: none;}
a, li, font {font-family: Verdana, sans-serif;}
a:hover { Text-Decoration: underline; Color:red;}
.gesperrt {letter-spacing:1px;}
.subnav {font-weight: bold; font-size: 11px;}
table.spon {font-family: Verdana, sans-serif;
font-size: 133%;}
table.spon td {font-family: Verdana, sans-
serif; font-size: 75%;}
-->
</STYLE>
```

```
<LINK REL=STYLESHEET HREF="fleurop.css"
TYPE="text/css">
```

```
#menuauthor {
;
        Position : Absolute
        Left : 460px ;
        Top : 170px ;
        Width : 200px ;
        Visibility : Hidden
;
        Z-Index : 1;
        }
```

Stylesheets beim Focus, beim Springer-Verlag und bei Fleurop: Sie dienen fast ausschließlich der Schriftenformatierung. Allenfalls die Seiten des Springer-Verlages vertrauen beim Layout auf Stylesheets.

Zeit für Experimente

Mit dem Stillstand der Entwicklung rund um die Standards begann die große Zeit der Experimente. Das mit Abstand gelungenste Experiment war Macromedia Flash. Neben den visuellen Möglichkeiten von Flash, die alle anderen Techniken – insbesondere das eckige und beschränkte HTML – ausstachen, hat die Flashseite einen nicht zu überbietenden Vorteil: Sie sieht immer gleich aus. Egal ob Netscape oder Internet Explorer, Mac oder PC – die Seite hält in jedem Browser mit Flash-Plug-in, was sie auf dem Monitor des Entwicklers verspricht.

Stylesheets von Focus bis zum Springer-Verlag

Keine der großen kommerziellen Sites lässt sich noch ohne Stylesheet blicken: Die Spannbreite reicht vom vorsichtigen eingebetteten Stylesheet beim Spiegel über ein eingebettetes Stylesheet von wahrhaft epischer Länge beim Springer-Verlag, einem professionellen Stylesheet bei Fleurop bis hin zum ausgelagerten Stylesheet beim Computermagazin Page.

Aber sie alle beschränken sich auf die »ungefährlichen« Stile. Etwas font-family hier, etwas font-size da.

Da liegt also seit 1998 ein mächtiges Werkzeug für das Design von Webseiten vor – genutzt wird aber nur ein kleiner Teil davon. Ein kleiner Ausschnitt von CSS1 hat sich zwar in den großen kommerziellen Sites durchgesetzt, aber an CSS2 will sich kein Designer die Finger verbrennen. Nicht etwa, dass es ältere Browser »ausknipsen« würde – die überlesen die Stylesheets einer HTML-Seite –, aber die mittelalterlichen Browser machen uns durch ihren fehlerhaften Umgang mit Stylesheets das Leben schwer.

Tricky HTML – das größte Computerspiel aller Zeiten

Bis in die jüngste Zeit konstruieren wir also Webseiten nicht anders als 1996, in den Zeiten vor CSS1. Wir haben JavaScript und browserspezifische Tags ausgegraben, unzählige Tricks und Umleitungen erfunden oder in Newsgroups entdeckt, die uns halfen, die Unzulänglichkeiten und Differenzen zwischen den Browsern irgendwie auszugleichen.

Wir haben das Seitenlayout mit Tabellen und 1 Pixel großen GIF-Bildern perfektioniert, die uns vor den kollabierenden Tabellen in Netscape bewahren.

Internet Explorer 4 kommt bei Rahmen durcheinander? Wir packen eine schwarze Tabelle um eine weiße Tabelle und basteln uns einen Rahmen. Unzählige Webentwickler haben die Probleme der Browser gelöst und sich selber immer neue dabei geschaffen.

Ein Markt von WYSIWYG-Editoren mit Programmen wie Macromedia Dreamweaver, Adobe GoLive und Microsoft FrontPage blühte auf und trug ebenfalls dazu bei, die Schwächen der Browser vor einer ganzen Generation von Webentwicklern zu verbergen. Tricksen und Hacken, Vertuschen und Verstecken war die Basis für das Webdesign eines halben Jahrzehnts.

**Ein Schritt zurück
Ein Schritt vor**

1.3 Minenfelder

**Schon mit der ersten Seite, die ein Entwickler ins Netz stellt, lernt er den entscheidenden Charakterzug kennen, den alle Browser gemein haben:
Sie sind Individualisten.
Der eine Browser interpretiert eine bestimmte Menge an Anweisungen und Regeln fehlerfrei (vielleicht), der nächste Browser eine andere Menge (unter Umständen).**

Auch wenn ein paar wenige Browser die Herzen oder zumindest die Startleiste des Rechners der Benutzer fast vollständig erobert haben: Es gibt unendlich viele Browser. Diese unendlich vielen Browser kommen in unglaublich kurzen Abständen in immer neuen Versionen auf den Markt. Die wirkliche Katastrophe in den Augen der Webseitenentwickler aber ist die Tatsache, dass alte Browser nicht aussterben.

Internet Explorer 3.0 war der erste kommerzielle Browser, der sich an Stylesheets versuchte – »versuchte«, denn zum Zeitpunkt des Erscheinens waren die CSS1-Empfehlung noch nicht verabschiedet. IE3 unterstützt zwar die meisten CSS1-Eigenschaften, ist aber mit ein paar dicken Fehlern gespickt.

Wer jetzt denkt, dass Internet Explorer 4 und Netscape 4, die erst später erschienen, Stylesheets in der Version CSS1 sauber und vollständig implementiert hätten, liegt daneben. Es sieht eher so aus, als hätten sich Microsoft und Netscape zwei vollkommen unterschiedlichen Konsortien angeschlossen und manchmal kommt sogar der Eindruck auf, sie hätten sich abgesprochen, nicht die gleichen Stile zu unterstützen. Du willst einen Texteinzug? Gut, dann nehme ich den festen Hintergrund.

Minesweeper

Wer seine Seiten mit den Versionen 4 der beiden großen Browser testet, macht einen Spaziergang durch ein Minenfeld. Was im einen Browser funktioniert, führt im anderen bestenfalls nicht zum Absturz.

Eine Site mit allen Browserversionen zu testen ist aussichtslos. Aber welches sind nun die wichtigsten Browser? Die aktuellen Versionen von Internet Explorer und Netscape? Die aktuellen Versionen und die Vorgänger? Muss der Designer exotischen Browsern eine Chance geben?

Tests in verschiedenen Browsern kosten Zeit und ... Geld. Für die Tests mit Internet Explorer braucht der Entwickler ein gutes halbes Dutzend Rechner: Einen für Internet Explorer 4, einen für Internet Explorer 4.5, einen für IE5, einen für IE5.5, einen für IE6, da keine zwei

Versionen von Internet Explorer auf einem PC gleichzeitig installiert sein können. Wer seine Seiten auch noch auf dem Mac testen möchte, kommt zwar mit einem Mac für alle Versionen für Internet Explorer aus, muss aber Sorge trage, dass die Versionen in umgekehrter Reihenfolge installiert werden: Zuerst die Version 5, dann erst Version 4.5 und Version 4.0. Netscape kann in sämtlichen Versionen auf einen Rechner installiert werden.

Auch für dieses Buch musste eine Entscheidung getroffen werden – wenn ich hier von »modernen« Browsern schreibe, spreche ich von Internet Explorer ab Version 5, Netscape ab Version 6 und Opera ab Version 5. In diesen Versionen unterstützen die genannten Browser CSS1 und CSS2 in hinreichendem Ausmaß und ignorieren Stile, die nicht unterstützt werden, ohne den Browser in Abgründe zu reißen. Sie bieten solides CSS, HTML und JavaScript/ECMAScript.

Wir wollen HTML und CSS, keine »Blind-GIFs« und getürkten Stylesheets

Auch wenn Entwickler den Grundgedanken, älteren Browsern den Zugang nicht zu versperren, akzeptieren, dürfen wir andererseits die Weiterentwicklung intuitiver Benutzeroberflächen nicht durch fehlerhafte und veraltete Versionen ausbremsen lassen. Wir begrüßen Besucher nicht mit dem ungnädigen »Diese Seiten sind für Browser XX und YY optimiert«, dürfen aber auf der anderen Seite die Kosten für eine gute Gestaltung nicht in die Höhe treiben.

Stylesheets bieten uns einen guten Ausweg aus dem Dilemma: Wir versuchen, den Inhalt unserer Seiten so weit zu »linearisieren«, dass Browser, die Stylesheets nicht unterstützen, den Inhalt vernünftig darstellen können und dem Benutzer die volle Funktionalität zur Verfügung stellen.

Netscape 4 können wir durch ein zweites Stylesheet »austricksen«. Aber so lange wir tricksen, stecken wir den Kopf in den Sand. Wir haben lange genug mit Tabellen, blinden GIFs, JavaScript und viel Verzicht die Wahrheit unter den Teppich gekehrt. Es mag nicht besonders charmant sein, einem Besucher zu erzählen, dass sein Browser ... ist, aber wenn ein Browser nicht funktioniert, sollten wir es den Benutzern dieses Browsers auch vor Augen führen.

Zum Trost ändern wir die harsche Kritik »Diese Seiten sind für XXX optimiert« in »Diese Seiten könnten eleganter aussehen, wenn Sie einen modernen Browser benutzen, bieten Ihnen aber die volle Funktionalität«. Auch wenn die Wahrheit schmerzt und gegen den Strom einer lautstarken Minderheit anschwimmt – dieser Browser hat sich selber ausgeschaltet.

**Ein Schritt zurück
Ein Schritt vor**

Aufstieg, Blütezeit und Abstieg: Netscape hat ohne Zweifel einen großen Beitrag zum Erfolg des WWW geleistet und trotzdem gleichzeitig die Weiterentwicklung des Webs ausgebremst.
1994 brachte Netscape Leben ins Netz.
1996, als Stylesheets kamen, trat Netscape auf die Bremse.

```
In fact, it has been a constant source of
delight for me over the past year to get to
continually tell hordes (literally) of people
who want to -- strap yourselves in, here it
comes -- control what their documents look
like in ways that would be trivial in TeX,
Microsoft Word, and every other common text
processing environment: "Sorry, you're
screwed."
```

Marc Andreessen, der hier sein Entsetzen ausdrückt, war einer der Programmierer von Mosaic. Er wurde zu einem Gründer von Netscape.

http://www.alistapart.com/stories/died/died6.html

1.4 Der Tag, an dem der Browser starb

Netscape 4 ist das Sorgenkind der Webgrafiker und unterstützt nur einen kleinen Kreis der CSS1-Empfehlung, und den auch nur sehr fehlerhaft mit der Tendenz zu unverhofften Abstürzen. Daran hat sich auch mit all den vielen Updates von 4 auf 4.5 auf 4.7 auf 4.78 im Laufe der letzten Jahre nichts geändert – die Version 4.7 hat den CSS1-Support nicht wesentlich ausgeweitet, sie führt lediglich nicht mehr so schnell zu Abstürzen.

Dabei hat Netscape in einer rasanten Talfahrt seine Anhänger in die Arme von Internet Explorer, Opera und Mozilla getrieben. Von einem überwältigenden Marktanteil ist Netscape auf etwa 5% bis 15% abgerutscht, je nachdem, auf welche Benutzergruppen die Statistik abzielt. Dieser Marktanteil ist aber noch hoch genug, um die Nutzung von Stylesheets auszubremsen, denn schließlich und endlich müssen Entwickler von Websites immer noch dafür sorgen, dass ihre Seiten in Netscape 4 darstellbar und funktionstüchtig bleiben. Damit dürfen sie sich entweder die Gestaltungsmöglichkeiten von CSS2 aus dem Kopf schlagen und CSS1 maximal für die Gestaltung von Schriften benutzen oder sich mit großem Arbeitseifer und Erfindungsreichtum einen Trick nach dem anderen ausdenken.

Ab Version 6 unterstützt Netscape CSS1 vollständig, substanzielle Teile von CSS2 und alle wesentlichen Standards des Webs, inklusive XML und DOM (Document Object Model). Netscape 6/7 basiert auf der Gecko-Engine und dem Open-Source-Projekt »Mozilla«, das einen standardkonformen Browser für AIX, Linux, Win32, Mac OS, OpenVMS, HPUX und FreeBSD entwickelt.

Der Browser Mozilla wiederum beruht ursprünglich auf dem Code von Netscape 5, dem heiß ersehnten, unvollendeten und niemals in Kraft getretenen Nachfolger der

Version 4. Netscape gab seinen Code an das Mozilla-Projekt zur Weiterentwicklung frei – am Mozilla-Projekt sind auch viele Entwickler von Netscape 6 beteiligt. Mozilla.org koordiniert die Entwicklung, stellt ein Forum für Entwickler und Nutzer zur Verfügung, überwacht Releases und registriert die Fehler.

Vom Mauerblümchen zum Eckpfeiler: Internet Explorer

Der Spätzünder aus dem Hause Microsoft setzte erstmals in Version 3 auf Stylesheets. Da die Version 3 aber schon freigegeben wurde, als die CSS1-Empfehlung noch nicht konsolidiert war, ist auf die Unterstützung von CSS1 wenig Verlass und Abstürze sind keine Seltenheit.

Mit Version 4 beginnen die breite Unterstützung von CSS1 und der Erfolg von Internet Explorer. Obwohl die Implementierung von CSS1 alles andere als perfekt war, wurden doch die Fehler aus Version 3 behoben und der erste Silberstreifen von CSS2 hineingepackt.

Wer sich Stylesheets verschrieben hat, kann froh darüber sein, dass mehr als 75% aller Besucher mit IE5 und höher surfen – denn IE5 bietet Cascading Stylesheets eine stabile Basis. Internet Explorer 5 für den Mac war der erste moderne Browser und unterstützt CSS1 vollständig und die wesentlichen Elemente von CSS2 problemlos, Internet Explorer 6 für den PC unterstützt den vom W3C geforderten »Kern« (core) von CSS1 sowie substanzielle Teile von CSS2 und anderen wichtigen W3C-Standards.

Vollkommen adaptiert hat also die PC-Version des Internet Explorer die Empfehlungen des W3C für CSS1 und CSS2 nicht. Wo die Unterstützung aufhört, ist Internet Explorer »tolerant« und überliest Stilregeln, die nicht implementiert sind. Diese Toleranz wird von Webdesignern und Programmierern keinesfalls begrüßt.

Nachwuchstalent: Opera

Opera 3.5 kam mit einer bemerkenswert breiten Unterstützung von CSS1 auf den Markt, insbesondere, wenn man bedenkt, dass es vor der Version 3.5 überhaupt keine CSS-Unterstützung gab. Zwar kam es hier und da zu Fehlern, die aber selten am Inhalt und der Funktionstüchtigkeit der Seiten rührten. Die Version 3.6 hat fast alle diese Fehler beseitigt.

Opera 5+ unterstützt die substanziellen Teile der Webstandards und eine breite Linie von Systemplattformen. Der leitende Entwickler von Opera 5 war einer der maßgeblichen Autoren des CSS1-Standards. Opera läuft unter Windows, Linux, Mac OS X und auch OS/2, EPOC und BeOS-Plattformen. Insbesondere läuft Opera problemlos auf älteren Rechnern – der Browser ist klein und schnell.

| Ein Schritt zurück |
| Ein Schritt vor |

Der Browser ist eine echte Mediendiva: Er versteht sich nicht nur auf die klassische Monitorwiedergabe, sondern interpretiert auch Stylesheets für Druck und Präsentation. Selbst Themen wie dynamisch generierte Inhalte, die von anderen Browsern vernachlässigt wurden, sind eingeschlossen. Aber Opera ist noch ein Exote gegenüber den beiden etablierten Flagschiffen. Der Anteil der Surfer mit Opera liegt wohl zwischen 1 bis 3%. Opera gibt es in einer kostenlosen Version mit einem Werbebanner und in einer Version für 30 $ ohne Werbung.

Für den Surfer aus Sparta: Lynx

Lange Zeit war Lynx alles, was Unix-Benutzer für den Besuch im modernen Internet, im WWW, hatten. Mit dem Einzug der grafischen Benutzeroberflächen sind zwar auch grafische Browser unter den verschiedenen Unix-Derivaten eingezogen, aber wer Unix pur genießen will, wird mit Lynx surfen.

Textorientierte Browser wie Lynx testen, wie die Seiten dort aussehen, wo Stylesheets ausgeschaltet wurden, und klären eine wichtige Frage: Sind die Seiten auch in Browsern ohne Stylesheetunterstützung »funktionsfähig« und werden die Inhalte in einer logischen Reihenfolge angezeigt?

Der Schalter für »Political Correctness«

Doctype gibt an, nach welchen Regeln das Dokument codiert ist, damit Browser auch ältere Dokumente mit älteren Datenformaten, die heute nicht mehr zum Standard gehören, korrekt darstellen können. Die Angabe »strict« weist den Browser darauf hin, dass es sich um ein Dokument handelt, in dem nur »reines« HTML verwendet wird und dessen Inhalte sauber strukturiert sind.

Damit die modernen Browser wie Internet Explorer und Netscape ab Version 6 ein standardkonformes HTML-Dokument korrekt darstellen, muss das !Doctype-Tag im Kopf des Dokuments eingestellt werden:

```
<!DOCTYPE HTML PUBLIC "-//W3C//DTD HTML 4.01//EN"
"http://www.w3.org/TR/html4/strict.dtd">
```

Nur dann funktioniert das Boxmodell, das in Internet Explorer 5 auf dem PC noch fehlerhaft implementiert war, korrekt entsprechend CSS1. Seiten ohne !Doctype verhalten sich genauso wie in älteren Versionen von Internet Explorer.

Die Verlagerung der Front im Browserkrieg

Die Webstandards-Organisation wurde zur Widerstands-Organisation. Sie treibt jetzt die BROWSER UPGRADE CAMPAIGN voran:
`http://www.webstandards.org/upgrade/pr.html).`

Nachdem wir uns also viele Jahre als Fußvolk im Krieg der Browser aufgerieben haben, rief die Webstandards-Organisation mit dem Erscheinen von Netscape 6 die »Browser Upgrade Campaign« ins Leben. Damit standen in allen »Lagern« moderne Browser zur Verfügung, die Zurückhaltung sollte ein Ende haben.

Die Kampagne empfiehlt ein Webdesign unter Beachtung der Standards anstelle der jahrelang geübten Beachtung der bekannten Browserfehler und des Verzichts auf moderne Funktionen. Die Seiten sollen für fehlerhafte Browser funktionsfähig bleiben, aber nicht länger durch aufwendige Skripte und viele Tricks die gleiche optische Anmutung liefern und Fehler verschleiern.

Wer die Seite mit einem Browser mit mangelndem CSS-Support besucht, soll auf die Seiten der Webstandards-Organisation gelenkt werden und dort die Gelegenheit haben, einen modernen Browser zu laden. Die neue Front im Browserkrieg ist eingeleitet.

> „Der erhobene Zeigefinger ist keine treibende Kraft"
>
> *http://phenomenon.org/intense/zentences*
>
> Generiert einen Sinnspruch nach dem anderen und findet immer das rechte Wort.

Idealismus, Pragmatismus und Praxis

Wer kommerziell Seiten erstellt, kennt seine Entwicklungskosten: Mehr als 50% der Entwicklungskosten dürften auf die Unterstützung mangelhafter Browser entfallen, damit die letzten 5 bis x% der potentiellen Besucher nicht von der Site ausgeschlossen werden.

Für den Betreiber einer kommerziellen Site wiederum sind die Entwicklungskosten eine einmalige Anlage, die sich durch den Zustrom auch des allerletzten Besuchers durchaus rechtfertigen mögen.

Länder, Städte und Kommunen wiederum sind ein anderes Klientel. Dort ist das Geldsäckel für Entwicklungskosten knapp und Standards sind hier eine Entscheidungshilfe. In öffentlichen Bereichen, Verwaltungen und Instituten gilt das Argument, dass eine Seite Besucher mit Behinderungen nicht ausschließen darf.

Für die Hersteller von WYSIWYG-Editoren wie Dreamweaver, Adobe GoLive und FrontPage ist die Taktik klar: Ihr großes Potential liegt in der mehr (Dreamweaver, Adobe GoLive) oder minder (FrontPage) eleganten Eliminierung der kleinen Schwächen, Tücken und Eigenarten der Browser. Einen WYSIWYG-Editor, der Standardcode erzeugt, kann jeder entwickeln. Soll niemand glauben, die Zukunft würde langweilig.

Lycos Europa kündigte als eine der ersten »großen« Sites an, ein reines CSS-Design zu implementieren, in dem Besuchern mit älteren und fehlerhaften Browsern schlichte »lineare« Inhalte bei voller Funktionalität geboten werden:

http://jscript.dk/lycos/2/

Internet ist kein Papier hinter Glas

Kapitel 2 Der Bildschirm ist keine Seite

Ob sie nun über Köngishäuser und Filmstars berichten, über die neuste Kontroverse im Bundestag oder neue Frisuren und Rezepte in den Vordergrund stellen: Zeitschriften unterliegen einem De-facto-Standard. Es gibt ein Inhaltsverzeichnis, Seitenzahlen und Rubriken. Artikel fangen auf einer neuen Seite an, Seiten werden bis unten mit Inhalt gefüllt und enden nicht mit einer halben Seite Weißraum.

Das Web hingegen bietet Freiraum für alle, den Boden für Experimente und neue Techniken. Hier kommt Bewegung ins Spiel. Für kommerzielle Sites allerdings geht diese Ära dem Ende entgegen. Das Web wird so solide wie die gedruckte Ausgabe des Spiegels. Und da sich Zeitschriften und Magazine auf etwa gleich große Formate geeinigt haben, warten Webdesigner darauf, dass alle Besucher die gleichen Monitore benutzen. Aber Internet ist kein Papier hinter Glas und der Bildschirm ist keine Seite. Hier gibt es neue Spielregeln.

2.1 Der kleine große Unbekannte: Der Monitor

Schon früh zog es die Grafiker aus dem Print ins Web. Sie versuchten, dem Internet die Charakteristika des Papiers aufzuzwängen, oder experimentierten mit den unendlichen Möglichkeiten des neuen Mediums.

Aber Internet ist kein Papier hinter Glas. Wer aus dem Printdesign kommt, wird sich von traditionellen »fixen« Ideen verabschieden müssen. Eine Seite, die für ein festgelegtes Layout auf einen großen Monitor bei einer hohen Auflösung entworfen wurde, wird auf einem kleinen Monitor bei niedriger Auflösung unkomfortabel und schwer lesbar sein. Auf einem großen Monitor wird die Seite eher bizarr und vielleicht ein wenig verloren wirken.

Noch zielen die meisten Layouts auf den Computermonitor ab. Der kann groß oder klein sein, hochauflösend oder nur eine kleine Auflösung bieten. Jeder Monitor hat eine andere Größe, jeder Benutzer kann sein Browserfenster beliebig groß und beliebig klein aufziehen und das sorgfältig ausgearbeitete Layout kippen. Der eine Besucher nutzt einen schlichten Browser ohne viele Symbole, der nächste verbraucht einen großen Teil des Platzes im Browserfenster für seine persönlichen Symbolleisten. Wir können über die Technik des Displays beim Besucher höchstens Vermutungen anstellen.

Wir werden uns daran gewöhnen, dass die meisten Surfer unsere Seiten nicht so sehen, wie wir sie uns vorstellen. Oder aber wir kämpfen für den Standardmonitor nach DIN-Norm für alle.

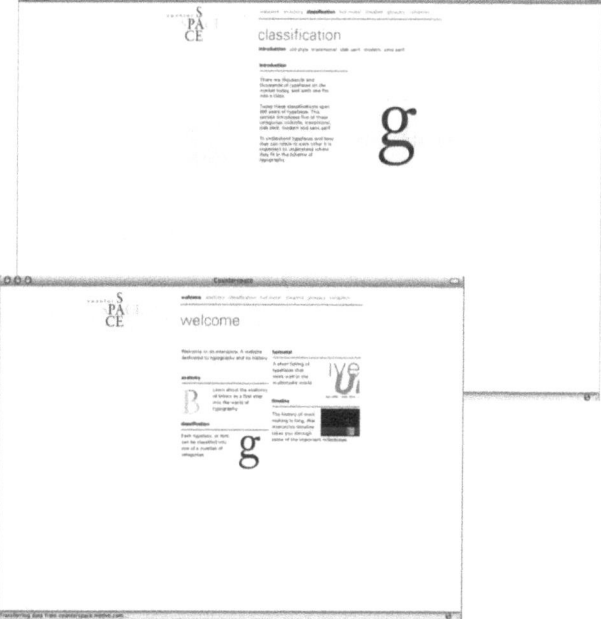

http://counterspace.motivo.com/
Eine wunderschöne Flashseite über Typografie – leider ohne einen der großen Vorteile von Flash in das Design einzubeziehen: die Skalierbarkeit.

Kapitel 2   Der Bildschirm ist keine Seite

Noch befindet sich das »Weblayout« in der Experimentierphase und noch immer fehlen verlässliche Werkzeuge, die für die Anpassung an die Größe des Monitors sorgen.

Ohne Umschweife, ohne Schnickschnack

Das schönste Design hilft nichts, wenn es keine Inhalte bietet. Nirgendwo ist ein Betrachter, Besucher oder Leser »flüchtiger« als im Internet: Wenn nicht sofort »harte« Informationen herüberkommen, klickt sich der Besucher hinfort.

Das Internet ist also der Ort, an dem man am besten mit der Tür ins Haus fällt. Texter müssen kürzere und prägnantere Texte bieten. Wir sind nicht bereit, lange Texte ohne aussagekräftige Kerninformation auf dem Monitor zu lesen, überflüssige Worthülsen wirken noch abschreckender als auf dem Papier. Wenn wir mächtiges Glück haben und der Besucher den Informationsgehalt unserer ellenlangen Seite zu schätzen weiß, wird er ihn drucken, aber keinesfalls wird er ihn auf dem Monitor lesen.

Warum ausgedruckte Seiten im Papierkorb landen

Drucken? Dazu braucht der Besucher allerdings auch Glück. Wenn er eine Seite erwischt, die auf »Frames«, der wohl beliebtesten Layouttechnik des Internets, aufbaut, ist Drucken ein Abenteuer. Und auch wenn die Seite ohne Frames aufgebaut wurde, ist das Druckbild ein Desaster. Wenn es nur die einsam und allein dastehenden Zeilen wären – aber am Seitenende werden Bilder und Grafiken skrupellos durchgeschnitten und auf der letzten Seite dürfen wir ein paar leere Zeilen bewundern. So langsam müssen wir also daran denken, wie unsere Seiten aussehen, wenn sie auf dem Papier landen.

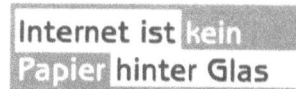

2.2 Layouttechniken

1996 war Netscape Navigator der Browser der Wahl für die überwältigende Mehrzahl der Internetbesucher. Ins Internet gingen wir mit unseren PCs und Macs. Aber das Internet hat sich weiterentwickelt.

Der Computer ist nicht das Internet

Das Internet beschränkt sich nicht mehr auf den Computermonitor. Es wandert auf die Displays von Handys und Palmtops und strahlt uns aus dem Fernseher an. Heute dominiert der Internet Explorer das Internet, aber schon surfen wir mit dem Handy oder sitzen gemütlich auf der Couch und benutzen den Fernseher oder die Spielkonsole.

Als Stylesheets 1996 offiziell vorgestellt wurden, eröffneten sie Wege zu einem raffinierten Seitendesign. Sie sollen auch dafür sorgen, dass sich eine Seite einem größeren Kreis von Lesern erschließt, egal welcher Bildschirm auf ihrem Schreibtisch steht oder wie alt das Notebook auf ihren Knien ist – vom großen 22-Zoller bis zum Display des Notebooks, vom Palmtop bis zum Fernseher.

Bis heute schlummern diese Möglichkeiten in den Tiefen der Spezifikation. Wir schauen in die Glaskugel und fragen uns, welche Auflösungen bei der Mehrheit der Surfer zu finden sind, auf welchem Bildschirm das Layout am schönsten ist und wann endlich alle Monitore eine Auflösung von 1024 x 768 Pixel bieten.

Wollt Ihr den DIN-Monitor für alle?

Mal ganz ehrlich: Welcher Designer entwirft gern ein Layout für eine Auflösung von 640 x 480 Pixel? Am liebsten wären uns 1024 x 768 Pixel oder ein bisschen mehr, aber nicht zu viel bitte, denn sonst müssten sich alle Designer selber einen neuen Monitor wünschen.

Noch sind die meisten Layouts mehr oder minder statisch. Die Genotypen, die wir heute im Internet sehen, sind das »Drei-Spalten-Design«, das die Navigation der linken Seiten durch weitere Links auf der rechten Seite vertieft, und das »Registerdesign«, bei dem am oberen Browserrand über ein oder zwei Zeilen navigiert wird.

Was wünscht sich der Designer zu Weihnachten? Dass alle Internetbesucher einen großen Monitor unter dem Weihnachtsbaum finden.

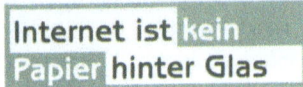

Kapitel 2   Der Bildschirm ist keine Seite

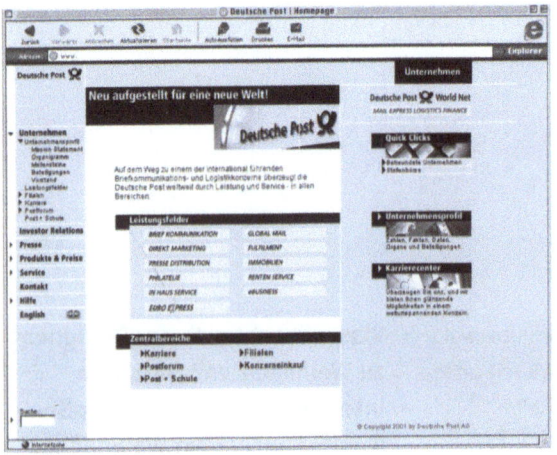

Navigationsleiste links:
www.post.de,
www.t-online.de

Die Variationen: Navigation links, Navigation oben

Benutzer, die bereits vertrauter mit dem Medium Internet sind, haben bereits das »Schachtel-« und »Registerlayout« verinnerlicht – das sind die beiden erfolgreichsten Layouts des Internets. Das Schachtellayout zeigt auf der linken Seite des Browserfensters die Navigationsleiste mit den Hyperlinks, auf der rechten Seite wechselnde Inhalte. Das Schachtellayout setzt eine Hauptnavigation in die linke Spalte und eine Nebennavigation in die rechte Spalte, wenn die Themenvielfalt zu groß erscheint.

Das Registerlayout hat sich die Register eines Karteikastens zum Vorbild genommen. Auf Seiten mit großen Mengen von Inhalten ist das Registerlayout in einer Zwickmühle: Das klare, einfache Register oben reicht nicht mehr aus, um alle Sparten zu zeigen und die Struktur der Site flach zu halten. Also beginnt unter dem oberen Register eine zweite Registerreihe.

Navigationsleiste oben:
www.apple.de, www.amazon.de

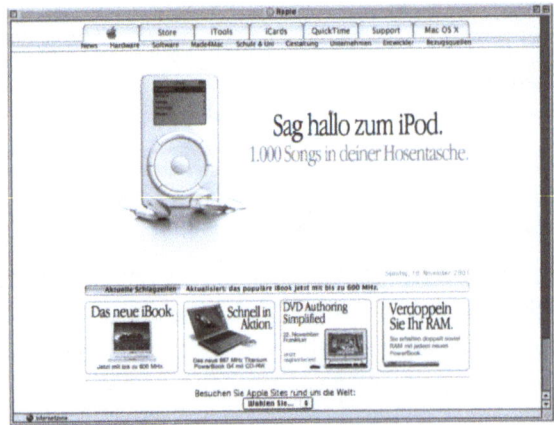
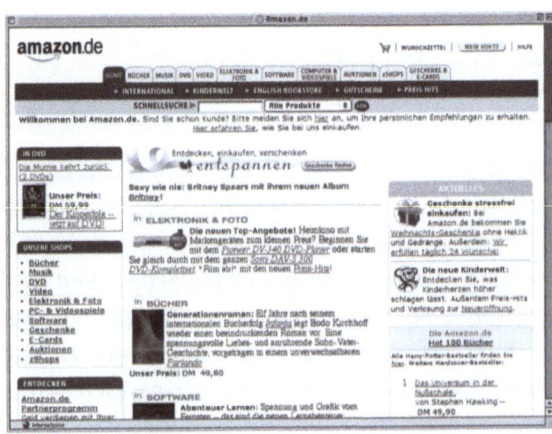

2.2 Layouttechniken

Internet ist kein
Papier hinter Glas

Feste Größe, alles in der Ecke oben links

Alle Elemente werden von der linken oberen Ecke des Browserfensters aus eingesetzt. Das Layout ist statisch und orientiert sich an der kleinsten Monitorauflösung, die sich der Designer vorstellen kann – und das ist fast immer eine Auflösung von 800 x 600 Pixel.

Vorteile: Einfach zu implementieren.

Nachteil: Wirklich kleine Monitore sehen meistens immer noch nicht die ganze Seite, auf größeren Monitoren wird Raum ohne jeden Zugewinn verschwendet. Auf großen Monitoren wirkt das Layout deplatziert.

Beispiel: www.sony.de

Bei der Frage, wie sie mit großen und kleinen Bildschirmen umgehen wollen, stehen Webseitenlayouts vor einer Spannbreite von Lösungsansätzen.

Festes Layout, das nur zu einer Monitorauflösung passt – bei anderen Auflösungen als 1024 x 768 wirkt das Design deplatziert.

Internet ist kein Papier hinter Glas

Kapitel 2   Der Bildschirm ist keine Seite

Variation: Inhalt in der Mitte
Ein Layout in einer festen Größe wird in die Mitte des Bildschirms gesetzt und leere Streifen rechts und links gleichen die Auflösungsunterschiede aus.
Vorteile: Einfach zu implementieren, die farbigen Streifen tragen zu einem einheitlichen Gestaltungsbild über die gesamte Site bei oder können unterschiedliche Sektionen farbig trennen.
Nachteile: Kein Vorteil für Benutzer mit großen Monitoren, der verfügbare Raum wird nicht genutzt.
Beispiel: www.zeit.de.

Wichtiges nach links, Nebensachen nach rechts
In Sites, die große Datenmengen unterbringen müssen und gleichzeitig so viel wie möglich im Fenster der ersten Seite zeigen wollen, wird das Layout häufig in drei Spalten realisiert. Die Elemente werden aus der oberen linken Ecke heraus aufgebaut. Auf der linken Seite ist die Navigation untergebracht, in der Mitte die Inhalte, auf der rechten Seite eine zweite, untergeordnete Navigation oder untergeordnete Inhalte – typischerweise »Aktuelles« oder im wahrsten Sinne des Wortes Neuigkeiten »am Rande«.

Bei kleinen Monitorauflösungen bleibt die rechte Spalte außerhalb des Viewports. Der Besucher sieht die Navigationsleiste und den Inhalt, für die untergeordnete Spalte muss der Benutzer den horizontalen Rollbalken benutzen.

Aus der Sicht des Inhalts eine anspruchsvolle Methode, wenn zwischen dem Hauptinhalt und der rechten Seite kein Bruch entstehen soll – was rechts steht, muss zum Inhalt in der Mitte passen.

Diese Technik ist relativ einfach zu realisieren und zeigt eine gute Ausnutzung des vorhandenen Arbeitsraums. Bei kleinen Monitorauflösungen kann der horizontale Rollbalken verwirren.
Beispiele: www.fleurop.de, www.spiegel.de, www.stern.de, www.post.de.

2.2 Layouttechniken

Flexible Seitenbreiten

Die Bereiche der Seite dehnen und ziehen sich zusammen, je nachdem, wie groß der Monitor ist und wie groß das Browserfenster aufgezogen wird.

Vorteile: Eine einfach zu realisierende Lösung. Benutzer mit großen Monitoren erzielen ein Maximum an Raum mit echtem Inhalt.

Nachteil: Bei großen Monitoren werden die Textzeilen unleserlich lang. Textzeilen brechen neu um, wenn das Browserfenster verändert wird, und reißen den Besucher aus dem Lesefluss. Wenn das Layout nicht wahrhaft professionell umgesetzt wird, haftet ihm schnell der Ruch des typischen Programmiererdesigns an.

Beispiel: www.focus.de. Sehr schöne Umsetzung dieser Layouttechnik, wobei Focus verhindert, dass die Textzeilen zu lang werden, sondern den Textabschnitten in den vergrößerten Kästen mehr Raum gibt. Bei sehr kleinen Monitorauflösungen schiebt auch der Focus die rechte Spalte aus dem Fokus.

Variation: Aus der Mitte

Das Layout wird um die vertikale Mitte des Bildschirms entwickelt und dehnt sich bei größeren Browserfenstern nach außen auf.
Vorteile: Einfach zu implementieren und beim Betrachter entsteht ein konsistenter Eindruck, weil alle Elemente stets in der Mitte sind und kein Platz an den Seiten verschwendet wird.
Nachteile: Auch hier dehnen sich wieder die Textzeilen und brechen um. Bei festen Textlängen gibt es keinen wirklichen Zugewinn für größere Monitore.

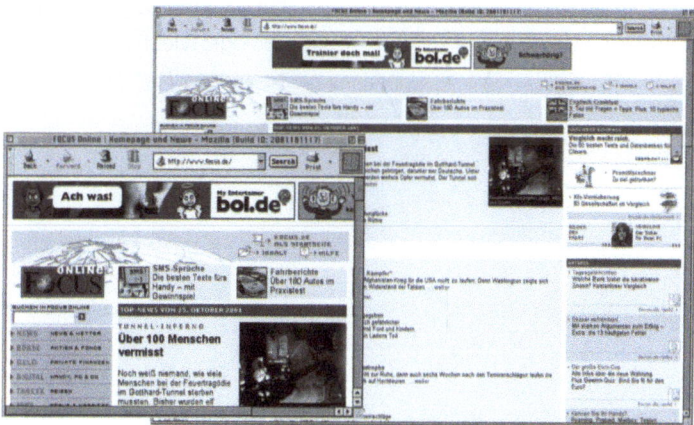

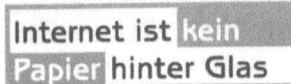

Variable Anzahl von Spalten

Wie wäre es, wenn kleine Monitore nur zwei Spalten zeigen, während auf größeren Monitoren drei Spalten eingesetzt werden? Eine besonders elegante Lösung liegt vor, wenn der Besucher selber die Zahl der Spalten bestimmen kann.

Der vorhandene Raum wird gut genutzt und die Darstellung wird vom Benutzer gesteuert. Leider ist das Verfahren mit den Werkzeugen von heute und den Browsern von gestern kaum zu realisieren.

Kollabierende/vergrößerte Elemente

Bei kleineren Auflösungen kollabieren verschiedene Elemente – z.B. kann eine Suchfunktion als einfache Schaltfläche dargestellt werden und nur bei größeren Monitoren als breites Eingabefeld.

Vorteile: Angenehm für Besucher mit großen Monitoren und gute Ausnutzung des vorhandenen Raums auf dem Monitor.

Nachteile: Schwer zu realisieren. Die Größe des Browserfensters muss ausgelesen werden. Besonders schwierig, wenn der Ansatz über verschiedene Browser funktionieren soll.

To Script or not to Script

Techniken wie eine variable Anzahl von Spalten und kollabierende Elemente erfordern, dass Skripte Bedingungen prüfen und Werte setzen. Das Funktionieren einer Seite von Skripten abhängig zu machen, die beim Besucher der Seite ablaufen müssen, gilt allerdings als unfein und gefährlich – zu viele Surfer haben die Skriptunterstützung in ihrem Browser ausgeschaltet.

Es bleibt also eine Herausforderung für den Designer, Navigationskonzepte zu entwickeln, die bei großen und kleinen Monitoren greifen. Für andere Ausgabemedien als den Monitor des Computers hat die Cascading-Stylesheet-Spezifikation die Mittel geliefert: Stylesheets für verschiedene Medien.

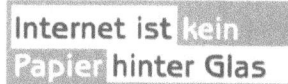

2.3 Darstellung und Konsistenz

Gutenbergs Bibel wird als das erste moderne Buch bezeichnet – aber es hat noch über 100 Jahre gedauert, bis Bücher einen allgemeinen Standard für die Nutzung erreichten: Seitenzahlen, Index, Inhaltsverzeichnis und Seitentitel sind heute Routine, waren aber damals keine Selbstverständlichkeit.

Heute erscheint uns der Umgang mit einem Buch einfach und die Tagespresse, Zeitschriften und Magazine bieten ausgefeilte Standards für die Nutzung ihrer Druckerzeugnisse. Wenn wir montags den Spiegel aufblättern, wissen wir, wo die Themen stehen, die uns am meisten interessieren. Wir erkennen unsere Lieblingsrubriken an ihrem Layout.

Erwartungshaltung erfüllen

Eine Seite ist immer dann intuitiv, wenn sie die Erwartungen des Besuchers erfüllt. Natürlich heißt das nicht, dass wir uns auf die Nachahmung der Windows-Oberfläche, auf das Schachteldesign und nachgebildete Registerkarten beschränken sollen. Aber die Konsistenz von einer Seite zur nächsten gehört zu den Erfolgsfaktoren einer Site. Zusammen mit der Konsistenz des Layouts sorgt die Konsistenz der Typografie für eine intuitive Nutzung der Seiten. Womit wir endlich sanft zu Stylesheets überleiten können: Stylesheets sind der beste Garant für ein konsistentes Erscheinungsbild.

Die totale Konsistenz (Branding) kann aber ohne weiteres auch zum diametralen Effekt führen. Dann weiß der Besucher nämlich nicht mehr, wo er sich innerhalb einer Site befindet. Alles sieht gleich aus: Bin ich hier noch in der Abteilung »Einwohnermeldeamt«? Oder bin ich hier im Schützenverein?

Zeitschriften haben das Gegenmittel fest im Griff: Sie benutzen Variationen für verschiedene Sparten. Politik hat vier Spalten, Lifestyle kommt in zwei Spalten mit einer Marginalspalte. Stylesheets bieten die Option, ohne Änderung des HTML-Codes das Layout und die Typografie zu variieren, und so verschiedene Themen optisch zu trennen.

> **Immer wieder hört man, das Design der großen Sites würde zu einem »Einheitsbrei«. Insofern sind auch Bücher und Zeitschriften ein Einheitsbrei: Was wir kennen, erschließt sich uns besser.**

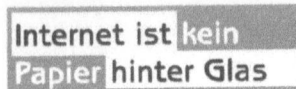

Kapitel 2   Der Bildschirm ist keine Seite

Sequentiell versus Sprungtechnik und Hyperlinks

In einer Hinsicht unterscheiden sich Webseiten fundamental von Büchern und Zeitschriften: Hyperlinks erlauben dem Benutzer, ohne Vorwarnung auf irgendeine Seite zu springen – kein Vorwort, keine Einleitung, kein Zusammenhang.

Webseiten müssen also deutlich unabhängiger voneinander sein als die Seiten eines konventionellen Buches oder einer Zeitschrift. Das wiederum bedeutet, dass Webseiten mehr an Informationen über ihren Kontext mitbringen und viele Informationen auf jeder Seite wiederholen müssen und dieser Kontext darf beim Navigieren innerhalb der Seite nicht verloren gehen.

Dumm, dass die Informationen zum Kontext jedes Mal ins Nirwana verschwinden, wenn die Seite gescrollt wird. Da Frames immer mehr verpönt sind, muss das Design der Seite den Kontext herausarbeiten.

Stück für Stück statt Schlag um Schlag

An die Scrollleiste haben wir uns bereits in vielen Programmen gewöhnt. Trotzdem lieben wir sie nicht. Sie verhindert den Blick auf das Ganze, wie wir es von Büchern und Zeitschriften gewohnt sind. Natürlich kann das nicht heißen, dass eine Seite sich stets auf eine Monitorgröße beschränken sollte. Schließlich ist kaum einer von uns in der Lage, die »Zeit«, das »Handelsblatt« oder die »Aachener Nachrichten« in voller Schönheit zu genießen. Wir knicken uns die Zeitschrift zurecht.

Das WWW ist kein Buch und Besucher lesen nicht sequentiell. Sie wollen kleine Informationseinheiten und einen Hinweis, wo sie mehr darüber erfahren. Also wäre es fast immer besser, kleine Seiten anzubieten und Seiten in Stücke zu schneiden, die durch Hyperlinks miteinander verbunden sind. Trotzdem muss der Designer bedenken, dass der Klick auf den Hyperlink den Besucher aus dem Lesefluss reißt ... und das Laden der nächsten Seite dauert ...

2.4 Aus dem Fenster geworfen: Frames

Das äußere Erscheinungsbild ist also eng verschmolzen mit dem Navigationsdesign.

Wir wollen dem Besucher stets den Überblick bieten, wo er sich befindet und wohin er sonst noch gehen kann, und Brüche dieser Funktionalität von einer Seite zur nächsten vermeiden. Dabei sollen Benutzer mit kleinen und großen Monitoren noch ein nettes Design erhalten. Das ist eine harte Anforderung an eine Technik, die immer noch in den Kinderschuhen steckt.

Die Zeit der Frames ist vorbei, sie sind regelrecht aus der Mode gekommen. Dafür darf wieder gescrollt werden, was insbesondere in den Zeiten von Flash verpönt war. Techniken kommen und gehen wie Modetrends.

Layout mit Frames

Für das Navigationsdesign waren bis vor gar nicht so langer Zeit Frames angesagt. Ohne Cascading Stylesheets sind sie das einzige Strukturierungsmittel, mit dessen Hilfe der Kontext stets im Sichtfeld des Besuchers bleibt – ein Grund, warum Frames so erfolgreich das Web überschwemmt haben. Aus kommerziellen Seiten sind sie aber inzwischen vollkommen verschwunden.

Frames sind nicht nur bei Puristen schwer umstritten. Sie wurden uns von Netscape aufgedrängt und die Sachlage zwang das W3C, Frames in die HTML-Spezifikation aufzunehmen.

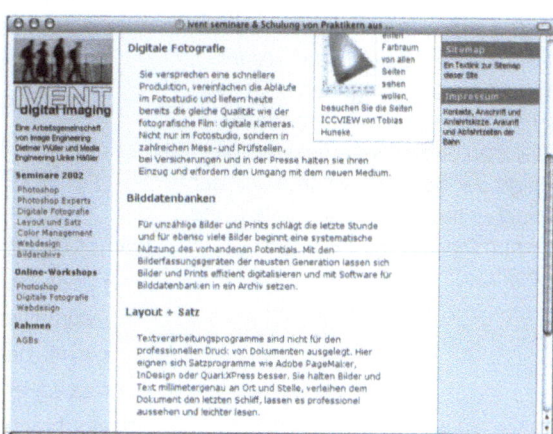

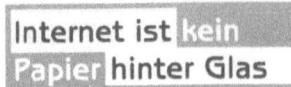

Zurück   Vorwärts

Moderne Browser beherrschen auch die Kunst, den Weg des Benutzers durch einen Frameset zu verfolgen. Ältere Browser hingegen verlieren hier die Orientierung. Das »Zurück« ist der Weg zu der URL, von der aus der Frameset aufgerufen wurde.

Der Besucher, der über eine Suchmaschine eine Seite findet, die in einem Frameset eingebettet ist, wird nicht auf den Frameset, sondern explizit zu dieser Seite geleitet. Das Design der Seite ist verloren und der Besucher auch, wenn die Seite keine eigenen Navigationselemente enthält.

To Frame or not to Frame: Die Vorteile

Unbestritten ist, dass Frames eine Seite so sicher und flexibel strukturieren können wie kaum eine andere Technik. Mit Frames erzielt der Entwickler noch am einfachsten eine intuitive Navigation, und das insbesondere für große Sites mit hunderten von Seiten.

Die Seiten mit den Inhalten bleiben kurz, da die Navigation nicht auf jeder Seite implementiert werden muss, sondern als eigenständiges HTML-Dokument verbleibt. Da nur Seiten mit Inhalten beim Klick auf einen Link ausgetauscht werden müssen, sind die Ladezeiten kürzer.

Die Pflege des Seitenangebots ist einfacher. Wenn sich die Navigation ändert, wird nur ein einziges HTML-Dokument ausgetauscht.

To Frame or not to Frame: Die Nachteile

- Frameseiten können nicht ohne weiteres in die Bookmarks oder Favoriten aufgenommen werden – wenn keine besonderen Vorkehrungen getroffen werden, wird nur die Datei, die den Frameset enthält, als Bookmark gespeichert.
- Seiten mit Frames können nicht ohne weiteres gedruckt werden.
- Frames können auf großen Monitoren gut aussehen, auf kleinen Monitoren hingegen sind sie ein Drama.
- Frames kosten Orientierung: Nur der Titel des Framesets wird eingespielt. Der Seitentitel und andere Informationen der Inhaltsseiten werden unterdrückt.
- Frames kosten Besucher, die über Hyperlinks auf die Seite gelangen. Über einen Link wird der Besucher im besten Falle in der Startkonfiguration des Framesets landen und muss sich dort alleine bis zur gewünschten Information durchkämpfen – bei großen Sites ein aussichtsloses Unterfangen.
- Suchmaschinen finden nicht den Frameset – sie suchen und werten Inhalte und listen sie mit der Adresse und einer kurzen Einleitung. Wer dem Link auf eine Frameseite folgt, landet in einer Inhaltsseite und findet vielleicht niemals den umfassenden Frame mit dem notwendigen Kontext.

Frames widersprechen auch zwei Grundsätzen von HTML:

- Jede Seite soll eine eindeutige Adresse haben und direkt adressierbar sein.
- HTML definiert nur die Struktur, nicht aber die Darstellung.

Aber es waren wohl eher die oben genannten Gründe, die Frames ins Abseits brachten. Insbesondere das Argument der fehlenden Bookmarks zieht bei jedem Betreiber einer Site.

2.4 Aus dem Fenster geworfen: Frames

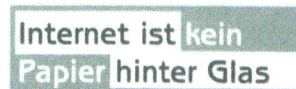

Frameset »standardkonform«

Natürlich gibt es Mittel und Wege, den Frameset korrekt einzuspielen und viele der Nachteile auszuschalten.

Nach dem ersten Laden des Framesets und der dazugehörigen Seiten wird bei einem Klick auf einen Link nicht nur eine neue Inhaltsseite geladen, sondern ein neuer Frameset mit allen Frames. Da bereits einige Elemente wie die Navigationsseite im Cache des Browsers liegen und neben dem neuen Inhalt lediglich die Datei frameset.html geladen werden muss, sind die Ladezeiten nur unbedeutend länger.

Der Vorteil des Framelayouts bleibt unberührt: Kernelemente wie die Navigationsleiste bleiben immer im sichtbaren Ausschnitt des Browserfensters, auch wenn die Seite gescrollt wird. Der Besucher kann jetzt ein Bookmark auf die Seite setzen. Suchmaschinen können wir folgendermaßen davon abhalten, andere Seiten als den Frameset zu laden:

◊ `<meta name="robots" content="noindex">`

Die klassische Frameseite behält alle Frameseiten bei und lädt bei Bedarf nur eine neue Inhaltsseite in den Frameset. Dabei bleibt stets die URL des ursprünglichen Framesets bestehen, die Unterseiten des Framesets können nicht gelinkt werden.

Da Suchmaschinen auch den Inhalt einer Seite durchforsten, ist der inhaltslose Frameset benachteiligt. Also »verstecken« erfahrene Designer lieber den Frameset vor den Suchmaschinen und bauen eine Abfrage in Frameseiten ein, die dem einsamen Stand einer Inhaltsseite ohne erklärenden und strukturierenden Rahmen entgegenwirkt: Sie prüfen, ob die Seite allein und ohne den klärenden Kontext des Framesets dasteht und wenn dies der Fall ist, laden sie die Framesetdatei.

Die Nachteile des Framedesigns werden aufgehoben, wenn bei einem Klick auf einen Link nicht nur eine neue Inhaltsseite, sondern sämtliche Seiten des Framesets neu geladen werden.

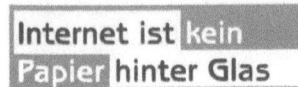

Kapitel 2   Der Bildschirm ist keine Seite

Zwei kleine Skripte sorgen dafür, dass eine Inhaltsseite den Frameset nachlädt, wenn der Frameset noch nicht geladen ist:

Das Skript wird in den Head-Block der Framesetdatei gesetzt.

```
<script language="JavaScript1.1">
  var frameset_geladen = "okay";
</script>
```

Das Skript wird in die <head>-Abteilung jeder Inhaltsseite eingesetzt und liest die Variable frameset_geladen. *Wenn es in der Variablen den String* okay *nicht findet, wird der dazugehörige Frameset geladen.*

```
<script language="JavaScript1.1">
  function ersetzen(adresse) {
    top.location.replace(adresse);}
  if (top.frameset_geladen + "" != "okay")
    ersetzen("../frameset.html");
</script>
```

Ein wenig von ihrer Eleganz verlieren Frameseiten bei diesem Verfahren allerdings doch. Dazu ist alles zu trickreich, erfordert eine gewisse Erfahrung, ist fehleranfällig und uneffizient in Hinsicht auf die Pflege und Erweiterung der Seiten.

Verbleibende Probleme

Benutzer mit sprachbasierten Browsern haben typischerweise mehr Probleme als zuvor. Bei jedem Frameset müssen sie sich durch die Frameseiten navigieren – sehen Sie sich an, wie Lynx sich durch Framesets navigiert, um zu verstehen, wie das vor sich geht.

Wenn sichergestellt ist, dass jede Seite oder Kombination von Seiten einen eigenen Frameset besitzt, reduzieren sich die Probleme des Framedesigns. Seiten können in die Bookmarks aufgenommen werden, die Vorwärts- und Zurückschalter auch alter Browser funktionieren wieder. Weiterhin behalten Frameseiten ihre hochgeschätzte Modularität.

Obwohl sich die Nachteile gegenüber typischen Framesets reduzieren, bleiben auf der Minusseite dennoch ein hoher Pflegeaufwand und aufwendige Skripte, um einzelne Daten in die Framesets einzubinden.

Bei einem Klick auf einen Link in einer normal geframten Seite wird nur der betroffene Frame neu geladen. Die restlichen Frameseiten bleiben stehen. Wenn allerdings bei jedem Klick auf einen Hyperlink der komplette Frameset ausgetauscht wird, verschwinden sämtliche Seiten und tauchen neu auf – ein unschöner visueller Effekt. Zudem wird die Ladezeit länger. Bei einem Hyperlink auf einen neuen Frameset geht der Zustand des vorangegangenen Framesets verloren. Die Summe der Nachteile bleibt also weiterhin so gravierend, dass Seiten mit Frames in HTML 4.01 nicht als !Doctype strict gekennzeichnet werden können.

2.5 Layouttabellen: Ein Segen und eine Seuche

Tabellen sind eine zentrale Komponente von HTML. Bevor es Tabellen gab, war der Webdesigner gezwungen, alle Elemente im normalen Dokumentenfluss zu setzen.

Hinter ihrer schlichten Fähigkeit, tabellarische Daten zu organisieren und zu präsentieren, sorgen sie für Konsistenz im Seitenlayout. Sie bilden das Layoutraster, ohne das fast alle Seiten schlichtweg zusammenbrechen würden, sie sprengen die starre Linearität der Inhalte und bilden den Spaltensatz der Zeitschriften nach – um so das Format des Bildschirms sinnvoll zu nutzen.

Tabellen sind heute das Layoutwerkzeug Nummer eins und werden es noch so lange bleiben, bis Designer komfortabel mit den Positionierungstechniken in Cascading Stylesheets umgehen dürfen – und können – und vielleicht auch noch länger, wenn die Technik der Layouttabellen in den nächsten Spezifikationen von HTML und Cascading Stylesheets weiter ausgebaut wird (und die Mainstream-Browser der Spezifikation folgen).

Vom Leben in der Zelle

Tabellen sind aber auch komplex und in den Browsern und ihren verschiedenen Versionen nur zögerlich implementiert. Jeder Browser hat seinen ureigensten Algorithmus, um die Größe einer Tabellenzelle zu berechnen, und jeder Browser nutzt seine ganze Kreativität, um Inhalte in Tabellenzellen zu platzieren. Jeder Browser zeigt eine andere Darstellung und sorgfältig ausgearbeitete Layouts brechen im nächsten Browser. Technisch versierte Layouter müssen zu fantasievollen Tricks greifen, um der Layouttabelle einen »Stand« in möglichst vielen Browsern zu geben (siehe Abschnitt »Fundament aus nichts: Das blinde GIF« in diesem Kapitel).

Ein Mechanismus für einen Überlauf – wenn ein Element in der Tabellenzellen größer ist als die Tabellenzelle – fehlt vollkommen. Ist z.B. ein Bild größer als die Tabellenzelle, in die es platziert wurde, weitet sich die Zelle gummiartig aus und drängt alle folgenden Zeilen nach unten und alle folgenden Spalten nach rechts.

Wir bewegen uns hier im dunkelsten Kapitel des real existierenden Webdesigns: Aus Mangel an »echten« Layoutwerkzeugen benutzen Webdesigner Tabellen, um ein bestimmtes Layout zu erzwingen. Aber: Es funktioniert.

Das Gerüst, das den Inhalt strukturiert, bricht ohne Inhalt zusammen – Tabellenlayout ist ein knallhartes Geschäft. In vielen Seiten fordert dieses Gerüst schon den größten Anteil am Datenvolumen.

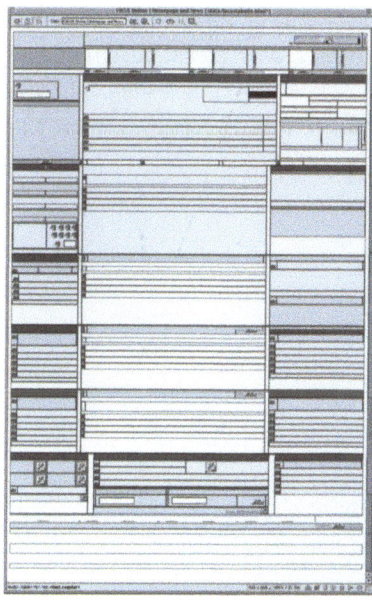

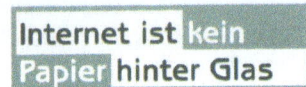

Kapitel 2   Der Bildschirm ist keine Seite

Tabellen sind mit großen Datenmengen schnell überlastet und ihr Gerüst erzeugt schon bei mittelgroßen Seiten eine komplexe Struktur, deren Pflege nur unter großen Mühen durchzuziehen ist.

Aufgeräumt und ausgerichtet

Haben Sie sich schon mal gefragt, warum einige Seiten so wunderbar aufgeräumt aussehen? Eine Seite, in der Bild- und Textelemente horizontal und vertikal ausgerichtet sind, erzeugt immer einen guten Eindruck – die visuelle Verbindung zwischen den Elementen gefällt unserem Auge. Auf der anderen Seite: Nichts sieht so unprofessionell aus, wie eine Seite, in der die Inhalte direkt an andere Elemente reichen, wenn der Text direkt neben dem Bild läuft und Zahlen in Tabellen bis an die Tabellenränder reichen.

Im Wesentlichen wird das Erscheinungsbild das Werk einer sauberen Ausrichtung der Inhalte in einem hochkomplexen Konstrukt aus Tabellen sein.

Wenn alles so schön aufgeräumt aussieht, dann steckt bestimmt eine Tabelle dahinter – und Blut, Schweiß und Tränen.

Gummizellen

Wenn Sie einen Text schlicht und einfach auf die Seite setzen, wird die Textzeile über die gesamte Breite des Browserfensters fließen. Wann immer der Besucher das Browserfenster aufzieht oder verkleinert, wird der Text automatisch in den neu entstandenen Raum fließen. Was für den einen ein »Feature«, ist für den anderen ein Alptraum: Der Umbruch stört den Leser, lange Textzeilen sind schwer zu lesen. Eine Tabelle mit einer beschränkten Breite war das adäquate (und einzige) Mittel, um den Textfluss in langen Zeilen zu bändigen und Umbrüche bei der Verkleinerung/Vergrößerung des Browserfensters zu verhindern.

Layouttabellen bringen nicht nur Texte in Form, sondern nehmen auch Bilder auf und richten mit ein paar Attributen Texte und Bilder gegeneinander aus.

2.5 Layouttabellen: Ein Segen und eine Seuche

Das flexible Raster

Besonders elegante Steuerungsmechanismen hat das Konstrukt der Tabelle dem Designer nicht zu bieten, aber trotz aller Mängel hat die Tabelle eine steile Karriere als Layoutraster hinter sich gebracht.

Tabellen passen sich auf Wunsch dynamisch an die Größe des Browserfensters an, wobei gleichzeitig Bereiche der Tabelle eine feste Größe aufweisen und so z.B. Zeilenumbrüche bei Änderungen der Fenstergröße vermeiden. Sie richten Bilder und Texte aus und bieten selbst bei großen Datenmengen eine aufgeräumte Optik.

Fundament aus nichts: Das blinde GIF

Die Tabellenbreite funktioniert in Netscape 4 so gut wie gar nicht und das Attribut height für die Höhe einer Tabellenzelle im <td>-Tag wird schlichtweg überlesen (was tatsächlich korrekt ist: height gehört seit HTML 4.0 zu den unerwünschten Attributen).

Wird der Raum einer Tabellenspalte nicht ausgenutzt, kollabiert die Spalte in Netscape 4. Ein Fließtext streckt eine Tabellenspalte schon mal nach mystischen Regeln, statt den Text zu umbrechen.

Hier kommt das »blinde GIF« ins Spiel. Damit Tabellenspalten nicht kollabieren, wenn ihr Inhalt nicht die geplante Breite der Spalte einnimmt, verwenden Webdesigner ein 1 x 1 Pixel großes transparentes GIF-Bild. Die Tabelle wird mit einer zusätzlichen Zeile angelegt, in der das GIF-Bild die minimale Breite jeder Spalte »zementiert«.

- `<tr>`
- `<td><img src="bd.gif" width="140" height="4"></td>`
- `<td><img src="blind.gif" width="18" height="4"></td>`
- `<td><img src="blind.gif" width="340" height="4"></td>`
- `<td><img src="blind.gif" width="18" height="1"></td>`
- `<td><img src="blind.gif" width="140" height="1"></td>`
- `</tr>`

Dabei muss das Bild tatsächlich nur einen Pixel hoch und breit sein – es wird über das width-Attribut des <img>-Tags über seine Größe hinaus skaliert. Die Datenmenge, die durch das zusätzliche blinde GIF mit eingebracht wird, kann also beruhigt vernachlässigt werden.

Auf die gleiche Weise sorgt ein blindes GIF für eine minimale Höhe der Tabelle oder von Tabellenzellen.

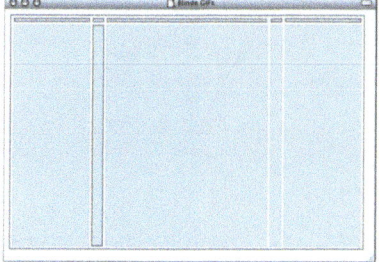 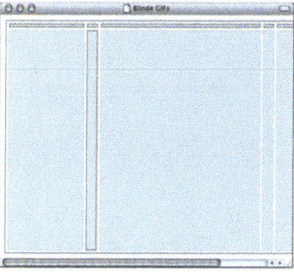 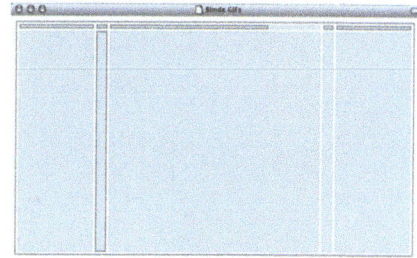

Kapitel 2 Der Bildschirm ist keine Seite

Tabellen mit Stil

Das W3C hat in CSS1 einen Bogen um Tabellen gemacht und erst CSS2 bringt spezielle Eigenschaften für Tabellen, die ein flexibleres Layout für verschiedene Monitorgrößen (und unterschiedliche Ausgabemedien) eröffnen.

Aber schon CSS1 erleichtert den »Tabellensatz« und gestaltet die Handhabung eleganter. Insbesondere die Stile zum Ausrichten von Inhalten (alles linksbündig, Grundlinie nach oben) bekommt der Struktur des HTML-Dokuments gut und wirkt in den Mainstream-Browsern ab Version 4 zuverlässig. CSS bietet Mechanismen, mit denen Texte in Tabellen von normalen Absatztexten unterschieden werden, um so innerhalb von Tabellen mit anderen Schriften zu arbeiten.

Das blinde GIF allerdings lebt weiter. Bislang hat kein Browser die CSS-Eigenschaften implementiert, mit denen die minimale oder maximale Breite und Höhe von Tabellenzellen (und anderen Elementen) festgelegt werden.

Schöne Aussichten

HTML 4.0 definiert drei neue Tags für <table>: <tbody>, <thead> und <tfoot>. <tbody> legt den »Tabellenkörper« fest, in dem die Daten dargestellt werden, <thead> einen Tabellenkopf und <tfoot> den Fuß. Hinter dieser Dreiteilung steckt die Idee, den Benutzer durch die Tabelle rollen zu lassen, und dabei Kopf und Fuß der Tabelle fest im Fenster zu zeigen. Das würde so manch einer langen Darstellung von tabellarischen Daten gut tun ... Diese Eigenschaften sind bis heute nur vereinzelt in wenigen Browsern anzutreffen.

Zeichen	Name	Beschreibung	Numerisch	Unicode
"£"	&pound;	britisches Pfund	&#163;	U+00A3
"¤"	&curren;	generisches Währungszeichen	&#164;	U+00A4
"¥"	&yen;	japanischer Yen	&#165;	U+00A5
"¦"	&brvbar;	gebrochener senkrechter Strich	&#166;	U+00A6
"§"	&sect;	Paragraph, Absatzzeichen	&#167;	U+00A7

Tabelle der Sonderzeichen mit HTM-Name, hexadezimaler Notation und Unicode.

Scrollende Tabellen bieten zwar keinen Ausweg aus dem Dilemma der Layouttabellen, wären aber immerhin in der Lage, lange Veranstaltungskalender und Produktübersichten greifbarer zu gestalten.

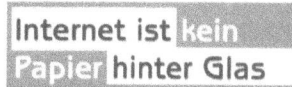

2.6 Layout mit Cascading Stylesheets

Für die Typografie werden bereits heute auf allen großen kommerziellen Seiten Stylesheets eingesetzt. Stylesheets ersetzen die unzureichende Schriftenformatierung mit dem <font>-Tag und sorgen so für schlankere HTML-Dokumente, die eine geringere Bandbreite erfordern, schaffen mit einfachen Mitteln Konsistenz und vereinfachen die Pflege. Der Einsatz von Stylesheets für die Schriftenformatierung ist intuitiv und wird von professionellen Anwendungen wie Macromedia Dreamweaver und Adobe GoLive gut unterstützt.

Gratwanderungen

CSS2 beinhaltet die Werkzeuge, um auch das Layout einer Seite zu übernehmen. Sie werden nur kaum genutzt, da die meisten Layouttechniken mit Stylesheets in den verschiedenen Browsern der Version 4 noch nicht ausreichend unterstützt wurden.

CSS-Techniken für das Layout sind nicht so intuitiv wie Schriftenformatierung mit CSS. Sobald es um die Generierung des Layouts aus Stylesheets geht, beginnt eine Gratwanderung zwischen Programmierung und klassischen Layouttechniken. So gibt es kaum intuitive Werkzeuge für die Generierung von Stylesheets und das Know-how ist noch wenig verbreitet.

Noch eine weitere Gratwanderung bringt das Layout mit Stylesheets mit sich: Bislang wurde »nur« gefordert, dass Webseiten auch mit älteren Browsern funktionsfähig sind – mit großen Monitoren, kleinen Monitoren, schwacher Hardware, in Textbrowsern –, aber nun fordern mehr und mehr Technologien den Zugang ins Internet.

Wie Stylesheets ein Tag umfunktionieren

Stylesheets ersetzen die formatierenden Attribute in HTML-Tags. Die Schrift im Dokument wird nicht mehr über <font>-Tags gesteuert, sondern Tags wie <body>, <p>, <h#> und <td> werden in Stylesheets »umdefiniert«. Im HTML-Dokument ist den Tags nichts davon anzusehen – lediglich die formatierenden Attribute fehlen.

Mit vier Methoden für die Positionierung hat CSS2 ein mächtiges Werkzeug für die Positionierung von Inhalten und damit ein Gerüst für das Layout mitgebracht.
Seine Funktionalität geht über die Verfahren, wie sie uns selbst professionelle Satzsysteme heute bieten, weit hinaus.

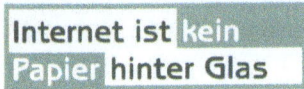

Kapitel 2   Der Bildschirm ist keine Seite

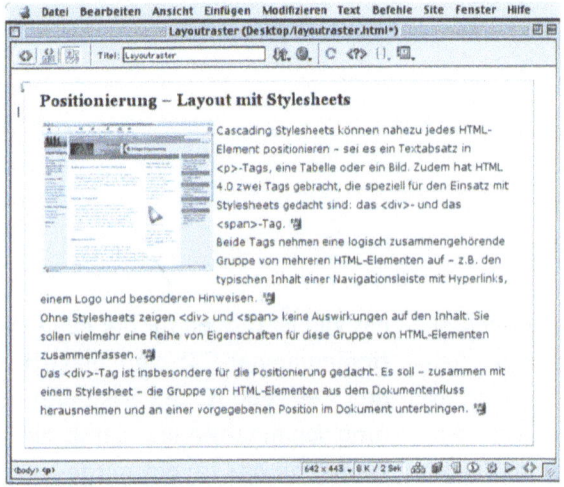
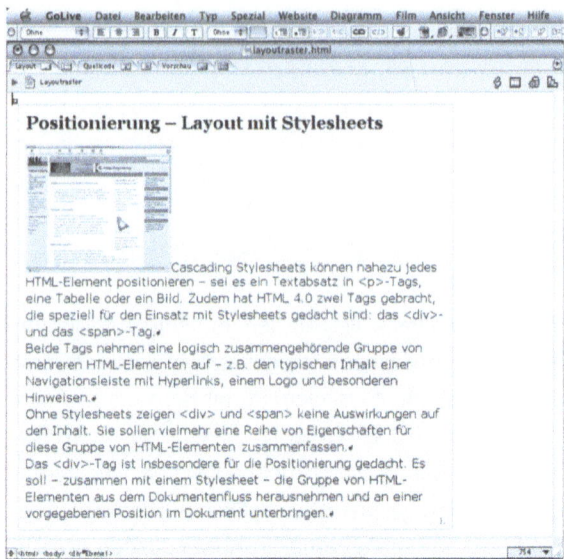

Ein Teil der Positionierung mittels CSS-Konstrukten ist in professionellen HTML-Editoren bereits unter einer intuitiven grafischen Oberfläche umgesetzt.

Die Stylesheets, deren Eigenschaften die Attribute der Tags ersetzen, sind entweder im Kopf der HTML-Datei untergebracht oder in einer externen Datei versammelt und steuern die **Darstellung der Tags** in der gesamten Site.

Nun erfordert eine aufwendig gestaltete Seite mehr als nur ein einziges Absatzformat – in Satzprogrammen benutzt der Setzer viele verschiedene Absatzformate: Texte ohne Einzug, Texte mit Einzug, Bildunterschriften – Stylesheets klassifizieren Tags, so dass Variationen für ein Tag entstehen.

Das Stylesheet bestimmt, dass der erste **Absatz** in einem <p>-Tag innerhalb eines <div>-Tags immer in einem fetten Schnitt und 10% größer als die folgenden Absätze gesetzt wird – schon entsteht automatisch die typische Einleitung eines Artikels. Aus einem gewöhnlichen Tag <p> werden verschiedene Klassen von <p> für verschiedene Aufgaben erzeugt, je nachdem, wo Inhalte in der Struktur des HTML-Dokuments untergebracht sind.

Positionierung – Layout mit Stylesheets

Cascading Stylesheets können nahezu jedes HTML-Element positionieren – sei es ein Textabsatz in <p>-Tags, eine Tabelle oder ein Bild. Zudem hat HTML 4.0 zwei Tags gebracht, die speziell für den Einsatz mit Stylesheets gedacht sind: das <div>- und das <span>-Tag.

2.6 Layout mit Cascading Stylesheets

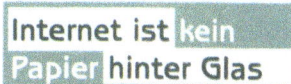

```
◊ <style type="text/css">
◊ <!--
#navlinks { position:fixed; // position: absolute;
    width:143px; top:9px; left:9px;}
#navrechts { display:block; position:absolute;
    width:9em; top:0; right:0; }
#ebene0 { width:100%;}
#main { margin-right:9em; padding-right:9px; }
◊ -->
◊ </style>
◊ ...
◊ <div id="navlinks"> ... </div>
◊ <div id="main"> ... </div>
◊ <div id="navright"> ... </div>
```

Die Positionierung durch <div>-Elemente ist flexibler und schlanker als der Aufbau eines Dokuments mit Hilfe von Layoutouttabellen, leichter zu ändern und einfacher zu pflegen. Anders als in Layouttabellen bleibt der Inhalt in seiner logischen Reihenfolge.

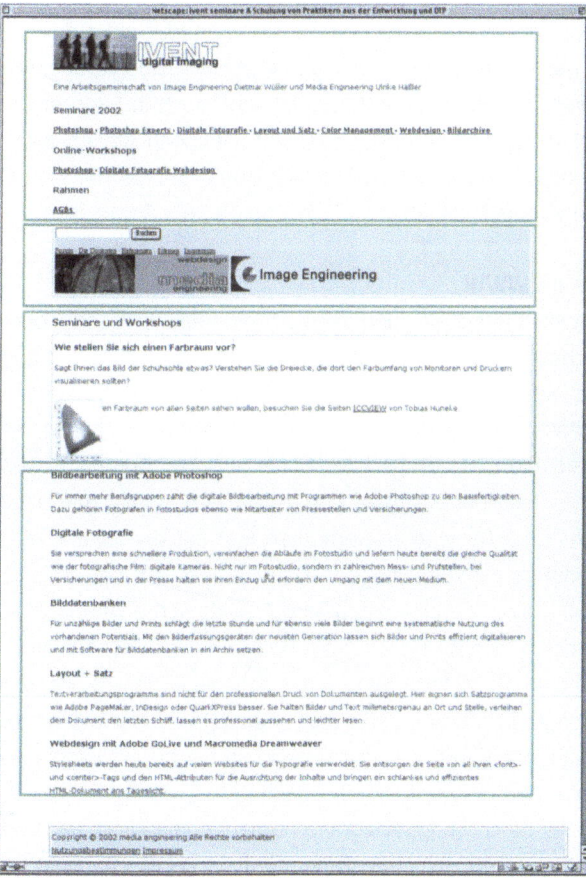

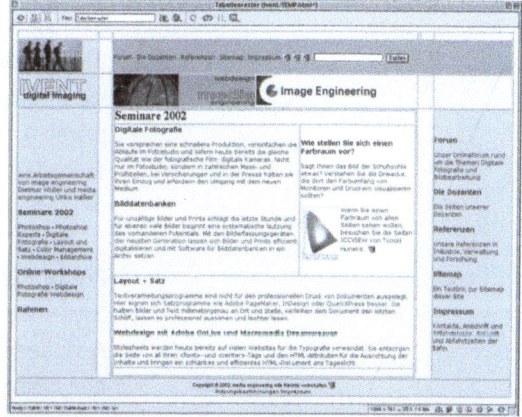

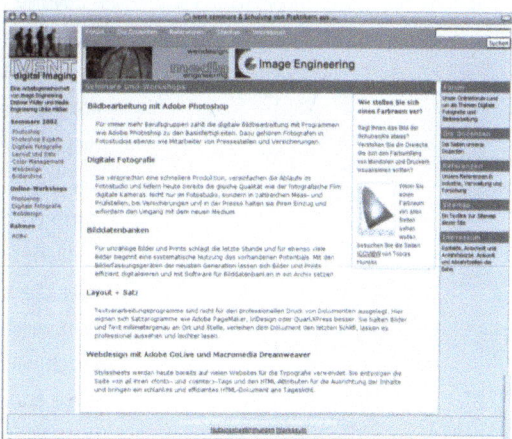

47

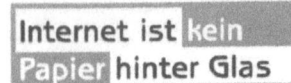

Beide Tags nehmen eine logisch zusammengehörende Gruppe von mehreren HTML-Elementen auf – z.B. den typischen Inhalt einer Navigationsleiste mit Hyperlinks, einem Logo und besonderen Hinweisen.

Ohne Stylesheets zeigen <div> und <span> keine Auswirkungen auf den Inhalt. Sie sollen vielmehr eine Reihe von Eigenschaften für diese Gruppe von HTML-Elementen zusammenfassen.

Das <div>-Tag ist insbesondere für die Positionierung gedacht. Es soll – zusammen mit einem Stylesheet – die Gruppe von HTML-Elementen aus dem Dokumentenfluss herausnehmen und an einer vorgegebenen Position im Dokument unterbringen. Diese Technik wird bereits von professionellen Anwendungen wie Adobe GoLive und Macromedia Dreamweaver unterstützt. Beide Programme stellen <div>-Tags mitsamt ihren positionierenden Eigenschaften grafisch als »Rahmen« oder »Ebene« dar.

Auf der sicheren Seite

Die Techniken, die in diesen Programmen geboten werden, sind elegant implementiert und stellen sichere Verfahren in Hinsicht auf ältere Browser dar – mit kleinen Einschränkungen wird die Positionierung, wie sie in Dreamweaver und GoLive unterstützt wird, auch in Internet Explorer 4 und Netscape 4 bereits umgesetzt. Dennoch stellen diese Techniken nur einen Ansatz dessen dar, was heute bereits mit Cascading Stylesheets möglich ist.

Feste Punkte im WWW

Stylesheets positionieren ein Element statisch, relativ, absolut oder fest. Jede Technik weist einen anderen Ursprung oder Fixpunkt auf: den Inhalt, das Dokument oder das Browserfenster.

Wenn ein Block mit Navigationselementen absolut in Relation zum Dokument positioniert ist, wandert der Block mit dem Dokument aus dem Viewport, sobald der Benutzer durch die Seite scrollt. Alternativ könnte der Block mit Navigationselementen fest auf der linken Seite des Browserfensters verankert liegen, egal, wie weit der Besucher in der Seite scrollt – eine Technik, die bislang Frames vorbehalten war –, dann ist der Block fest in Hinsicht auf das Browserfenster positioniert.

Daneben liegt ein Block mit weiteren Navigationselementen, der immer die verfügbare Restbreite des Browserfensters einnimmt und so groß wird wie der Inhalt, den er aufnimmt. So drängt er den folgenden Block mit Inhalten im Dokument weiter nach unten, wenn sich die Inhalte ändern – der Block ist relativ zum Dokument positioniert. Das Bild »wandert« mit dem Inhalt durch das Dokument – es liegt »statisch« im Dokumentenfluss.

Stylesheets und die HTML-Struktur

Stylesheets nutzen die inhärente Struktur der HTML-Tags, um Elemente auszurichten, zu positionieren und zu skalieren. Dabei behält der Inhalt im HTML-Dokument seine logische Folge, was beim Einsatz von Layouttabellen und Frames nicht der Fall ist. Textbrowser, Internetradio oder Sprachausgabe sehen die Inhalte in ihrem linearen Fluss.

Elemente, die eine Ausgabe in einem spezifischen Medium stören, werden unterdrückt. Einem kleinen Monitor bleibt die überdimensionale Bannerwerbung erspart. Der »Relaunch« mit einem neuen Design besteht aus dem Anlegen neuer Stile für Typografie und Layout.

Schaltzentrale für Typografie und Layout

Die Effizienz der Gestaltung mit Stylesheets liegt insbesondere in der zentralen Stylesheetdatei. Die Stile für eine Seite werden in einer separaten Datei gespeichert und garantieren ein hohes Maß an Konsistenz zwischen den einzelnen Seiten.

Verschiedene Stylesheetdateien für unterschiedliche Medien vom Web über den Druck und die Sprachsynthese bis zum Web-TV passen den Inhalt an das Ausgabemedium an: Sie unterdrücken oder verkleinern das große Werbebanner für die Ausgabe auf dem Fernsehmonitor, sie setzen einer Überschrift ein deutliches »Ping« voran und betonen einen Begriff im Sprachsynthesizer, wo das Stylesheet für den Druck groß und fett beziehungsweise mit einem Kursivschnitt druckt.

Zurück auf dem Boden der Realität

Für die wirklich alten Browser wie Internet Explorer 2 oder Netscape 2 oder 3 und die reinen Textbrowser wie Lynx stellen selbst die raffinierten Verfahren zur Positionierung von Inhalten keine Gefahr dar. Sie verstehen nichts von Stylesheets und ignorieren sie.

Die Inhalte werden linear ausgegeben und der Charme der Textbrowser der digitalen Steinzeit lebt wieder auf, aber ein bewusstes Design bewahrt die Funktionalität der Seiten.

Damit wird ein CSS-Layout insbesondere für behinderte Benutzergruppen eine Erleichterung. Zusätzlich bietet CSS2 bereits ein breites Spektrum an Techniken für die Sprachausgabe.

Die ersten Versionen der Browser, die sich an Stylesheets versucht haben, reagieren verschnupft und unvorhersehbar (Internet Explorer 3) oder werfen den Inhalt verärgert durcheinander (Netscape 4) und machen den Inhalt der Seiten unbrauchbar, wenn Links nicht mehr klickbar sind, Teile der Seite verschwinden und der Scrollbalken sich nicht mehr bewegt. Auch der eine oder andere Absturz mag auf das Konto eines Stylesheets gehen.

\<font> raus
Stil rein

Kapitel 3   Grundlegende Techniken

Ein Stylesheet beschreibt, wie und wo ein HTML-Element im Browser dargestellt werden soll. Da Stylesheets in der Regel nicht direkt in das Tag geschrieben werden, sondern zentral im Dokument oder in einer separaten Daten liegen, brauchen sie ein Instrument, mit dem sie das HTML-Element erreichen: Selektoren.

3.1 Stilvorlagen für die Auto-Formatierung

Damit eine umfangreiche Site den Ansprüchen an ein modernes Layout mit einer auf den Monitor zugeschnittenen Typografie und einer konsistenten Navigation gerecht wird, sind unzählige Tags zu setzen und mit Attributen zu versehen. Bei diesen Ansprüchen ist das <font>-Tag mit seinen spartanischen Attributen für Schriftart, -größe und -farbe ausgereizt und das <p>-Tag für die Gestaltung eines Absatzes überfordert. Die Formatierung mit <font>- und <center>-Tags und HTML-Attributen wie valign="top" und width="15%" blähen Seiten überproportional auf. In komplexen Tabellenlayouts macht das Tabellengerüst über die Hälfte der Bandbreite bei der Übertragung aus.

Eine konsequente Gestaltung in Handarbeit mit fest verdrahteten Typografie-Anweisungen ist Strafarbeit. Jede Änderung, jede Portierung auf eine andere Technik ist ein Desaster.

„A Specification is not a User Manual. The Bible was not meant to be read, but interpreted" (Quelle: Untitled Document).

<font> raus, Struktur rein

Was liegt näher, als ein zentrales Hilfsmittel aus der Welt der Textverarbeitungs- und Satzprogramme einzusetzen? In QuarkXPress und Textverarbeitungsprogrammen gibt es Schriften- und Absatzformate, für HTML-Sites gibt es »Stylesheets«. Ein Stylesheet beschreibt, wie und wo HTML-Elemente im Browser dargestellt werden sollen. Stylesheets sind keine Instruktionen im Sinne einer Programmiersprache, die von Browsern wörtlich durchgeführt werden müssen oder zu Fehlermeldungen führen. Sie zwingen dem Browser nichts auf – dies ist eine wichtige Eigenschaft von Stylesheets.

Sie formatieren Texte in Absätzen, Aufzählungen und Fußnoten, sie geben Bildern, Tabellen und Formularen einen Rahmen und einen Hintergrund. Sie positionieren eine Box für Texte und Bilder stets an der gleichen Stelle im Browserfenster und lassen sie mitscrollen oder halten sie genau an dieser Position, egal, wie weit sich der Besucher durch das Fenster nach unten scrollt.

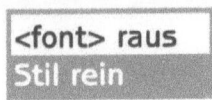

Kapitel 3   Grundlegende Techniken

```
<tr valign=top>
    <td><font face="Arial, Helvetica, sans-serif" size=2>KeyDown</font></td>
    <td><font face="Arial, Helvetica, sans-serif" size=2>onKeyDown</font></td>
    <td><font face="Arial, Helvetica, sans-serif" size=2>Eine Taste wird
  gedr&uuml;ckt</font></td>
    <td><font face="Arial, Helvetica, sans-serif" size="2">Dokument, Bild,Link,
  Textbereich</font></td>
    <td align=center valign=middle><font color=red size="4"><b>x</b></font></td>
</tr>
<tr valign=top>
    <td><font face="Arial, Helvetica, sans-serif" size=2>KeyPress</font></td>
    <td><font face="Arial, Helvetica, sans-serif" size=2>onKeyPress</font></td>
    <td><font face="Arial, Helvetica, sans-serif" size=2>Eine Taste wird
  gedr&uuml;ckt</font></td>
    <td><font face="Arial, Helvetica, sans-serif" size="2">Dokument, Bild,Link,
  Textbereich</font></td>
    <td align=center valign=middle><font color=red size="4"><b>x</b></font></td>
</tr>
<tr valign=top>
    <td><font face="Arial, Helvetica, sans-serif, Helvetica, sans-serif" size="2">KeyUp</font></td>
    <td><font face="Arial, Helvetica, sans-serif" size=2>onKeyUp</font></td>
    <td><font face="Arial, Helvetica, sans-serif" size="2">Eine Taste wird
  losgelassen</font></td>
    <td><font face="Arial, Helvetica, sans-serif" size="2">Dokument, Bild,Link,
  Textbereich</font></td>
    <td align=center valign=middle><font color=red size="4"><b>x</b></font></td>
</tr>
```

```
<tr>
   <td>KeyDown </td>
   <td>onKeyDown </td>
   <td>Eine Taste wird
   gedr&uuml;ckt</td>
   <td>Dokument, Bild, Link,
   Textbereich</td>
   <td><i>x</i></td>
</tr>
<tr>
   <td>KeyPress</td>
   <td>onKeyPress</td>
   <td>Eine Taste wird
   gedr&uuml;ckt</td>
   <td>Dokument, Bild, Link,
   Textbereich</td>
   <td ><i>x</i></td>
</tr>
<tr>
   <td>KeyUp </td>
   <td>onKeyUp </td>
   <td>Eine Taste wird
   losgelassen</td>
   <td>Dokument, Bild, Link,
   Textbereich</td>
   <td ><i>x</i></td>
</tr>
```

Aus 275 Codezeilen mit 14 KB bleibt nach dem Entfernen aller <font>-Tags eine schlanke HTML-Datei von 5 KB mit 180 Zeilen Code übrig. Dass der Rest wieder Struktur zeigt, daran besteht wohl kaum ein Zweifel. Hinzugekommen ist ein Stil für Tabellenzellen:
td {valign: top; font: 12px/120% Arial, Helvetica, sans-serif; }

3.2 Wenn das Stylesheet zweimal klingelt

Das Chaos des Webdesigns liegt nicht nur darin begründet, dass jeder Browser seine eigene Vorstellung von der Darstellung eines HTML-Dokuments einbrachte. Das Chaos ist eine Webseite, die von »Schönheitspflästerchen« überklebt ist, bis die Struktur kaum noch zu erkennen ist. Nicht nur dass die Pflege solcher Seiten aufwendig ist – auch der Informationswert der Seite sinkt im gleichen Ausmaß.

Das Stylesheet kann als zentrale Steuerdatei allen Seiten einer Site zugrunde liegen – die Änderung eines Stils wird auf allen Seiten direkt übernommen. Das sorgt nicht nur für einen schnellen schlanken HTML-Code ohne <font>-, <center>- oder <u>-Tags und ohne formatierende Attribute für die Ausrichtung – sondern bringt insbesondere auch die Effizienz und Sicherheit bei Änderungen.

Zentrale für unterschiedliche Plattformen

Stylesheets steuern nicht nur die Typografie einer Site, sondern auch das Layout. Inhalte können für die Darstellung auf dem Computermonitor und auf dem Palmtop entworfen werden – auf dem Palmtop wird aber ein anderes Stylesheet für eine lesbare Darstellung sorgen und ein weiteres Stylesheet wird das Handy klingeln lassen.

Einen Schritt weiter gedacht: Der gleiche Inhalt kann mit einem zweiten Stylesheet für die Druckausgabe vorbereitet werden. Im Stylesheet für den Druck werden Absätze zusammengehalten, Hurenkinder und Schusterjungen vermieden, bestimmte Bilder werden nicht gedruckt, Bilder, die gedruckt werden, nicht mehr mitten im Bild durchgeschnitten und auf der nächsten Seite fortgesetzt.

Ein drittes Stylesheet bereitet die Site für die Sprachausgabe vor. Eine Reihe von Elementen, die bei der Sprachausgabe nur stören würde, wird durch das Stylesheet verborgen.

Suchmaschinen, die klar und einfach strukturierten Seitencode deutlich bevorzugen, freuen sich über die aufgeräumten Seiten, in denen sie nicht von Formatierungsangaben gestört werden. Besucher, deren Browser keine Stylesheets unterstützen, sehen die Seite »linear« mit den Voreinstellungen des Browsers.

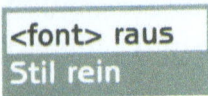

Kapitel 3   Grundlegende Techniken

<font>, <basefont>, <u>, <strike>, <s> und <center> sind durch die Einführung von Stylesheets schlichtweg überflüssig geworden: Sie verschwinden. HTML 4.01 hat viele Formatierungstags und noch mehr Attribute als »unerwünscht« gekennzeichnet.

Nutze das Tag

Stylesheets gelingen umso einfacher, je besser die zugrunde liegende Struktur des HTML-Dokuments aufgebaut ist. Im Klartext heißt das: Je gezielter HTML-Tags für den Aufbau des Dokuments eingesetzt werden, umso einfacher wird die Formatierung mit Stylesheets.

Das HTML-Dokument fällt deutlich eleganter aus, wenn für die Überschriften im Dokument <h#>-Tags eingesetzt werden. Werden Aufzählungen durch <ol>- oder <ul>-Tags notiert, sind sie einfacher zu formatieren als Aufzählungen, die der Entwickler trickreich aus <p>-Tags und sinnlosen -Zeichen für den Leerraum herausarbeitet.

Stylesheets versus Satzprogramm und Textverarbeitung

Auf den ersten Blick lassen sich Stylesheets mit Stilvorlagen in QuarkXPress oder Word vergleichen. Dort markiert der Setzer einen Text oder platziert den Cursor in einem Absatz und weist ihm ein zuvor definiertes Format zu. So einfach dieses Verfahren auch ist, es ist fehleranfällig und arbeitsreich.

Zum einem muss jedem Absatz, jeder Bildunterschrift und jeder Überschrift manuell ein Format zugewiesen werden, auf der anderen Seite wird ein Text mitten aus dem Absatz, der ausgeschnitten und in die Überschrift gesetzt wird, weiterhin die Merkmale des Absatzformates tragen, aus dem er entfernt worden ist.

Professionelle Webeditoren wie Dreamweaver ersparen die Schreibarbeit und bieten ein Dialogfenster, in dem die einzelnen Eigenschaften unter einer grafischen Oberfläche in ähnlicher Weise zusammengestellt werden wie in den Stilvorlagen von QuarkXPress. Die Dialogfenster für Stylesheets in Dreamweaver zeigen im Grunde die gleichen Optionen wie das Dialogfenster für das Zeichenformat in Quark – die Verfahren sind letztlich identisch.

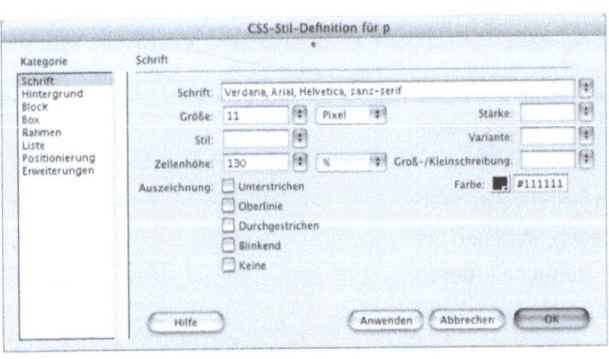
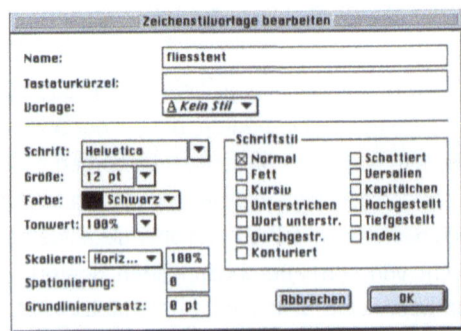

3.2 Wenn das Stylesheet zweimal klingelt

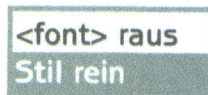

Im Gegensatz zum Satz- oder Textverarbeitungsprogramm zeigt HTML durch seine Tags die Grundlage für die Formatierung an: Ein Absatz ist in <p>-Tags, eine Überschrift in <h#>-Tags, eine nummerierte Aufzählung in <ol>-Tags eingeschlossen. Sobald die Stile für diese HTML-Tags definiert worden sind, werden sie im Browser automatisch auf die HTML-Elemente angewendet.

Differzierungen bringt der Grafiker im Satzprogramm durch manuelle Änderungen eines markierten Textes ein. Diese Methode gibt es auch in CSS – sie wird mit so genannten Klassenselektoren realisiert. Wer schon mal einen Blick in den Code eines mit CSS formatierten Dokumentes geworfen hat, wird dort vielleicht auch Klassenanweisungen gesehen haben:

◊ ```
<p class="absatzformat">Dies ist ein Absatz, der
mit einem benutzerdefinierten Klassenformat
versehen worden ist.</p>
```

Die Klasse .absatzformat wird durch ein Stylesheet definiert – im Grunde genommen nicht viel anders als eine Absatzvorlage in Quark:

- `.absatzformat { font-family: Geneva, Arial, Helvetica, sans-serif; font-size: 12px; color: #333333}`

Darüber hinaus bieten Stylesheets Mechanismen, um auch das letzte HTML-Element zu erreichen, und gehen weit über die Funktionalität der Absatz- und Zeichenvorlagen in Satz- und Textverarbeitungsprogrammen hinaus.

Dafür sind Stylesheets einem Handicap unterworfen, mit denen diese Anwendungen nicht kämpfen müssen: die unterschiedliche Implementierung von Stylesheet-Eigenschaften in den verschiedenen Browsern.

*Satz und Textverarbeitung sind »absatzorientiert« – sie formatieren Absatz für Absatz eines Textes über Absatzformate. Ausnahmen werden durch manuell angewendete Zeichenstile oder durch eine Zeichenvorlage umgesetzt.*

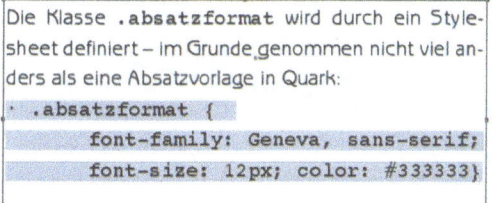

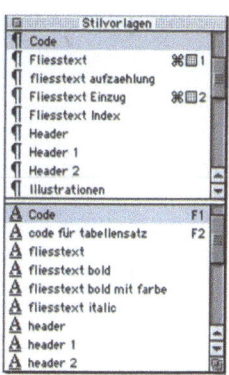
```

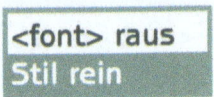

Kapitel 3   Grundlegende Techniken

3.3   Eigenschaften sind für alle da

Anders als in Satz- und Textverarbeitungsprogrammen, in denen eine Eigenschaft wie »Breite« in einem Dialogfeld immer in einem Kontext steht, können CSS-Eigenschaften auf eine Vielzahl von Elementen angewendet werden. Eigenschaften wie `width` (Breite) oder `background-color` (Hintergrundfarbe) können für das gesamte Dokument, einen Textabsatz <p>, für eine Tabelle oder Tabellenzelle, für ein Bild und für einen <div>-Container deklariert werden.

Auch sind Text und Bild in CSS keine streng geteilten Welten – das Regelsystem umfasst alle Elemente, vom Textabsatz über das Bild bis zur Tabelle: Die Eigenschaft `width` kann für einen Textblock angegeben werden, für ein Bild, eine Tabelle oder ein Java-Applet. Dieser Ansatz führt zu einem machtvollen, generellen Regelsystem.

Struktur inbegriffen
Das HTML-Dokument ist durch die Wahl der Tags bereits strukturiert und die Darstellung der Inhalte in einem Tag ist vorbelegt, d.h., ohne weitere Formatierung und ohne formatierende Attribute in den Tags hat der Browser eine konkrete Vorstellung oder Vorschrift, wie ein HTML-Element darzustellen ist.

Das einfachste Verfahren, mit Hilfe von Stylesheets eine andere Darstellung – andere Schriften, Farben, Hintergründe – zu erzielen, ist die Neudefinition der Eigenschaften der HTML-Tags: Dem p-Element wird eine andere Schrift zugewiesen, das table-Element wird mit einer Nicht-Proportionalschrift belegt, <ul> (ungeordnete Liste) mit einem Einzug und Bilder mit einem Rand von der Umgebung abgesetzt.

Wer diese Struktur, die vorgefertigt von HTML mitgeliefert wird, nutzt, kommt mit wenigen manuellen Eingriffen bei der Formatierung des Dokumentes aus. Der Text in <p>-Tags wird automatisch als Absatz formatiert, die Überschriften gemäß ihrem Rang als Überschrift, Aufzählungen erhalten Aufzählungssymbole am linken Rand und einen Einzug, ohne dass der Webdesigner eingreift.

Je besser die Struktur von HTML ausgenutzt wird, desto einfacher fällt das Stylesheet aus.

Das Konzept der »generellen Eigenschaften« gibt es in der Textverarbeitung und in Satzprogrammen nicht. Eigenschaften wie ein Einzug stehen zur Formatierung von explizit angegebenen Elementen zur Verfügung.

Ein HTML-Dokument kann sich bereits durch die Struktur verständlich machen, die von den HTML-Tags eingebracht wird. Je besser diese Struktur genutzt wird, umso einfacher und effizienter wird die Gestaltung durch Cascading Stylesheets gelingen.

3.3 Eigenschaften sind für alle da

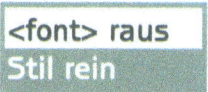

Der Ärger mit der Zeile

Die Darstellung eines HTML-Dokumentes ist zeilenorientiert. Wie in der guten alten Zeit der Texteditoren liegen alle Elemente in Zeilen: Nicht nur Texte, sondern auch Bilder und Tabellen wandern gnadenlos in Zeilen und können nur hintereinander aufgereiht werden. Zwar kann der Webautor seine Inhalte in einer Layouttabelle nebeneinander unterbringen, aber dem flexiblen grafisch orientierten Layouthilfsmittel von Text- und Bildrahmen aus QuarkXPress oder InDesign gegenüber wirkt die Layouttabelle wie in Stein gemeißelt.

Sowohl Frames als auch Layouttabellen sind in der Lage, Inhalte nebeneinander zu stellen, aber nicht, ohne die logische Reihenfolge der Inhalte zu ändern. Das ist ein Drama für alle, die mit textorientierten Browsern surfen, für assistierende Geräte wie die Braillezeile und für die Sprachausgabe.

Erst die Positionierung von Elementen durch CSS beendet die Zeilenorientierung von HTML und befreit Elemente aus dem Dokumenten-

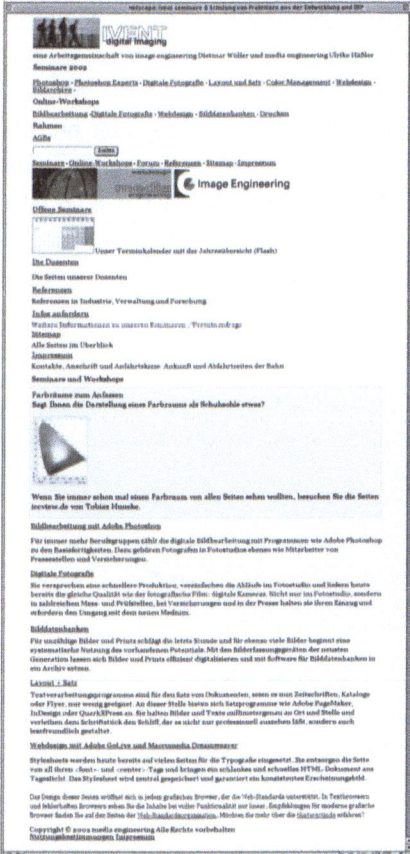
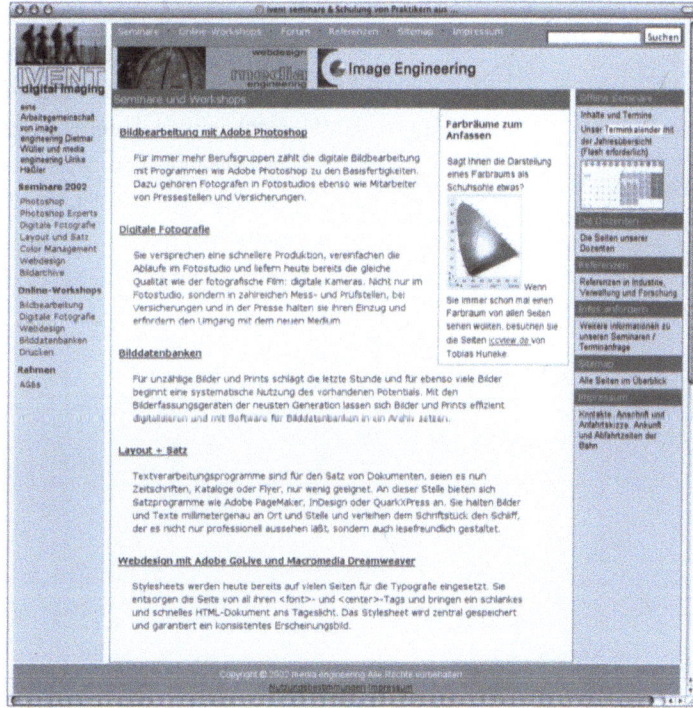

Was HTML Zeile für Zeile auflistet, wird durch das Stylesheet in Form gebracht und positioniert.

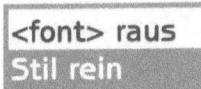

fluss. Dabei bringt HTML zusammen mit CSS ein Spagat zustande: Die Inhalte im HTML-Dokument bleiben ohne Stylesheet »linear«, mit Stylesheet können Inhalte aus dem linearen Dokumentenfluss herausgenommen werden. Dieser Spagat bildet die Grundlage für die Nutzung von Dokumenten in anderen Medien als dem Web oder dem Druck: So werden wir demnächst in der Lage sein, Internet im Auto aus dem Radio zu hören.

Vorbelegt und klassifiziert

Dass alle Attribute von HTML und alle Eigenschaften in CSS »vordefiniert« sind, ist für Grafiker und Setzer aus dem Print sicherlich eine kleine Hürde und gewöhnungsbedürftig – andererseits bringt auch QuarkXPress eine Reihe von Vorbelegungen mit. So ist die Voreinstellung für einen Textrahmen in Quark immer mit einem Punkt Abstand vordefiniert, die Silbentrennung ist ausgeschaltet und wenn sie eingeschaltet wird, ist die Silbentrennung für großgeschriebene Wörter noch nicht eingeschaltet. Mit dererlei Voreinstellungen verhelfen alle klugen Anwendungen ihren Benutzern zum schnellen Start; ob wir sie später sinnvoll finden, steht auf einem anderen Blatt.

HTML wurde von Programmierern, Technikern und Wissenschaftlern, nicht von Layoutern, Setzern und Grafikern entwickelt. Erst bei der Spezifikation von Stylesheets hat sich das W3C Gedanken über die klassischen Techniken und Methoden der Typografie und des Layouts gemacht.

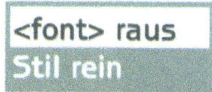

3.4 Die Syntax der Stile

Stylesheets sind alles andere als intuitiv. Zwar ist die Syntax der Regeln im Vergleich zu einer Programmiersprache strikt und einfach, und einfache Stile für die Schriftgestaltung und die Textauszeichnung sind schnell zu erfassen. Wohl jeder, der jemals ein Stylesheet angelegt hat, hat mit diesen Merkmalen angefangen.

Komplexer Natur sind die Inhärenz, das Boxmodell, die Positionierung von Elementen und feste und relative Maßangaben. Sie sind die Grundlage für das Layout großer Sites und beherbergen die Aspekte, die ein Dokument auf den Weg in die unterschiedlichen Medien vorbereitet.

Das Boxmodell mit Blockelementen und Inlineelementen hat selbst den Herstellern der Browser, die ja an der Definition von Cascading Stylesheets intensiv mitgewirkt haben, Schwierigkeiten bereitet. Die absolute Positionierung, die wir uns alle so lange gewünscht haben, ist einfach zu verstehen, aber die feste Positionierung hat Internet Explorer 6 auf dem PC lieber ausgelassen.

Wer auf dem Monitor arbeitet, hat den Pixel im Griff und Printdesigner kennen die Tücken von Punktgrößen. Aber die wahrhaft relativen Maßangaben bringen beide Gruppen ins Schwitzen.

Stile definieren

Ein Stil besteht aus einem Selektor und Deklarationen. Der Selektor identifiziert ein oder mehrere Elemente der Webseite und selektiert sie. Die Deklaration übermittelt dem Browser, wie die Elemente darzustellen sind.

Es sind nicht nur die fehlerhaften Browser, die den Einsatz insbesondere von CSS2 verzögert haben. Die Komplexität und der abstrakte Ansatz tun das ihre dazu. Darum sind bis heute auch nur wenige grafische Ansätze entstanden, die dem Designer bei der Erstellung der Stylesheets zur Seite stehen.

Selektor	Deklaration		
p	{ font-size:	1em;	}

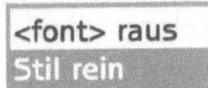

Kapitel 3 Grundlegende Techniken

Der Selektor ist der Name eines HTML-Elements oder ein frei gewählter Name. Dieser Name kann aus Buchstaben a-z, A-Z, den Ziffern 0-9, Punkten, Bindestrichen, Escapezeichen, den Unicodezeichen 161-255 oder Unicodezeichen als numerischen Code bestehen, darf aber nicht mit einem Sonderzeichen oder einer Ziffer anfangen. Im einfachsten Fall ist der Selektor der Name eines HTML-Elements wie p, table, div oder body und definiert die Darstellung der Inhalte in allen Vorkommen dieser Elemente.

Nach dem Selektor folgt in geschweiften Klammern die Deklaration, in der verschiedene Eigenschaften des HTML-Elements neu definiert werden, z.B. die Schriftart in Absätzen (also in <p>-Elementen), die Schriftfarbe für Überschriften der Ebene 1 oder die Schriftgröße.

Ein Stil wird auf das HTML-Element »angewendet« – z.B. auf der vorigen Seite auf alle <p>-Elemente des HTML-Dokumentes. Durch die Deklaration des Stils werden alle Texte in <p>-Elementen in Schriftgröße 1em dargestellt. Das geschieht automatisch und ohne eine besondere Angabe in den <p>-Tags des Dokuments an einer zentralen Stelle. Das HTML-Dokument bleibt übersichtlich und effizient.

Das Regelwerk

Jedes Stylesheet besteht aus einer Folge von Regeln. Wenn mehrere Selektoren die gleichen Eigenschaften zugewiesen bekommen, werden die Selektoren durch Kommas voneinander getrennt:

```
Selektor_1, Selektor_2, ... Selektor_n
  {Eigenschaft_1: Wert_1, Wert_2, ... Wert_n;
   Eigenschaft_2: Wert_1, Wert_2, ... Wert_n;
   ...
   Eigenschaft_m: Wert_1, Wert_2, ... Wert_n;}
```

- p, td, li {font-family: Arial, sans-serif;
-           font-size: 12px;
-           color: gray }

Die Deklaration eines Stylesheets steht in geschweiften Klammern und listet eine Eigenschaft oder eine Reihe von Eigenschaften des selektierten Elements auf. Jede Eigenschaft hat eine Bezeichnung wie font-family, font-size, color oder background-color. Die Eigenschaften werden durch Semikola voneinander getrennt. Das Semikolon nach der letzten Deklaration ist optional.

Hinter der Eigenschaft folgen ein Doppelpunkt und der Wert, z.B. line-height: 140%; font-color: red;.

3.4 Die Syntax der Stile

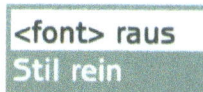

Einer Eigenschaft wird ein Wert oder eine Werteliste zugewiesen. Wenn einer Eigenschaft mehr als ein Wert zugewiesen wird, sind die Werte durch Kommas und ein Leerzeichen voneinander zu trennen: z.B. `font-family: Verdana, Arial, sans-serif;`.

- `p { text-indent: 10pt }`   eine CSS-Regel, Stylesheet oder kurz „Stil" genannt
- `{ text-indent: 10pt }`   eine Deklaration
- `text-indent`   die Eigenschaft
- `10pt`   ein Wert (wichtig: nie ein Leerzeichen zwischen Wert und Maßeinheit setzen!)
- `pt`   die Maßangabe gehört immer zwingend zum Wert

Stil für jede Gelegenheit: Selektoren

Die vorangegangenen Beispiele zeigen »HTML-Selektoren« oder »Elementselektoren« – die intuitivste Technik, einem Element einen Stil zuzuweisen: Man nehme den Namen eines Tags, mache ihn zum Selektor in einem Stylesheet und weise ihm ein paar neue Eigenschaften zu. Dadurch wird den Inhalten in allen Vorkommen des Tags im Dokument ein neues Erscheinungsbild verliehen.

Das ist einfach, aber an vielen Stellen wollen wir Elemente besser differenzieren. Damit z.B. p-Elemente im Dokument nach verschiede-

Nur ein kleiner Einblick in die Technik der Selektoren. In Kapitel 5 wird die Technik der Selektoren ausführlich beschrieben.

HTML-Selektoren
Selektoren sind die Namen von HTML-Elementen und definieren die Darstellung der jeweiligen Elemente neu.

```
body {font-family: arial;}
p    {font-size: 12px;}

<p> Inhalt </p>
```

Allen p-Elementen werden Eigenschaften zugewiesen.

Klassenselektoren
Der Designer gibt dem Selektor einen eigenen Namen, der mit einem Punkt (».«) beginnt, und weist dem Tag einen Stil durch das HTML-Attribut `class` *zu:*

```
.meinstil {font-size:
    12px;}
...
<p class="meinstil">
```

Allen p-Elementen mit `class="meinstil"` *werden Eigenschaften zugewiesen.*

Kontextselektoren
Für ein komplexes Layout können einem Element verschiedene Stile je nach Umgebung zugewiesen werden:

```
p      { font-size: 12px;}
td p { font-size: 10px;}
...
<td><p> Inhalt </p><td>
```

p-Elementen, die in Tabellenzellen stehen, werden andere Eigenschaften zugewiesen.

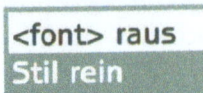

nen Kritierien formatiert werden können (Fließtext, Fließtext mit Einzug, unterschiedliche Schriften für verschiedene Rubriken, eine kleinere Schrift für eine Marginalspalte), werden verschiedene Klassen von p-Selektoren gebildet. Allen Tags, die aus dem einfachen Schema herausfallen sollen, muss im HTML-Code eine Klasse zugewiesen werden.

Ein Element kann auch »kontextabhängig« dargestellt werden. So wird ein p-Element in einer Tabellenzelle anders formatiert als außerhalb von Tabellen. Durch so genannte »Pseudoelemente« bringen Stylesheets weitere Unterscheidungsmerkmale. Mit Hilfe unterschiedlicher Arten von Selektoren werden Stile gezielt auf die HTML-Elemente eines bestimmten Layouts angewendet.

Voreinstellungen

Jeder Entwickler von WWW-Seiten ist an ihnen verzweifelt: die Farben und die Unterstreichung der Hyperlinks. Da kann ein <font>-Tag in beliebigen Farben darum herum aufgebaut werden ... an den Farben des Links ändert sich nichts. Farben und Unterstreichung sind schon in der Definition des <a>-Tags eingebaut. Im reinen HTML gibt es nur Attribute, um die Farben von Hyperlinks in den verschiedenen Zuständen zu ändern: Die Angaben `link="#009999"`, `vlink="#FF3333"` und `alink="#FFCC66"` finden sich häufig im <body>-Tag des Dokuments, aber HTML 4 bezeichnet diese Attribute als »unerwünscht«.

Auch der Abstand eines Absatzes vom vorangegangenen Absatz hat uns geärgert, ohne dass wir je einen Weg fanden, ihn los zu werden: Der Abstand ist genauso eine Voreinstellung wie die Unterstreichung der Hyperlinks. Erst ein Stylesheet ist in der Lage, eine Voreinstellung zu überschreiben:

In der Voreinstellung liefern fast alle Browser den Text in der Schriftart Times oder Times New Roman. Dabei werden die Absätze durch einen höheren "Durchschuss" voneinander getrennt.

Wer stattdessen lieber einen Einzug vor jedem Absatz hätte, muss im reinen HTML mit Tricks arbeiten, denn mehrere Leerzeichen hintereinander werden unterdrückt.

Wer mehr Informationen durch Hyperlinks angeben wollte, musste mit den typischen Farben für Links leben und auch die Unterstreichung stets hinnehmen. HTML kennt keine Mittel, die Unterstreichung zu unterdrücken.

```
a {     text-decoration: none; }
        /* eliminiert die
        /* Unterstreichung des
        /* Hyperlinks
p {     margin-top: 0px;
                margin-bottom: 0px; }
        /* setzt den Abstand
        /* zum vorangegangenen
        /* und zum nächsten
        /* Absatz auf 0.
```

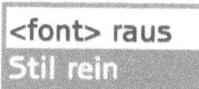

3.5 Interne und externe Stylesheets

Mit vier Methoden gelangen Stile zu den HTML-Elementen, für die sie gedacht sind:

- Inlinestile notieren ein Stylesheet mit dem HTML-Attribut `style` direkt in das Tag.
- Globale interne Stylesheets werden im head-Element innerhalb eines <style> ... </style>-Tags notiert.
- Stylesheets werden in einer externen Datei gesammelt und im head-Element des Dokuments durch eine link-Anweisung geladen.
- Stylesheets werden in einer externen Datei gesammelt und im Dokument durch eine @import-Anweisung innerhalb des <style>...</style>-Tags geladen.

Die Idee, die Formatierung aus dem Dokument herauszuhalten und als globale Sammlung einer ganzen Site anzubieten, gehört zu den größten Errungenschaften von Cascading Stylesheets. Gleichzeitig sorgt »Cascading« für die Flexibilität, indem es zusätzlich lokale Stile bietet, um globale Stile im Dokument zu überschreiben.

Inlinestile

Inlinestile werden direkt innerhalb der spitzen Klammern eines öffnenden Tags angegeben.

```
<p style="font-family: 'courier new'; width:
300px; color: teal;">Dieser Absatz wird 300px
breit in teal gesetzt. </p>
```

Alle Eigenschaften, die einem Tag zugeschrieben werden sollen, werden in Hochkommas hinter dem style-Attribut des Tags aufgeführt. Innerhalb der Hochkommas ist die Syntax des Inlinestils die gleiche wie in den geschweiften Klammern einer Stildeklaration – die einzelnen Eigenschaften werden durch Semikola voneinander getrennt.

Zu beachten ist, dass nun innerhalb der umschließenden doppelten Hochkommas weitere Hochkommas als einfache Hochkommas notiert werden müssen.

Inlinestile gelten nur für die Reichweite eines individuellen Elements und stellen für die Formatierung wiederkehrender Elemente keine effiziente Technik dar. Sie eignen sich eher, einem Element eine zusätzliche Eigenschaft hinzuzufügen oder Eigenschaften für ein einzelnes Element »auszuschalten«.

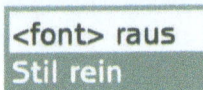

Kapitel 3   Grundlegende Techniken

Geschichten vom Piloten Pirx

Die Fliege hatte inzwischen von ihrem Lieblingsspiel abgelassen und kroch jetzt auf der bloßen Leitung entlang. Das schadete ihr nicht, aber wenn es sie gelüstete, auf die zweite zu kriechen ... Offenbar verspürte sie gerade diese Lust, denn nun brummte sie und setzte sich ganz außen auf die Kupferader – so, als ob es in dem ganzen Steuerraum keinen anderen Platz gegeben hätt'. Pirx überlegte fieberhaft. Wenn sie nun die Vorderbeine auf die erste und die Hinterbeine auf die zweite Leitung stellt, dann ... Ja, was eigentlich? Im schlimmsten Fall würde er einen Kurzschluß geben, aber die Fliege war wohl noch nicht groß genug, um einen Kurzschluß zu verursachen.

Macromedia Dreamweaver und Adobe GoLive verwenden automatisch Inlinestile für div-Container (in Dreamweaver »Ebenen« und in GoLive »Rahmen« genannt). Diese Inlinestile notieren die Bezeichnung, die Art der Positionierung und die Abmessungen der Container.

Das ist sinnvoll, solange es sich um ein individuelles Element für ein einzelnes HTML-Dokument handelt und der div-Container nicht für das generelle Layout der Site verwendet und auf allen Seiten einer Site als wiederkehrendes Element eingesetzt wird.

```
<div id="Layer1"
    style="position:absolute;
    left:48px;
    top:36px;
    width:412px;
    height:359px;
    z-index:1">
```

Globale interne Stile

Globale Stile formatieren besondere Elemente eines individuellen Dokuments oder überschreiben Eigenschaften, die in der externen Stylesheetdatei deklariert werden.

Alle globalen Stile werden innerhalb von <style>-Tags notiert, die wiederum innerhalb des head-Elements des Dokuments liegen müssen. Für Browser, die Cascading Stylesheets nicht unterstützen, werden die Stylesheets zusätzlich in HTML-Kommentarsymbolen (<!-- ... -->) eingeschlossen, damit sie ignoriert werden und nicht zu Fehlern in der Darstellung führen können.

In grafischen Editoren wie GoLive 5 und Dreamweaver 4 waren globale interne Stylesheets eine praktische Technik in der Testphase, da ihre formatierenden Eigenschaften sofort im HTML-Editor sichtbar wurden, während die Programme ausgelagerte Stile erst nach einer erneuten Verknüpfung oder einem erneuten Import auf das HTML-Dokument anwendeten.

◊ `<head>`
◊ `...`
◊ `<style type="text/css">`
◊ `<!--`
• `body { background: linen }`
• `h1   { font: bold 18px Verdana; color: #666666 }`
• `td   { vertical-align: top }`
◊ `-->`
◊ `</style>`
◊ `</head>`

In einem Dokument dürfen auch durchaus mehrere style-Elemente angelegt werden – z.B. um verschiedene Sprachen oder Ausgabemedien optisch zu trennen oder eine andere logische Unterteilung herauszustellen.

Wenn die Stile anhand einer Musterseite fertig deklariert sind, werden sie aus dem HTML-Dokument in die Stylesheetdatei kopiert.

3.5 Interne und externe Stylesheets

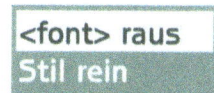

Inlinestile
Stile werden als Attribut in die spitzen Klammern des Tags gesetzt und verändern damit die Darstellung für die Reichweite dieses Tags.

```
<body>
...
<p style="color:
   darkgray; background-
   color: red;">
Der Text ist dunkelgrau
   vor einem roten
   Hintergrund</p>
```

Interne globale Stile
Stile werden global im HTML-Dokument notiert und gelten für die Dauer des Dokuments.

```
<head>
<style type="text/css">
 p    {color: darkgray}
 body {background-color:
       red}
</style> ...
</head> ...
<body>
...
<p>Der Text ist
   dunkelgrau
vor einem roten
   Hintergrund </p>
```

Inlinestile helfen in komplexen Situationen, einen Stil »an das Tag« zu bringen.

Interne globale Stile sind sinnvoll bei Tests und in der Testphase einer Site, aber auch, um Regeln aus einem zentralen Stylesheet für ein einzelnes Dokument zu überschreiben.

Externe Stylesheets
Stile werden in einer externen Datei notiert und gelten für die Dauer des Dokuments.

```
<head>
<link rel="stylesheet"
      href="stil.css"
      type="text/css">
</head>...

<body>
...
<p>Der Text ist dunkelgrau
vor einem roten
   Hintergrund
</p>
```

Importierte Stylesheets
Stile werden in ähnlicher Weise wie bei der Link-Anweisung aus einer externen Datei gelesen.

```
<head>
<style type="text/css">
<!--
 @import "stil.css";
-->
</style>...
</head>...
<body>
...
<p>Der Text ist dunkelgrau
vor einem roten
   Hintergrund
</p>
```

Fast immer stellen externe Dateien die sinnvollste Anwendung von Stylesheets dar. Zentrale Stylesheetdateien sind effizient, denn Änderungen werden nur an einer Stelle vorgenommen. Sie sichern das konsistente Erscheinungsbild über alle Seiten einer Site.

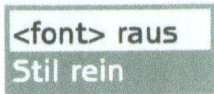

Kapitel 3   Grundlegende Techniken

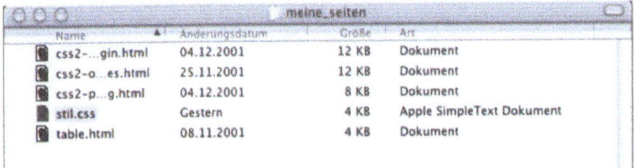

Die Stylesheetdatei ist eine schlichte Textdatei, die mit einfachen Texteditoren erstellt wird und typischerweise die Endung *.css erhält.

Zentrale Stylesheetdateien

Eine ausgelagerte Datei mit Stilanweisungen ist die beste Voraussetzung für die Konsistenz, erlaubt eine zentrale Pflege und macht Änderungen effizient. Zusätzlich spart die externe Datei Bandbreite – statt die Stile in jedem Dokument zu wiederholen, wird die Stylesheetdatei übertragen und von allen Dokumenten einer Site genutzt.

Die Stylesheetdatei wird im <head>-Bereich jedes HTML-Dokuments aufgerufen:

◊ `<link rel="stylesheet" href="stil.css" type="text/css">`

Die Stylesheetdatei kann aus Dreamweaver oder GoLive heraus erstellt werden, mit NotePad aus dem Windows-Zubehör, mit Programmeditoren wie Dana oder TextPad unter Windows, mit SimpleText oder dem komfortablen Programmeditor BBedit auf dem Mac.

Eine gelinkte Stylesheetdatei ist der sichere Weg, Stylesheets allen Browsern zur Verfügung zu stellen, die Stylesheets beherrschen, und gleichzeitig von Browern fernzuhalten, die Cascading Stylesheets nicht unterstützen.

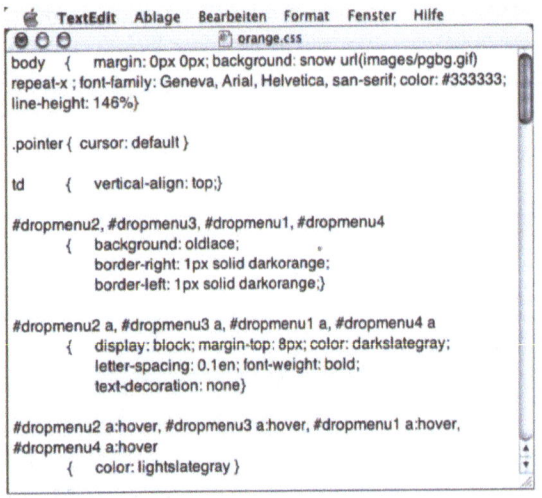
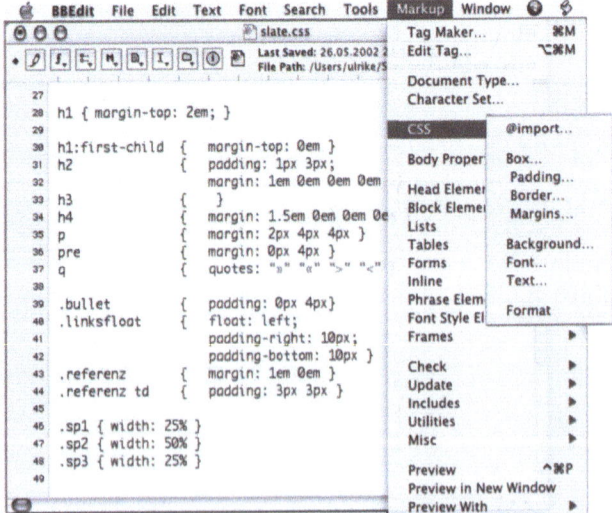

3.5 Interne und externe Stylesheets

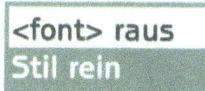

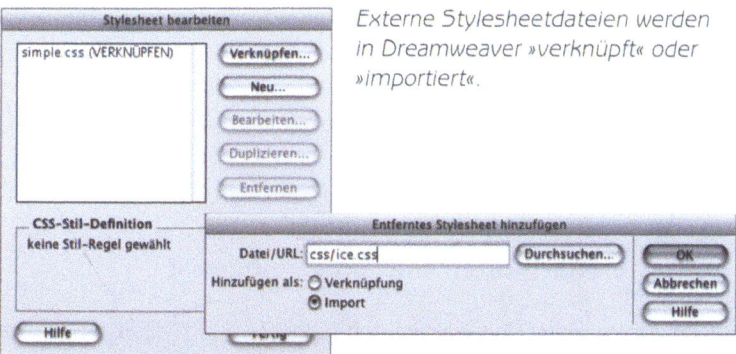

Externe Stylesheetdateien werden in Dreamweaver »verknüpft« oder »importiert«.

Externe Stylesheetdateien importieren

Die @import-Anweisung stellt eine alternative Methode zur Verknüpfung eines HTML-Dokuments mit einer externen Stylesheetdatei dar. Sie wird innerhalb eines <style>-Tags im Kopf des HTML-Dokuments aufgerufen – wenn zusätzlich globale interne Stile im Dokument notiert sind, soll die @import-Anweisung vor allen lokalen Stildefinitionen liegen. Die @import-Anweisung `@import "stil.css"` wird von älteren Browsern, die Stylesheets nur mangelhaft und fehlerträchtig unterstützen, überlesen.

Das eröffnet so manch einem Verfahren, das in älteren Browsern fehlerhaft implementiert ist oder sogar mit Abstürzen verbunden sein kann, einen legalen Weg: Eine zentrale Stylesheetdatei enthält alle »ungefährlichen« Stile – sie wird durch das <link>-Tag im Dokument eingebunden. Zusätzlich werden Stile, die fehlerhafte Browser in Schwierigkeiten bringen können, in einer zweiten Stylesheetdatei notiert und importiert. Die importierten Stile wirken zusätzlich oder überschreiben »gelinkte« Stile. Dazu muss die importierte Stylesheetdatei lediglich im HTML-Dokument hinter dem Link-Element eingesetzt werden.

Die @import-Anweisung schreibt den Dateinamen mit der Pfadangabe in Hochkommas

`@import "stil.css"`

oder notiert die URL in Klammern ohne Hochkommas:

`@import url(stil.css)`

```
◊ <link rel="stylesheet" href="stil.css"
    type="text/css">
◊ <style>
◊ <style type="text/css">
◊ <!--
•    @import "specs.css";
◊ ...
◊ -->
◊ </style>
```

Mehrere importierte Stylesheets ergänzen einander – auf diese Weise werden zusätzliche Stile modular eingebunden.

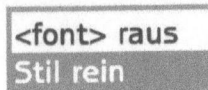

3.6 Geburtsrecht und Erbe: Inhärenz

HTML-Dokumente sind hierarchisch aufgebaut – HTML is a box in a box. In dem Schachtelmodell liegt das Konzept der Vererbung: Ein Vorfahre oder Ahne vererbt Eigenschaften an seine Kinder oder anders herum erbt ein Element die Eigenschaften seines Vorfahren – hier in Form von Farben, Einzügen, Rahmen und Größen.

Der Vorfahre ist der umspannende Block, die Schachtel, in dem sich das HTML-Element befindet: Ein p-Element liegt in einem <body>-Block, eine Tabellenzelle <td> in einer Tabellenzeile <tr>, die Tabellenzeile in einer Tabelle <table> und die wiederum in einem umspannenden <body>-Block. So wird ein Schriftstil, der für das body-Element definiert wurde, auf alle Texte in <body> angewendet, da <body> der umspannende Block ist, in dem Absätze, Tabellen, Listen und Überschriften bestimmte Eigenschaften vom body-Element erben. Eigenschaften, die einem Element zugewiesen werden, vererben sich auf die Kinder, auf die Kinder der Kinder usw.

Eine Eigenschaft, die sich auf die Nachkommen vererbt, wird in der CSS-Definition als »inhärent« bezeichnet. Inhärente Stile können durch spezifische Stile des Nachkommen überschrieben werden.

- body{font-size: 10px}   /* Der gesamte Text im
                          /* Dokument wird mit 10px
                          /* dargestellt.
- p {font-size: 14px}   /* Absätze aber werden
                          /* in 14px Schriftgröße
                          /* dargestellt oder
- p {font-size: 180%}   /* Absätze werden 80%
                          /* größer dargestellt.

Wenn das p-Element ein anderes Element enthält, etwa ein em-Element, wird das em-Element ebenfalls in 14px gerendert – es erbt die inhärente Eigenschaft von p. Wenn das em-Element in einer anderen Schriftgröße als das umfassende <p> ausgegeben werden soll, muss diese Eigenschaft explizit deklariert werden:

3.6 Geburtsrecht und Erbe: Inhärenz

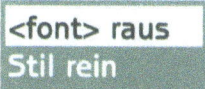

- body{font-size: 10px}
- p {font-size: 14px}   oder   p {font-size: 180%}
- em {font-size: 15px} oder   em {font-size: 110%}

Das em–Element wird in 15px oder 10% größer als p erscheinen. Wenn das em-Element in einem p-Element steht, erbt es die Eigenschaften von p, und nicht von body.

Das Baummodell

Statt HTML als ineinander geschachtelte Blöcke zu betrachten, verdeutlicht auch das »Baummodell« das Prinzip der Vererbung.

Im Baummodell bildet das html-Element die Wurzel des Baumes, darunter hängt das head-Element, darunter das body-Element. Unter dem body-Element beginnt die Verästelung des Baumes: Hier befinden sich Elemente wie table, p, h1 und span. Unter einem table- oder span-Element können wieder table-, p-, h1- und span-Elemente liegen.

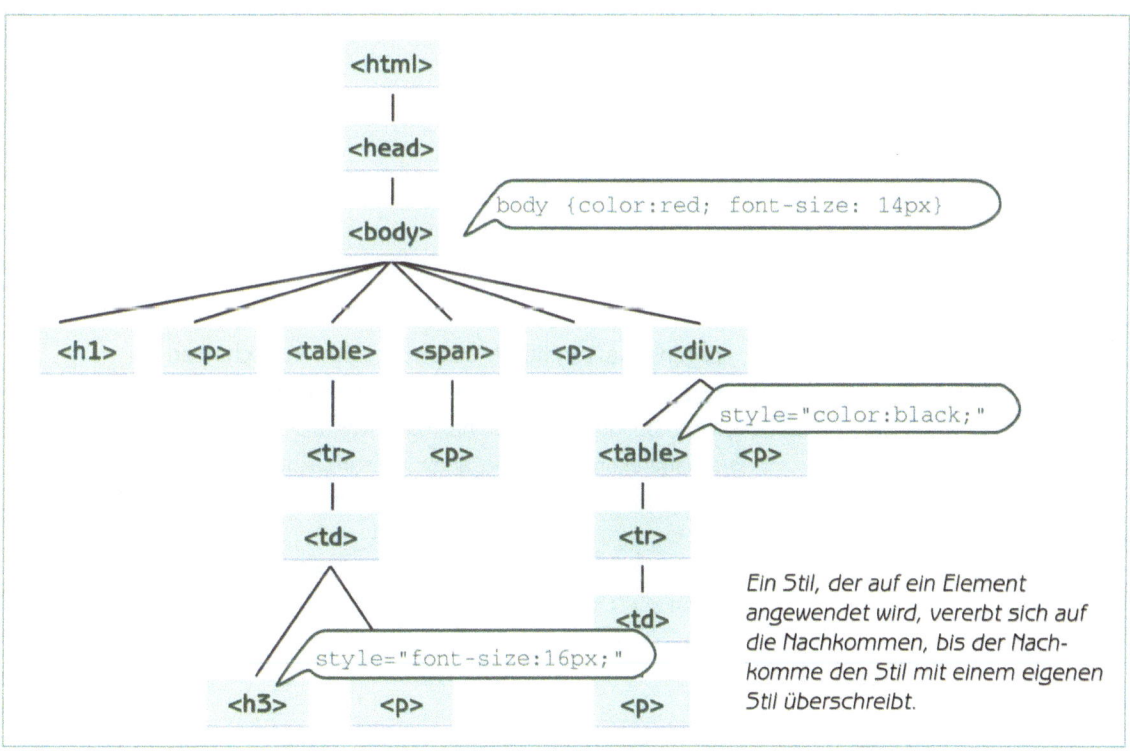

Ein Stil, der auf ein Element angewendet wird, vererbt sich auf die Nachkommen, bis der Nachkomme den Stil mit einem eigenen Stil überschreibt.

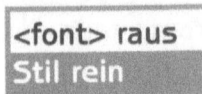

Nicht erblich: Von background bis vertical-align

Nicht alle Eigenschaften sind inhärent. Eine nicht inhärente Eigenschaft ist z.B. background. Da aber die Voreinstellung transparent ist, scheint der Hintergrund des Vorfahren so lange durch, bis der Hintergrund für ein Element explizit gesetzt wird. Auch border ist nicht inhärent. Ansonsten würde jedes Element, das in einem Block mit einem Rahmen sitzt, den Rahmen erben.

Die Frage, ob eine Eigenschaft inhärent ist oder nicht, lässt sich (fast) immer mit etwas Logik und ohne Referenzhandbuch klären. Trotzdem ... die folgenden Eigenschaften aus CSS1 werden nicht vererbt:

background-color	margin	border-style
background-image	padding-top	border-top
background-repeat	padding-right	border-right
background-attachment	padding-bottom	border-bottom
background-position	padding-left	border-left
background	padding	border
text-decoration	border-top-width	width
vertical-align	border-right-width	height
margin-top	border-bottom-width	float
margin-right	border-left-width	clear
margin-bottom	border-width	display
margin-left	border-color	

Eigenschaften durch Überschreiben ausschalten

Was ein Attribut eines Stils von seinen Vorfahren als Vorgabe aus der HTML-Definition geerbt hat oder was als Voreinstellung eine Eigenschaft bestimmt, gilt so lang, bis es im akuten Fall explizit negiert wird.

Die Unterstreichung unter dem Link werden wir also nur los, indem wir die verantwortliche Eigenschaft text-decoration:none setzen. Der Abstand eines Absatzes p zum vorangegangenen Absatz wird erst dann auf 0 gesetzt, wenn margin-top:0 und margin-bottom:0 im Stylesheet angegeben werden.

- a { text-decoration: none}
- p { margin-top: 0px; margin-bottom: 0px;}

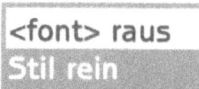

3.7 Nah schlägt fern: Cascading

Ein HTML-Dokument kann mit mehreren externen Stylesheets verknüpft sein, kann zusätzlich globale Stile definieren und HTML-Elemente mit Inlinestilen versehen. Auf diese Weise können mehrere Stile für ein Element notiert werden. Wenn es sich um verschiedene Eigenschaften handelt, werden sie zusammengeworfen:

- body   { font-family: Verdana; font-size: 11px; }
- p   { top-margin: 2px; }

CSS nutzen die Inhärenz der Vorfahren-Nachkommen-Beziehung zwischen den HTML-Elementen. Wird als Schriftart für das body-Element die Schriftart »Verdana« definiert, werden alle Texte im Dokument in Verdana dargestellt: in <p>-Tags, in Tabellen, in Listen und Überschriften. Die neue Eigenschaft für das p-Element – der Abstand nach oben top-margin – widerspricht keiner der Eigenschaften, die p inhärent durch die erste Deklarationen erhalten hat. Aber was passiert, wenn zusätzlich die Schriftart »Georgia« angegebenen wird?

Da im body-Stil bereits Verdana als bevorzugte Schrift notiert wurde, steht die Deklaration von »Georgia« im Widerspruch zur Deklaration von Verdana. In Fällen, in denen Stile miteinander in Konflikt geraten, überschreibt die spezifische Stildefinition alle anderen:

- Das zuletzt importierte Stylesheet überschreibt das zuvor importierte.
- Das gelinkte Stylesheet überschreibt das zuvor importierte Stylesheet.
- Globale interne Stile überschreiben Stile aus externen gelinkten Stylesheets.
- Lokale Inlinestile überschreiben globale Stile.
- Der Stil des aktuellen Elements überschreibt den Stil des umspannenden Blocks.
- Der Benutzer wiederum ist in der Lage, alle Stile des Designers mit einem eigenen Stylesheet zu überschreiben.

Womit wir endlich zu einer Erklärung kommen, was »Cascading« bedeutet: genau eben diese Eigenschaft.

Auf vielerlei Wegen kann ein Element an eine Eigenschaft kommen: Es hat sie von seinem umspannenden Block geerbt, sie wurde ihm in einem externen Stylesheet zugeordnet oder lokal mit dem style-Attribut zugewiesen. Und was passiert, wenn sich die Eigenschaften überschneiden oder überschreiben?

Eigenschaften ergießen sich wie ein Wasserfall vom Vorfahren auf die Nachkommen, es sei denn, der Nachkomme widerspricht der geerbten Eigenschaft und setzt einen eigenen Wert ein.

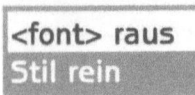

```
simple.css
p, h1, body { background: #fefefe;
  font-family: Arial, Verdana, sans-
  serif;
  color: #990000 }
ul { font: 13px/128% Georgia, Times New
  Roman, serif; color: #333333 }
```

```
ice.css
body { background: #ccffcc; }
h1 { background: darkseagreen }
p { margin: 0px 0px }
ul { list-style: circle; margin: 0px 0px }
```

```
komplex.css
body { background: #eeeeee; }
h1 { font: 16px/128% Georgia, Times
  New Roman, serif; color: #990000 }
p { font: 13px/128% Georgia, Times
  New Roman, serif; color: #333333 }
ul { list-style: square }
```

```
<link rel="stylesheet"
  href="simple.css" type="text/css">
<style type="text/css">
<!--
@import url("css/komplex.css");
@import url("css/ice.css");
p { font: 11px/128% Geneva, Verdana,
  sans-serif; color: #666666 }
-->
</style>
```

Ungeordnete Listen (ul) werden durch simple.css mit 13 Pixeln Schriftgröße – vorzugsweise in Georgia – dargestellt.
komplex.css überschreibt den Stil nicht, sondern fügt eine Eigenschaft hinzu: `list-style:square`.
ice.css allerdings ersetzt die Eigenschaft durch `list-style:circle` *und fügt eine Eigenschaft für den Abstand zum Rand hinzu:* `margin:0px 0px`.
Durch den ersten Stil in simple.css wird Arial die bevorzugte Schrift in Absätzen (p).
komplex.css überschreibt die Eigenschaft durch die Schrift Georgia und überschreibt ebenfalls die Schriftfarbe durch `color:#333333`.
ice.css fügt eine weitere Eigenschaft hinzu, nämlich `margin:0px 0px`.
Am Ende ist im HTML-Dokument eine kleinere Schriftgröße und auch eine andere Farbe notiert und als Schrift Geneva vorgegeben.

Cascading bringt uns die Flexibilität: Ein zentrales Stylesheet regelt das generelle Erscheinungsbild der Site. Wenn einzelne Seiten aus diesem Layout herausfallen und besondere Regelungen brauchen, können wir:

- hinter dem importierten Stylesheet ein zweites Stylesheet importieren, das die Regeln im ersten Stylesheet überschreibt und weitere Regeln hinzufügt,
- hinter dem importierten oder gelinkten Stylesheet im <head> des Dokumentes global die Regeln notieren, die wir nur für dieses eine Dokument benötigen.

Importance

Das !important-Konstrukt markiert Deklarationen, die sich auf jeden Fall durchsetzen sollen. !important wird auf eine Deklaration angewandt, nicht auf einen ganzen Stil:

- `p { color: navy; background: lightgray !important;`
- `     font-family: Verdana; }`

Die hellgraue Hintergrundfarbe ist also wichtig, die anderen Eigenschaften sind es nicht. Wenn mehrere !important-Deklarationen für eine Eigenschaft gesetzt werden, wird der Konflikt nach der Cascading-Regel gelöst. Hier gewinnt die zweite Regel, da sie zuletzt aufgeführt wurde:

- `h1 { color: navy !important; }`
- `h1 {color: red !important; }`

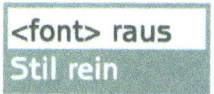

3.8 Abkürzungen und Kommentare

Eine Reihe von CSS-Eigenschaften werden als Abkürzungen betrachtet, d.h., jede dieser Abkürzungen steht für mehrere Eigenschaften. Abkürzungen verringern den Schreibaufwand und machen das Stylesheet übersichtlicher. Sie bieten mehr Sicherheit in Hinsicht auf die »unsicheren Kandidaten« unter den Browsern, denn die Abkürzungen werden zuverlässiger unterstützt.

Abkürzungen sind praktisch, kurz und schlüssig. Sie sind sogar zuverlässiger in den Browsern implementiert. Leider sind sie aber auch ein gefährliches Pflaster.

- p { margin: 1em }
- p { margin-top: 1em;
-    margin-right: 1em;
-    margin-bottom: 1em;
-    margin-left: 1em }

/* ist ein »Shorthand« für

Abkürzungen sind

background	border-right	margin
border	border-top	outline
border-bottom	font	padding
border-left	list-style	text-decoration

Die Deklaration einer Abkürzung setzt mehrere Eigenschaften in eine Stilregel und trennt die einzelnen Werte durch Leerzeichen. Eine Reihenfolge ist nicht vorgeschrieben, wenn sich die Werte zweifelsfrei einer Eigenschaft zuordnen lassen – der Wert yellow in der Abkürzung background kann nur für die Farbe angegeben werden, der Wert repeat nur für die Eigenschaft background-repeat. Dort, wo die Werte nicht zweifelsfrei zu erkennen sind, z.B. bei border, padding und margin, gilt als Reihenfolge top, right, bottom, left, also eine Notation im Uhrzeigersinn gemäß dem kleinen Wortspiel »TRouBLe«.

Macromedia Dreamweaver bietet unter Bearbeiten/Vorlagen an, Kurzschriften zu verwenden.

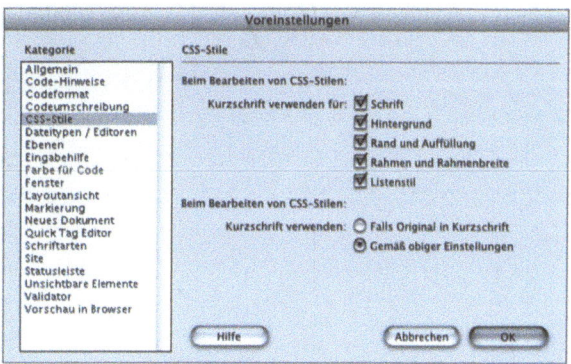

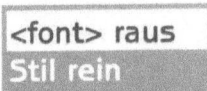

Kapitel 3 Grundlegende Techniken

Was in der Abkürzung nicht notiert wird, erhält die voreingestellten Werte. So steht z.B. die Abkürzung `background` für `background-color, background-image, background-repeat, background-attachment` und `background-position`. Die einfache Abkürzung

- `body { background: yellow; }`

entspricht der Stylesheetregel

- `body { background: yellow none top left repeat; }`

Die Kurzschrift `body { background: yellow; }` legt also gleichzeitig fest, dass kein Hintergrundbild benutzt wird und dass ein Hintergrund oben links im Dokument beginnt und wiederholt wird.

Abkürzungen erkennen

Achtung – bei Abkürzungen muss der Autor gut aufpassen, dass Abkürzungen nicht mit den ausgeschriebenen Eigenschaften konkurrieren! Der Eigenschaft `text-decoration` sieht man nicht so ohne weiteres an, dass es sich hier um eine Abkürzung handelt. Betrachten wir die beiden Regeln:

- `h2 { text-decoration: underline; }`
                        `/*h2 wird unterstrichen */`
- `h2, h3 { text-decoration: overline; }`

Fügt die zweite Regel hier die Überstreichung hinzu? Nein, denn die Regeln fügen sich nicht zusammen, da `text-decoration` eine Kurzschrift ist und die zweite Regel die erste Regel einfach nur überschreibt. Erst mit

- `h2 {text-decoration: underline overline; }`

wird die Überschrift unter- und überstrichen.

Im Uhrzeigersinn zu lesen

Kurzschriften kürzen auch die Eingabe von Werten. Eine Kurzschrift wie `border-style`, die Art des sichtbaren Rahmens um ein Element, kann in einer einzigen Deklaration ein, zwei, drei oder vier verschiedene Stile angeben, damit gleiche Werte nicht wiederholt werden müssen und das Stylesheet kurz und leichter lesbar bleibt.

- Wenn Sie einen Stil angeben, werden alle vier Rahmenseiten in diesem Stil dargestellt: `body { border-style: double}`.
- Wenn Sie zwei Stile angeben, werden die oberen und unteren Rahmenseiten mit der ersten Angabe und die rechte und linke Rahmenseite im zweiten Stil dargestellt: `body {border-style: double groove}`.

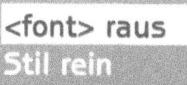

- Wenn Sie drei Stile angeben, wird die obere Rahmenseite mit dem ersten, die rechte Rahmenseite mit dem zweiten und die untere und linke Rahmenseite mit dem dritten Stil dargestellt: `body {border-style: double groove dashed; }`.
- Wenn sie vier Stile angeben, ist die Reihenfolge top, right, bottom, left: `body { border-style: double groove none solid; }`.

Stile gruppieren

In einem Stil gleich mehrere Selektoren unterzubringen, das spart Schreibarbeit, sichert einmal mehr die Konsistenz und hält die Stylesheetdatei oder den Code des internen Stylesheets klein.

```
• body, div, p, blockquote, ol, ul, li, dt, dd, td
•     { font-family: Verdana, sans-serif;
•       color: #000088;
•       font-weight: 400;
•       font-size: 1em; }
```

Kommentare

Damit wir auch nach ein paar Wochen wissen, warum wir etwas so deklariert haben, wie es im Stylesheet steht, setzen wir einen Kommentar. Der darf keinesfalls aussehen wie ein Kommentar in HTML, sondern hat seine eigene Syntax:

- `/* dies ist ein Kommentar */`

Kapitel 4 Alle Stylesheet-Eigenschaften

Dreh- und Angelpunkt der Stylesheets sind die »Eigenschaften«, mit denen die Darstellung von Elementen gesteuert wird. In der CSS-Spezifikation 2 von 1998 sind knapp über 100 Eigenschaften definiert, wobei CSS2 auch sämtliche Eigenschaften aus CSS1 enthält.

Noch werden nicht alle Eigenschaften von allen Browsern unterstützt. Es gibt auch noch immer Eigenschaften, die von keinem Browser, der heute verfügbar ist, umgesetzt werden.

Immer wieder unterstützen Browser zwar eine Eigenschaft, aber sie können nicht mit allen Werten, die diese Eigenschaft annehmen kann, etwas anfangen.

4.1 Die Cascading-Stylesheets-Spezifikation

Die Cascading-Stylesheet-Eigenschaften werden häufig in logische Gruppen zusammengefasst – z.B. in die Gruppe der Eigenschaften für die Schriftgestaltung »font«. Diese Referenz geht ebenso vor und übernimmt die Zusammenfassung in Gruppen wie Schriftgestaltung, Textgestaltung, Aufzählungen, Vorder- und Hintergrund usw.

Dieses Kapitel ist die kommentierte CSS-Referenz dieser Eigenschaften. Sie hält sich nicht an die alphabetische Reihenfolge, die in den meisten Referenzen benutzt wird. Die alphabetische Reihenfolge ist nicht besonders intuitiv und natürlich folgt sie dem englischen Alphabet. Stattdessen geht diese Referenz nach dem typischen Einstieg in Cascading Stylesheets vor: Die meisten Nutzer beginnen mit der Schriftenformatierung und der Textgestaltung. Es folgen Aufzählungen, Hintergrundfarben und -bilder, Rahmen, Abstände und Einzüge.

Als kommentierte Referenz bemüht sich dieses Buch insbesondere um eine Erläuterung der Zusammenhänge, um die praktische Anwendung und die Breitenwirkung der Eigenschaften – die Klärung der Frage, ob eine Eigenschaft in den meistgenutzten Browsern auch ausreichend unterstützt ist, um sie sicher anwenden zu können.

In der CD zum Buch finden Sie alle CSS-Eigenschaften der CSS-Spezifikation Version 2 (die auch die Eigenschaften der Version 1 enthält) in der typischen alphabetischen Reihenfolge:
aural
border
color und background
content
dimension
font
lists and markers
margin
padding
paged media
positioning
Pseudoklassen und Pseudoelemente
table
text
user interface

»Shorthand«, die Kurzschrift

Jede Gruppe hat ein eigenes Kapitel, das eine tabellarische Zusammenfassung jeder Eigenschaft und eine detaillierte Beschreibung ihrer Funktion und praktischen Anwendung darstellt. Die Kurzschriften (shorthands) werden erst nach den individuellen Eigenschaften beschrieben.

Die Eigenschaften für Tabellen, für Umrandungen und dynamisch generierte Inhalte sind bislang nur in Ansätzen in den Browsern implementiert. Dennoch sind die ersten Beispiele in fortschrittlichen Browsern erwähnenswert. Pseudoklassen und Pseudoelemente fallen ein wenig aus dem Rahmen und sind deshalb nur auf der CD in der CSS2-Referenz enthalten. Hier im Buch finden Sie die entsprechenden Erläuterungen in den Kapiteln 5.6 und 5.7.

Syntax für CSS-Wertangaben

Für die Darstellung der Alternativen, der optionalen Schlüsselwörter und der Wertangaben werden folgende Symbole verwendet:

- Ein senkrechter Strich (|) trennt zwei oder mehr Alternativen, von denen eine (und zwar nur eine) ausgewählt werden kann.

- Ein senkrechter Strich mit Ampersand (&|) trennt zwei oder mehr Alternativen, von denen jede in beliebiger Reihenfolge ausgewählt werden kann.

- Eckige Klammern ([ ]) gruppieren Werte.

- Schlüsselwörter (z.B. `thin`), die genau so angegeben werden müssen, sind in einer Nichtproportionalschrift dargestellt.

- Wenn für Eigenschaften ein Wert angegeben werden muss (z.B. *length*), wird dies durch kursive Nichtproportionalschrift deutlich gemacht.

- Das Fragezeichen (?) kennzeichnet eine Angabe als optional.

- Der Stern (*) zeigt an, dass beliebig viele Werte oder auch keiner angegeben werden können.

- Das Pluszeichen (+) gibt an, dass beliebig viele Werte, aber mindestens einer angegeben werden müssen.

- Die Angabe in geschweiften Klammern ({n,m}) besagt, dass mindestens n und maximal m Werte anzugeben sind.

Für alle Eigenschaften (außer für `page`) kann als Alternative noch der Wert `inherit` angegeben werden. Dieser weist das Programm an, die Eigenschaften des Elternelements zu bestimmen und diese Werte für das aktuelle Element zu verwenden. (Der Wert `inherit` wird aber nicht mehr extra angeführt.)

Bei den einzelnen Eigenschaften sind auch die sie unterstützenden „Mainstream"-Browser (Internet Explorer (IE), Mozilla (M), Netscape (N) und Opera (O)) mit den entsprechenden Versionen angegeben.

> Füge einen Stil an den Mond
> und du hast einen silbernen Fächer

Kapitel 4   Alle Stylesheet-Eigenschaften

Gruppe	Abschnitt	Beschreibung	Eigenschaften
Schriftgestaltung **font**	4.2	Eigenschaften für die Darstellung von Schriften. Hierzu gehören Schriftarten, -größen und -stile und Varianten wie Kapitälchen oder Versalien.	`font, font-family, font-size, font-size-adjust, font-stretch, font-style, font-variant, font-weight`
Textgestaltung **text**	4.3	Stile für die Gestaltung von Texten, die sich mit der Textformatierung in QuarkXPress oder der Absatzformatierung in Word vergleichen lassen. Sie erstellen Einzüge, spationieren oder vergrößern den Raum zwischen zwei Worten.	`direction, letter-spacing, text-align, text-decoration, text-indent, text-shadow, text-transform, unicode-bidi, white-space, word-spacing`
Aufzählungen **lists and markers**	4.4	Eigenschaften für Aufzählungen und Listen, die typischerweise durch ein Aufzählungssymbol eingeleitet werden.	`list-style, list-style-image, list-style-position, list-style-type, marker-offset`
Vordergrund und Hintergrund **color background**	4.5	Stile für die Vordergrundfarbe von Elementen und für die Gestaltung des Hintergrundes.	`color, background, background-attachment, background-color, background-image, background-position, background-repeat`
Innerer Abstand **padding**	4.6	Der innere Rand, padding, gibt den Abstand des Elements zum Rahmen (border) an und weist die gleiche Hintergrundfarbe wie das Element auf.	`padding, padding-top, padding-right, padding-bottom, padding-left`
Äußerer Abstand **margin**	4.6	Der äußere Rand, margin, bildet den Abstand des Elements gegen den umgebenden Block.	`margin, margin-top, margin-right, margin-bottom, margin-left`
Rahmen **border**	4.6	Eigenschaften des sichtbaren Rahmens um einzelne Elemente. Jedes Blockelement kann in einem Rahmen dargestellt und jede Seite des Rahmens kann unterschiedlich angelegt werden.	`border, border-top, border-right, border-bottom, border-left, border-top-color, border-right-color, border-bottom-color, border-left-color, border-top-style, border-right-style, border-bottom-style, border-left-style, border-top-width, border-right-width, border-bottom-width, border-left-width, border-width, border-color, border-style`

4.1 Die Cascading-Stylesheets-Spezifikation

> Füge einen Stil an den Mond
> und du hast einen silbernen Fächer

Gruppe	Abschnitt	Beschreibung	Eigenschaften
Visuelle Formatierung Abmessungen **dimension**	4.7	Eigenschaften für die Abmessungen von Elementen, z.B. Höhe und Breite eines Absatzes oder einer Tabelle.	`height`, `width`, `line-height`, `max-height`, `max-width`, `min-height`, `min-width`, `vertical-align`
Visuelle Formatierung Positionierung **positioning**	4.7	Eigenschaften für die Positionierung von Elementen.	`clear`, `float`, `position`, `top`, `right`, `bottom`, `left`, `clip`, `overflow`, `display`, `visibility`, `z-index`
Tabellen **table**	4.8	Besondere Eigenschaften für HTML-Tabellen.	`border-collapse`, `border-spacing`, `caption-side`, `empty-cells`, `table-layout`
Benutzeroberfläche **user interface**	4.9	Darstellung des Mauszeigers und des äußeren Rahmens um ein Element (nicht zu verwechseln mit border).	`cursor`, `outline`, `outline-color`, `outline-style`, `outline-width`
Generierte Inhalte **generated content**	4.10	Eigenschaften für die automatische Erzeugung von Inhalten in Aufzählungen und Mengentexten und deren Durchnummerierung.	`content`, `counter-increment`, `counter-reset`, `quotes`
Sprachausgabe **aural**	4.11	Die aurale Darstellung eines Dokuments verwandelt das Dokument in »flachen« Text und füttert damit die Sprachsynthese für die Sprachausgabe.	`volume`, `speak`, `pause-before`, `pause-after`, `pause`, `cue-before`, `cue-after`, `cue`, `play-during`, `azimuth`, `elevation`, `speech-rate`, `voice-family`, `pitch`, `pitch-range`, `stress`, `richness`, `speak-punctuation`, `speak-numeral`
Druckausgabe **paged media**	4.12	Eigenschaften für die Seitengestaltung, mit der Autoren Papiergröße, Ränder, Ausrichtung des Papiers, Seitenumbrüche usw. angeben.	`size`, `marks`, `page-break-before`, `page-break-after`, `page-break-inside`, `page`, `orphans`, `widows`, `:left`, `:right`, `:first`

4.2 Schriftgestaltung: font

Im ersten Durchmarsch konzentrierte sich CSS insbesondere auf den Ruf nach Techniken für Schrift- und Textgestaltung, um die Flut der formatisierenden Tags einzudämmen. Das Ergebnis ist umfassend und erlaubt dem Designer, die geliebten Finessen wie Schriftgröße, Schriftstil und -gewicht festzulegen.

`font-family`	Schriftfamilie
`font-size`	Schriftgröße
`font-size-adjust`	Größenanpassung von Alternativschriften
`font-stretch`	Schriftschnitt in verschiedenen Laufweiten
`font-style`	Schriftauszeichnungen wie »italic«
`font-variant`	Variationen von Groß- und Kleinschreibung
`font-weight`	Schriftgewicht
`font`	Kurzschrift für Schriftgröße, Zeilenhöhe, Schriftfamilie und Schriftgewicht

In CSS2 kam eine Eigenschaft hinzu, die selbst in professionellen Satzprogrammen kaum oder gar nicht vertreten ist: `font-size-adjust` passt die unterschiedlichen Größen von Schriften in gleicher Punkt- oder Pixelgröße aneinander an.

Die Eigenschaften der Gruppe »font« lassen sich mit den Zeichenstilvorlagen in QuarkXPress 4.0 vergleichen. In Macromedia Dreamweaver werden sie im ersten Dialog-fenster der CSS-Bearbeitung angeboten.

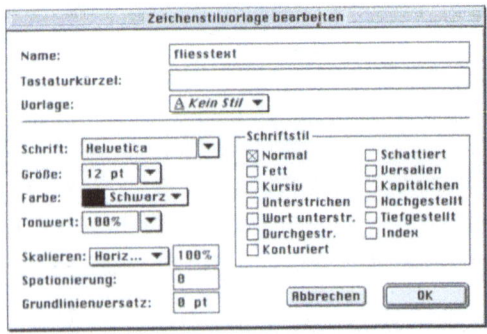
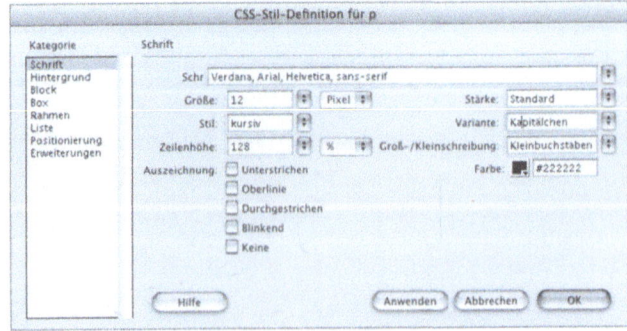

4.2 Schriftgestaltung: font

> Füge einen Stil an den Mond
> und du hast einen silbernen Fächer

font-family
IE4+ M1 N4+ O5+

Erblich: Ja   *Version: CSS1/Erweitert in CSS2*

Werte

[[*family-name* |
generic-family],
]* [*family-name* |
generic-family]

`font-family` wählt eine spezielle Schrift oder eine generische Schriftfamilie. `font-family` kann als Auswahlliste von Schriftfamilien und/oder generischen Schriften genutzt werden.

Die einzelnen Werte werden durch Kommas voneinander getrennt – eine der wenigen Stellen, an denen Kommas in der Deklaration von Eigenschaften benutzt werden. Der Browser wird die erste Schrift der Auswahlliste verwenden, die auf dem Zielsystem installiert ist. Wenn keine der Schriften der Auswahlliste installiert ist, stellt der Browser den Inhalt in der Standardschrift dar.

Bemerkungen

Dank der »Cascading«-Eigenschaft können wir eine Schriftenliste zur Auswahl bereitstellen. Dabei muss sich ein Stylesheet auch nicht mit zwei oder drei Schriften zufrieden geben – eine typische Selbstbeschränkung der <font>-Tag-Ära, in der die <font>-Tags einen Großteil der Kilobytes des HTML-Dokuments einnahmen. Da ein Stylesheet nur einmal geladen werden muss, dürfen die Auswahllisten länger werden, wenn dem Designer genügend Schriften einfallen, die er in einer bestimmten Situation gerne sehen würde.

Auch beim Einsatz von Stylesheets anstelle eines <font>-Tags führt die Ersetzung einer Schrift wie »Verdana« durch eine andere Schrift aus der Auswahlliste mit Sicherheit zu einem Umbruch im Textfluss, da Schriften bei gleicher Schriftgröße einen unterschiedlichen Raum einnehmen – nicht anders als bei Schrift im Druck.

family-name: Dummerweise ist alles mal wieder etwas komplizierter, als es aussieht. Schriften sind auf den unterschiedlichen Plattformen nicht unbedingt konsistent benannt. Und dort, wo auf dem einen Rechner ein Italicschnitt installiert ist, heißt er auf dem anderen Rechner »Oblique«. Je aufmerksamer wir hinschauen, umso mehr kleine Inkonsistenzen finden wir. Stellen Sie also sicher, dass Sie den Namen für die Schrift benutzen, mit dem sie auf dem Rechner installiert ist – Brush Script z.B. heißt auf dem Rechner „Brush Script MT".

Windows-Benutzer können sich auf ihre Anwendungen wie MS Word verlassen: Die Schrift wird unter dem Namen angezeigt, mit dem sie im Schriftenordner installiert ist. Mac-Benutzer sollten den Ordner ZEICHENSÄTZE im Systemordner öffnen und sich vergewissern, wie eine Schrift tatsächlich heißt. Hier tendieren Anwendungen dazu, den Schriften blumige Namen zu geben.

> Füge einen Stil an den Mond
> und du hast einen silbernen Fächer

Kapitel 4 Alle Stylesheet-Eigenschaften

Da in der Auswahlliste beliebig viele Schriften aufgeführt werden dürfen, benutzt man im Zweifelsfall mehrere Namen: `Courier` und `Courier New`. Gegenüber den Schriftlisten in `<font>`-Tags bringt die Auflistung von Alternativschriften im globalen und externen Stylesheet kaum eine nennenswerte Belastung für die »Bandbreite« bei der Übertragung der Stylesheetdatei vom Server zum Besucher.

Browser scheinen bei der Auflistung der Schriftnamen zur Kleinschreibung zu tendieren, obwohl die meisten Browser auch gut mit Versalien oder Klein- und Großschreibung auskommen.

Die Benutzung von (doppelten) Hochkommas ist optional, aber zu empfehlen, wenn der Name Leerstellen enthält: `"Times New Roman"`:

- `body { font-family: "gill sans", "new baskerville"}`

Bei eingebetteten Stilen wiederum benutzt man besser einfache Hochkommas, da ein eingebetteter Stil selber schon in doppelten Hochkommas steht:

◊ `<p style="font-family: 'gill sans', 'new baskerville', serif"> Hier ist der Text.</p>`

Bitte beachten Sie dabei: Netscape Communicator 4.xx unterstützt `cursive` und `fantasy` nicht.

`generic-family:` Auf jeden Fall sollte am Ende der Auswahlliste eine generische Schriftfamilie angegeben werden:

- `serif` (wahrscheinlich Times)
- `sans-serif` (wahrscheinlich Arial oder Helvetica)
- `cursive` (wahrscheinlich Comic Sans)
- `fantasy` (wahrscheinlich Ransom)
- `monospace` (wahrscheinlich Courier)

Beispiel

◊ `<span style="font-family: arial;">Arial </span>`
◊ `<span style="font-family: courier;">Courier </span>`
◊ `<span style="font-family: helvetica;">Helvetica </span>`
◊ `<span style="font-family: palatino;">Palatino </span>`
◊ `<span style="font-family: symbol;">Symbol </span>`
◊ `<span style="font-family: times;">Times </span>`

Darstellung

Arial Courier Helvetica Palatino Σψμβολ Times

4.2 Schriftgestaltung: font

Füge einen Stil an den Mond und du hast einen silbernen Fächer

font-size

IE4+ M1 N4+ O5+

Erblich: Ja   *Version: CSS1/Erweitert in CSS2*

Werte

`absolute-size` |
`relative-size` |
`length` |
`percentage`

`font-size`

Schriftgröße in Satz- und Textverarbeitungsprogrammen. Die Schriftgröße kann in einer von vier Kategorien angegeben werden.

`absolute-size`: Absolute Schriftgrößen werden in sieben Schritten angegeben. Die jeweilige Ausprägung der Schriftgröße wird durch die Kombination von Rechner und Browser bestimmt: `xx-small` | `x-small` | `small` | `medium` | `large` | `x-large` | `xx-large`. Die Voreinstellung ist `medium`.

`relative-size`: Es gibt zwei relative Schriftgrößen. Die jeweilige Ausprägung der Schriftgröße wird durch die Kombination von Rechner und Browser bestimmt: `larger` | `smaller`.

`length`: Die Länge kann in einer der folgenden Maßeinheiten angegeben werden: `cm, em, ex, in, mm, pc, px, pt`. Achten Sie darauf, stets die Abkürzung durch zwei Buchstaben zu benutzen und kein Leerzeichen zwischen dem Wert und der Maßeinheit anzugeben.

`percentage` (Prozentsatz): Die Prozentangabe vergrößert oder verkleinert die Schriftgröße gegenüber der Schriftgröße des Vorfahren. Werte, die kleiner sind als 100%, reduzieren die Größe, Werte größer als 100% erhöhen die Schriftgröße und bei 100% bleibt die Schrift unbeeinflusst.

Beispiele

- `p { font-size: x-large; }`
- `p { font-size: smaller; }`
- `p { font-size: 18pt; }`
- `p { font-size: 3em; }`
- `p { font-size: 75%; }`
- `p { font-size: 150%; }` oder
◊ `<span style="font-size: xx-small;">A </span>`
◊ `<span style="font-size: x-small;">A </span>`
◊ `<span style="font-size: small;">A </span>`
◊ `<span style="font-size: medium;">A </span>`
◊ `<span style="font-size: large;">A </span>`
◊ `<span style="font-size: x-large;">A </span>`
◊ `<span style="font-size: xx-large;">A </span>`

Bemerkungen

Netscape 4.x und IE stellen Schriften mit absoluten Größenangaben unterschiedlich groß dar – ein guter Grund, mit relativen Größenangaben wie px oder em zu arbeiten. Werden Schriftgrößen relativ (z.B. in Pixel) angegeben, werden sie meistens in gleichen Größen dargestellt.

> Füge einen Stil an den Mond und du hast einen silbernen Fächer

Kapitel 4 Alle Stylesheet-Eigenschaften

Werte

none |
number

font-size-adjust   *Zurzeit von keinem Browser unterstützt*

Erblich: Ja   *Version: CSS2*

`font-size-adjust` passt die verschiedenen Größen unterschiedlicher Schriftfamilien aneinander an und ist dafür gedacht, die Alternativschriften einer Auswahlliste in ähnlicher Größe darzustellen.

`none` ist der Standardwert und wird angegeben, wenn sichergestellt werden soll, dass vorangegangene Deklarationen die Darstellung eines Elements nicht beeinflussen sollen.

number ist ein Umrechnungsfaktor, der die unterschiedlichen Größen aneinander anpasst.

Bemerkungen

Die Schriftenersetzung über die Liste von Alternativschriften mag damit trösten, dass statt der gewünschten Verdana die Schriftart Arial im Browserfenster gezeigt wird. Aber wir alle wissen, was passiert: Der Text, der in der sorgfältig berechneten Breite perfekt saß, wird enger und läuft kürzer. Ergo: Wieder stimmt das Layout nicht mehr bis ins Detail. 12 Punkt sind nicht 12 Punkt – dass sich die Größen der verschiedenen Schriften bei gleichen Punktgrößen unterschiedlich zeigen, ist aus dem Druck bekannt.

Bei kleinen Schriftgrößen treten diese Unterschiede besonders signifikant zutage: Sind die Schriften Verdana oder Tamoha, die auch noch in kleinen Größen unter 10 Pixel/Punkt lesbar sind, auf einem System nicht installiert und wird als Ersatz eine – von Haus aus – kleinere Schrift wie die Arial benutzt, wird der Text schnell unleserlich klein.

Sowohl die Angabe von Pixel- als auch von Punktwerten führt bei verschiedenen Schriften zu unterschiedlichen Schriftgrößen:

Verdana • Arial • Georgia • Times New Roman • **Trebuchet MS** • Courier

Diese Unterschiede beruhen auf dem Ursprung der Schriftgrößenangabe, der aus Bleisatzzeiten stammt. Die Schriftgröße bezeichnet nämlich nicht die Größe der Versalien (Großbuchstaben) oder der Gemeinen (Kleinbuchstaben), sondern die Kegelgröße. Unter einem Kegel versteht man den Bleikörper, auf dem das druckende Zeichen untergebracht ist.

Schriftgrößen angleichen

Damit beim Ersatz einer Schrift ein ähnlicher Gesamteindruck einer Seite bestehen bleibt, werden die Schriftgrößen über das Verhältnis des kleinen Buchstabens x zur Schriftgröße aneinander angeglichen.

4.2 Schriftgestaltung: font

> Füge einen Stil an den Mond
> und du hast einen silbernen Fächer

Dieses Verhältnis beträgt z.B. bei der Schrift Verdana 0.58, bei der Schrift Flemish Script 0.28.

Der Seitenwert einer Schrift wird aus dem Verhältnis Schriftgröße/x-Größe (font-size/x-height) berechnet und als `font-size-adjust` für die vorgegebene Schrift notiert. Steht die Normalschrift nun nicht zur Verfügung, berechnet der Browser die Schriftgröße der alternativen Schrift nach folgender Formel:

$$\text{Schriftgröße} \times \frac{\text{font-size-adjust der Normschrift}}{\text{font-size-adjust der Alternativschrift}} = \text{neue Schriftgröße}$$

Wird zum Beispiel Verdana (Seitenwert 0.58) in 10 pt als Standard und Times New Roman (Seitenwert 0.46) als Alternativschriftart definiert, muss die Times New Roman im Ernstfall an die Größe der Verdana angepasst werden.

Da die Times New Roman kleiner als die Verdana ist, wird die Schrift Times New Roman um 0.58/0.46=1.26 vergrößert. Bei einer definierten Größe von 10 pt wird der Text in Times New Roman nun mit 13 pt (oder exakt 12.6 pt) Größe dargestellt:
10 pt*(0.58/0.46) = 12.6 pt.

Beispiele

- ```
  p { font-family: 'Meine Schrift';
      font-size:12pt;
      font-size-adjust:0.32 }
  ```
- ```
  p { font-family: 'Times New Roman';
      font-size:1.5em;
      font-size-adjust:0.46 }
  ```

Die Seitenwerte einiger Schriftarten:

Schriftart	Gegenüber Verdana	Seitenwert
Verdana	1.00	0.58
Comic Sans MS	1.07	0.54
Trebuchet MS	1.09	0.53
Georgia	1:16	0.50
Myriad Web	1.20	0.48
Minion Web	1.23	0.47
Times New Roman	1.26	0.46

> Füge einen **Stil** an den Mond
> und du hast einen silbernen Fächer

Kapitel 4   Alle Stylesheet-Eigenschaften

Werte

narrower |
wider |
ultra-condensed |
extra-condensed |
condensed |
semi-condensed |
normal |
semi-expanded |
expanded |
extra-expanded |
ultra-expanded

font-stretch   *Zurzeit von keinem Browser unterstützt*

Erblich: Ja   *Version: CSS2*

`font-stretch` bestimmt Schriftschnitte mit unterschiedlichen Laufweiten. Damit `font-stretch` funktioniert, muss die gewählte Schrift über die verschiedenen Schnitte verfügen, was heute bei den Systemschriften wie Arial, Verdana und Times nicht der Fall ist. Zurzeit verfügen nur Expertfonts von Anbietern wie Adobe und Fontstream über entsprechende Schnitte.

`narrower` wählt einen Schriftschnitt mit schmalerer Laufweite.
`wider` wählt einen Schriftschnitt mit weiterer Laufweite.
`ultra-condensed extra-condensed condensed semi-condensed normal semi-expanded expanded extra-expanded ultra-expanded`

Die Schnitte sind hier vom schmalsten bis zum breitesten Schnitt aufgeführt. Der Schnitt `normal` ist die Voreinstellung und entspricht der normalen Schrift, die im Browser dargestellt wird.

Beispiele

- `p {font-stretch: wider; }`
- `p {font-stretch: ultra-expanded; }`

Werte

normal |
italic |
oblique

font-style   *IE4+ M1 N4+ O5+*

Erblich: Ja   *Version: CSS1/Erweitert in CSS2*

`font-style` stellt die Schrift normal, kursiv und geneigt dar.

`normal` ist die Vorgabe und stellt die Zeichen aufrecht dar. Die Angabe `normal` stellt sicher, dass vorangegangene Deklarationen den Schriftstil nicht beeinflussen.
`italic` stellt die Schrift in einem kursiven Schnitt dar. Wenn kein Kursivschnitt (italic) auf dem Zielrechner installiert ist, benutzt der Browser `oblique`.
`oblique` veranlasst den Browser, die Buchstaben geneigt darzustellen, um den Kursivschnitt nachzuahmen.

Bemerkungen

Glauben Sie auch, mit »italic« wäre kein großer Spielraum verbunden und »kursiv« wäre »kursiv«? Sollte man glauben:

4.2 Schriftgestaltung: font

Füge einen Stil an den Mond und du hast einen silbernen Fächer

- `h3 { font-style: italic }`

Wenn der Browser etwas in `italic` setzen soll, sucht er nach dem Italicschnitt auf dem Rechner. Wenn es keinen speziellen Italicschnitt gibt, macht der Browser sich (manchmal) selber einen, indem er den Text neigt. Wenn die Schrift einen Schnitt hat, der »Oblique« anstatt »Italic« genannt wird, sollte der Wert in der Stildefinition auch `Oblique` genannt werden.

Beispiele

- `p { font-style: normal; }`
- `p { font-style: italic; }`
- `p { font-style: oblique; }` oder
- ◊ `<span style="font-style: normal;">Normal </span>`
- ◊ `<span style="font-style: italic;">Italic </span>`
- ◊ `<span style="font-style: oblique;">Oblique </span>`

Normal *Italic Oblique*

---

font-variant   *IE4+ M1 N6 O5+*

Erblich: Ja   *Version: CSS1*

Werte

`normal | small-caps`

`font-variant` stellt die Schrift in Kapitälchen dar.

`normal` ist der Standardwert und nimmt Einstellungen zurück, um sicherzustellen, dass keine Variante, sondern die normale Schrift benutzt wird.

`small-caps` stellt den Text in Kapitälchen dar.

Beispiel

- `h2 { font-variant: small-caps }`

Normal Kapitälchen

---

font-weight   *IE4+ M1 N4+ O5+*

Werte

`normal | bold | bolder | lighter | 100 | 200 | 300 | 400 | 500 | 600 | 700 | 800 | 900`

`font-weight` stellt die Schrift fett oder in Abstufungen von fett dar.

`normal` ist die Vorgabe. Auf der numerischen Skala von 100 bis 900 wird normal üblicherweise bei 400 angesiedelt. Die Angabe von `normal` stellt sicher, dass vorangegangene Deklarationen die Darstellung des Textes nicht beeinflussen.

`bold` entspricht der Darstellung im <b>-Tag von HTML. Auf der numerischen Skala von 100 bis 900 ist bold üblicherweise bei 700 angesiedelt.

`bolder` stellt die Buchstaben um eine Stufe fetter dar. Die Stärke der Stufen wird durch die Kombination aus Rechnerplattform/Browser bestimmt.

`lighter` stellt die Buchstaben um eine Stufe weniger fett dar. Die Stärke der Stufen wird durch die Kombination aus Rechnerplattform/Browser bestimmt.

`100 ... 900` stellt die Buchstaben in 9 Stufen von fett dar. Je größer der Wert ist, um so fetter wird der Text dargestellt. Auf der numerischen Skala von `100` bis `900` entspricht `400` normal und `700` bold. Die Stärke der Stufen wird durch die Kombination aus Rechnerplattform/Browser bestimmt.

Der vorgesehene Effekt der Abstufungen kann mit den gängigen Schriften nicht erzielt werden.

lighter
normal
bold
bolder
100
200
400
500
700
800
900

Beispiele

- p { font-weight: 600; } oder
- p { font-weight: lighter; }

◊ <span style="font-weight: 100;">100 </span>
◊ <span style="font-weight: 200;">200 </span>
◊ <span style="font-weight: 400;">400 </span>
◊ <span style="font-weight: 500;">500 </span>
◊ <span style="font-weight: 700;">700 </span>
◊ <span style="font-weight: 800;">800 </span>
◊ <span style="font-weight: 900;">900 </span>

Bemerkungen

Wenn Sie für ein Element {font-weight: normal} definieren, werden die eingebetteten Elemente <b> und <strong> in Netscape 4.x nicht fett dargestellt, bis sie explizit mit {font-weight: bold} oder {font-weight: 900 } angewendet werden. Der Stil body {font-weight: normal} unterdrückt also <b> und <strong>. Darum ist es sinnvoll: b, strong {font-weight: bold} anzugeben, um die Eigenschaften wiederherzustellen.

4.2 Schriftgestaltung: font

> Füge einen Stil an den Mond
> und du hast einen silbernen Fächer

Die Kurzschrift font

IE4+ M1 N4+ O5+

Erblich: Ja CSS1/Erweitert in CSS2

Werte

```
[ [font-style &|
font-variant &|
font-weight ]?
font-size
[ /line-height ]?
font-family ] |
caption | icon |
menu | message-box |
small-caption |
status-bar
```

`font` bestimmt in einer Deklaration alle sechs Eigenschaften der zu verwendenden Schrift. Zusätzlich kann `font` seit CSS2 sechs Werte der Systemschrift steuern. Die Reihenfolge der einzelnen Angaben ist beliebig. Beachten Sie den Schrägstrich bei `/line-height`. Er muss gesetzt werden und wird für die Angabe der Schriftgröße benutzt.

Entsprechend CSS1 muss die Deklaration einer Schrift mit der font-Eigenschaft mindestens `font-size` und `font-family` enthalten. Ein standardkonformer Browser würde also `font:14pt` ignorieren.

`caption` (CSS2) ist die Systemschrift in Schaltflächen.
`icon` (CSS2) ist die Schrift der Symbole (Icons).
`menu` (CSS2) ist die Schrift der Klappmenüs.
`message-box` (CSS2) ist die Schrift der Dialogfenster.
`small-caption` (CSS2) ist die Schrift kleiner Schaltflächen.
`status-bar` (CSS2) ist die Schrift in der Windows-Statusleiste.
`font-style`, `font-variant`, `font-weight`, `font-size/line-height` und `font-family` wurden in den vorangegangenen Abschnitten beschrieben.

Beispiel

```
.kurz { font: 600 small-caps 18pt/24pt fantasy}
<span class="kurz">kurz und b&uuml;ndig</span>
```

Bemerkungen

Wenn Sie `font-family`, `color` und `font-size` im Stil für body definieren, stellen Internet Explorer und Netscape 6 alle Elemente wie <table>, <div> und <p> in diesem Stil dar und berechnen andere Schriftgrößen in Relation zu dieser Angabe. Für Netscape 4 hingegen müssen Sie angeben, wie die einzelnen Elemente dargestellt werden sollen:

```
body, div, p, ol, ul, li, td {
  font-family: Verdana, Helvetica, sans-serif;
  color : #000088; font-weight : 400;
  font-size : 1em; }
```

Kapitel 4   Alle Stylesheet-Eigenschaften

4.3   Stile für die Textgestaltung

Schon in der Version CSS1 bieten die Regeln für die Textgestaltung alle Finessen der Satzprogramme. Was jetzt noch fehlt, sind Browser, die eine Silbentrennung ermöglichen.

Hier beginnt die professionelle Gestaltung von Texten: Wir können endlich all die feinen Absatzmerkmale heranholen, die wir in unseren Satzprogrammen wie QuarkXPress und PageMaker schätzen: Einrücken und Spationieren, den Wortabstand ändern und Text linksbündig oder im Blocksatz ausrichten.

`letter-spacing`	Zeichenabstand
`text-align`	Textausrichtung
`text-decoration`	Textdekoration
`text-indent`	Einzug
`text-transform`	Texttransformation
`word-spacing`	Wortabstand

Vermissen Sie die Höhe der Zeile `line-height` *und die vertikale Ausrichtung des Textes* `vertical-align`*? Sie werden im Kapitel 4.7 »Visuelle Formatierung« (S. 115) beschrieben.*

Mit CSS2 kommen die folgenden Eigenschaften hinzu:

`direction`	Textflussrichtung
`text-shadow`	Textschattierung
`unicode-bidi`	bidirektionaler Textfluss
`white-space`	Behandlung von Leerzeichen

Die Eigenschaften für die Textformatierung bietet Dreamweaver in den Registern »Schrift« und »Block« des Dialogfensters »CSS-Stil-Definition«.

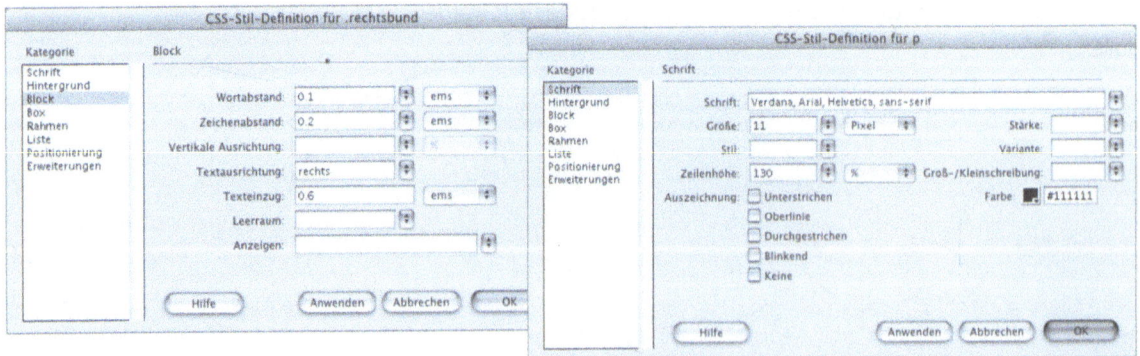

4.3 Stile für die Textgestaltung

> Füge einen Stil an den Mond und du hast einen silbernen Fächer

direction
IE5+ (PC) M1

Erblich: Ja　　　　　　　　　　　　　　　　　　　*Version: CSS2*

Werte

ltr |
rtl

`direction` steuert die Richtung des Textflusses (von links nach rechts oder von rechts nach links) und kann auf Texte, Anführungszeichen, Zeichenketten und auf die Reihenfolge von Spalten in Tabellen oder die Ausrichtung des Textes mit `text-align` angewendet werden.

Der vorgegebene Textfluss verläuft von links nach rechts für Sprachen wie Deutsch, Englisch und Französisch. Sprachen wie Chinesisch und Hebräisch fließen von rechts nach links. Wenn `direction` auf einen Inlinetext angewendet werden soll, muss `unicode-bidi` entweder auf `bidi-override` oder eingebettete Werte gesetzt werden.

`ltr` setzt den Text von links nach rechts und ist die Vorgabe.
`rtl` setzt den Text von rechts nach links.

Beispiele

- `blockquote.eng { direction: ltr; }`
- `blockquote.heb { direction: rtl; }`
  oder
- `<blockquote style="direction: rtl; unicode-bidi: bidi-override;"> ABC DEF GHI JKL MNO PQR STU VWX YZ </blockquote>`

ONM LKJ IHG FED CBA
ZY XWV UTS RQP

letter-spacing
IE4+ M1 N6

Erblich: Ja　　　　　　　　　　　　　　　　　　　*Version: CSS1*

Werte

normal |
length

`letter-spacing` steuert den Leerraum zwischen aufeinander folgenden Zeichen oder Buchstaben. Ein positiver Wert erhöht den Abstand, ein negativer Wert lässt die Zeichen enger aneinander rücken.

`normal` ist die Vorgabe. Die Angabe von `normal` stellt sicher, dass vorangegangene Deklarationen den Raum zwischen aufeinander folgenden Zeichen nicht beeinflussen – mit einer Ausnahme: Der Raum kann auch nach der Angabe `normal` aufgrund der Ausrichtung durch die Eigenschaft `text-align` verändert sein.
length kann positive oder negative Werte annehmen. Der Wert 0 verhindert, dass Einstellungen wie oben beschrieben wirken. Die Länge kann in einer der folgenden Maßeinheiten angegeben werden: cm, em, ex,

> Füge einen Stil an den Mond
> und du hast einen silbernen Fächer

Kapitel 4   Alle Stylesheet-Eigenschaften

in, mm, pc, px, pt. Achten Sie darauf, stets die Abkürzung durch zwei Buchstaben zu benutzen und kein Leerzeichen zwischen dem Wert und der Maßeinheit anzugeben.

S t i l   m i t   S t i l

Stil mit Stil

Stil mit Stil

Stil mit Stil

Beispiele

- `.raum_normal { letter-spacing: normal }`
- `.raum_pixel { letter-spacing: 3px }`
- `.raum_ems { letter-spacing: 1em }`
- `.raum_0 { letter-spacing: 0 }`

...

◊ `<p class="raum_ems"> Stil mit Stil</p>`
◊ `<p class="raum_normal">Stil mit Stil</p>`
◊ `<p class="raum_pixel">Stil mit Stil</p>`
◊ `<p class="raum_0">Stil mit Stil</p>`

Werte

left |
right |
center |
justify

text-align   IE4+ M1 N4+ O5+

Erblich: Ja   *Version: CSS1*

`text-align` richtet den Text aus.

left ist die Vorgabe: Text wird linksbündig ausgerichtet.
right richtet den Text rechtsbündig aus.
center zentriert den Text mit gleichem Weißraum nach rechts und links.
justify richtet den Text im Blocksatz aus und fügt dafür zusätzlichen Weißraum zwischen Zeichen und Wörtern ein. Beachten Sie, dass bislang kein Browser automatische Silbentrennung aufweist, so dass Texte im Blocksatz auf dem Monitor mit großer Wahrscheinlichkeit unschöne Lücken aufweisen werden. Auch die weiche Silbentrennung, die durch &shy im Quelltext des HTML-Dokuments verwendet werden kann, wird nur von Microsoft Internet Explorer verlässlich erkannt, während andere Browser die weichen Trennstriche schon mal unversehens mitten im Text anzeigen.

Beispiele

- `.links { text-align: left; width: 250px}`
- `.rechts { text-align: right; width: 250px}`
- `.zentriert { text-align: center; width: 250px}`
- `.blocksatz { text-align: justify; width: 250px}`

...

4.3 Stile für die Textgestaltung

> Füge einen **Stil** an den Mond
> und du hast einen silbernen Fächer

◊ `<p class="links"> left ist die Vorgabe ... </p>`
◊ `<p class="rechts">right richtet den Text...</p>`
◊ `<p class="zentriert">`**center** `zentriert den Text... </p>`
◊ `<p class="blocksatz">justify richtet den Text... </p>`
...

left ist die Vorgabe: Text wird linksbündig ausgerichtet. **right** richtet den Text rechtsbündig aus. **center** zentriert den Text mit gleichem Weißraum nach rechts und links. **justify** richtet den Text im Blocksatz aus und fügt dafür zusätzlichen Weißraum zwischen den Wörtern ein.

right richtet den Text rechtsbündig aus. **left** ist die Vorgabe: Text wird linksbündig ausgerichtet. **center** zentriert den Text mit gleichem Weißraum nach rechts und links. **justify** richtet den Text im Blocksatz aus und fügt dafür zusätzlichen Weißraum zwischen den Wörtern ein.

center zentriert den Text mit gleichem Weißraum nach rechts und links. **left** ist die Vorgabe: Text wird linksbündig ausgerichtet. **right** richtet den Text rechtsbündig aus. **justify** richtet den Text im Blocksatz aus und fügt dafür zusätzlichen Weißraum zwischen den Wörtern ein.

justify richtet den Text im Blocksatz aus und fügt dafür zusätzlichen Weißraum zwischen den Wörtern ein. **left** ist die Vorgabe: Text wird linksbündig ausgerichtet. **right** richtet den Text rechtsbündig aus. **center** zentriert den Text mit gleichem Weißraum nach rechts und links.

In CSS2 kam die Notation eines Zeichens oder einer Zeichenfolge als Merkmal für die Ausrichtung hinzu, um z.B. die Zellen einer Tabelle am Komma einer Währungsangabe auszurichten:

`td { text-align: ',' }`

Bemerkungen
Die Eigenschaft `letter-spacing` kann die Ausrichtung im Blocksatz überschreiben.
`justify` wird von Opera nur eingeschränkt unterstützt.

---

text-decoration	IE4+ M1 N4+ O5+

Werte

Erblich: Nein   *Version: CSS1*

```
none |
[ underline &|
overline &|
line-through &|
blink ]
```

Die meisten Varianten von `text-decoration` dienen dazu, den Text schwerer lesbar zu machen: `text-decoration` unterstreicht und überstreicht Texte, streicht Text in der Mitte durch und/oder veranlasst, dass der Text blinkt.

`none`
tionen die Darstellung des Elements nicht beeinflussen. Alle Werte außer `none` können auch miteinander kombiniert werden.
`underline` unterstreicht den Text.
`overline` setzt eine Linie über den Text.
`line-through` streicht den Text durch.
`blink` ist ein Alptraum.

> Füge einen Stil an den Mond
> und du hast einen silbernen Fächer

Kapitel 4   Alle Stylesheet-Eigenschaften

Beispiele

- .linien   { text-decoration: underline overline
                                      line-through; }
- .keine-linien { text-decoration: none; }
- .blinkend { text-decoration: blink; color: #003366; }
  ...
- ◊ `<p class="linien"> Auf einer Linie</p>`
- ◊ `<p class="keine-linien">Auf einer Linie</p>`
- ◊ `<p class="blinkend">Auf einer Linie</p>`

Bemerkungen

`overline` wird von Netscape 4.xx nicht unterstützt. Internet Explorer 4 und 5 unterstützen `blink` nicht (wir nehmen es dankend zur Kenntnis). Aber die wirkliche Errungenschaft liegt im Wert `none`. Mit diesem Wert entfernen wir die Unterstreichung unter Links:

- a:link   { text-decoration: none }
- a:visited { text-decoration: none }

Werte

length |
percentage

text-indent   IE4 M1 N4+O5+

Erblich: Ja   *Version: C551*

`text-indent` zieht die erste Textzeile nach rechts ein oder nach links aus. Wenn length oder percentage negativ sind, wird die Linie nach links ausgezogen. Ein positiver Wert zieht den Text nach rechts ein.

length kann positive oder negative Werte annehmen. Der Wert 0 ist die Vorgabe und verhindert, dass Einstellungen wie oben beschrieben wirken. Die Länge kann in einer der folgenden Maßeinheiten angegeben werden: cm, em, ex, in, mm, pc, px, pt. Achten Sie darauf, stets die Abkürzung durch zwei Buchstaben zu benutzen und kein Leerzeichen zwischen dem Wert und der Maßeinheit anzugeben.
percentage (Prozentsatz) basiert auf der vollen Länge des Textblocks, der als 100% angesehen wird.

Beispiele

- .zentimeter { text-indent: 0.5cm; width: 250px }
- .picas { text-indent: -15pc; width: 250px }
- .punkt { text-indent: 24pt; width: 250px }
- .prozent { text-indent: 5.5%; width: 250px }

4.3 Stile für die Textgestaltung

> Füge einen **Stil** an den Mond
> und du hast einen silbernen Fächer

- `.negativ { text-indent: -8%; width: 250px }`
- ◊ `<p class="zentimeter"> text-indent zieht die erste... </p>`
- ◊ `<p class="picas"> text-indent zieht die erste ... </p>`
- ◊ `<p class="punkt"> text-indent zieht die erste ... </p>`
- ◊ `<p class="prozent"> text-indent zieht die erste ... </p>`
- ◊ `<p class="negativ"> text-indent zieht die erste ... </p>`

> `text-indent` zieht die erste Textzeile nach rechts ein oder nach links aus. Wenn `length` oder `percentage` negativ sind, wird die Linie nach links ausgezogen. Ein positiver Wert zieht den Text nach rechts ein.
>
> `text-indent` zieht die erste Textzeile nach rechts ein oder nach links aus. Wenn `length` oder `percentage` negativ sind, wird die Linie nach links ausgezogen. Ein positiver Wert zieht den Text nach rechts ein.

text-shadow — *Zurzeit von keinem Browser unterstützt*

Erblich: Nein *Version: CSS2*

Werte

```
none | [ color &|
length length
length? , ]*
[ color &|
length length
length? ]
```

`text-shadow` ist eine durch Kommas getrennte Liste von Effekten aus Farben, Weichzeichner und Schatten, die auf ein Zeichen, ein Wort oder einen Text angewendet werden. Jeder Effekt wird in der angegebenen Reihenfolge über dem vorangegangenen angewendet. Der Schatteneffekt taucht stets unter dem Text auf.

`none` ist die Voreinstellung. Durch die Angabe von `none` wird kein Schatteneffekt erzeugt.

`color` ist optional und steuert die Farbe des Schatteneffekts. Wenn keine Farbe für den Schatteneffekt notiert ist, wohl aber `color` explizit als Textfarbe gesetzt ist, wird diese Farbe für den Effekt benutzt. Der Wert für die Farbe kann sowohl vor als auch nach den Längenangaben notiert werden.

`length length length:` Der erste Wert steuert den horizontalen Abstand, um den sich der Effekt nach rechts oder links erstreckt, wobei ein positiver Wert ihn nach rechts und ein negativer Wert nach links ausdehnt. Ein Wert von 0 unterdrückt den horizontalen Schatteneffekt.

Der zweite Wert steuert den vertikalen Abstand nach oben oder unten, wobei ein positiver Wert den Effekt nach oben ausdehnt, ein negativer Wert nach unten. Ein Wert von 0 unterdrückt den vertikalen Schatteneffekt.

Der optionale dritte Wert setzt den Radius, um den der Weichzeichnungseffekt des Schattens den Effekt ausdehnt.

Jede der einzelnen Längenangaben kann in einer der folgenden Maßeinheiten angegeben werden: cm, em, ex, in, mm, pc, px, pt. Achten

> Füge einen **Stil** an den Mond
> und du hast einen silbernen Fächer

Kapitel 4 Alle Stylesheet-Eigenschaften

Sie darauf, stets die Abkürzung durch zwei Buchstaben zu benutzen und kein Leerzeichen zwischen dem Wert und der Maßeinheit anzugeben.

Beispiele

Hier werden drei Schatteneffekte notiert. Die Reihenfolge in der Liste steuert, welcher Effekt über den anderen Effekten zu liegen kommt.
- Der erste Effekt liegt unten,
- der zweite Effekt liegt über dem ersten,
- der dritte Effekt liegt oben über dem zweiten Effekt.

Wenn der erste und der zweite Wert auf 0 gesetzt werden, tritt nur der Weichzeichnungseffekt in Kraft.

- `p { text-shadow: 0px 0px 20px yellow,`
  `0px 0px 10px orange, red 5px -5px; }`

Werte

capitalize |
uppercase |
lowercase |
none

text-transform   IE4+ M1 N4+

Erblich: Ja   *Version: CSS1*

`text-transform` steuert die Groß- und Kleinschreibung eines gewählten Textes. Diese Eigenschaft ist verwandt mit font-variant, gestaltet sich nur etwas genereller. Auch mit `text-transform` wird die Schrift kapitalisiert.

`capitalize` stellt den ersten Buchstaben jedes Wortes als Großbuchstaben dar.
`uppercase` stellt alle Buchstaben eines Textes in Großbuchstaben dar.
`lowercase` stellt die Buchstaben eines Textes in Kleinbuchstaben dar.
`none` ist die Vorgabe. Die Angabe von none stellt sicher, dass keine vorangegangenen Deklarationen den ausgewählten Text beeinflussen.

Beispiele

- `.trans_erster { text-transform: capitalize; }`
- `.trans_cap { text-transform: uppercase; }`
- `.trans_klein { text-transform: lowercase; }`
- `.trans_none { text-transform: none; }`
  ...
- ◊ `<p class="trans_erster"> Wie gro&szlig;?</p>`
- ◊ `<p class="trans_cap">Wie gro&szlig;?</p>`
- ◊ `<p class="trans_klein">Wie gro&szlig;?</p>`
- ◊ `<p class="trans_none">Wie gro&szlig;?</p>`

> Wie Groß
> WIE GROß
> wie groß
> Wie groß

unicode-bidi

IE5+ (PC) M1 N6

Erblich: Nein *Version: CSS2*

`unicode-bidi` steuert die Richtung des Textes und wird zusammen mit der direction-Eigenschaft benutzt, wenn innerhalb eines Dokumentes der Text in verschiedene Richtungen laufen soll (z.B. englischer und hebräischer Text).

Wenn `direction` auf einen Inlinetext angewandt wird, muss `unicode-bidi` entweder auf `bidi-override` oder `embed` gesetzt werden.

`bidi-override` überschreibt die Textrichtung in einem Inline- oder Blockelement, das nur Inlineelemente enthält.
`embed` wird benutzt, um bis zu 15 Inlineelemente in den Textfluss einzusetzen.
`normal` ist die Voreinstellung und erlaubt die Nutzung des bidirektionalen Algorithmus, der die Textrichtung steuert.

Werte

```
bidi-override |
embed |
normal
```

Beispiel

◊ `<blockquote style="direction: rtl; unicode-bidi: bidi-override;">`

white-space

IE5.5 M1 N4+ O5+

Erblich: Ja *Version: CSS1*

`white-space` steuert den Weißraum innerhalb eines Elements.

`normal` ist die Standardeinstellung.
`pre` verhält sich wie das HTML-Tag `<pre>`.
`nowrap` lässt den Text auf einer Zeile laufen, bis der Text beendet ist oder ein HTML-Tag `<br>` entdeckt wird. `<br>` erzeugt einen Zeilenumbruch auf die nächste Zeile.

Werte

```
normal |
pre |
nowrap
```

Beispiele

- `p { white-space: normal; }`
- `p { white-space: pre; }`
- `p { white-space: nowrap; }` oder

...

◊ `<p style="white-space: pre"> Freir&auml;ume ohne           und blanke      GIFs!</p>`

> Freiräume
> ohne   und
> blanke   GIFs!

> Füge einen Stil an den Mond
> und du hast einen silbernen Fächer

Kapitel 4   Alle Stylesheet-Eigenschaften

Werte

`normal` |
length

word-spacing   *IE5 (Mac) IE6 (PC) M1 N6 O5+*

Erblich: Ja   *Version: CSS1*

`word-spacing` dehnt oder staucht den Weißraum zwischen aufeinander folgenden Wörtern. Ein positiver Wert dehnt den Weißraum aus, ein negativer staucht den Weißraum.

`normal` ist die Standardeinstellung. Die Angabe `normal` verhindert, dass vorangegangene Deklarationen den Text beeinflussen.

length kann positive oder negative Werte annehmen. Der Wert 0 verhindert, dass Einstellungen wie oben beschrieben wirken. Die Länge kann in einer der folgenden Maßeinheiten angegeben werden: cm, em, ex, in, mm, pc, px, pt. Achten Sie darauf, stets die Abkürzung durch zwei Buchstaben zu benutzen und kein Leerzeichen zwischen dem Wert und der Maßeinheit anzugeben.

Beispiele

- p { word-spacing: normal; }
- p { word-spacing: 1mm; }
- p { word-spacing: 2.5em; } oder

◊ ```

   Wie groß kann ein kleiner Hund ohne
   Hundehütte werden?
```
◊ ```
<p style="word-spacing: -10px;">
   Wie gro&szlig; kann ein kleiner Hund ohne
   Hundeh&uuml;tte werden? </p>
```

> Wie groß kann ein kleiner Hund ohne Hundehütte werden?
>
> WiegroßkanneinkleinerHundohneHundehüttewerden?

4.4 Aufzählungen und Listensymbole: lists and markers

Die Eigenschaften für Listen gehören zu den wenigen Eigenschaften, die für spezielle Tags entworfen worden sind. Sie zeigen nur eine Wirkung bei Tags, in denen Auflistungen dargestellt werden können.

Microsoft Word verwandelt einen Text mühelos in eine Aufzählung und nummeriert die Aufzählung auch noch gleich durch. HTML macht einen ähnlichen Ansatz mit den Elementen <ul> (ungeordnete Liste) bzw. <ol> (nummerierte Liste) und <li>. Dreamweaver schaltet in ähnlicher Weise wie Word Aufzählungen und Nummerierungen im Eigenschaften-Inspektor ein und aus.

Die Auswahl an Listensymbolen und Nummerierungszeichen per Stylesheet ist groß, wird allerdings nur von modernen Browsern unterstützt.

<ol>- und <ul>-Elemente beinhalten per Vorgabe stets einen Abstand vom vorangegangenen Absatz, der durch die Deklaration `margin-top: 0px; margin-bottom: 0px;` im Stylesheet abgestellt werden kann, wenn alle Zeilen gleiche Zeilenhöhe und gleichen Durchschuss aufweisen sollen.

HTML bietet eine Funktionalität für die Erstellung von Aufzählungen, die sich durchaus mit Textverarbeitungsprogrammen wie Microsoft Word vergleichen lässt.

`list-style-image`	legt ein Bild als Aufzählungssymbol fest.
`list-style-position`	bestimmt, ob Listenabsätze eingezogen werden sollen oder nicht.
`list-style-type`	bestimmt das Aufzählungssymbol der Liste.
`list-style`	ist die Kurzschrift für die vorangegangenen Eigenschaften.
`marker-offset`	bestimmt horizontalen Abstand zwischen der Symbolbox und der Aufzählungsbox.

Eigenschaften für Aufzählungen werden in Dreamweaver im Dialogfenster »CSS-Stil-Definition« unter der Kategorie »Liste« festgelegt.

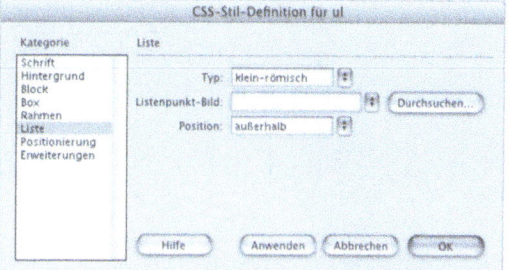

> Füge einen Stil an den Mond
> und du hast einen silbernen Fächer

Kapitel 4 Alle Stylesheet-Eigenschaften

Werte

```
url("urladdress") |
none
```

list-style-image   IE4+ M1 N6 O5+

Erblich: Ja   *Version:* CSS1

`list-style-image` ist die Adresse eines Bildes, das als Aufzählungssymbol in einer Liste benutzt wird.

`url("urladdress")` ist der Pfad eines Bildes. Die Adresse muss in Klammern und von Hochkommas eingeschlossen sein.

`none` ist die Voreinstellung und gibt an, dass kein Bild eingespielt wird. Die Angabe von `none` stellt sicher, dass vorangegangene Deklarationen nicht weiter angewendet werden.

Beispiel

- `.roter-punkt  { list-style-image: url("rouge.gif")}`

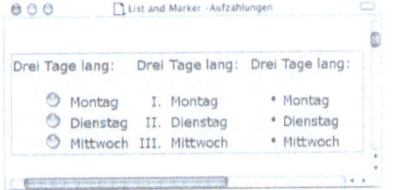

Werte

```
inside |
outside
```

list-style-position   IE4+ M1 N6 O5+

Erblich: Ja   *Version:* CSS1

`list-style-position` legt fest, ob die Listenabsätze eingezogen werden oder nicht.

`inside`: Wenn sich der Listeneintrag über mehrere Zeilen erstreckt, setzt `inside` das Listensymbol in den Absatz.
`outside`: Wenn sich der Listeneintrag über mehrere Zeilen erstreckt, setzt `outside` das Listensymbol links vor den Absatz. `outside` ist die Voreinstellung.

Beispiel

- `.liste_innen   { list-style-position: inside;`
- `                 list-style-type: circle;`
- `                 width: 300px}`
- `.liste_aussen  { list-style-position: outside;`
- `                 list-style-type: circle;`
- `                 width: 300px}`

4.4 Aufzählungen und Listensymbole: lists and markers

Füge einen Stil an den Mond und du hast einen silbernen Fächer

list-style-type

IE4+ M1 N4+ O5+

Erblich: Ja   *Version: CSS1/Erweitert in CSS2*

list-style-type bestimmt das Aufzählungssymbol in einer Liste. Dabei stehen drei Arten von Symbolen zur Verfügung: alphabetisch, Glyphen und numerisch. In ungeordneten Listen können Sie zwischen gefüllten und ungefüllten Kreisen und Quadraten wählen. In geordneten Listen können Sie zwischen alphabetischen und numerischen Werten wählen. Sowohl in geordneten als auch in ungeordneten Listen kann das Listensymbol durch die Angabe von **none** unterdrückt werden.

lower-alpha (CSS1): a, b, c, **upper-alpha** (CSS1): A, B, C
circle (CSS1): gefüllte Kreise (bullets)
decimal (CSS1): 1, 2, 3 etc.
disc (CSS1): Standardsymbol
none (CSS1): Ausgabe ohne Listensymbol
lower-roman (CSS1): i, ii, iii, iv etc.
upper-roman (CSS1): I, II, III, IV etc.
square (CSS1): Vierecke
armenian (CSS2): traditionelle armenische Symbole
cjk-ideographic (CSS2): einfache ideographische Zahlen
georgian (CSS2): traditionelle georgische Symbole
lower-greek (CSS2): klassische kleine griechische Zeichen
hebrew (CSS2): tradionelle hebräische Zahlen
hiragana (CSS2): japanischen Hiragana-Zeichen
hiragana-iroha (CSS2): japanische Hiragana-Iroha-Ordnung
katakana (CSS2): japanische Katakana-Zeichen
katakana-iroha (CSS2): japanische Katakana-Iroha-Ordnung
lower-latin (CSS2): lateinische Kleinbuchstaben
upper-latin (CSS2): lateinische Großbuchstaben

Werte

disc |
circle |
square |
decimal |
lower-roman |
upper-roman |
lower-alpha |
upper-alpha |
none |
armenian |
cjk-ideographic |
georgian |
lower-greek |
hebrew |
hiragana |
hiragana-iroha |
katakana |
katakana-iroha |
lower-latin |
upper-latin

Die CSS2-Werte werden nur von den Browsern ab Version 5 dargestellt, während ältere Browser nur den gefüllten schwarzen Kreis erkennen, egal, welches Symbol angegeben wird. Kaum ein Browser wird sämtliche Symbole darstellen können.

Beispiel

- .list_circle   { list-style-type: circle}
- .list_decimal   { list-style-type: decimal}
- .list_lower-roman   { list-style-type: lower-roman}

...
```
<ul class="list_circle">
<li>Montag</li>
<li>Dienstag</li>
<li>Mittwoch</li>
</ul>
```

<ul class="list_circle">	<ul class="list_disc">	<ul class="list_square">	<ol class="list_decimal">
○ Montag	● Montag	■ Montag	1. Montag
○ Dienstag	● Dienstag	■ Dienstag	2. Dienstag
○ Mittwoch	● Mittwoch	■ Mittwoch	3. Mittwoch
<ol class="list_upper-latin">	<ol class="list_lower-latin">	<ol class="list_lower-greek">	<ol class="list_hiragana">
A. Montag	a. Montag	α. Montag	あ. Montag
B. Dienstag	b. Dienstag	β. Dienstag	い. Dienstag
C. Mittwoch	c. Mittwoch	γ. Mittwoch	う. Mittwoch
<ol class="list_upper-roman">	<ol class="list_lower-roman">	<ol class="list_hebrew">	<ol class="list_cjk-ideographic">
I. Montag	i. Montag	?. Montag	一. Montag
II. Dienstag	ii. Dienstag	?. Dienstag	二. Dienstag
III. Mittwoch	iii. Mittwoch	?. Mittwoch	三. Mittwoch

> Füge einen **Stil** an den Mond
> und du hast einen silbernen Fächer

Kapitel 4   Alle Stylesheet-Eigenschaften

Werte

list-style-image &|
list-style-position &|
list-style-type

list-style IE4+ M1 N6 O5+

Erblich: Ja   Version: CSS1

`list-style` kombiniert drei Eigenschaften in einer Deklaration: `list-style-image` und/oder `list-style-position` und/oder `list-style-type`.

Jede dieser drei Eigenschaften wurde in den vorangegangenen Abschnitten beschrieben.

Beispiel

- `.liste-knopf {list-style: url("rouge.gif") inside;}`
- `.liste-innen {list-style: upper-roman inside;}`
- `.liste-aussen {list-style: square outside;}`

Werte

auto |
length

Diese Darstellung einer Aufzählung verwendet eine Box für den Inhalt der Aufzählung und eine weitere Box für die Listensymbole. Ein Absatz der Liste liegt in der Aufzählungsbox, während das Aufzählungssymbol in der Symbolbox auf der linken Seite liegt. Das eröffnet die Möglichkeit, mehrere Listenstile in einer Aufzählung zu definieren und Listensymbole über die content-Eigenschaft zu steuern.

marker-offset   *Zurzeit von keinem Browser unterstützt*

Erblich: Nein   Version: CSS2

`marker-offset` gibt den horizontalen Abstand (hier als offset oder dt. Einzug bezeichnet) zwischen der Symbolbox und der Aufzählungsbox an. Der Abstand wird an den beiden zueinander gewandten Kanten der beiden Boxen gemessen.

`marker-offset` setzt die Symbolbox in ein präzises Verhältnis zur Aufzählungsbox. Die Symbolbox kann sowohl innerhalb als auch außerhalb der Aufzählungsbox liegen, aber die Position der Symbolbox hat keine Auswirkung auf die Position der Aufzählungsbox.

`auto` ist die Voreinstellung und erlaubt dem Browser, den Abstand automatisch zu setzen.
`length` ist der horizontale Abstand zwischen den beiden Boxen. `length` kann positive und negative Werte annehmen und in einer der folgenden Maßeinheiten angegeben werden: `cm`, `em`, `ex`, `in`, `mm`, `pc`, `px`, `pt`. Achten Sie darauf, stets die Abkürzung durch zwei Buchstaben zu benutzen und kein Leerzeichen zwischen dem Wert und der Maßeinheit anzugeben.

4.5 Vordergrundfarbe und Hintergrund: color and background

Wohl kaum eine Eigenschaft erfreut sich einer so breiten Unterstützung durch alle Browser wie die schlichte Vordergrundfarbe. Sie bestimmt die Farbe von Texten und Überschriften, Tabellen und Rahmen.

Der Hintergrund von HTML-Dokumenten hat in den letzten Jahren einige modische Trends mitgemacht: Er begann seine Laufbahn grau und trist und mutierte zur Tapete »Monarch Rustikal«, als das gekachelte Hintergrundbild in Mode kam.

Aus Rücksicht auf Netscape beschränken sich Hintergrundfarbe und -bild fast ausschließlich auf das body-Element der HTML-Seite, aber `background-color` und `background-image` passen zu vielen Elementen und hinterlegen Absätze, Tabellen oder Überschriften.

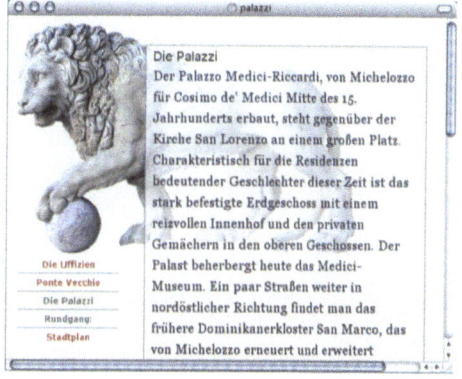

Ohne transparente GIF-Bilder und JavaScript: Hintergrundbilder liegen wie ein Wasserzeichen fest im Browserfenster, während der Text darüber gescrollt wird.

`color`	legt die Farbe eines Elements fest.
`background-attachment`	verankert den Hintergrund wie ein Wasserzeichen fest im Browserfenster.
`background-color`	steuert die Hintergrundfarbe eines Elements.
`background-image`	bestimmt ein Hintergrundbild.
`background-repeat`	legt fest, ob und in welche Richtung ein Hintergrundbild wiederholt wird.
`background`	ist die Kurzschrift für alle Eigenschaften des Hintergrunds.

Alle Werte für den Hintergrund sind in Dreamweaver im Stil-Inspektor im Register »Hintergrund« untergebracht, während die Vordergrundfarbe als Eigenschaft für Schrift einsortiert ist.

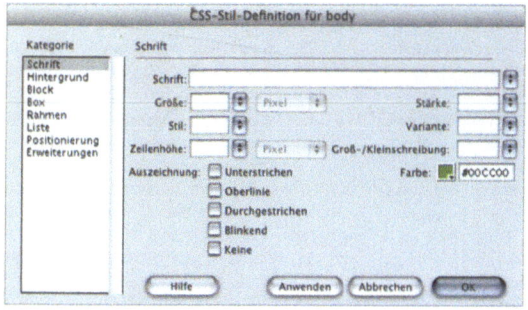
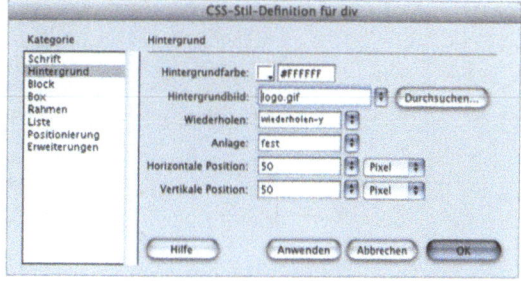

Füge einen Stil an den Mond
und du hast einen silbernen Fächer

color IE4+ M1 N4+ O5+

Erblich: Ja *Version: CSS1/Erweitert in CSS2*

`color` bestimmt die Farbe eines Elements. Die Vorgabe ist Schwarz.

`color` gibt die Farbe eines Elements als Schlüsselwort (red), als sechsstellige Hexadezimalzahl (#FFFFFF) oder als Tripel von drei RGB-Werten (255,255,255) an.

Werte

`color`

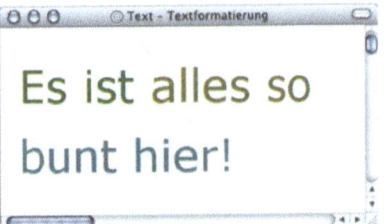

Beispiele

- `.gruen  { color: green; }`
- `.teal   { color: rgb(0,128,128); }`
- `.olive  { color: #808000; }`

background-attachment IE4+ M1 N6 O5+

Erblich: Nein *Version: CSS1*

`background-attachment` entscheidet, ob der Hintergrund fest ist oder zusammen mit dem Seiteninhalt scrollt.

`scroll` lässt das Hintergrundbild zusammen mit dem Text und den Bildern scrollen, wenn das Browserfenster abwärts oder aufwärts, nach rechts oder links gescrollt wird. `scroll` ist die Voreinstellung.

`fixed` lässt den Hintergrund fest an seinem Platz im Browserfenster. Text und Bilder bewegen sich über dem Hintergrund, wenn das Browserfenster abwärts oder aufwärts, nach rechts oder links gescrollt wird.

Werte

`scroll |`
`fixed`

Beispiel

- `body   { background-image: url("loewe-flach.gif");`
  `         background-attachment: fixed; }`

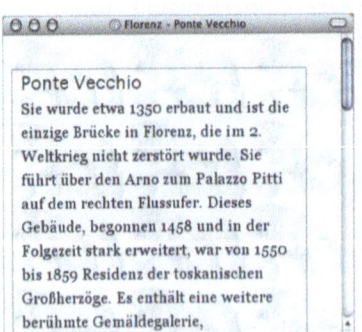

4.5 Vordergrundfarbe und Hintergrund: color and background

> Füge einen Stil an den Mond
> und du hast einen silbernen Fächer

background-color

IE4+ M1 N4+ O5+

Erblich: Nein   *Version: CSS1*

Werte

transparent
color |

`background-color` legt die Hintergrundfarbe eines Elementes fest. Da Hintergrundfarben einzelnen Elementen zugewiesen werden können, kann es mehr als eine Hintergrundfarbe in einem Dokument geben.

`transparent` ist die Voreinstellung und lässt die Hintergrundfarbe durch die Vordergrundfarbe von Bildern sichtbar erscheinen, ebenso Bereiche innerhalb eines Buchstabens wie hier der Weißraum im "O". Der Wert `transparent` entfernt auch eine zuvor für ein Element definierte Hintergrundfarbe.

`color` ist entweder das Schlüsselwort für eine Farbe (red), eine sechsstellige Hexadezimalzahl (#FFFFFF) oder ein Tripel aus drei RGB-Werten (255,255,255).

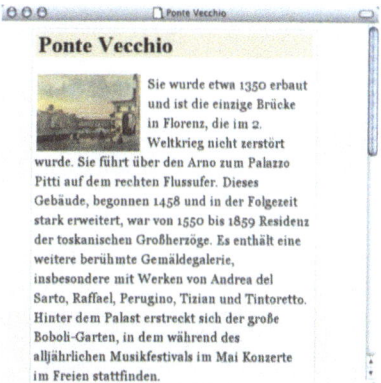

Beispiel

- `body { background-color: #FDF3E4; }`
- `div.fliess {background-color: #FDF9F3; }`
- `div.fliess h1 { background-color: #EEE2CA; }`

background-image

IE4+ M1 N4+ O5+

Erblich: Nein   *Version: CSS1*

Werte

url ("urladdress") |
none

`background-image` legt ein Bild als Hintergrund fest.

`url ("urladdress")` ist der Name eines Bildes mit seinem vollen Pfad. `none` ist der Vorgabewert – per Vorgabe ist kein Hintergrundbild vorgesehen. Die explizite Notation von `none` sorgt dafür, dass alle vorangegangenen Deklarationen eines Hintergrundbildes ausgeschaltet werden.

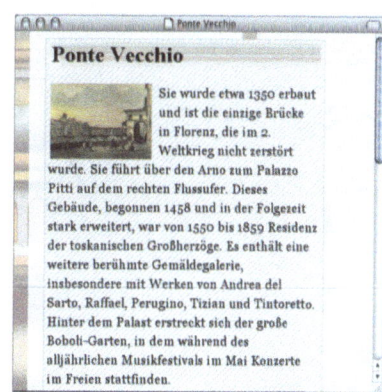

Beispiel

- `body          { background-image: url("saeule.gif");}`
- `div.fliess    { background-image: url("bg.gif"); }`
- `div.fliess h1 { background-image:`
  `                url("streifen.gif"); padding: 5px 4px;}`

Kapitel 4 Alle Stylesheet-Eigenschaften

Werte

```
[ percentage |
length ]  {1,2} |
[ [ top | center |
bottom ] &|
[ left | center |
right ] ]
```

background-position   IE4+ M1 N6 O5+

Erblich: Nein   *Version: CSS1*

`background-position` legt die anfängliche Position des Hintergrundbildes fest. Der Ursprung ist stets die obere linke Ecke des Browserfensters. Das gilt nicht nur für das body-Element, sondern für alle Elemente, die ein Hintergrundbild enthalten.

`percentage:` Prozentangaben werden üblicherweise als Wertepaar notiert, in dem die beiden Werte durch ein Leerzeichen getrennt sind. Die erste Prozentangabe bezieht sich auf die horizontale Achse und die zweite auf die vertikale Achse. 0% 0% ist als obere linke Ecke (Voreinstellung) und 100% 100% als rechte untere Ecke definiert. Wenn Sie nur einen Wert angeben, bezieht er sich automatisch auf die horizontale Achse und die vertikale Achse wird auf 50% eingestellt.

`length` kann in einer der folgenden Maßeinheiten angegeben werden: `cm, em, ex, in, mm, pc, px, pt`. Achten Sie darauf, stets die Abkürzung durch zwei Buchstaben zu benutzen und kein Leerzeichen zwischen dem Wert und der Maßeinheit anzugeben.

Sie können jede Kombination aus Prozentangaben und Längen einsetzen. Alternativ können Sie eines der Schlüsselwörter `[top, center, bottom]` und/oder `[left, center, right]` als Positionsangabe notieren. Sie können Schlüsselwörter nicht mit Prozentangaben und Längenangaben mischen.

Beispiele

- body   { background-position: 50px 50px;} oder
- body   { background-position: center center;}

Werte

```
repeat |
repeat-x |
repeat-y |
no-repeat
```

background-repeat   IE4+ M1 N4+ O5+

Erblich: Nein   *Version: CSS1*

`background-repeat` wiederholt das Hintergrundbild entlang der vertikalen und/oder horizontalen Achse. Die Wiederholung des Bildes wird auch als »Kacheln« oder »tiling« bezeichnet.

`repeat` wiederholt das Hintergrundbild sowohl in horizontaler als auch in vertikaler Richtung (Voreinstellung).

`repeat-x` wiederholt das Hintergrundbild in horizontaler Richtung (entlang der X-Achse).

4.5 Vordergrundfarbe und Hintergrund: color and background

> Füge einen **Stil** an den Mond
> und du hast einen silbernen Fächer

`repeat-y` wiederholt das Hintergrundbild in vertikaler Richtung (entlang der Y-Achse).

`no-repeat` ist die Vorgabe – das Bild wird nicht gekachelt. Die Angabe von `no-repeat` kann dazu dienen, alle vorangegangenen Deklarationen auszuschalten.

Beispiel

```
• body       { background-image:url("loewe.gif");
               background-repeat: repeat-x; }
• div.fliess { background-image: url("loewe-fl.gif");
               background-repeat: repeat-y; }
```

background

IE4+ M1 N4+ O5+

Erblich: Nein   *Version: CSS1*

Werte

background-color & |
background-image & |
background-repeat & |
background-attachment & |
background-position

`background` ist die Kurzschrift und fasst alle fünf individuellen Stylesheet-Eigenschaften des Hintergrunds in einer Stildeklaration zusammen. Die einzelnen Werte wurden in den vorangegangenen Abschnitten erklärt.

Beispiel

```
• body       { background: oldlace url("loewe-mt.jpg")
               no-repeat fixed 50px 50px; }
• div.fliess { background: url("loewe.jpg")
               no-repeat fixed 50px 50px;
               border: 1px solid gray; }
```

Dass sich *background-position* stets auf den gleichen Ursprung oben links im Browserfenster bezieht, macht interessante Effekte möglich. Hier sind zwei Bilder beteiligt: das Hintergrundbild des body-Elements und das Hintergrundbild des div-Containers.

Wenn die Seite gescrollt wird, bewegen sich der Text und die Navigationsleiste, während die beiden Hintergrundbilder fest an ihrem Platz stehen bleiben.

4.6 padding, margin, border

Boxen sind ein Mittel, um Inhalte zu strukturieren und/oder visuell hervorzuheben. Das HTML-Modell der Box geht über die Text- und Bildrahmen der Satzprogramme hinaus und bietet viele Finessen.

Damit der Inhalt eines Blockelements wie <p> oder <h1> nicht direkt an den Rand des Hintergrunds anstößt, der Text in einer Tabelle nicht an den Zellenrändern klebt oder sich an schwebende Bilder kuschelt, verschaffen padding und margin den notwendigen Freiraum. Zusätzlich legt border einen Rahmen um ein Element. Der Rahmen kann auf jeder Seite des Elements individuell gestaltet werden.

Verlässlich werden border, margin und padding erst mit den Browsern ab Version 5. Ansonsten ist die Geschichte des Boxmodells in CSS1 eine Geschichte der Missverständnisse. In Netscape 4.xx funktioniert das Boxmodell nur unzureichend und noch Internet Explorer 5 auf dem PC wartete mit unverhofften Fehlinterpretationen auf.

Am Rand zur Freiheit: Layout mit Stylesheets

Im reinen HTML können keine Abstände um ein Element herum definiert werden, es sei denn, man quält die HTML-Seite mit Tabellen, transparenten GIFs und Frames. Rahmen sind möglich, aber nur um Bilder, Frames und Tabellen.

CSS stecken ein Element in drei »Umschläge«. Von innen nach außen sind das

- **padding: Innerer Abstand**
  padding ist der Abstand gemessen vom Element aus. Wenn das Element eine Hintergrundfarbe oder eine Hintergrundgrafik besitzt, wird auch padding eingefärbt.
- **border: Rahmen**
  border ist ein sichtbarer Rahmen, der sich um den inneren Abstand eines Elements legt.
- **margin: Äußerer Abstand**
  margin ist ein Abstand oder Einzug gegen das umgebende Element – etwa der Abstand der <body>-Box gegen den Browserrand oder der Abstand eines <p>-Box gegen den <body>-Block. margin wird durch eine Hintergrundfarbe oder -grafik nicht eingefärbt.

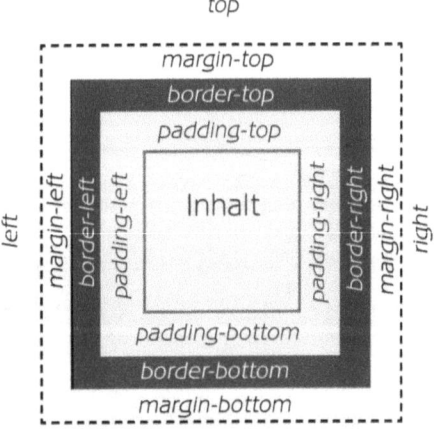

4.6 padding, margin, border

> Füge einen Stil an den Mond
> und du hast einen silbernen Fächer

Die Kombination der drei Eigenschaften ist die Basis für dekorative Ausgestaltungen – in Navigationsleisten, in Textkästen, in Tabellen und weiteren Elementen und Zusammenstellungen von Elementen.

Zusammen mit der freien Positionierung der Elemente durch Stylesheets erreicht HTML die Qualität der Text- und Bildrahmen, die der Grafiker in Satzprogrammen frei aufziehen kann.

margin, padding und die Voreinstellungen in HTML

`margin` ist eine Eigenschaft, die in HTML bereits vielseitig belegt ist. Im reinen HTML allerdings gibt es keine Möglichkeit, die voreingestellten Abstände »auszuschalten« – die einzige Ausnahme stellen Frames dar:

```
◊ <frame src="file:frames.html"
        marginwidth="0" marginheight="0">
```

Viele Blockelemente wie p, Überschriften und Tabellen weisen einen äußeren Abstand gegen umfassende Blöcke oder vorangegangene Blockelemente auf. Dieser voreingestellte Abstand nach oben und nach unten führt z.B. zu dem besonderen Durchschuss zwischen aufeinander folgenden Textblöcken.

Inlineelemente wie Bilder und Links hingegen besitzen per Voreinstellung keinen Abstand gegen benachbarte Elemente.

`padding` kann im reinen HTML nur für Tabellenzellen gesetzt werden (mittels des Attributs `cellpadding`).

margin und die Positionierung

Während sich `padding` nur auf das Element selber bezieht, definiert `margin` den Abstand eines Elements zum umfassenden Block. Von daher kann `margin` auch für die Positionierung von Elementen herangezogen werden, `padding` aber nicht.

padding wird in Dreamweaver mit »Auffüllen« und margin mit »Rand« bezeichnet.

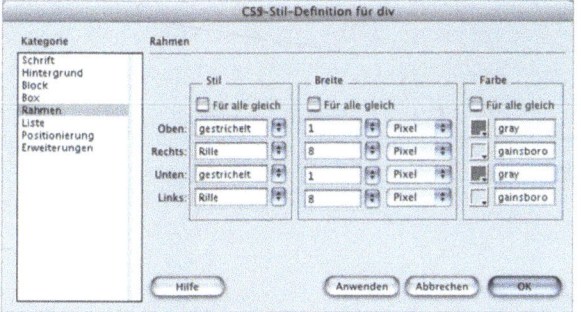
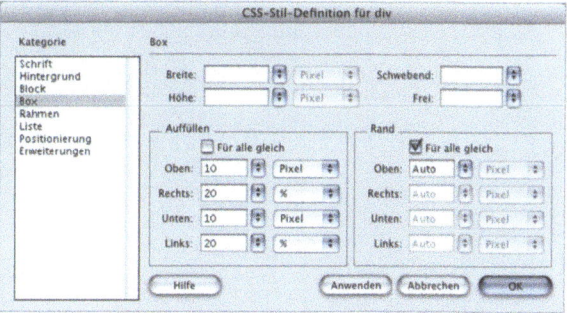

> Füge einen Stil an den Mond
> und du hast einen silbernen Fächer

Kapitel 4   Alle Stylesheet-Eigenschaften

Werte

length |
percentage

[*length* |
percentage]{1,4}

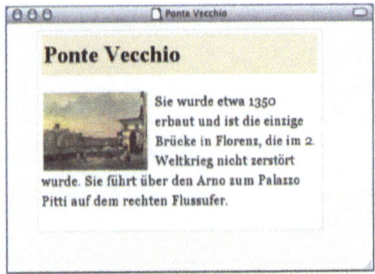

Beispiel
```
h1 { background: #EEE2CA;
     padding-top: 10px;
     padding-right: 4px;
     padding-bottom: 10px;
     padding-left: 4px; }
```

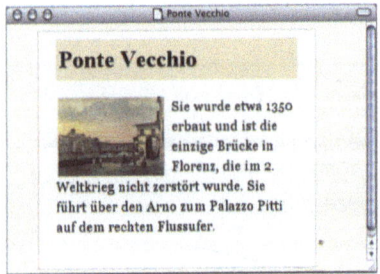

Beispiel
```
div {padding:
     20px 25px 20px;}
```

padding-top	IE4+ M1 N4+ O5+
padding-right	
padding-bottom	
padding-left	
padding	

Erblich: Nein   *Version: CSS1*

`padding-top` gibt den Abstand zwischen dem Element und dem oberen Rahmen (`border-top`) an.

`padding-right` gibt den Abstand (Rand) zwischen dem Element und dem rechten Rahmen (`border-right`) an.

`padding-bottom` gibt den Abstand (Rand) zwischen dem Element und dem unteren Rahmen (`border-bottom`) an.

`padding-left` gibt den Abstand (Rand) zwischen dem Element und dem linken Rahmen (`border-left`) an.

`padding` fasst die vier individuellen Stylesheet-Eigenschaften des Randes in einer Stilanweisung zusammen. Sie können eine, zwei, drei oder vier Breiten angeben.

- Wenn Sie eine Breite angeben, werden alle vier Ränder in dieser Breite dargestellt.
- Wenn Sie zwei Breiten angeben, werden der obere und untere Rand mit der ersten Angabe und die rechte und linke Randseite mit der zweiten Breite dargestellt.
- Wenn Sie drei Breiten angeben, wird der obere Rand mit der ersten, der rechte und linke Rand mit der zweiten und der untere Rand mit der dritten Breite dargestellt.
- Wenn Sie vier Breiten angeben, ist die Reihenfolge top, right, bottom, left, also im Uhrzeigersinn von oben aus gesehen.

length (Länge) kann in einer der folgenden Maßeinheiten angegeben werden: cm, em, ex, in, mm, pc, px, pt. Achten Sie darauf, stets die Abkürzung durch zwei Buchstaben zu benutzen und kein Leerzeichen zwischen dem Wert und der Maßeinheit anzugeben. Die Voreinstellung ist 0.
percentage (Prozentsatz) basiert auf der vollen Elementhöhe, die als 100% angesehen wird.

4.6 padding, margin, border

> Füge einen Stil an den Mond
> und du hast einen silbernen Fächer

margin-top	IE4+ M1 N4+ O5+
margin-right	
margin-bottom	
margin-left	
margin	

Erblich: Nein　　　　　　　　　　　　　　　　**Version:** CSS1

Werte

```
length |
percentage |
auto

[ length |
percentage |
auto ]{1,4}
```

margin-top legt die Größe des oberen Einzugs fest.
margin-right legt die Größe des rechten Einzugs fest.
margin-bottom legt die Größe des unteren Einzugs fest.
margin-left legt die Größe des linken Einzugs fest.
margin fasst die vier Stylesheet-Eigenschaften für margin-top, margin-right, margin-bottom und/oder margin-left in einer Deklaration zusammen. margin kann einen, zwei, drei oder vier Werte enthalten:

- Wenn ein Wert angegeben ist, werden alle vier Einzüge durch diesen Wert bestimmt.
- Wenn zwei Werte angegeben sind, werden die Einzüge oben und unten auf den ersten Wert gesetzt und der rechte und linke Einzug auf den zweiten Wert.
- Wenn drei Werte angegeben sind, wird der obere Einzug auf den ersten Wert gesetzt, der rechte und linke Einzug auf den zweiten Wert und der untere Einzug auf den dritten Wert.
- Wenn vier Werte angegeben sind, ist die Reihenfolge top, right, bottom, left: Der obere Einzug wird auf den ersten Wert gesetzt, der rechte Einzug auf den zweiten, der untere Einzug auf den dritten und der linke Einzug auf den vierten Wert.

length (Länge) kann in einer der folgenden Maßeinheiten angegeben werden: cm, em, ex, in, mm, pc, px, pt. Achten Sie darauf, stets die Abkürzung durch zwei Buchstaben zu benutzen und kein Leerzeichen zwischen dem Wert und der Maßeinheit anzugeben. Die Voreinstellung ist 0.
percentage (Prozentsatz) basiert auf der vollen Elementbreite, die als 100% definiert ist.
auto weist den Browser an, die Größe des Abstands automatisch zu berechnen. Die Angabe auto stellt sicher, dass vorangegangene Deklarationen den jeweiligen Einzug nicht beeinflussen.

Kapitel 4 Alle Stylesheet-Eigenschaften

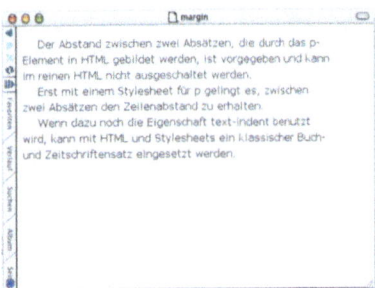

Beispiel

Den Abstand zwischen zwei Absätzen, die durch p-Elemente gebildet werden, ausschalten:

- `p { text-indent: 25px; margin: 0px; }`

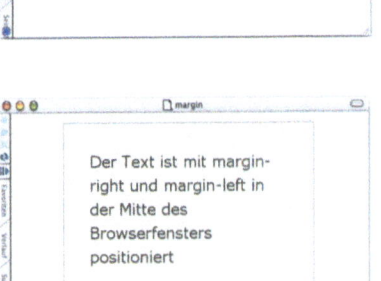

Beispiel

Text mit `margin` in der Mitte des Browserfensters positionieren:

```
<style type="text/css">
<!--
p { font: 24px/150% Verdana, sans-serif;
    color: #333333; background: ivory;
    width: 400px;
    margin-right: auto;
    margin-left: auto;
    padding: 40px 40px;
    border: 1px #999999 solid; }
-->
</style>
...
<p>Der Text ist mit margin-right und margin-left
   in der Mitte des Browserfensters positioniert</p>
```

Während die Eigenschaft padding *das Element selber betrifft, bezieht sich* margin *auf den umgebenden Block – in diesen Beispielen auf das body-Element. Damit kann* margin *für die Positionierung von Elementen herangezogen werden.*

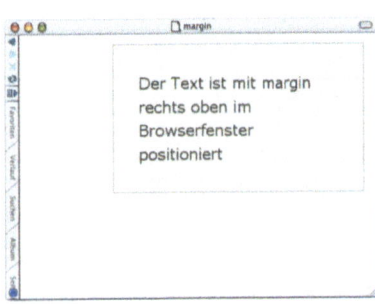

Beispiel

Text mit `margin` rechts oben im Browserfenster positionieren:

```
<style type="text/css">
<!--
p { font: 24px/150% Verdana, sans-serif;
    color: #333333; background: ivory;
    width: 400px;
    margin: 2% 2% auto auto;
    padding: 40px 40px;
    border: 1px #999999 solid; }
-->
</style>
...
<p>Der Text ist mit margin rechts oben im
   Browserfenster positioniert</p>
```

4.6 padding, margin, border

> Füge einen Stil an den Mond und du hast einen silbernen Fächer

border-top-color

border-right-color

border-bottom-color

border-left-color

border-color

IE4+ M1 N6 O5+

Werte

color

color {1,4} | transparent

Erblich: Nein   *Version: CSS2*

`border-top-color` notiert die Farbe des oberen Rahmens.
`border-right-color` notiert die Farbe des rechten Rahmens.
`border-bottom-color` notiert die Farbe des unteren Rahmens.
`border-left-color` notiert die Farbe des linken Rahmens.
`border-color` steuert die Farbe des Rahmens an allen vier Seiten.

Sie können eine, zwei, drei oder vier Farben angeben:

- Wenn Sie eine Farbe angeben, werden alle vier Rahmenseiten in dieser Farbe dargestellt.
- Wenn Sie zwei Farben angeben, werden die obere und untere Rahmenseite mit der ersten Farbe und die rechte und linke Rahmenseite mit der zweiten Farbe dargestellt.
- Wenn Sie drei Farben angeben, wird die obere Rahmenseite mit der ersten, die rechte und linke Rahmenseite mit der zweiten und die untere Rahmenseite mit der dritten Farbe dargestellt.
- Wenn Sie vier Farben angeben, ist die Reihenfolge `top, right, bottom, left`.

`color` legt eine Farbe als Schlüsselwort (red), als sechsstellige Hexadezimalzahl (#FFFFFF) oder als Tripel aus drei RGB-Werten (255,255,255) fest.
`transparent` setzt den Rahmen auf nicht sichtbar. Der Rahmen besitzt zwar noch eine Breite, wird aber nicht gezeichnet.

- `body { border-color: RGB(201,94,177); }`
- `body { border-color: #E95A2B; }`
- `body { border-color: silver; }`
- `body { border-color: silver red; }`
- `body { border-color: silver red RGB(223,94,77); }`
- `body { border-color: silver red RGB(15,94,77) black;}`

> So bunt war der Rahmen noch nie!

> So bunt war der Rahmen noch nie!

Werte

```
none | hidden |
dotted | dashed |
solid | double |
groove | ridge |
inset |
outset

[ none | hidden |
dotted | dashed |
solid | double |
groove | ridge |
inset |
outset ] {1,4}
```

border-top-style *IE4+ M1 N6 O5+*
border-right-style
border-bottom-style
border-left-style
border-style

Erblich: Nein *Version: CSS2*

`border-top-style` legt die Darstellung der oberen Rahmenlinie fest.
`border-right-style` legt die Darstellung der rechten Rahmenlinie fest.
`border-bottom-style` legt die Darstellung der unteren Rahmenlinie fest.
`border-left-style` legt die Darstellung der linken Rahmenlinie fest.
`border-style` bestimmt den Stil aller vier Rahmenseiten. Sie können einen, zwei, drei oder vier Stile angeben:

- Wenn Sie einen Stil angeben, werden alle vier Rahmenseiten in diesem Stil dargestellt.
- Wenn Sie zwei Stile angeben, werden die obere und untere Rahmenseite mit dem ersten und die rechte und linke Rahmenseite mit dem zweiten Stil dargestellt.
- Wenn Sie drei Stile angeben, wird die obere Rahmenseite mit dem ersten, die rechte und linke Rahmenseite mit dem zweiten und die untere Rahmenseite mit dem dritten Stil dargestellt.
- Wenn Sie vier Stile angeben, ist die Reihenfolge top, right, bottom, left.

`none` ist die Voreinstellung. Durch explizite Angabe von none wird sichergestellt, dass vorangegangene Deklarationen ausgeschaltet sind.
`hidden` funktioniert wie none und verhindert Konflikte, wenn verschiedene Rahmen aufeinander treffen.
`dotted` erzeugt eine gepunktete Linie. Viele Browser unterstützen diesen Stil nicht.
`dashed` erzeugt eine gestrichelte Linie. Viele Browser unterstützen diesen Stil nicht.
`solid` erzeugt eine durchgezogene Linie.
`double` erzeugt eine doppelte durchgehende Linie, die insgesamt so breit ist, wie in borderwidth angegeben wird.
`groove` erzeugt eine dreidimensionale Linie, deren Aussehen vom gewählten Farbwert und Browser abhängt.

4.6 padding, margin, border

Füge einen Stil an den Mond und du hast einen silbernen Fächer

`ridge` erzeugt eine dreidimensionale Linie, deren Aussehen vom gewählten Farbwert und Browser abhängt.

`inset` erzeugt eine dreidimensionale Linie, deren Aussehen vom gewählten Farbwert und Browser abhängt.

`outset` erzeugt eine dreidimensionale Linie, deren Aussehen vom gewählten Farbwert und Browser abhängt.

Beispiele

- body { border-style: double; }
- body { border-style: double groove; }
- body { border-style: double groove dashed; }
- body { border-style: double groove none solid; }

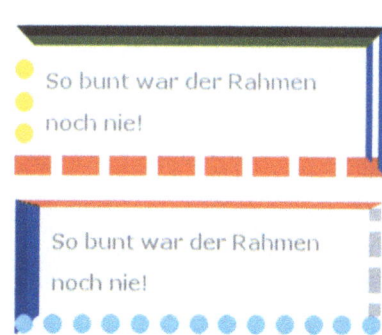

> Füge einen Stil an den Mond
> und du hast einen silbernen Fächer

Kapitel 4   Alle Stylesheet-Eigenschaften

Werte

`thin` | `medium` |
`thick` | *length*

[`thin` | `medium` |
`thick` | *length*] {1,4}

border-top-width   IE4+ M1 N4+ O5+
border-right-width
border-bottom-width
border-left-width
border-width

Erblich: Nein   *Version: CSS1*

`border-top-width` legt die Breite des oberen Rahmens fest.
`border-right-width` legt die Breite des rechten Rahmens fest.
`border-bottom-width` legt die Breite des unteren Rahmens fest.
`border-left-width` legt die Breite des linken Rahmens fest.
`border-width` setzt die Breite aller vier Rahmenseiten in einer einzigen Deklaration. Sie können eine, zwei, drei oder vier Breiten angeben:

- Wenn Sie eine Breite angeben, werden alle vier Rahmenseiten in dieser Breite dargestellt.
- Wenn Sie zwei Breiten angeben, werden die obere und untere Rahmenseite mit der ersten Breite und die rechte und linke Rahmenseite mit der zweiten Breite dargestellt.
- Wenn Sie drei Breiten angeben, wird die obere Rahmenseite mit der ersten, die rechte und linke Rahmenseite mit der zweiten und die untere Rahmenseite mit der dritten Breite dargestellt.
- Wenn Sie vier Breiten angeben, ist die Reihenfolge top, right, bottom, left.

`thin` | `medium` | `thick` sind Schlüsselwörter, mit denen die Breite der Rahmenlinie gesetzt wird. Plattform und Browser entscheiden aber über die exakte Breite. Die Voreinstellung ist `medium`.
length (Länge) kann in einer der folgenden Maßeinheiten angegeben werden: `cm`, `em`, `ex`, `in`, `mm`, `pc`, `px`, `pt`. Achten Sie darauf, stets die Abkürzung durch zwei Buchstaben zu benutzen und kein Leerzeichen zwischen dem Wert und der Maßeinheit anzugeben.

Beispiele
- `body { border-width: thick; }`
- `body { border-width: 0.25in; }`
- `body { border-width: 5mm; }`

4.6 padding, margin, border

Füge einen Stil an den Mond und du hast einen silbernen Fächer

---

border-top
border-right
border-bottom
border-left

IE4+ M1 N6 O5+

Erblich: Nein *Version: CSS1*

Werte

[*border-top-width* | *border-right-width* | *border-bottom-width* | *border-left-width*] &| *border-style* &| *color*

`border-top` ist eine Abkürzung, mit der die Eigenschaften `border-top-width` und/oder `border-top-style` und/oder `color` in einer Deklaration notiert werden können. Äquivalentes gilt für `border-right`, `border-bottom` und `border-left`.

Beispiel

- ```
  p.rahmen { border-bottom: 25px solid red;
            border-left:   25px solid yellow;
            border-right:  25px solid blue;
            border-top:    25px solid green; }
  ```

So bunt war der Rahmen noch nie!

---

border

E4+ M1 N4+ O5+

Erblich: Nein *Version: CSS1*

Werte

border-width &| *border-style* &| *color*

`border` fasst alle individuellen Stylesheet-Eigenschaften des Rahmens zusammen.

Beispiel

- `body          { border: thick dashed yellow; }`
- `p             { border: thick double yellow; }`
- `blockquote    { border: dotted gray; }` oder
- `p.rahmen_dick { border: 25px solid red; }`
  ...
- ◊ `<p class="rahmen_dick"> Noch nie war der Rahmen so bunt </p>`

Für jede individuelle Eigenschaft des Rahmens kann nur ein Wert angegeben werden, d.h., mit `border` lässt sich nur ein einheitlicher Rahmen um ein Element legen.

Noch nie war der Rahmen so bunt!
  ```

4.7 Visuelle Formatierung

Hier ist er, der Schlüssel zum Himmel der Webdesigner: Positionierung macht selig.

Der Trumpf der Satzprogramme wie QuarkXPress und Adobe InDesign sind die Rahmen, die der Grafiker an beliebigen Stellen aufziehen und mit Text oder Bildern füllen kann. Sie werden millimetergenau auf dem Blatt positioniert und bilden das Layoutraster.

Die Seiten des Dokuments bilden in Satzprogrammen das Koordinatensystem. Alle Elemente sind im Verhältnis zum Seitenrand angelegt. Die Seite ist eine bekannte Größe.

Absolut ist zu wenig. Relativ reicht nicht aus.

So einfach ist die Sache auf dem Monitor nicht. Hier gibt es ein Browserfenster von unbekannter Größe, der Bezugspunkt kann das Browserfenster sein, das HTML-Dokument oder ein Element des Dokuments.

Im Vergleich zu den Anforderungen an ein HTML-Dokument ist der klassische Satz ein genügsamer Geselle.
Die Position relativ zum Ursprungspunkt und die Größenangaben sind die Parameter, die das Layoutraster der Satzprogramme in Kraft setzen.

Das Layoutraster soll sich dem Browserfenster anpassen, einige Elemente sollen fest im Viewport des Betrachters verbleiben, auch wenn das Dokument gescrollt wird. Andere Elemente sollen eine Position einnehmen, die relativ zu einem Punkt liegt, der mitscrollt, aber der Abstand zum Ursprung soll sich an die Maße des Browserfensters anpassen. Einfache Browser, Zeilenleser und Sprachausgabe sollen die Inhalte in ihrer logischen Reihenfolge sehen. Die Anforderungen an ein Layoutraster in HTML-Dokumenten ist weitaus komplexer als in Satzprogrammen.

HTML: Block folgt Block

Blockelemente nehmen einen gewissen Raum ein; Inlineelemente definieren selber keinen Raum, sondern benutzen einen Raum innerhalb des Blockelements, in dem sie liegen.

Breite und Höhe können in HTML nur bei wenigen Elementen festgesetzt werden, wie zum Beispiel bei Tabellen (nur die Breite) und Tabellenzellen. Ansonsten setzt das Boxmodell in HTML alle Blockelemente auf die Breite des umfassenden Blocks – Texte laufen über die gesamte Breite des Browserfensters – oder über eine automatische Breite, wie es bei Tabellen der Fall ist.

Blockelemente fangen mit einer Zeile an und enden mit ihr – das berühmteste Blockelement ist sicher <p>, der Absatz. Inlineelemente liegen innerhalb eines anderen Elementes – Beispiele sind <span>, <a> und <img>.

4.7 Visuelle Formatierung

Füge einen Stil an den Mond und du hast einen silbernen Fächer

Eigenschaften für die Positionierung von Elementen

Der Clou von CSS sind seine Eigenschaften, mit denen diese Blöcke gezielt positioniert werden. Mit Cascading Stylesheets gibt es drei generelle Verfahren für die Positionierung von Elementen:

- `flow` ist die Positionierung eines Elementes im normalen Dokumentenfluss, so wie sie durch ein reines HTML-Dokument gegeben ist.
- `float` erzeugt aus einem Element eine schwebende Box. Mit float kann z.B. ein Bild auf der rechten oder linken Seite des Textes dargestellt werden. Dort fließt es zusammen mit dem Text immer am Rand entlang.
- `position` positioniert ein Blockelement entweder absolut in Relation zum umgebenden Block oder relativ hinsichtlich der ursprünglichen Position des Elements, an der es im Datenfluss erscheinen würde, oder fest in Hinsicht auf den Viewport (das Browserfenster).

Positionierung in Macromedia Dreamweaver

Mit einer grafischen Oberfläche unterstützt Dreamweaver die absolute und die relative Positionierung von Elementen in <div>-Containern (die in Dreamweaver »Ebenen« genannt werden).

Dabei setzt Dreamweaver die Eigenschaften mit dem style-Attribut direkt in das <div>-Tag. Es geht aber auch umgekehrt. Werden die entsprechenden Eigenschaften für die Positionierung definiert oder aus einem Stylesheet geladen, zeigt Dreamweaver auch die dazugehörige Box. Korrekt kann Macromedia Dreamweaver nur absolut positionierte Elemente anzeigen

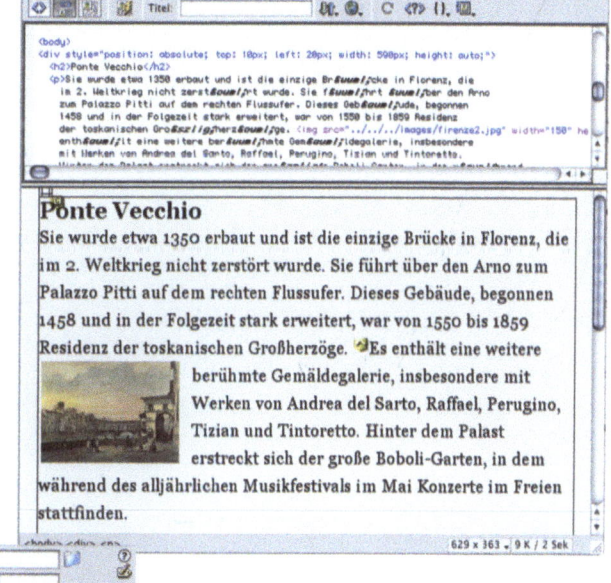

Nach dem gleichen Schema wie im Satzprogramm funktioniert die absolute Positionierung in Macromedia Dreamweaver: Eine »Ebene« wird aufgezogen und ihre Abmessungen und die exakte Lage wird im Eigenschaften-Inspektor eingegeben. Dabei werden auch die Feinheiten wie das Beschneiden von »überfließenden« Inhalten unterstützt.

> Füge einen Stil an den Mond
> und du hast einen silbernen Fächer

Abmessungen

`height`	Höhe
`width`	Breite
`line-height`	Höhe einer Zeile
`max-height`	maximale Höhe
`max-width`	maximale Breite
`min-height`	minimale Höhe
`min-width`	minimale Breite

`line-height` fällt hier keinesfalls aus der Reihe, denn auch die Textzeile gilt als Block. Dazu passend gibt es eine Eigenschaft, die aus Inlineelementen wie a *und* img *Blockelemente macht:* `display`.

Ausrichtung innerhalb von Inlineelementen

`vertical-align`	bestimmt die vertikale Lage (z.B. in einer Tabellenzelle).

Positionierung

`float`	befreit Inlineelemente aus dem normalen Textfluss und positioniert sie am linken bzw. rechten Rand des umgebenden Elements. Das Inlineelement wird zur schwebenden Box.
`clear`	beendet das Umfließen von schwebenden (`floating`) Boxen.
`position`	ist die mächtigste Eigenschaft für die Positionierung von Elementen. Zur Wahl stehen vier Methoden: static, relative, absolut und fixed.
`top`	gibt die Position von oben gesehen an.
`right`	gibt die Position von rechts gesehen an.
`bottom`	gibt die Position von unten gesehen an.
`left`	gibt die Position von links gesehen an.
`clip`	beschneidet ein Element.
`overflow`	entscheidet über Inhalte, die nicht innerhalb vorgegebener Abmessungen untergebracht werden können.
`display`	wandelt Inline- in Blockelemente um und umgekehrt, bestimmt, ob ein Element dargestellt wird, transformiert Elemente zu Listen und Tabellen – kurz gesagt, display ändert die Darstellung.
`visibility`	blendet Elemente ein und aus.
`z-index`	ist die »Stapelfolge« von Elementen, ähnlich wie Ebenen oder Layer von Objekten in Illustrations- und Satzprogrammen.

4.7 Visuelle Formatierung

> Füge einen **Stil** an den Mond
> und du hast einen silbernen Fächer

height

IE4+ M1 N6 O5+

Erblich: Nein　　　　　　　　　　　　　　*Version: CSS1*

`height` bestimmt die Höhe eines Text- oder Bildelements. Wenn die Höhe eines Bildes auf einen Wert gesetzt ist und die Breite als `auto` angegeben wird, dann wird das Bild proportional skaliert (das Seitenverhältnis bleibt erhalten).

`length` kann in einer der folgenden Maßeinheiten angegeben werden: cm, em, ex, in, mm, pc, px, pt. Achten Sie darauf, stets die Abkürzung durch zwei Buchstaben zu benutzen und kein Leerzeichen zwischen dem Wert und der Maßeinheit anzugeben.

`percentage` (Prozentsatz) basiert auf der vollen Höhe des Elements, die als 100% definiert ist.

`auto` ist die Voreinstellung und weist den Browser an, die Höhe automatisch zu berechnen. Wenn sowohl Höhe als auch Breite auf `auto` gesetzt werden, bleiben die Dimensionen des Text- oder Bildelements unverändert. Durch die Angabe von `auto` wird auch sichergestellt, dass keine vorangegangene Deklaration die Höhe des Elements beeinflusst.

Werte

`length` |
`percentage` |
`auto`

Wird nur eine Dimension angegeben und die zweite Dimension als `auto` deklariert, wird das Bild im korrekten Seitenverhältnis skaliert.

Beispiel 1

- `img { height: 36px; }`
- `img { height: 50%; }`
- `img { height: auto; }`
- `img { height: 3.0px; width: auto; }` oder

◊ `<img src="css_beispiele/fliege.gif">`
◊ `<img src="css_beispiele/fliege.gif"
   style="height:80px; width:auto;">`

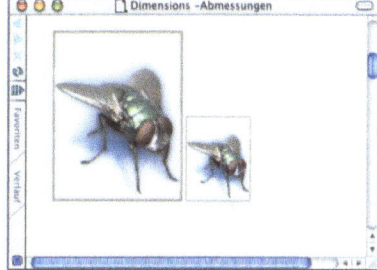

Beispiel 2

◊ `<p style="height: 200px; width: 50%;
   background-color: #949C94">Hier steht ein 200
   Pixel hoher Absatz … </p>`

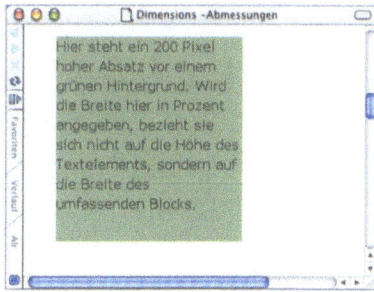

123

> Füge einen Stil an den Mond
> und du hast einen silbernen Fächer

Kapitel 4   Alle Stylesheet-Eigenschaften

Werte

`length` |
`percentage` |
`auto`

width   IE4+   M1   N6   O5+

Erblich: Nein   *Version:* CSS1

`width` gibt die Breite eines Elementes an. Ist die Breite eines Elements angegeben und die Höhe durch `auto` spezifiziert, dann wird das Element proportional skaliert (das Seitenverhältnis bleibt erhalten).

`length` kann in einer der folgenden Maßeinheiten angegeben werden: cm, em, ex, in, mm, pc, px, pt. Achten Sie darauf, stets die Abkürzung durch zwei Buchstaben zu benutzen und kein Leerzeichen zwischen dem Wert und der Maßeinheit anzugeben.

`percentage` (Prozentsatz) basiert auf der vollen Elementhöhe, die als 100% definiert ist.

`auto` ist die Voreinstellung und weist den Browser an, die Breite automatisch zu berechnen. Wenn sowohl Breite als auch Höhe auf `auto` gesetzt sind, bleiben die Abmessungen eines Textes oder Bildes unverändert. Durch die Deklaration von `auto` kann sichergestellt werden, dass keine vorangegangenen Deklarationen die Breite des Elements beeinflussen.

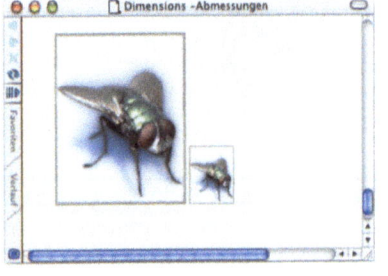

Beispiele

- `img { width: 150mm; }`
- `img { width: 2.85in; }`
- `img { width: 45pc; }`
- `img { width: 36pt; }`
- `img { width: 140%; }`
- `img { width: auto; }`
- `img { width: 3.0in; height: auto }` oder

◊ `<img src="fliege.gif">`
◊ `<img src="fliege.gif"`
      `style="width: 55px; height: auto;">`

4.7 Visuelle Formatierung

Füge einen Stil an den Mond und du hast einen silbernen Fächer

line-height

IE4+ M1 N4+ O5+

Erblich: Ja *Version: CSS1*

Werte

`normal` |
`number` |
`length` |
`percentage`

`line-height` den Zeilen. Der Abstand hängt von der Schriftgröße ab.

`normal` ist die Voreinstellung. Die Deklaration von `normal` stellt sicher, dass vorangegangene Deklarationen die Zeilenhöhe nicht beeinflussen.

`number` ist ein Faktor, mit dem die Schriftgröße multipliziert wird, um die Zeilenhöhe zu berechnen.

`length` wird in einer der folgenden Maßeinheiten angegeben: cm, em, ex, in, mm, pc, px, pt. Achten Sie darauf, stets die Abkürzung durch zwei Buchstaben zu benutzen und kein Leerzeichen zwischen dem Wert und der Maßeinheit anzugeben.

`percentage` (Prozentsatz) basiert auf der normalen Zeilenhöhe, die als 100% angesetzt wird. Ein Prozentwert, der kleiner ist als 100%, verringert die Zeilenhöhe, die Angabe von 100% bewirkt keine Änderung und ein Wert, der größer als 100% ist, erhöht die Zeilenhöhe.

Beispiele

- `p { line-height: normal; }`
- `p { line-height: 1.25; }`
- `br { line-height: 1.5in; }`
- `blockquote { line-height: 85%; }` oder

◊ `<span style="line-height: 60px;"> Hier ist <br> richtig viel Platz! </span>`

Benutzen Sie die Zeilenhöhe `line-height` vorsichtig in Hinsicht auf Netscape 4.xx. Sie funktioniert nur in Tabellen und Zellen (<table>, <td>). Sie funktioniert zwar auch in Absätzen mit <p> (paragraph) und Überschriften <h> (heading), aber anders als in IE und Netscape 6. Außerdem: Wenn `line-height` mit Punktgrößen oder ems festgelegt wurde, gibt es immer wieder Ärger mit dem Ausdruck (eine Zeile pro Seite oder ähnliche Desaster).

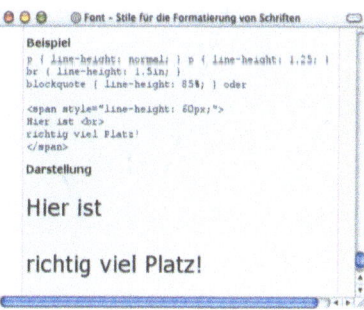

> Füge einen **Stil** an den Mond
> und du hast einen silbernen Fächer

Kapitel 4   Alle Stylesheet-Eigenschaften

Werte

none |
length |
percentage

max-height
max-width
min-height
min-width

Zur Zeit von keinem Browser unterstützt

Erblich: Nein   Version: CSS2

`max-height` bestimmt die maximale Höhe eines Elements. `max-height` gehört zu einer Gruppe von Eigenschaften, mit denen Höhe, Breite, maximale Höhe, maximale Breite, minimale Höhe und minimale Breite bestimmt werden. Wenn ein Wert für `max-height` angegeben wird, der kleiner ist als eine vorangegangene Angabe für `min-height` des gleichen Elements, dann wird `max-height` auf den gleichen Wert wie `min-height` gesetzt. Wenn der angegebene Wert für `min-height` größer als der Wert für `height` des gleichen Elements ist, dann wird die Höhe des Elements auf `min-height` gesetzt.

`max-width` gibt die maximale Breite eines Elements an. `max-width` gehört zu einer Gruppe von Eigenschaften, mit denen Höhe, Breite, maximale Höhe, maximale Breite, minimale Höhe und minimale Breite bestimmt werden. Wenn `max-width` kleiner als ein zuvor spezifizierter Wert für `min-width` ist, wird `max-width` auf den Wert von `min-width` gesetzt. Wenn `min-width` größer als der Wert `width` für das gleiche Element ist, wird `width` auf den Wert von `min-width` gesetzt.

`min-height` gibt die minimale Höhe eines Elements an. `min-height` gehört zu einer Gruppe von Eigenschaften, mit denen Höhe, Breite, maximale Höhe, maximale Breite, minimale Höhe und minimale Breite bestimmt werden. Wenn `max-height` kleiner als ein zuvor definierter Wert für `min-height` ist, wird `max-height` auf den Wert von `min-height` gesetzt. Wenn der Wert für `min-height` größer als der aktuelle Wert für `height` ist, wird `height` auf den Wert von `min-height` gesetzt.

`min-width` gibt die minimale Breite eines Elements an. `min-width` gehört zu einer Gruppe von Eigenschaften, mit denen Höhe, Breite, maximale Höhe, maximale Breite, minimale Höhe und minimale Breite bestimmt werden. Wenn `max-width` kleiner als ein zuvor definierter Wert für `min-width` ist, wird `max-width` auf den Wert von `min-width` gesetzt. Wenn der Wert für `min-width` größer als der aktuelle Wert für `width` ist, wird `width` auf den Wert von `min-width` gesetzt.

4.7 Visuelle Formatierung

Füge einen Stil an den Mond und du hast einen silbernen Fächer

`none` ist die Vorgabe und bedeutet, dass keine Begrenzung festgelegt ist.
`length` wird in einer der folgenden Maßeinheiten angegeben: `cm`, `em`, `ex`, `in`, `mm`, `pc`, `px`, `pt`. Achten Sie darauf, stets die Abkürzung durch zwei Buchstaben zu benutzen und kein Leerzeichen zwischen dem Wert und der Maßeinheit anzugeben.

`percentage` bezieht sich auf den umgebenden Block.

vertical-align

IE4+ M1 N4+ O5+

Erblich: Nein   *CSS1 mit Erweiterungen in CSS2*

Werte

```
baseline |
middle |
sub |
super |
text-top |
text-bottom |
top |
bottom |
percentage |
length
```

`vertical-align` richtet Buchstaben, Wörter, Bilder und Texte an einer Grundlinie aus, die durch den umgebenden Block bestimmt ist. In diesem Sinne eignet sich `vertical-align` besonders dazu, den Inhalt einer Zelle oder ein Inlineelement wie ein Bild innerhalb einer Textzeile vertikal auszurichten.

Die möglichen Werte der Eigenschaft werden unterschiedlich interpretiert, je nachdem, ob ein Element in einer Textzeile oder in einer Tabellenzelle vertikal ausgerichtet wird: Wenn `vertical-align` als Eigenschaft einer Tabellenzelle notiert wird, sind nur `middle`, `top` und `bottom` sinnvolle Werte für die vertikale Ausrichtung eines Texts in einer Tabellenzelle. Erst die Textzeile bietet all die Merkmale, anhand derer ein Element entsprechend den möglichen Werten vertikal ausgerichtet werden kann.

`baseline` ist die Voreinstellung in einer Textzeile: Richtet die Grundlinie des auszurichtenden Elements an der Grundlinie des umfassenden Elements aus.
In einer Tabellenzelle: Die Grundlinie einer Zelle ist die Grundlinie der ersten Zeile in dieser Zelle. Enthält eine Zelle drei Textzeilen, liegt die Grundlinie also zwischen der ersten und der zweiten Zeile.

`middle` richtet die vertikale Mitte des auszurichtenden Elements an der Grundlinie des umfassenden Elements aus und addiert die halbe x-Höhe des umfassenden Elements dazu. In einer Tabellenzelle: Die Mittellinie der Zelle ist die rechnerische Hälfte der Zelle. In einer Zelle mit drei Textzeilen liegt die Grundlinie in der Mitte der zweiten Zeile.

`sub` sorgt für die Ausrichtung als tiefgestellter Text/Index (z.B. H_2O). `sub` hat keine Auswirkungen auf die Schriftgröße, wenn es sich bei dem auszurichtenden Element um einen Text handelt. Wird in Tabellenzellen nicht unterstützt.

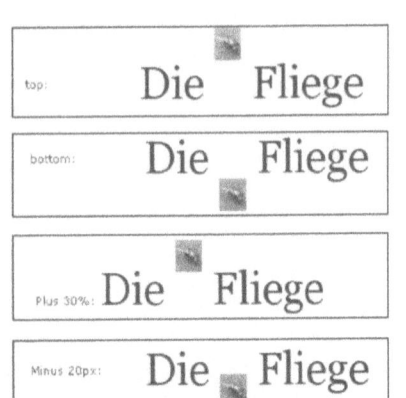

`super` bewirkt die Ausrichtung als hochgestellter Text (z.B. 10^2 = 100). `super` hat keine Auswirkungen auf die Schriftgröße, wenn es sich bei dem auszurichtenden Element um einen Text handelt. Wird in Tabellenzellen nicht unterstützt.

`text-top` dient der Ausrichtung am oberen Rand der Schrift der umfassenden Box.

`text-bottom` bewirkt die Ausrichtung am unteren Rand der Schrift der umfassenden Box.

`top` richtet die Oberkante des Elements an der höchsten Stelle der Zeile/des Elements aus. In einer Tabellenzelle: Die Grundlinie ist als oberster Punkt der Zelle definiert, egal, wie viele Textzeilen die Zelle enthält.

`bottom` richtet die Unterkante des Elements an der tiefsten Stelle der Zeile/des Elements aus. In einer Tabellenzelle: Die Grundlinie ist als unterster Punkt der Zelle definiert, egal, wie viele Textzeilen die Zelle enthält.

`percentage` (Prozentsatz) schiebt die Grundlinie nach oben (positiver Wert) oder nach unten (negativer Wert), gemessen an der Zeilenhöhe. Dabei entspricht die Angabe 0% der Grundlinie (baseline).

`length` gibt an, wie weit der Text über (positiver Wert) oder unter (negativer Wert) der Grundlinie positioniert werden soll, wobei 0px die Grundlinie darstellt.

Beispiele

- `.ibaseline    {vertical-align: baseline; }`
- `.isub         {vertical-align: sub; }`
- `.isuper       {vertical-align: super; }`
- `.itop         {vertical-align: top; }`
- `.itext-top    {vertical-align: text-top; }`
- `.imiddle      {vertical-align: middle; }`
- `.ibottom      {vertical-align: bottom; }`
- `.itext-bottom {vertical-align: text-bottom; }`
- `.prozent      {vertical-align: -15%; }`
- `.plusprozent  {vertical-align: 30%; }`
- `.minuspix     {vertical-align: -20px; }`
- `.plusmm       {vertical-align: 1mm; }`
- `.plusem       {vertical-align: 0.8em; }`

4.7 Visuelle Formatierung

> Füge einen Stil an den Mond
> und du hast einen silbernen Fächer

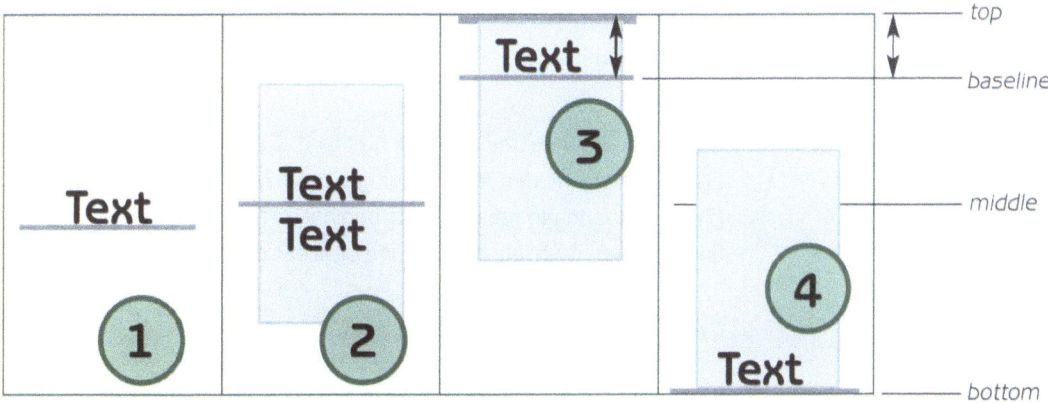

Vertikale Ausrichtung innerhalb von Tabellenzellen

(1) (2) `middle` ist die Voreinstellung für die vertikale Position eines Elements in einer Tabellenzelle. Ein Textabsatz, der in einer Tabellenzelle eingegeben wird, »breitet« sich mit weiteren Zeilen symmetrisch um die Mittellinie der Zelle herum aus. Die erste Zeile des Textabsatzes liegt auf der Mittellinie der Zelle, wenn eine weitere Zeile hinzukommt, liegt die erste über der Mittellinie der Zelle und die zweite Zeile unter der Mittellinie. Mit der dritten Textzeile liegt die erste Zeile über der Mittellinie, die zweite wieder genau auf der Mittellinie und die dritte Zeile liegt unter der Mittellinie usw.

(3) Durch `vertical-align: top` beginnt die Grundlinie (baseline) des Textes eine Zeilenhöhe unter der oberen Begrenzung der Tabellenzelle.

(4) Äquivalent ist die Darstellung bei `vertical-align: bottom`, allerdings beginnt die erste Zeile auf der unteren Begrenzung der Zelle und weitere Textzeilen lassen die erste Zeile nach oben rutschen.

(5) Ein Bild, das mit `vertical-align: middle` eingesetzt wird, liegt immer in der vertikalen Mitte der Zelle.

(6) Der obere Rand eines Bildes, das mit `vertical-align: top` in eine Tabellenzelle gesetzt wird, stößt an die obere Begrenzung der Tabellenzelle.

(7) Ein Bild, das mit `vertical-align: bottom` in eine Zelle eingesetzt wird, beginnt auf der unteren Begrenzung der Zelle.

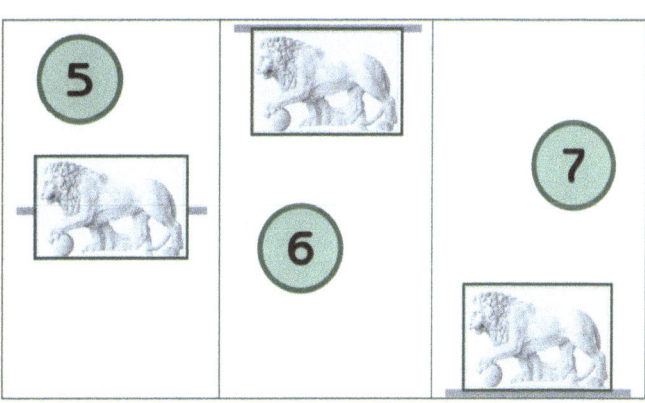

> Füge einen Stil an den Mond
> und du hast einen silbernen Fächer

Kapitel 4   Alle Stylesheet-Eigenschaften

Werte

```
left    |
right   |
none
```

float   IE4+ M1 N4+ O5+

Erblich: Nein   *Version: CSS1*

`float` bestimmt, wie ein Element im Text oder innerhalb eines Elements positioniert bzw. ausgerichtet wird. Neben einem schwebenden Element beginnt der Text in der gleichen Zeile wie das schwebende Element. Wenn ein neuer Absatz beginnt, wird er direkt unter dem vorangegangenen Absatz gesetzt und umfließt ebenfalls das Bild.

`left` platziert ein Bild auf der linken Seite des Textes.
`right` platziert ein Bild auf der rechten Seite des Textes.
`none` ist die Vorgabe und stellt ein Bild dort dar, wo es im Text steht.

Beispiel

- ```
  p { background-color: white;
      padding-left: 50px;
      padding-right: 50px;
      color: #333;}
  ```
- ```
  bild_links { float: left;
      margin-right: 50px;
      margin-bottom: 30px; }
  ```
- `body { margin: 10px 50px; }`

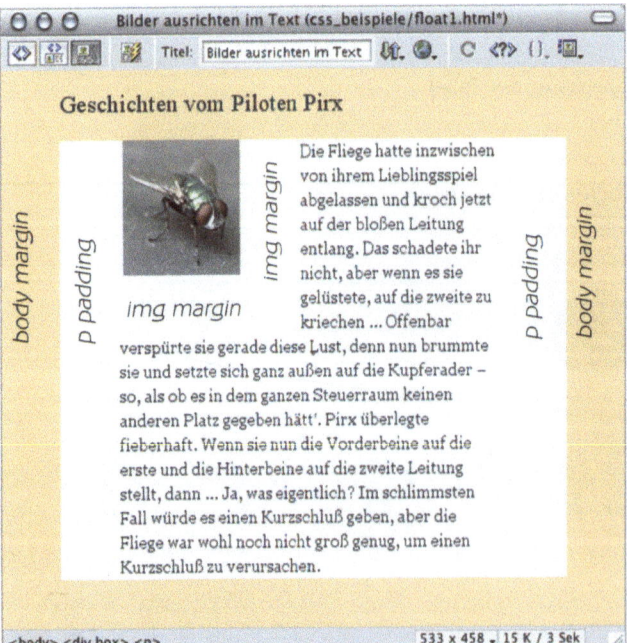

Bemerkungen

Die Eigenschaft `float` muss sich nicht auf Bilder beschränken, sondern kann in Kombination mit der Eigenschaft `display`, die ein Blockelement in ein Inlineelement transformiert, auch für Texte und Tabellen eingesetzt werden. Allerdings ist die Eigenschaft `float` nur für Bildelemente zuverlässig in den Browsern implementiert und in Netscape 4 funktioniert sie selbst mit Bildern nur sporadisch.

Damit ein Textabsatz nicht direkt bis an das schwebende Element heranreicht, braucht das schwebende Element einen Abstand gegen den umfließenden Text, der durch `margin` *deklariert werden kann.*

130

4.7 Visuelle Formatierung

> Füge einen Stil an den Mond
> und du hast einen silbernen Fächer

clear
IE4+ M1 N4+ O5+

Erblich: Nein *Version: CSS1*

Werte
none |
left |
right |
both

clear bestimmt, wo ein Element in Bezug auf das vorangegangene Element positioniert wird. Während float eine Eigenschaft für das Bild darstellt, ist clear die Eigenschaft für den Textabsatz, mit deren Hilfe das Umfließen eines schwebenden Bildes ausgeschaltet wird: Wenn das schwebende Bild so hoch war, dass es die Höhe des Textabsatzes überschreitet, kann der folgende Textabsatz durch clear zwangsweise wieder die ganze Breite des Blocks umfassen. Dazu wird der gesamte Text so weit nach unten verschoben, bis er wieder über die gesamte Breite seiner Box fließt.

none ist die Voreinstellung und hebt alle Beschränkungen auf, die angeben, dass der Textfluss erst unterhalb eines Bildes fortgesetzt werden darf.
left sorgt dafür, dass der Textfluss am Ende eines vorangehenden schwebenden Elements auf der linken Seite beginnt.
right steuert, dass der Textfluss erst am Ende eines vorangehenden schwebenden Elements wieder aufgenommen werden kann, wenn die Textzeile wieder bis auf die rechte Seite reichen darf.
both legt fest, dass der Textfluss erst unter allen vorhergehenden Elementen erscheint.

Beispiel

```
..fr { float: right; margin-left: 10px }
..umfliessen_aus { clear: right; }
...
◊ <p><img src="fliege.gif" class="fr">
    Der erste Text erscheint auf der
    linken Seite des Bildes ...</p>
◊ <p class="umfliessen_aus">Der zweite
    Text wird vollst&auml;ndig ... </p>
```

Bemerkungen
Wenn Bilder rechts oder links mit der Eigenschaft float im Textfluss positioniert werden, kann clear als generelle Eigenschaft für Überschriften eingesetzt werden. Damit werden neue Kapitel gezwungen, stets unterhalb der Bilder des vorangegangenen Absatzes zu erscheinen.

Beachten Sie bitte, dass clear nur auf Blockelemente angewendet werden soll.

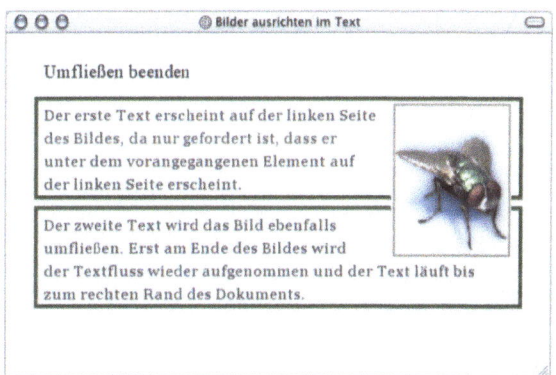

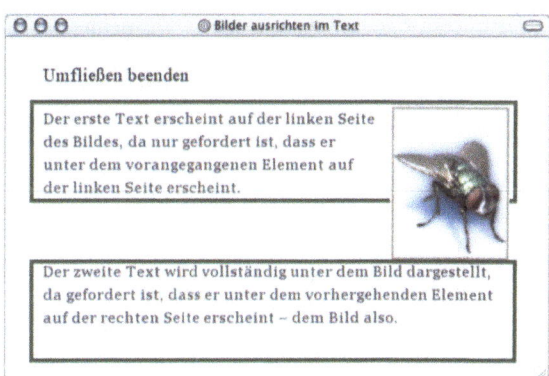

> Füge einen Stil an den Mond und du hast einen silbernen Fächer

Kapitel 4   Alle Stylesheet-Eigenschaften

Werte

```
absolute |
fixed    |
relative |
static
```

position   IE4+ M1 N4+ O5+

Erblich: Nein   *Version: CSS2*

`position` ist eine von zwei Eigenschaften, mit denen die physikalische Position eines Elements auf einer Seite gesteuert wird (die andere Eigenschaft ist `float`).

`absolute` positioniert ein Element an einer beliebigen Stelle auf der Seite. Die Position wird durch die Eigenschaften `bottom`, `left`, `right` oder `top` bestimmt.

Absolut positionierte Elemente sind aus dem normalen Dokumentenfluss befreit. Wenn ein Element absolut positioniert ist, weiß dieses Element nichts darüber, welche weiteren Elemente auf der HTML-Seite liegen. Es wird im Verhältnis zum HTML-Dokument beschrieben, so wie es beim Laden der Seite im Browserfenster sichtbar wird. Der Ursprung des absolut positionierten Blockelements ist links oben im HTML-Dokument. Wird das Dokument im Browserfenster gescrollt, wandert das positionierte Element mit.

Beispiel

- `div.fliess { border: 1px solid gray;`
  `              position: absolute;`
  `              width: 500px; height: auto;`
  `              left: 200px; top: 10px; }`

Neben der festen Positionierung sind Frames die einzige Technik, die Elemente in Hinsicht auf den »Viewport«, das Browserfenster, positioniert.

`fixed` positioniert ein Element an einer beliebigen Stelle des Viewports (Browserfenster). Dort steht das Element fest, auch wenn die Seite im Browserfenster gescrollt wird. Bei einem festen Element ist der Container immer das Browserfenster – das Element bleibt immer im Fenster sichtbar, so wie Navigationsleisten unter Verwendung von Frames. Genauso wie ein absolut positioniertes Element weiß ein fest positioniertes Element nichts von seiner Umgebung und legt sich unter oder über andere Elemente.

Beispiel

- `div.navigation { position: fixed;`
  `                 top: 20px; left: 10px;`
  `                 width: 170px; height: auto; }`

Bemerkung

Die Eigenschaft `fixed` ist erst in den Browsern Internet Explorer 5 (nur Mac), Netscape 6 und Opera ab Version 5 implementiert.

4.7 Visuelle Formatierung

> Füge einen **Stil** an den Mond
> und du hast einen silbernen Fächer

Statische Positionierung ist die altbekannte Weise, wie sich HTML im Browserfenster darstellt.
Wenn der Benutzer durch das Dokument scrollt, geraten alle Elemente nach und nach aus dem Viewport.

Da die absolute Positionierung die Elemente in Bezug auf Koordinaten im Dokument setzt, verhalten sich statische und absolute Positionierung hinsichtlich des Scrollens auf die gleiche Weise.

Fest positionierte Elemente wie die Navigationsleiste auf der linken Seite und eine Logoleiste oben beziehen sich auf die Koordinaten des Browserfensters, die sich beim Scrollen durch das Dokument nicht verändern.

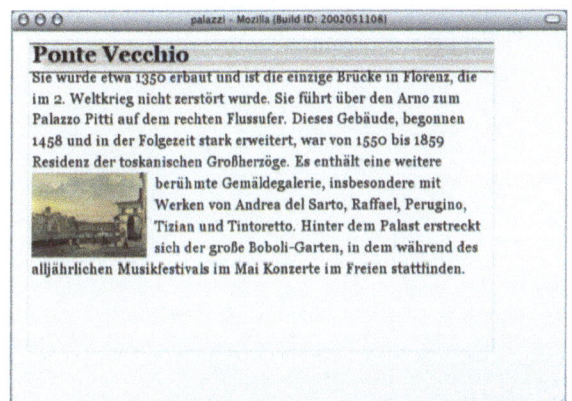
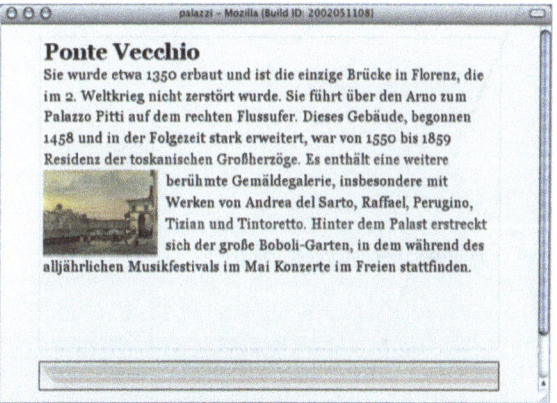

Der Textkasten ist absolut positioniert, der Schmuckkasten relativ: Ein absolut positioniertes Element verdrängt andere Elemente nicht, sondern liegt in einer eigenen Ebene.

```
<div id="Layer1"
  style="position:absolute;
  left:20px; top: 25; width:500px;
  height:auto;"> ... </div>
<div id="Layer2"
  style="position:relative;
  left:0px; top: 10; width:600px;
  height:auto;
  background: url(bg.gif);"> ... </div>
```

Textkasten und Schmuckkasten sind relativ positioniert: Der Schmuckkasten folgt im Dokument auf den Textkasten und wird darum nach dem Textkasten dargestellt.

```
<div id="Layer1"
  style="position:relative;
  left:20px; top: 25;
  width:500px; height:auto;"> ... </div>
<div id="Layer2"
  style="position:relative;
  left:0px; top: 10; width:600px;
  height:auto;
  background: url(bg.gif);"> ... </div>
```

`relative` positioniert ein Element an einer beliebigen Stelle relativ zu seiner Position im normalen Datenfluss der Seite. Wird das Dokument im Dokumentenfenster gescrollt, wandert das relativ positionierte Element mit und scrollt aus der Seite heraus.

Relativ positionierte Elemente verdrängen Elemente im Dokumentenfluss – das ist der relevante Unterschied zur absoluten Positionierung. Alle Elemente, die auf ein relativ positioniertes Element folgen, werden nach unten verdrängt, es sei denn, sie sie selber absolut oder fest positioniert.

Beispiel

- h1 { position: relative;
    left: -80px; top: 0px;
    width: 300px;
    background: #97A291; }

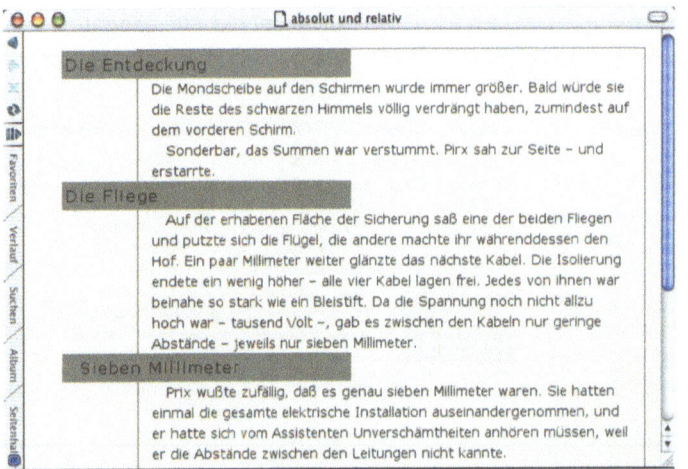

Die Überschrift h1 ist relativ zu ihrer Position im Dokument definiert – um 80 Pixel nach links herausgerückt. Sie verändert ihrer Position im Dokumentenfluss.

`static` ist die Voreinstellung und bedeutet, dass ein Element keinerlei Methoden zur Positionierung – wie `top`, `right`, `bottom` oder `left` – mitbringt, es ist statisch; es liegt im Fluss des HTML-Dokuments und sein Container ist immer <html></html>. Wenn das Dokument im Viewport gescrollt wird, wandert ein statische Element mit. In dieser Hinsicht sind im reinen HTML alle Elemente statisch.

Das Ende eines statischen Elements bestimmt den Anfang des nächsten Elements.

4.7 Visuelle Formatierung

Füge einen Stil an den Mond und du hast einen silbernen Fächer

top, right, bottom, left

IE4+ M1 N4+ O5+

Erblich: Nein   Version: CSS2

Werte

```
auto |
length |
percentage
```

`top` gibt den Abstand des oberen Randes des Inhalts zum oberen Rand des umfassenden Blocks an (IE5+ , M1, N6, O5+).
`right` gibt den Abstand des rechten Randes des Inhalts zum rechten Rand des umfassenden Blocks an (IE5+ , M1, N6, O5+).
`bottom` gibt den Abstand des unteren Randes des Inhalts zum unteren Rand des umfassenden Blocks an.
`left` gibt den Abstand des linken Randes des Inhalts zum linken Rand des umfassenden Blocks an.

Diese vier Eigenschaften werden in Verbindung mit der Eigenschaft `position` benutzt. Der umfassende Block hängt dabei von der Art der Positionierung ab: Wenn das Element absolut positioniert wird, ist der umfassende Block das Browserfenster, ebenso bei fester Positionierung. Bei relativer Positionierung ist der umfassende Block das Dokument. Bei statischer Positionierung liegt das Element im Inhaltsfluss und die Angaben `top`, `right`, `bottom` und `left` haben keine Auswirkungen.

`auto` ist die Voreinstellung und legt fest, dass der Browser den Abstand zum umfassenden Block bestimmt.

`length` kann in einer der folgenden Maßeinheiten angegeben werden: `cm`, `em`, `ex`, `in`, `mm`, `pc`, `px`, `pt`. Achten Sie darauf, stets die Abkürzung durch zwei Buchstaben zu benutzen und kein Leerzeichen zwischen dem Wert und der Maßeinheit anzugeben.

`percentage` (Prozentsatz) legt den Abstand des Elements zum umfassenden Block relativ zur Größe des umfassenden Blocks fest. Das Prozentzeichen ist zwingend erforderlich.

Beispiel

Der Stil für eine Fußnote, die unten im Browserfenster sitzt und fest steht, egal wie groß das Fenster aufgezogen und wie weit das Dokument gescrollt wird:

- ```
  #Layer1 {id:layer1;
      border: 1px #666666 solid;
      position: fixed; top: auto;
      right: 2%; bottom: 5px;
      left: auto; width: 96%; height: 90px;
      background-color: linen;
      padding: 5px 5px;
      font: 16px/150% Verdana; color: #333333 }
  ```

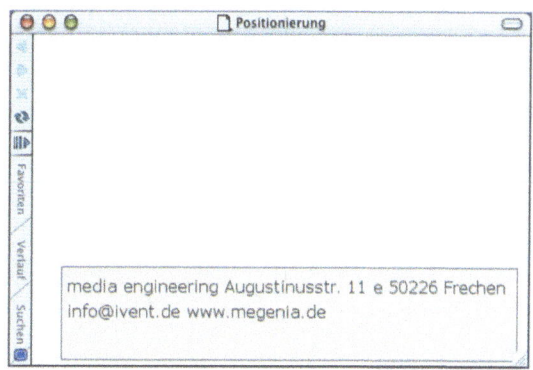
  ```

> Füge einen **Stil** an den Mond
> und du hast einen silbernen Fächer

Kapitel 4   Alle Stylesheet-Eigenschaften

Werte

```
auto |
rect(top, right, bottom,
    left)
```

clip   IE4+ M1 N6 O5+

Erblich: Nein   *Version: CSS2*

`clip` beschneidet ein Element, das zu groß für den umfassenden Block ist, und gibt an, welche Teile des übergroßen Elements sichtbar sein sollen. Der Rest wird bei der Ausgabe unterdrückt.

Der umfassende Block ist das Element, das dieses Element und eventuell auch weitere Elemente enthält. Wenn ein Element zu groß ist, um in den umfassenden Block zu passen, wird das Element an den Grenzen des umfassenden Blocks abgeschnitten, so dass es in den umfassenden Block passt. Der abgeschnittene Teil des Elements wird einfach nicht dargestellt.

Die verwandte Eigenschaft `overflow` bestimmt, ob ein übergroßes Element geclipt wird. Wenn `overflow` mit `visible` angegeben wird, hat die Eigenschaft `clip` keinen Effekt auf das Element und das Element wird vollständig dargestellt, auch wenn es die Grenzen des umfassenden Blocks überschreitet.

Hier ist der umfassende Block das <img>-Tag. Das Bild wird um 30 Pixel von oben, 220 Pixel bis zur rechten, 270 Pixel bis zur unteren Kante und 20 Pixel von links beschnitten.

`auto` ist die Voreinstellung und legt fest, dass der Browser bestimmt, welche Teile des Elements sichtbar sein sollen.

`rect(top, right, bottom, left)` legt fest, dass die Form des Elements als Viereck dargestellt werden soll (zurzeit ist `rect` die einzige Variante). Die Werte für die Kanten der Vierecke werden durch Leerstellen voneinander getrennt in einer Liste dargestellt. Sie werden im Uhrzeigersinn `top`, `right`, `bottom` und `left` aufgeführt, wobei jeder Kantenwert zwingend angegeben werden muss und den Abstand zum umfassenden Block darstellt. Der Abstand kann positiv oder negativ sein und kann sich über den umfassenden Block hinaus erstrecken. Jeder der Werte für `top`, `right`, `bottom` und `left` kann in einer der acht Längenmaße angegeben werden: cm, em, ex, in, mm, pc, px, pt. Achten Sie darauf, stets die Abkürzung durch zwei Buchstaben zu benutzen und kein Leerzeichen zwischen dem Wert und der Maßeinheit anzugeben.

Beispiel

- `.clp { clip: rect(30px, 220px, 270px, 20px)}`
- ...
- ◊ `<img src="loewe.jpg" width="400" height="300" class="clp">`

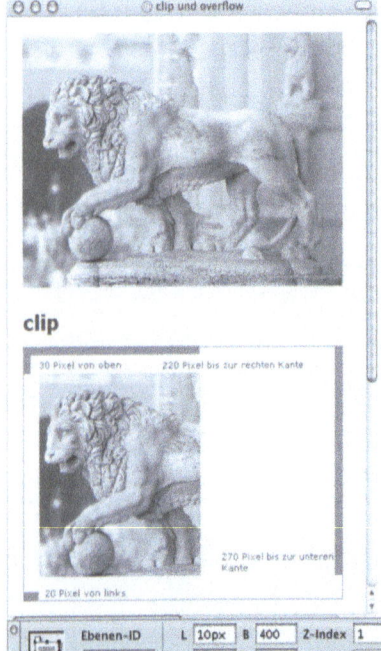

4.7 Visuelle Formatierung

> Füge einen Stil an den Mond
> und du hast einen silbernen Fächer

overflow
IE4+ M1 N6 O5+

Erblich: Nein *Version: CSS2*

Werte
```
auto |
hidden |
scroll |
visible
```

`overflow` regelt die Darstellung von Elementen, die zu groß sind, um in den umfassenden Block zu passen. Per Voreinstellung sollen die »überstehenden« Teile des Elements abgeschnitten werden, so dass der verbleibende Teil des Elements in den umfassenden Block passt. Die abgeschnittenen Teile des Elements werden einfach nicht dargestellt.

Die verwandte Eigenschaft `clip` spezifiziert, welche Teile des übergroßen Elements sichtbar sein sollen.

auto ist die Vorgabe und veranlasst den Browser, Scrollbalken anzubieten, damit der Benutzer den Rest des Elements betrachten kann.

hidden gibt vor, dass nur der beschnittene Teil des übergroßen Elements sichtbar ist, so dass es vollkommen innerhalb des umfassenden Containers dargestellt wird und keine Scrollbalken eingespielt werden.

scroll führt dazu, dass ein übergroßes Element beschnitten wird und Scrollbalken eingespielt werden, über die der Rest des Elements betrachtet werden kann.

visible erzwingt, dass ein übergroßes Element nicht beschnitten wird. Das vollständige Element wird dargestellt, obwohl es sich über die Grenzen des umfassenden Blocks hinaus erstreckt. Wenn `overflow:visible` eingesetzt wird, hat die clip-Eigenschaft keine Auswirkung auf die Darstellung des Elements.

Beispiel

```
◊ <div id="Layer1" style="position:absolute;
  left:20px; top:800px; width:200px; height:200px;
  z-index:1; clip: rect(30 220 270 20); overflow:
  scroll;>
  <img src="bilder/loewe.jpg" width="400"
  height="300">
</div>
```

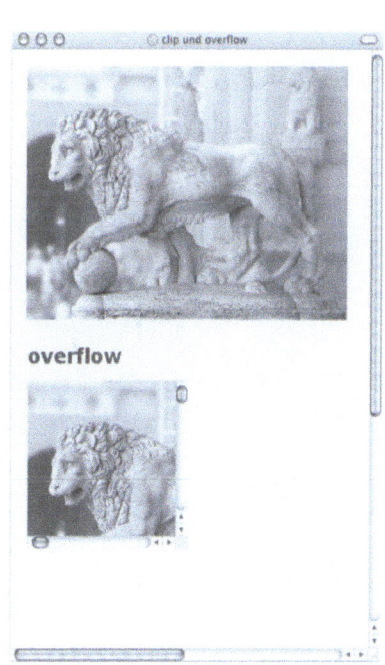

overflow

> Füge einen Stil an den Mond
> und du hast einen silbernen Fächer

Kapitel 4   Alle Stylesheet-Eigenschaften

Werte

`block` |
`compact` |
`inline` |
`inline-table` |
`list-item` |
`marker` |
`none` |
`run-in` |
`table` |
`table-caption` |
`table-cell` |
`table-column` |
`table-column-group` |
`table-footer-group` |
`table-header-group` |
`table-row` |
`table-row-group`

display
IE4+   M1   N4+   O5+

Erblich: Nein   *Version: CSS1/Ergänzt in CSS2*

`display` steuert die Darstellung eines Elements. In CSS1 kann `display` ein Inlineelement in ein Blockelement transformieren und umgekehrt und die Darstellung eines Elements unterdrücken. Im Folgenden werden zuerst die CSS1-Werte aufgeführt. Die meisten CSS2-Ergänzungen werden von keinem Browser unterstützt.

`block` (CSS1) ist die Vorgabe und stellt ein Element als Blockelement oder -box dar und führt zu einem Zeilenumbruch vor und nach dem Element.
`compact` (CSS2) stellt das Element abhängig vom Kontext als Block- oder Inlineelement dar.
`inline` (CSS1) stellt ein Element als Inlineelement oder -box dar. Inlineelemente führen nicht zu einem Zeilenumbruch vor und nach dem Element. Mit anderen Worten: Das Element wird in der gleichen Zeile dargestellt.
`inline-table` (CSS2) stellt eine Tabelle als Inlineelement dar und führt dadurch nicht zu einem Zeilenumbruch.
`list-item` (CSS1) stellt das Element als Liste dar. Jedem Element der Liste kann ein optionaler Listenpunkt wie ein gefüllter Kreis vorangesetzt werden.

`marker` (CSS2) weist dem Inhalt vor oder nach einem Boxelement einen Marker zu. `marker` wird zusammen mit den Pseudoelementen `:after` und `:before` benutzt.
`none` (CSS1) unterdrückt die Darstellung von Elementen.
`run-in` (CSS2) stellt das Element abhängig vom Kontext als Block- oder Inlineelement dar.
`table` (CSS2) stellt ein Element als Blockelement dar.
`table-caption` (CSS2) stellt ein Element als Tabellenbeschriftung (caption) dar.
`table-cell` (CSS2) stellt das Element als Tabellenzelle (td) dar.
`table-column` (CSS2) stellt das Element als Tabellenspalte dar.
`table-column-group` (CSS2) stellt das Element als Gruppe von Tabellenspalten (colgroup) dar.
`table-footer-group` (CSS2) stellt das Element als Gruppe von Tabellen-Fußnoten (table footer) dar.
`table-header-group` (CSS2) stellt das Element als Gruppe von Tabellenköpfen (table header) dar.
`table-row` (CSS2) stellt das Element als Tabellenzeile (table row) dar.

`table-row-group` (CSS2) stellt das Element als Gruppe von Tabellenzeilen (table row) dar.

Manchmal ist es nützlich, aus einem Inlineelement ein Blockelement zu machen – zum Beispiel, wenn nach jedem <a>-Tag ein Zeilenumbruch folgt – oder aus einem Blockelement ein Inlineelement – z.B. um eine Tabelle innerhalb eines Textabsatzes unterzubringen, ohne dass es zu einem Zeilenumbruch kommt.

Diese äußerst sparsame kleine Navigationsleiste kann beispielsweise jedes Mal sichtbar werden, wenn der Mauszeiger über einen Link der Hauptnavigation hovert, und auf der einen Seite zusätzliche Informationen über das Sprungziel bieten und gleichzeitig das Sprungziel sofort ansteuern.

Beispiel 1 (eine Tabelle als Inlineelement)

```
<table style="display: inline; float: left;
   margin-right: 10px;">
<tr><td> </td><td>Schnee</td><td>Sonne</td></tr>
<tr><td>Sommer</td><td>sehr selten</td>
<td>ja</td></tr>
<tr><td>Winter</td><td>ja</td><td>eher
   selten</td></tr>
</table>
<p> ... </p>
```

Beispiel 2 (Hyperlinks als Blockelement)

```
a { display: block;
    width: 250px;
    background: bisque;
    padding: 6px 6px;
    border: 1px #666666 solid; }
...
<a href="...">Pfefferminzbonbons</a>
<a href="...">Schokolade</a>
<a href="...">Veilchenpastillen</a>
<a href="...">Sahnekaramell</a>
<a href="...">Gummib&auml;rchen</a>
```

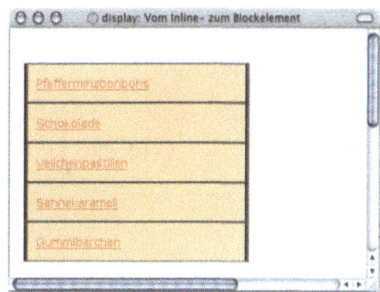

Werte

collapse |
hidden |
visible

visibility

IE4+ M1 N6 O5+

Erblich: Nein   *Version: CSS2*

visibility entscheidet, ob ein Element sichtbar ist oder unsichtbar. Ein unsichtbares Element ist vollständig transparent, belegt aber weiterhin Platz auf der Seite und andere Elemente können den Raum nicht einnehmen. Ein unsichtbares Element kann also auch sicherstellen, dass ein Platz im Layout immer frei bleibt.

Beliebt ist visibility auch für dynamische Inhalte im Zusammenhang mit Skripten.

collapse verbirgt Zeilen oder Spalten einer Tabelle. Eine verborgene Zeile oder Spalte kann für andere Inhalte benutzt werden. Für alle anderen Elemente hat collapse die gleichen Auswirkungen wie der Wert hidden.
hidden bestimmt, dass ein Element auf der Seite nicht sichtbar ist.
visible bestimmt, dass ein Element auf der Seite sichtbar ist.

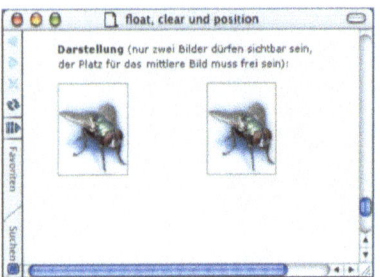

Beispiel 1

- p {visibility: hidden;}
- br {visibility: visible;} oder
- ...
◊ <img src="fliege.gif" style="visibility: visible;">
◊ <img src="fliege.gif" style="visibility: hidden;">
◊ <img src="fliege.gif" style="visibility: visible;">

Beispiel 2

```
◊    <table>
◊    <tr><td>Ach wie gut, dass niemand weiß,,</td>
◊       <td style="visibility: collapse">dass ich Rumpelstilzchen heiß</td>
◊       <td>aus dem M&auml;rchen &quot;Rumpelstilzchen&quot;</td></tr>
◊    <tr><td>Niemand durfte der sch&ouml;nen
         M&uuml;llerstochter zusehen, </td>
◊       <td style="visibility: collapse">wie sie
         Gold spann. </td>
◊       <td>aus dem M&auml;rchen
            &quot;Rumpelstilzchen&quot;</td>
◊    </tr>
◊    </table>
```

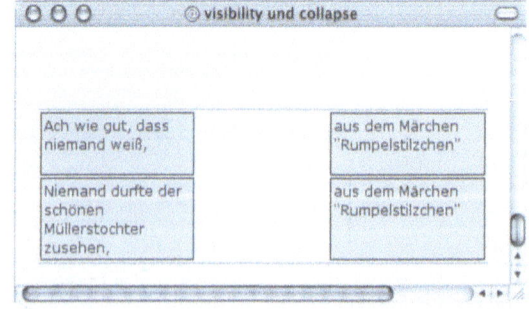

4.7 Visuelle Formatierung

> Füge einen **Stil** an den Mond und du hast einen silbernen Fächer

z-index
IE4+ M1 N6 O5+

Erblich: Nein   *Version: CSS2*

Werte
auto |
number

`z-index` legt die Stapelordnung für Elemente fest, die sich auf dem gleichen Raum überlappen können.

Elemente können also drei Dimensionen aufweisen: Die x- und y-Position wird auf dem Monitor angezeigt, die z-Position bestimmt, welches Element über anderen Elementen liegt. Je höher der Wert von `z-index`, desto weiter oben liegt das Element. Anders gesagt, liegen Elemente mit höheren Werten über solchen mit niedrigeren Werten.

`auto` ist die Voreinstellung und setzt den Wert der Stapelordnung auf den Wert des Elternelements.

`number` kann eine positive oder negative ganzzahlige Zahl sein.

Beispiel

- ```
  .d1{ z-index: 1; color: rosybrown;
       position: absolute;
       left: 50px; top: 50px;
       width: 400px; height: auto}
  ```
- ```
  .d2{ z-index: 2; color: darkolivegreen;
       position: absolute;
       left: 80px; top: 75px;
       width: 400px; height: auto}
  ```
- ```
  .d3{ z-index: 3; color: tomato;
       position: absolute;
       left: 200px; top: 120px;
       width: 400px; height: auto }
  ```

...

◊ `<div class="d1">Wer</div>`
◊ `<div class="d2">dr&auml;ngelt</div>`
◊ `<div class="d3">hier</div>`

»hier« hat den höchsten z-index und muss vor »Wer« und »drängelt« liegen:

  ```

Kapitel 4   Alle Stylesheet-Eigenschaften

4.8   table: Stile für Tabellen

CSS1 hat noch einen weiten Bogen um Tabellen gemacht. Erst CSS2 definiert fünf Eigenschaften, die speziell für Tabellen gedacht sind. Die fünf Eigenschaften sind boder-collapse, border-spacing, caption-side, empty-cells und table-layout.

border-collapse   IE5+ (PC) M1 N6 O5+

Werte

collapse |
separate

border-collapse wählt das Rahmenmodell einer Tabelle. Zwei Rahmenmodelle stehen zur Wahl: collapse und separate.

collapse: Im collapse-Modell (Voreinstellung) hat die Tabelle einen äußeren Rand und benachbarte Zellen teilen sich die internen Rahmen.

separate: Im separate-Modell hat die Tabelle einen separaten äußeren Rahmen und jede Zelle besitzt einen eigenen separaten Rahmen. Der äußere Rahmen der Tabelle berührt die einzelnen Zellenrahmen nicht.

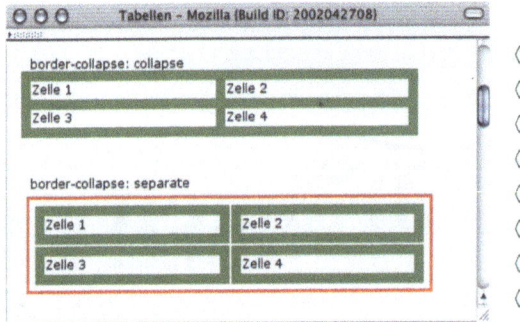

```
<table style="border-collapse: collapse">
<tr><td>Zelle 1</td><td>Zelle 2</td></tr>
<tr><td>Zelle 3</td><td>Zelle 4</td></tr>
</table>
<table style="border-collapse: separate">
<tr><td>Zelle 1</td><td>Zelle 2</td></tr>
<tr><td>Zelle 3</td><td>Zelle 4</td></tr>
</table>
```

4.8 table: Stile für Tabellen

> Füge einen Stil an den Mond
> und du hast einen silbernen Fächer

border-spacing   M5 M1 N6 O5+

Erblich: Ja   *Version: CSS2*

Werte

`length length ?`

`border-spacing` bestimmt den horizontalen und vertikalen Raum zwischen benachbarten Zellen im separate-Modell. In diesem Modell hat die Tabelle einen separaten äußeren Rahmen und jede Zelle besitzt zusätzlich einen eigenen separaten Rahmen. Der äußere Rahmen der Tabelle berührt die einzelnen Zellenrahmen nicht.

`length length ?` gibt die Größe des Raums zwischen benachbarten Zellen an. Die zweite Angabe ist optional. Wird nur die erste Länge spezifiziert, gilt der Wert sowohl für den horizontalen als auch für den vertikalen Raum zwischen benachbarten Zellen. Wenn beide Längenangaben notiert sind, gibt die erste den horizontalen Raum und die zweite den vertikalen Raum an. Negative Werte sind nicht erlaubt.
`length` kann in einer der folgenden Maßeinheiten angegeben werden: cm, em, ex, in, mm, pc, px, pt. Achten Sie darauf, stets die Abkürzung durch zwei Buchstaben zu benutzen und kein Leerzeichen zwischen dem Wert und der Maßeinheit anzugeben. Die Voreinstellung ist 0.

Beispiel

```
◊ <table style="border-collapse: separate;
    border-spacing: 20px">
◊ <tr> <td>Zelle 1</td>
    <td>Zelle 2</td> </tr>
◊ <tr> <td>Zelle 3</td>
    <td>Zelle 4</td> </tr>
◊ </table>
```

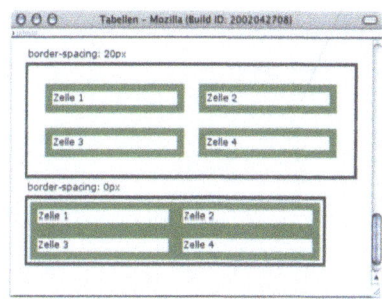

caption-side IE5+ M1 N6

Werte

bottom |
left |
right |
top

Erblich: Ja *Version: CSS2*

caption-side legt die Positionierung der Tabellenlegende (caption) fest – ob die Legende unten, links, rechts oder oben gesetzt werden soll. Diese Eigenschaft ist für die Benutzung mit dem <caption>-Tag gedacht. Wenn caption rechts oder links neben der Tabelle platziert wird, kann der Inhalt mit vertical-align auf der Grundlinie (bottom), an der Oberkante der Tabelle (top) oder in der Mitte (middle) ausgerichtet werden.

Bemerkung

top *(die Voreinstellung) und* bottom *werden von IE5+ und Mozilla1/N6 dargestellt; die Werte* left *und* right *hingegen nicht.*

bottom platziert eine caption-box unter der Tabelle.
left platziert eine caption-box auf der linken Seite der Tabelle.
right platziert eine caption-box auf der rechten Seite der Tabelle.
top ist die Voreinstellung und platziert eine caption-box über der Tabelle.

Beispiel

- caption { caption-side: top; width: auto; }

empty-cells IE5+ M1 N6 O5+

Werte

hide |
show

Erblich: Ja *Version: CSS2*

empty-cells legt fest, ob Rahmen um leere Tabellenzellen gezogen werden (eine leere Zelle hat keinen sichtbaren Inhalt). Die Eigenschaft wird nur beim separate-Modell angewendet.

Wenn visibility: hidden angegeben wurde, wird die Zelle als leere Zelle ohne sichtbaren Inhalt angesehen. Auch carriage return, line feed, tab und Leerzeichen bilden keinen sichtbaren Inhalt. Ein erzwungener Leerraum ( ) allerdings gilt als sichtbarer Inhalt.

hide weist den Browser an, keinen Rahmen um leere Zellen darzustellen.
show ist die Voreinstellung und weist den Browser an, einen Rahmen um leere Zellen darzustellen.

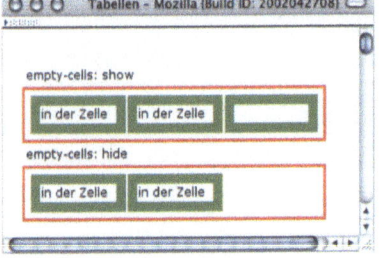

Beispiel

◊ <table style="border-collapse: separate; empty-cells:hide">
◊   <tr><td>in der Zelle</td><td>in der Zelle</td><td></td></tr>
◊ </table>

4.8 table: Stile für Tabellen

> Füge einen Stil an den Mond
> und du hast einen silbernen Fächer

table-layout
IE6 (PC)

Werte

Erblich: Ja *Version: CSS2*

`auto | fixed`

`table-layout` legt den Layoutalgorithmus für die Konstruktion der Tabelle fest.

`auto` ist die Voreinstellung und weist den Browser an, die Tabelle abhängig von den Inhalten der Tabelle aufzubauen. Der Browser muss also zunächst den gesamten Inhalt der Tabelle laden, bevor die Tabellendimensionen berechnet werden können, dadurch wird der Aufbau der Seite verzögert.

`fixed` weist den Browser an, die Tabelle entsprechend der Tabellenbreite (`width`), der Breite der Spalten, der Rahmen und dem angegebenen Raum zwischen den Zellen zu berechnen. Das Layout der Tabelle hängt nicht vom Inhalt ab und die Tabelle kann schneller dargestellt werden.

Beispiel

- `table     { table-layout: fixed }`
- `td.breite { width: 100px;`
- `            height: 100px }`

table-layout: auto

table-layout: fixed

Im separate-Modell hat die Tabelle einen separaten äußeren Rahmen und jede Zelle besitzt zusätzlich noch einen eigenen separaten Rahmen. Der äußere Rahmen der Tabelle berührt die einzelnen Zellenrahmen nicht.

4.9 Stile für die visuelle Gestaltung der Benutzeroberfläche

Zwei Stile führt CSS2 für die Gestaltung der Benutzeroberfläche ein: cursor und outline. Mittels der Eigenschaften für den Mauszeiger, cursor, soll der Entwickler dem Besucher einer Seite Hinweise auf die Benutzung von Elementen geben. Die Umrandung, outline, ist eine Linie um ein Element herum, die das Element auf der Seite auszeichnen und hervorheben soll. Die Umrandung wird außerhalb des Rahmens um das Element aufgezogen, so dass ein Element sowohl einen Rahmen als auch eine Umrandung aufweisen kann. Anders als der Rahmen hat die Umrandung keine rechteckige Form.

Werte

```
[ url ("urladdress"), ]*
[ auto | crosshair |
default | help | move |
pointer | e-resize |
n-resize | ne-resize |
nw-resize | s-resize |
se-resize | sw-resize |
w-resize | text | wait ]
```

cursor IE4+ M1 N6

Erblich: Ja *Version: CSS2*

cursor steuert die Darstellung des Mauszeigers. Die meisten Browser unterstützen nicht alle möglichen Darstellungen.

url ("urladdress") ist eine von Kommas getrennte Liste von einer oder mehreren URLs und stellt die Adresse eines eigenen Mauszeigers dar. Jede URL muss in Anführungszeichen eingeschlossen werden. Browser erkennen eigene Mauszeiger nicht unbedingt, darum ist es besser, einen generischen Mauszeiger (default) an das Ende der Liste zu setzen (ähnlich wie eine generische Schrift "serif" ans Ende einer Schriftenliste).

auto ist die Voreinstellung und überlässt dem Browser die Darstellung des Mauszeigers.

4.9 Stile für die visuelle Gestaltung der Benutzeroberfläche

> Füge einen Stil an den Mond
> und du hast einen silbernen Fächer

`crosshair` stellt den Mauszeiger als großes dünnes Pluszeichen dar.

`default` überlässt dem Browser die Darstellung des Mauszeigers.

`help` stellt den Mauszeiger als Fragezeichen oder Ball dar.

`move` betont, dass etwas bewegt werden soll. Üblicherweise ist der Mauszeiger ein Kreuz mit Pfeilen an allen vier Enden.
`pointer` stellt den Mauszeiger als Pfeil dar.

`e-resize` stellt den Mauszeiger als Pfeil dar, der nach rechts (east) weist.
`n-resize` stellt den Mauszeiger als Pfeil dar, der nach oben (north) weist.
`ne-resize` stellt den Mauszeiger als Pfeil dar, der nach rechts oben (north-east) weist.
`nw-resize` stellt den Mauszeiger als Pfeil dar, der nach links oben (north-west) weist.
`s-resize` stellt den Mauszeiger als Pfeil dar, der nach unten (south) weist.
`se-resize` stellt den Mauszeiger als Pfeil dar, der nach rechts unten (south-east) weist.
`sw-resize` stellt den Mauszeiger als Pfeil dar, der nach links unten (south-west) weist.
`w-resize` stellt den Mauszeiger als Pfeil dar, der nach links (west) weist.
`text` stellt den Mauszeiger als "I" dar, mit dem Text gekennzeichnet und eingefügt wird.

`wait` stellt den Mauszeiger üblicherweise als Stundenglas oder Uhr dar, um anzuzeigen, dass der Benutzer noch auf die Bearbeitung eines Prozesses warten muss.

Beispiel
- p {cursor: text;}
- a {cursor: pointer;}
- body {cursor: url("sputnik.ani"), default; }

> Füge einen Stil an den Mond und du hast einen silbernen Fächer

Kapitel 4   Alle Stylesheet-Eigenschaften

Werte

`color | invert`

outline-color   *Zurzeit von keinem Browser unterstützt*

Erblich: Nein   *Version: CSS2*

`outline-color` legt die Farbe der Umrandung fest.

`color` kann das Schlüsselwort für eine Farbe sein (red), die sechsstellige Hexadezimalzahl (#FFFFFF) oder ein Triple aus drei RGB-Werten (255,255,255).

`invert` ist die Voreinstellung und kehrt die Hintergrundfarbe um und benutzt die invertierte Farbe als Umrandung. Auf diese Weise wird sichergestellt, dass sich die Farbe der Umrandung stets vom Hintergrund abhebt.

Beispiel

- `img { outline-color: red }`
- `p { outline-color: #E9E9E9 }`

Werte

```
none |
dotted |
dashed |
double |
groove |
inset |
outset |
ridge |
solid
```

outline-style   *Zurzeit von keinem Browser unterstützt*

Erblich: Nein   *Version: CSS2*

`outline-style` bestimmt die visuelle Darstellung der Umrandung.

none ist der Vorgabewert. Wenn kein Stil deklariert wird, ist keine Umrandung sichtbar, selbst wenn die outline-Eigenschaften angegeben wurden. Die Angabe von none stellt sicher, dass keine vorangegangenen Deklarationen die Umrandung beeinflussen.
dotted erzeugt eine gepunktete Linie.
dashed erzeugt eine gestrichelte Linie.
double erzeugt eine doppelte durchgehende Linie.
groove erzeugt eine dreidimensionale Linie, deren Aussehen vom gewählten Farbwert abhängt.
inset erzeugt eine dreidimensionale Linie, deren Aussehen vom gewählten Farbwert abhängt.
outset erzeugt eine dreidimensionale Linie, deren Aussehen vom gewählten Farbwert abhängt.
ridge erzeugt eine dreidimensionale Linie, deren Aussehen vom gewählten Farbwert abhängt.
solid erzeugt eine durchgezogene Linie.

Beispiel

- `img { outline-color: orange;
     outline-style: solid; outline-width: medium; }`

4.9 Stile für die visuelle Gestaltung der Benutzeroberfläche

> Füge einen **Stil** an den Mond
> und du hast einen silbernen Fächer

outline-width
Zurzeit von keinem Browser unterstützt

Erblich: Nein *Version: CSS2*

`outline-width` bestimmt die Breite der Umrandung.

thin | **medium** | **thick**: Wenn Sie die Schlüsselwörter für die Rahmenbreite benutzen, bestimmen Plattform und Browser die exakte Breite der Umrandung. **medium** ist die Voreinstellung.

length kann in einer der folgenden Maßeinheiten angegeben werden: cm, em, ex, in, mm, pc, px, pt. Achten Sie darauf, stets die Abkürzung durch zwei Buchstaben zu benutzen und kein Leerzeichen zwischen dem Wert und der Maßeinheit anzugeben.

Werte

thin |
medium |
thick |
length

Beispiel

- ```
  img { outline-color: orange;
        outline-style: solid;
        outline-width: medium; }
  ```

outline
Zurzeit von keinem Browser unterstützt

Erblich: Nein *Version: CSS2*

`outline` fasst alle individuellen Stylesheet-Eigenschaften der Umrandung zusammen: outline-color, outline-style und outline-width.

Werte

outline-color &|
outline-style &|
outline-width

Beispiel

Eine interessante Anwendung wäre eine Umrandung, die nur sichtbar wird, wenn das Element im Fokus oder aktiv ist. Das folgende Codefragment benutzt dazu die Pseudoelemente :focus und :active.

- `p:focus  { outline: blue solid thin; }`
- `p:active { outline: red solid thick; }`

- `img     { outline: red; }`
- `p       { outline: double 5px; }`
- `button  { outline: #E9E9E9 double thin; }`

149
  ```

> Füge einen Stil an den Mond
> und du hast einen silbernen Fächer

4.10 Eigenschaften für dynamisch generierte Inhalte

Zu den spannendsten Kapiteln des Webdesigns zählen die vielfältigen Datenbankanwendungen, die uns nicht nur mit E-Commerce, sondern auch mit Onlineforen, Content-Management- und Redaktionssystemen versorgen. Die CSS-Eigenschaften für dynamisch generierte Inhalte bringen Ordnung in das Geflecht aus Skriptanweisungen und HTML-Tags, das mehr als je zuvor die Trennung von Inhalten und Design erfordert.

Immer mehr Inhalte werden direkt aus der Datenbank ins Internet geschleust – hier sind Eigenschaften für die Formatierung und Strukturierung großer Datenmengen gefordert.

Zusammen mit den beiden Pseudoelementen :before und :after (siehe Kapitel 5.7) werden wiederkehrende Texte und Bilder vor oder nach einem spezifizierten Element ausgegeben. Zu den Anwendungen gehören einfache Preislisten, in denen vor jeder Preisangabe das Eurosymbol und hinter der Preisangabe die Bemerkung »zzgl. MwSt« eingefügt wird. Wer PHP-Anwendungen schreibt, wird froh sein, nicht nur die Formatierung, sondern auch das Einfügen wiederholter Phrasen, die Inkrementierung und die Nummerierung von Kapiteln dem Stylesheet überlassen zu können.

Die vor und nach einem Element eingefügten Inhalte müssen keinesfalls statisch sein, sondern können selber auch wieder dynamischer Natur sein, wie im folgenden Beispiel das HTML-Attribut title, das vom PHP-Skript einer Datenbankanwendung geliefert wird:

- ```
  input:before { content: "Bitte geben Sie die
  'attr(title)' ein "; }
  ```

Zukunftsmusik?

Die Eigenschaften der Gruppe »Generated Content« werden von der jüngsten Browsergeneration überraschend gut unterstützt – die einzige Ausnahme stellt Internet Explorer dar. Da aber die beiden grafischen HTML-Editoren Adobe GoLive und Macromedia Dreamweaver diese Eigenschaften nicht einmal in Ansätzen kennen, bleiben sie ein exotisches Terrain. Somit sind sie allenfalls browsergestützten Anwendungen innerhalb geschlossener Benutzergruppen vorbehalten, wo der Browser vorgegeben werden kann – z.B. in betriebsinternen Auskunftssystemen. Mit den wachsenden Ansprüchen an browsergestützte Anwendungen vom Bestellformular bis zum Redaktionssystem auf PHP- oder ASP-Basis liegt hier ein großes unentdecktes Potential für die Formatierung durch Stylesheets.
  ```

4.10 Eigenschaften für dynamisch generierte Inhalte

> Füge einen **Stil** an den Mond
> und du hast einen silbernen Fächer

content M1 N6 O5+

Erblich: Nein *Version: CSS2*

`content` wird zusammen mit den Pseudoelementen `:before` und `:after` benutzt, um Inhalte entweder vor oder hinter dem angegebenen CSS-Selektor einzufügen. Der eingefügte Inhalt kann aus Zeichenketten, Hochkommas, URLs oder Zählern bestehen. Charakteristisch für dynamische Inhalte ist die Tatsache, dass der Entwickler des HTML-Dokuments die Inhalte und die Menge der Inhalte (z.B. Datensätze aus einem Katalog) nicht kennt.

Zwei Pseudoelemente formatieren dynamisch generierte Inhalte:
`:before` fügt Phrasen, Bezeichnungen oder Bilder vor einem dynamisch generierten Inhalt ein. Der Doppelpunkt ist zwingend erforderlich. Syntax: `selector:before { ... }`.
`:after` fügt Phrasen, Bezeichnungen oder Bilder nach einem dynamisch generierten Inhalt ein. Der Doppelpunkt ist zwingend erforderlich. Syntax: `selector:after { ... }`.
Beachten Sie bitte, dass `content` nicht vererbt wird. Da aber `:before` und `:after` ihre Eigenschaften vererben, können verschiedene CSS-Eigenschaften auf den Inhalt angewendet werden.

`content` weist elf mögliche Werte auf:
attr (*alt*) fügt den Text im alt-Attribut als Inhalt ein.
counter (*name*) fügt einen Zähler mit Namen als Inhalt ein.
counter (*name, list-style-type*) fügt einen Zähler mit Namen als Inhalt ein, der in dem angegebenen Listenstil dargestellt wird (z.B. decimal 1,2,3 …, upper-latin I, II, III …).
counters(*name, string*) fügt alle Zähler mit Namen als Inhalt ein.
counters(*name, string, list-style-type*) fügt alle Zähler mit Namen als Inhalt ein und stellt sie in dem angegebenen Listenstil dar (z.B. decimal 1,2,3 …, upper-latin I, II, III …).
close-quote fügt ein schließendes Hochkomma ein, wie es in der CSS-Eigenschaft für verschachtelte Hochkommas definiert ist.
no-close-quote fügt kein schließendes Hochkomma ein, sondern zählt die CSS-Eigenschaft `quotes` herunter.
no-open-quote fügt kein öffnendes Hochkomma ein, sondern zählt die CSS-Eigenschaft `quotes` hoch.
open-quote fügt ein öffnendes Hochkomma ein, wie es in der CSS-Eigenschaft für verschachtelte Hochkommas definiert ist.
string fügt eine Zeichenkette oder einen Text in Hochkommas ein. Voreinstellund ist ein leerer String (" ").
url(*"urladdress"*) ist eine URL-Adresse in Hochkommas.

Werte

attr(*alt*) |
counter(*name*) |
counter(*name, list-style-type*) |
counters(*name, string*) |
counters(*name, string, list-style-type*) |
close-quote |
no-close-quote |
no-open-quote |
open-quote |
string |
url(*"urladdress"*)

Füge einen Stil an den Mond und du hast einen silbernen Fächer

Kapitel 4   Alle Stylesheet-Eigenschaften

Die Eigenschaften für dynamische Inhalte werden zurzeit nur von Opera5+ und Mozilla 1/Netscape 6+ unterstützt.

Beispiel

Es kommt immer wieder vor, dass Autoren Aufzählungen oder Kapitel eines Buches durchnummerieren wollen, ohne dass die Anzahl der entsprechenden Elemente bekannt ist.

- h1   { color: #666666; font: 16px Verdana }
- h1:before { content: "Kapitel "attr(title)" ";
            color: red;
            font: bold 16px/120% Georgia, Times }

```
...
<?PHP $numShown = 0;
  do
  { ?>
    <h1 title="<?PHP $curRowNum ?>">
        <?PHP echo $row[1] ?></h1>
    <p><?PHP echo $row[2] ?></p>
    <?PHP $curRowNum++;
  } while (($curRowNum < $rowCount) && ($row =
    mysql_fetch_row($rs)) && ($numShown < $batchSize));
?>
```

In den Datensätzen sind Überschriften und Absätze gespeichert, nicht aber die Phrase »Kapitel«. Die Kapitelnummer ergibt sich aus der Position des Datensatzes.

Beispiel

Bei unterschiedlichen Kategorien in Katalogen soll ein grafisches Symbol vor jeden Datensatz eingefügt werden. Da der Katalog auch in Ländern publiziert werden soll, in denen eine andere Währung als der Euro gilt, macht es Sinn, die Währungsbezeichnung in das Stylesheet aufzunehmen, wo sie zentral für den gesamten Katalog geändert werden kann. Auch der Nachsatz »zzgl. MwSt.« soll durch eine einfache Änderung in der jeweiligen Landessprache erscheinen.

◊ `<style type="text/css">`
- `table     { background: #FFFFF7;`
            `border: 2px solid #FFDE7B }`
- `td.preis:before { content: "  " }`
- `td.preis:after  { content: " zzgl. MwSt. " }`
- `td.kat:before   { content: url("tulpe.gif)" "}`
- `td.kat:after    { content: " "attr(title); }`
◊ `</style>`

4.10 Eigenschaften für dynamisch generierte Inhalte

> Füge einen **Stil** an den Mond
> und du hast einen silbernen Fächer

counter-increment O5+

Erblich: Nein *Version: CSS2*

`counter-increment` ist eine Liste von einem oder mehreren Paaren, bestehend aus `identifier` und `number`, die zu einem Selektor gehören und durch Leerzeichen voneinander getrennt sind. Jedes Paar setzt den numerischen Wert fest, durch den der Zähler jedes Mal, wenn der spezifische Selektor vorgefunden wird, erhöht wird. Wenn der numerische Wert `number` nicht angegeben ist, wird per Vorgabe der Zähler um eins erhöht. Auf diese Weise können z.B. aufeinander folgende Kapitel, Textpassagen oder Bilder durchnummeriert werden.

`none` ist die Voreinstellung und verhindert das Hochzählen des Zählers.
`identifier number`: Der Identifier-Teil des Wertepaares ist zwingend erforderlich, denn er identifiziert den Zähler und kann sich auf eine Klasse, einen Identifier oder Selektor beziehen. Der Zahlenwert `number` des Wertepaares ist optional und kann negative oder positive Werte annehmen. Wenn er nicht angegeben ist, wird der Zähler per Vorgabe um eins erhöht.

Beispiel

- `h1:before { content: "Kapitel " counter(kapitel) " "; counter-increment: kapitel; }`

Werte

```
none |
[ identifier number ? ]+
```

Wenn die `display`-Eigenschaft des Elements auf `none` gesetzt ist, wird der Zähler nie erhöht. Wenn die `visibility`-Eigenschaft des Elements auf `hidden` gesetzt ist, kann der Zähler erhöht werden.

```
/* Vor jedem neuen Kapitel
   eins nach oben zählen
   und »Kapitel …« ausgeben
 */
```

counter-reset O5+

Erblich: Nein *Version: CSS2*

`counter-reset` ist eine Liste von einem oder mehreren Paaren, bestehend aus `identifier` und `number`, die durch Leerzeichen voneinander getrennt sind und einem Selektor zugewiesen sind. Jedes Paar setzt den numerischen Wert des Zählers auf den Wert `number` zurück, wenn der spezielle Selektor vorgefunden wird. Wenn `number` nicht angegeben ist, wird der Zähler per Vorgabe auf null zurückgestellt. Auf diese Weise werden aufeinander folgende Kapitel, Unterkapitel und Bilder mit 1.0, 1.1, 1.2, 2.0, 2.1, 2.2 … fortlaufend nummeriert.

`none` ist die Voreinstellung und verhindert, dass der Zähler zurückgesetzt wird. Wenn die `display`-Eigenschaft eines Elements auf `none` gesetzt ist, kann der Zähler nicht zurückgesetzt werden. Wenn die `visibility`-

Werte

```
none |
[ identifier number ? ]+
```

Beispiel

- `p:before { content: "Kosten pro Teilnehmer: " }`
- `p:after  { "  ";}`

> Füge einen Stil an den Mond
> und du hast einen silbernen Fächer

Kapitel 4   Alle Stylesheet-Eigenschaften

Eigenschaft eines Elements auf hidden gesetzt ist, kann der Zähler zurückgesetzt werden.

identifier number: Der Identifier-Wert des Wertepaares ist zwingend erforderlich und identifiziert den Zähler. Er kann durch eine Klasse, eine id oder durch einen Selektor angesprochen werden. Der optionale numerische Wert ist der Wert, auf den der Zähler zurückgesetzt wird, wenn der spezifische Selektor vorgefunden wird. number kann positive und negative Werte annehmen. Wenn number nicht angegeben ist, wird der Zähler per Vorgabe auf null zurückgesetzt.

Der Beispielcode vom W3C nummeriert Kapitel als 1, 1.1, 1.1.1 usw.

Beispiel

- ol   { counter-reset: item }
- li:before   { content: counters(item, ".");
                    counter-increment: item }

Werte

none |
[*string string*]+

quotes   IE5 (Mac)

Erblich: Ja   *Version: CSS2*

quotes ist eine Liste von einem oder mehreren Typen von öffnenden und schließenden Anführungszeichen, die durch Leerzeichen voneinander getrennt sind.

So können spezielle Anführungszeichen gewählt werden, wenn die content-Eigenschaft Anführungszeichen vor oder hinter ein spezifisches Element setzt und dabei Stil und inhaltsabhängige Darstellungen bewahrt bleiben. (Anführungszeichen müssen nicht gesetzt werden. Wenn der eingesetzte Inhalt eine einfache Zeichenkette ist, kann man genauso gut <, >, *, ? oder beliebige andere Zeichen benutzen.)

none verhindert die Darstellung von Anführungszeichen in der content-Eigenschaft.

string string kommt immer paarweise vor und definiert ein Paar aus öffnenden und schließenden Hochkommas. Die erste Zeichenfolge string definiert die öffnenden Hochkommas, die zweite Zeichenfolge string die schließenden Hochkommas. Jedes Anführungszeichen muss in doppelte öffnende und schließende Hochkommas gesetzt werden und darf keine Leerzeichen enthalten. Wenn Leerzeichen enthalten sind, werden sie dargestellt.

Darstellung

»Dies sind ›eingebettete‹ Hochkommas.«

Beispiel

- q:lang(de) { quotes: "»" "«" "›" "‹" } ...
- ◊ <q>Dies sind <q>eingebettete</q> Hochkommas.</q>

154

> Füge einen Stil an den Mond
> und du hast einen silbernen Fächer

4.11 Aural – Eigenschaften für die Sprachausgabe

Die aurale Darstellung eines Dokuments verwandelt das Dokument in »flachen« Text und füttert damit den Sprachsynthesizer für die Sprachausgabe. Sie ist gedacht für Blinde, zum Lesenlernen, zur Unterstützung für Menschen mit Leseschwächen, zur Unterhaltung, für ein zukünftiges »Internetradio« – es gibt vielfältige Anwendungen.

Sprachsynthesizer, die Texte in Sprache umwandeln (Text-to-Speech), sind bereits vielfach verfügbar. Zwar ist noch deutlich zu erkennen, dass hier der Computer spricht, aber sie sprechen klar und verständlich und modulieren die Sprache erstaunlich gut.

Eine der ersten Sprachumwandlungen für Browser im Internet ist Logox, eine kommerzielle Software der G DATA Software AG. Logox besteht aus einem kostenlosen Plug-in für Internet Explorer auf dem PC und einem Softwarepaket für Webentwickler, die Seiten mit Sprachausgabe aufbauen wollen. Logox arbeitet nicht mit Stylesheets, sondern verfolgt einen herstellerspezifischen Ansatz. Aurale Stylesheets werden von dem Sprachpaket nicht interpretiert – der Hersteller setzt auf seine eigene Entwicklung.

Aber das W3C hat die Spezifikation von Stylesheets für die Sprachausgabe mit großem Druck vorangetrieben. Und so könnte das Stylesheet für die Sprachausgabe Überschriften ausdrücken:

Noch erscheint uns die Sprachausgabe genauso wie WebTV als eher exotische Anwendung. Andererseits ist es heute für die Besitzer von Palmtops fast selbstverständlich, die neueste Adressbuchsoftware aus dem Internet zu laden. Erschien uns das nicht vor zwei, drei Jahren als ganz schön exotisch?

- ```
  h1, h2, h3, h4 { voice-family: male;
      richness: 80;
      cue-before: url("beep.au") }
  ...
  ```
- `p.heidi     { azimuth: center-left }`
- `p.peter     { azimuth: right }`
- `p.goat      { volume: x-soft }`

Vor einer Überschrift spielt der Sprachsynthesizer einen Klang (beep.au) und spricht die Überschrift dann mit einer sehr vollen männlichen Stimme.

volume	elevation
speak	speech-rate
pause-before	voice-family
pause-after	pitch
pause	pitch-range
cue-before	stress
cue-after	richness
cue	speak-
playing-	punctation
during	speak-numeral
azimuth	
  ```

> Füge einen Stil an den Mond und du hast einen silbernen Fächer

Kapitel 4 Alle Stylesheet-Eigenschaften

Werte

`number` |
`percentage` |
`silent` |
`x-soft` |
`soft` |
`medium` |
`loud` |
`x-loud`

volume

Erblich: Ja CSS2

`volume` legt die Lautstärke der Ausgabe fest.

`number` ist eine beliebige Zahl zwischen 0 und 100, wobei 0 die minimale Lautstärke und 100 dementsprechend die höchste Lautstärke darstellt.

`percentage` wird relativ zu einem inhärenten Wert berechnet.
`silent` bedeutet kein Geräusch. Nicht zu verwechseln mit dem Wert 0 für `number`.
`x-soft` = 0 `soft` = 25 `medium` = 50 `loud` = 75
`x-loud` = 100
Die Voreinstellung ist `medium`.

Werte

`none` |
`normal` |
`spell-out` |

speak

Erblich: Ja CSS2

`pause-before` legt eine Pause fest, die vor dem Vorlesen eines Ele- analoge Eigenschaft zu `display` dar.

`none` unterdrückt die Sprachausgabe für das Element und verbraucht dabei keine Zeit.
`normal` ist die Voreinstellung und bewirkt eine normale, sprachabhängige Aussprache eines Elements.
`spell-out` buchstabiert den Text.

Werte

`time` |
`percentage`

pause-before

Erblich: Nein CSS2

`pause-before` legt eine Pause fest, die vor dem Vorlesen eines Elements eingelegt wird.

`time` gibt den Zeitraum für eine Pause in absoluten Zeiteinheiten wie Sekunden und Millisekunden an.

`percentage` benutzt die Umkehrung des Wertes für `speech-rate`. Wenn `speech-rate` mit 120 Wörtern pro Minute festgelegt ist, beträgt `pause-before:100%` 500 ms.

4.11 Aural – Eigenschaften für die Sprachausgabe

> Füge einen Stil an den Mond
> und du hast einen silbernen Fächer

pause-after

Erblich: Nein CSS2

`pause-after` legt eine Pause fest, nachdem der Sprecher einen Inhalt vorgelesen hat.

`time` gibt den Zeitraum für eine Pause in absoluten Zeiteinheiten wie Sekunden und Millisekunden an.

`percentage` benutzt die Umkehrung des Wertes für `speech-rate`. Wenn `speech-rate` mit 120 Wörtern pro Minute festgelegt ist, beträgt `pause-after:20%` 100 ms.

Werte

time | percentage

pause

Erblich: Nein CSS2

`pause` stellt die Kurzform für die beiden Eigenschaften `pause-before` und `pause-after` dar.

Wenn zwei Werte angegeben sind, bestimmt der erste Wert `pause-before` und der zweite Wert `pause-after`. Wenn nur ein Wert angegeben ist, wird er auf beide Eigenschaften angewendet.

Erlaubt sind absolute Zeiteinheiten in Sekunden und Millisekunden oder alternativ Prozentangaben der Sprechgeschwindigkeit, wodurch das Stylesheet robuster gegen Änderungen der Sprechgeschwindigkeit wird.

Werte

[*time | percentage*] {1,2}

Beispiele

- h1 {pause: 20ms }   /* pause-before: 20ms;   */
                          /* pause-after: 20ms   */
- h2 {pause: 30ms 40ms } /* pause-before: 30ms;   */
                          /* pause-after: 40ms   */
- h3 {pause-after: 10ms } /* pause-before: ?; pause- */
                          /* after: 10ms   */

Kapitel 4 Alle Stylesheet-Eigenschaften

Füge einen Stil an den Mond und du hast einen silbernen Fächer

Werte

`url ("`*`urladdress`*`") | none`

cue-before

Erblich: Nein CSS2

`cue-before` legt einen Klang fest, der vor der Sprachausgabe eines Elements gespielt wird, um das Element vom vorangegangenen Element zu trennen.

`url ("`*`urladdress`*`")` ist die Adresse einer Klangquelle. Wenn sich die Url zu etwas anderem auflöst als zu einer Audiodatei – z.B. ein Bild darstellt –, wird die Quelle ignoriert und die Eigenschaft wird behandelt, als wäre der Wert **none** (Voreinstellung) deklariert worden.

Werte

`url ("`*`urladdress`*`") | none`

cue-after

Erblich: Nein CSS2

`cue-after` legt einen Klang fest, der nach der Sprachausgabe eines Elements gespielt wird, um das Element vom nächsten Element zu trennen.

`url ("`*`urladdress`*`")` ist die Adresse einer Klangquelle. Wenn sich die Url zu etwas anderem auflöst als zu einer Audiodatei – z.B. ein Bild darstellt –, wird die Quelle ignoriert und die Eigenschaft wird behandelt, als wäre der Wert **none** (Voreinstellung) deklariert worden.

Beispiel

- a {cue-before: url("glocke.aiff"); cue-after: url("dong.wav") }
- h1 {cue-before: url("pop.au"); cue-after: url("pop.au") }

Werte

`cue-before &|`
`cue-after`

cue

Erblich: Nein CSS2

`cue` ist eine generische Eigenschaft, die den Klang vor und nach einem Stil festlegt und damit eine Kurzform der Eigenschaften `cue-before` und `cue-after` darstellt.

Wenn zwei Werte angegeben sind, bestimmt der erste Wert `cue-before` und der zweite Wert `cue-after`. Wenn nur ein Wert angegeben ist, wird er auf beide Eigenschaften angewendet.

4.11 Aural – Eigenschaften für die Sprachausgabe

Füge einen Stil an den Mond und du hast einen silbernen Fächer

Beispiel

- h1 {cue-before: url("pop.au");
   cue-after: url("pop.au") }
- h1 {cue: url("pop.au")}

play-during

Erblich: Nein CSS2

`play-during` legt einen Klang fest, der während des Lesens eines Elements gespielt wird.

`url ("urladdress")` ist die Adresse einer Klangquelle.
`mix` gibt an, dass der Sound vom Vorfahrenelement übernommen und weiter eingespielt wird, während der Klang, der in `url` angegeben wurde, mit dem Sound des Vorfahren gemischt wird.
`repeat` bedeutet, dass der Sound wiederholt wird, falls er zu kurz ist, um die volle Dauer des Elements aufzufüllen. Ansonsten wird der Sound einmal gespielt und endet dann. Wenn der Sound zu lang für die Dauer des Elements ist, wird er »abgeschnitten«, sobald das Element fertig ausgesprochen wurde. `mix` und `repeat` sind optional.
`auto` ist die Voreinstellung und gibt an, dass der Sound des Vorfahrenelements weiterspielt und nicht neu gestartet wird (was der Fall wäre, wenn die Eigenschaft erblich wäre).
`none` bedeutet Stille. Der Sound des Vorfahrenelements (falls es eines gibt) ist still, solange das augenblickliche Element dauert, und fährt fort, sobald das augenblickliche Element fertig ausgesprochen ist.

Werte

url ("*urladdress*") |
mix? | repeat? |
auto | none |

Beispiel

- blockquote.sad { play-during: url("violins.aiff") }
- blockquote q { play-during: url("harp.wav") mix }
- span.quiet { play-during: none }

azimuth

Erblich: Ja CSS2

`azimuth` legt fest, aus welcher horizontalen Richtung die Stimme kommt. Räumlicher Klang ist ein wichtiges stilistisches Hilfsmittel bei der Präsentation von Sprache.

`angle` beschreibt den Winkel, aus dem ein Element erklingt. Er wird in einem Bereich von -360° bis 360° angegeben. 0° bedeutet, dass

Werte

angle | [
[left-side |
far-left |
left |
center-left |
center |

159

Kapitel 4 Alle Stylesheet-Eigenschaften

```
center-right |
right |
far-right |
right-side ] &|
behind] | leftwards |
rightwards
```

der Klang direkt von der Mitte einer imaginären Bühne ausstrahlt, 90° bedeutet, das der Klang von rechts kommt, 180° ist der Klang von hinten, 270° (oder -90°) der Klang von links.

Negative Werte sind ebenfalls erlaubt, so ist die Angabe -90° gleichbedeutend mit 270°.

`left-side` = 270° (-90°), kombiniert mit **behind** = 270°
`far-left` = 300° (-60°), kombiniert mit **behind** = 240°
`left` = 320° (-40°), kombiniert mit **behind** = 220°
`center-left` = 340° (-20°), kombiniert mit **behind** = 200°
`center` (Voreinstellung)= 0° (-360°), kombiniert mit **behind** = 180°
`center-right` = 20° (-340°), kombiniert mit **behind** = 160°
`right` = 40° (-320°), kombiniert mit **behind** = 140°
`far-right` = 60° (-300°), kombiniert mit **behind** = 120°
`right-side` = 90° (-270°), kombiniert mit **behind** = 90°
`leftwards` bewegt den Klang nach links, relativ zum augenblicklichen Winkel.
`rightwards` bewegt den Klang nach rechts, relativ zum augenblicklichen Winkel.

Werte

angle |
below |
level |
above |
higher |
lower

elevation

Erblich: Ja   CSS2

`elevation` legt fest, aus welcher vertikalen Richtung die Stimme kommt.

angle beschreibt den Winkel, aus dem ein Element erklingt. Er wird in einem Bereich von -90° bis 90° angegeben. 0° bedeutet, dass der Klang vom vorderen Horizont ausstrahlt, auf einer Ebene mit dem Zuhörer. 90° bedeutet, dass der Klang direkt von oben kommt, -90° ist der Klang direkt von unten.

`below` = -90°
`level` = 0° (Voreinstellung)
`above` = 90°
`higher` fügt dem Winkel 10° hinzu.
`lower` zieht dem Winkel 10° ab.

Werte außerhalb des Bereichs von -90° bis 90° werden „abgeschnitten".

4.11 Aural – Eigenschaften für die Sprachausgabe

> Füge einen Stil an den Mond und du hast einen silbernen Fächer

Beispiel

- h1 { elevation: above }
- tr.a { elevation: 60deg }
- tr.b { elevation: 30deg }
- tr.c { elevation: level }

speech-rate

Erblich: Ja　　　　　　　　　　　　　　　　　　　　　　CSS2

Werte

number |
x-slow |
slow |
medium |
fast |
x-fast |
faster |
slower

speech-rate legt fest, in welcher Geschwindigkeit ein Element gesprochen wird.

number gibt die Sprechrate in Wörtern pro Minute an. Es handelt sich hier um eine Angabe, die stark von der jeweiligen Sprache abhängt, aber dennoch von den meisten Sprachsynthesizern unterstützt wird.

x-slow entspricht 80 Wörtern pro Minute.

slow entspricht 120 Wörtern pro Minute.

medium ist die Voreinstellung und entspricht ungefähr 180 bis 200 Wörtern pro Minute.

fast entspricht 300 Wörtern pro Minute.

x-fast entspricht 500 Wörtern pro Minute.

faster fügt der augenblicklichen Sprechrate 40 Wörtern pro Minute hinzu.

slower senkt die augenblickliche Sprechrate um 40 Wörter pro Minute.

voice-family

Erblich: Ja　　　　　　　　　　　　　　　　　　　　　　CSS2

Werte

[specific-voice |
generic-voice],
]* [specific-voice |
generic-voice]

voice-family ist eine Liste von Stimmfamilien, die bestimmte Stimmen enthalten – ähnlich wie Schriftfamilien.

specific-voice bezeichnet spezielle Stimmen. Beispiele sind comedian, trinoids, carlos, lani. Stimmen werden ebenso behandelt wie Schriften. Sie können in einer Auswahlliste mit Alternativen angegeben werden. Wenn der Name einer Stimme aus mehreren durch Leerzeichen getrennten Wörtern besteht, wird empfohlen, den Namen in einfache Hochkommas zu setzen.

generic-voice gibt die Stimmfamilien an. Mögliche Werte sind male, female und child (entspricht einer generischen Schriftfamilie wie sans-serif und monospace).

Beispiel

- `body { voice-family: carlos, robert, male; }`

pitch

Erblich: Ja   CSS2

`pitch` spezifiziert die sprechende Stimme.

Die Stimmlage der menschlichen Stimme liegt typischerweise bei 120 Hz für männliche und 210 Hz für weibliche Stimmen. Sprachen werden mit unterschiedlichen Betonungen und Stimmlagen gesprochen, die eine zusätzliche Bedeutung einbringen können.

frequency gibt die mittlere Sprachfrequenz in Hertz (Hz) an. `x-low`, `low`, `medium` (Voreinstellung), `high`, `x-high` sind Werte, die nicht in absoluten Hz-Werten angegeben werden können, da sie auf der jeweiligen Stimmfamilie beruhen.

Werte

frequency |
x-low |
low |
medium |
high |
x-high

pitch-range

Erblich: Ja   CSS2

`pitch-range` legt die Variationen der vorlesenden Stimme fest. Soll der Vorleser eher monoton oder mit einer variantenreichen Betonung sprechen?

number ist ein Wert zwischen 0 und 100. 0 soll eine monotone Stimme und 50 (Voreinstellung) eine normale Betonung erzeugen. Höhere Werte sind für animierte Stimmen gedacht.

Werte

number

stress

Erblich: Ja   CSS2

`stress` legt die Betonung eines Elements durch die Sprecherstimme fest. Englisch z.B. ist eine betonte Sprache, in der die verschiedenen Satzteile unterschiedlich betont werden. Deutsch ist eine relativ monotone Sprache.

number ist ein Wert zwischen 0 und 100. Die Bedeutung hängt von der jeweiligen Sprache ab. Ein Level von 50 ist der Standard. Bei

Werte

number

4.11 Aural – Eigenschaften für die Sprachausgabe

> Füge einen **Stil** an den Mond
> und du hast einen silbernen Fächer

männlichen Englisch sprechenden Stimmen mit einem mittleren `pitch` von 122 Hz klingen Betonung und Intonation anders als bei einer italienischen Stimme.

richness

Erblich: Ja CSS2

Werte

number

`richness` legt die Stärke der Stimme fest – soll die Stimme eher voll oder dünn klingen? Eine reiche Stimme wird in einem großen Raum voll klingen, während eine weiche Stimme den Raum nicht füllen kann.

`number` ist ein Wert zwischen 0 und 100. Die Bedeutung hängt von der jeweiligen Sprache ab. Ein Level von 50 ist der Standard. Bei männlichen Englisch sprechenden Stimmen mit einem mittleren pitch von 122 Hz klingen Betonung und Intonation anders als bei einer italienischen Stimme.

speak-punctuation

Erblich: Ja CSS2

Werte

code
none

`speak-punctuation` legt fest, ob Satzzeichen vorgelesen werden.

`code` bedeutet, dass die Interpunktion wie Semikola, Klammern und Doppelpunkte wörtlich gesprochen wird.
`none` ist die Voreinstellung und bewirkt, dass die Interpunktion nicht gesprochen, sondern durch entsprechende Pausen ausgedrückt wird.

speak-numeral

Erblich: Ja CSS2

Werte

digits |
continuous

`speak-numeral` legt fest, wie Zahlen vorgelesen werden.

`digits` bewirkt, dass Zahlen als individuelle Zeichen gelesen werden. Die Zahl 237 wird als "Zwei, Drei, Sieben" vorgelesen.
`continuous` ist die Voreinstellung und spricht die volle Zahl aus. Die Zahl 237 wird als Zweihundertsiebenunddreißig vorgelesen.

4.12 Paged Media – Stile für den Druck

Wenn Stylesheets jetzt noch über die Mechanismen verfügen würden, die einen Seitendruck regeln, wäre ein Browser ein Satzprogramm ...

Während es sich bei der Ausgabe auf dem Monitor und auch bei der Sprachausgabe um eine »fortlaufende« Ausgabe handelt, muss der Druck ein HTML-Dokument in eine oder mehrere Seiten unterteilen. Für die Aufnahme von Eigenschaften für die Seitengestaltung der Druckausgabe hat CSS2 das Modell für die visuelle Formatierung um eine neue Box ergänzt: Die Seitenbox erweitert das Boxmodell, damit Autoren Papiergrößen, Ränder, Ausrichtung des Papiers, Bedingungen für einen Seitenumbruch usw. angeben können.

Das Modell beinhaltet die Seitenausgabe, wie wir sie von den Desktop-Druckern kennen: Dokumente werden Seite für Seite auf jeweils

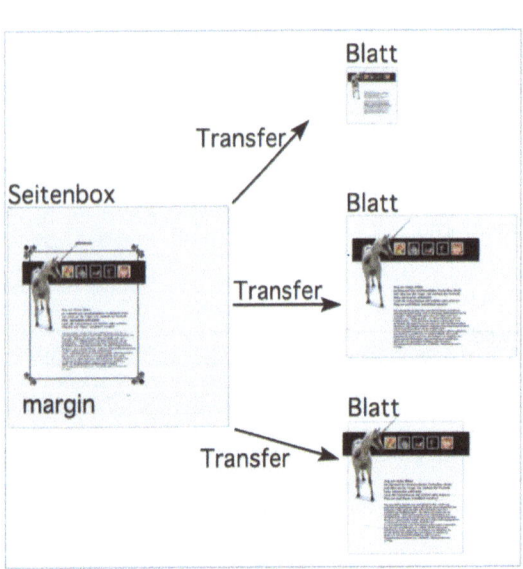

Zum Verständnis des Seitenmodells in CSS2 sollte nicht der typische Desktop-Drucker zum Vergleich herangezogen werden. Der Desktop-Drucker druckt in der Regel eine Seite auf das passende Papier. Im Offsetdruck hingegen kann eine Seite auf ein »DINA4+«-Papier – einen Bogen, der einige Zentimeter größer als DIN A4 ist –, meistens jedoch auf noch größere Bögen gedruckt werden. Das ermöglicht »Anschnitte« – das Drucken von Elementen, die bis an den Papierrand gehen.

ein einzelnes Blatt gedruckt. Dies stellt aber nur eine Möglichkeit unter vielen dar. Hinzu kommen der doppelseitige Druck, der linke und rechte Seiten unterschiedlich formatiert, und der Druck mehrerer Seiten auf ein Blatt oder einen »Bogen«. Zusätzlich werden »Signaturen« ausgegeben, bei denen es sich z.B. um Beschnittzeichen und eine Seitenbeschreibung handeln kann, anhand derer beim Falten und Beschneiden des Papiers die richtige Reihenfolge festgestellt wird.

Ein Dokument kann das Papier für den Druck aus mehreren Papierkassetten beziehen und ein Dokument kann in eine Datei ausgegeben werden. Der Inhalt kann über die Seitenbox hinausgehen, wenn z.B. Bilder oder andere Elemente der Seite angeschnitten werden. Der Anschnitt von Bildern, die über den Seitenrand hinausgehen sollen, wird durch einen negativen Abstand (margin) von der Seitenbox umgesetzt. Die jeweilige Realisierung ist dem User Agent, bei dem es sich jetzt um den Druckertreiber handelt, und einem Seitenschneider überlassen.

Regeln für den Druck

Autoren geben Maße, Orientierung und die Ränder der Seitenbox in der @page-Regel an. Eine @page-Regel besteht aus dem Schlüsselwort @page, einem optionalen Seitenselektor, gefolgt ohne Leerraum von einer optionalen Seitenpseudoklasse und einem Block von Deklarationen (dem Seitenkontext). Die Seitenregel @page enthält die Abmessungen, die Orientierung (Hochformat oder Breitformat) und die Ränder der Seite, z.B.

```
@page quer:left { size: 29,7cm 21cm; margin: 2cm }.
```

Der Seitenselektor gibt an, auf welche Seiten die Deklarationen anzuwenden sind. Ein Seitenselektor kann z.B. die erste Seite, alle linken Seiten oder eine Seite mit einem spezifizierten Namen ansprechen. Die Abmessungen der Seitenbox werden durch die `size`-Eigenschaft bestimmt. Die Abmessungen des Seitenbereichs sind die Abmessungen der Seitenbox ohne `margin`.

Inhalte im @page-Modell sind in Blöcken oder Boxen untergebracht. Boxen liegen horizontal auf der Seite. Dabei folgt die Oberkante einer Box hinter der Unterkante der vorgehenden Box. Anders als die zugrunde liegende Seite können die Boxen die Eigenschaften `margin`, `border` und `padding` aufweisen, die bei der Druckausgabe auch respektiert werden.

Die Boxen werden vertikal auf unterschiedliche Weise ausgerichtet: anhand der Ober- und Unterkanten oder anhand der Grundlinie (baseline) des Textes in den Boxen. Der Text innerhalb einer Box liegt in einem rechteckigen Bereich, der Inlinebox.

Die Breite einer Inlinebox wird durch den umfassenden Block und die Höhe durch die Zeilenhöhe bestimmt. Dabei kann eine Zeile höher werden als die Box, in der sie liegt (wenn z.B. die Boxen so ausgerichtet wurden, dass die Grundlinien registerhaltig werden).

Die Pseudoklassen :first, :left und :right wurden für die Seitenausgabe beim doppelseitigen Druck definiert.

Die @page-Regel

```
@page { size: 21cm 29,7cm;
        margin: 2cm; }
```

definiert eine Seitenboxgröße von 21,0 × 29,7 cm und erzeugt einen Abstand (margin) von 2 cm zwischen den Rändern der Seitenbox und dem Seitenbereich.

Die Eigenschaften `border` und `padding` können nicht auf die Seite einer Druckausgabe angewendet werden.

> Füge einen Stil an den Mond
> und du hast einen silbernen Fächer

Kapitel 4 Alle Stylesheet-Eigenschaften

Werte

```
length {1,2} |
auto |
landscape |
portrait |
```

Da die Seitenbox der umfassende Block ist, sind Prozentangaben für die Seitenbox nicht erlaubt.

size   IE5+ (PC) M1 N6 O5+

CSS2

`size` gibt die Größe und Ausrichtung (Hoch/Querformat) der Seitenbox an. Die Größe der Seite kann absolut oder relativ angegeben werden. Bei einer relativen Angabe soll der Druck auf die Seitengröße angepasst werden.

`length` erzeugt eine absolute Seitenbox. Wenn nur ein Wert angegeben ist, setzt er sowohl die Breite als auch die Höhe der Box. Mit zwei Werten werden Breite und Höhe der Box spezifiziert.
`auto` ist die Voreinstellung und setzt die Seitenbox auf die Größe und Ausrichtung der Seite.
`landscape` überschreibt die Ausrichtung des Papiers. Die horizontale Kante ist länger als die vertikale Kante.
`portrait` überschreibt die Ausrichtung des Papiers. Die vertikale Kante ist länger als die horizontale Kante.

Beispiel

- `@page { size: auto; margin: 10%; }`

Werte

```
[ crop &| cross ] |
none
```

Passkreuze

marks   Zurzeit von keinem Browser unterstützt

Erblich: Ja   CSS2

Beim professionellen Druck werden Beschnittzeichen außerhalb der Seitenbox gedruckt. Die Beschnittzeichen (crop marks) werden für die Ausrichtung des Papiers benutzt.
Größe, Stil und Position der Beschnittmarken werden dem User Agent überlassen. Im Zeitschriften- und Buchdruck werden Seiten auf große Bögen gedruckt, die anschließend auf die tatsächliche Seitengröße beschnitten werden. Anhand von Pass- und Beschnittmarken werden die Schneidegeräte ausgerichtet.

`crop` druckt Schnittmarken an den Stellen, an denen die Seite zugeschnitten werden soll. Schnittmarken können an den Ecken des Bildes gedruckt werden.
`cross` druckt Passmarken (z. B. Passkreuze und Siemenssterne). Diese Marken dienen in erster Linie zum Ausrichten der verschiedenen Farbseparationen.

—— Schnittmarken

4.12 Paged Media – Stile für den Druck

> Füge einen Stil an den Mond
> und du hast einen silbernen Fächer

page-break-before   IE5+ (PC) M1 N6 O5+
page-break-after   IE5+ (PC) M1 N6 O5+

Erblich: Ja   CSS2

`page-break` bestimmt, ob ein Seitenumbruch vor (`before`) oder nach (`after`) einem Element durchgeführt werden soll.
`auto` ist die Voreinstellung und erzwingt keinen Seitenumbruch.
`always` erzwingt stets einen Seitenumbruch vor/nach dem Element.
`avoid` vermeidet Seitenumbrüche vor/nach dem Element.
`left` veranlasst ein oder zwei Seitenumbrüche, so dass das Element stets vor/auf der linken Seite ausgegeben wird.
`right` veranlasst ein oder zwei Seitenumbrüche, so dass das Element stets vor/auf der rechten Seite ausgegeben wird.

Werte

```
auto |
always |
avoid |
left |
right
```

page-break-inside   *Zurzeit von keinem Browser unterstützt*

Erblich: Ja   CSS2

`page-break-inside` bestimmt, ob innerhalb eines Elements ein Seitenumbruch stattfinden kann.
`auto` ist die Voreinstellung und erzwingt keinen Seitenumbruch.
`avoid` vermeidet Seitenumbrüche vor/nach dem Element.

Werte

```
auto |
avoid
```

page   *Zurzeit von keinem Browser unterstützt*

Erblich: Ja   CSS2

`page` gibt eine bestimmte Seite an. Wenn ein Blockelement mit Inlineinhalten eine Eigenschaft `page` aufweist, die sich vom vorangegangenen Block mit Inlineinhalten unterscheidet, werden ein oder zwei Seiten in der Druckausgabe eingefügt. Die Boxen nach dem Seitenumbruch werden auf einer Seite des spezifizierten Typs ausgegeben.
`auto` ist die Voreinstellung und druckt Seiten entsprechend den Angaben in der @page-Regel.
identifier markiert eine bestimmte Seite, die in einem abweichenden Format ausgegeben werden soll.

Werte

```
auto |
identifier
```

Beispiel
- `div:@page narrow {size: 9cm 18cm; }`
- `@page rotated {size: landscape; }`
- `div {page: narrow; }`

In diesem Beispiel des W3C werden zwei Tabellen auf Seiten im Querformat ausgegeben. Wenn es möglich ist, sollen sie auf einer Seite gedruckt werden, auf keinen Fall aber auf einer Seite im Hochformat (portrait), obwohl das Dokument im Hochformat angelegt wurde.

> Füge einen Stil an den Mond
> und du hast einen silbernen Fächer

Kapitel 4 Alle Stylesheet-Eigenschaften

- `table {page: rotated; }` ... und im Dokument:
- ◊ `<div>`
- ◊ `<table>...</table>`
- ◊ `<table>...</table>`
- ◊ `</div>`

Werte

integer

orphans	O5+
widows	O5+

Erblich: Ja   CSS2

`orphans` (»Schusterjungen«) gibt an, wie viele Zeilen ein Absatz am Ende einer Seite aufweisen muss. `widows` (»Hurenkinder«) regelt, aus wie vielen Zeilen ein Absatz am Anfang einer Seite mindestens bestehen muss.

integer ist per Voreinstellung 2.

Wenn ein Absatz am Ende einer Seite weniger als zwei Zeilen aufweist, wird ein Seitenumbruch eingefügt und der Absatz wird vollständig auf der nächsten Seite gesetzt – das Druckbild einer einzelnen Zeile am Ende einer Seite gilt als unharmonisch. Entsprechend wird ein Seitenumbruch vor einem Absatz eingefügt, wenn der Absatz am Anfang einer Seite weniger als zwei Zeilen aufweist, und der Absatz wird vollständig an den Beginn der nächsten Seite gesetzt.

:first	O5+
:left	O5+
:right	O5+

Erblich: Ja   CSS2

Die Pseudoklassen `:first`, `:left` und `:right` wurden für die Seitenausgabe definiert, um dem doppelseitigen Druck gerecht zu werden. Beim Druck von doppelseitigen Dokumenten wie Büchern oder Zeitschriften gibt es grundsätzlich drei Arten von Seiten: die erste, die linke und die rechte Seite.

Beispiel

Alle Abstände betragen 2 cm, nur der Abstand von der Oberkante der ersten Seite beträgt 10 cm:

- `@page { margin: 2cm; }`
- `@page :first { margin-top: 10cm; }`

Catch as Catch can

Kapitel 5 Das Fischen nach Elementen – Selektoren

Was passiert, wenn der Grafiker Absätze mit und ohne Einzug einsetzen möchte, oder die Werte in einer Spalte der Tabelle in roter Farbe anzeigen möchte, alle anderen Spalten aber in Schwarz? Wie kommen Strukturformate zustande, die HTML gar nicht kennt, wie etwa eine Bildunterschrift oder Text in einer Marginalspalte?

Zwar gibt es stets die letzte Ausflucht, einen Stil durch das style-Attribut des Tags direkt im Tag anzuwenden, aber damit wäre der große Vorteil der globalen und externen Stylesheets hin.

Cascading Stylesheets warten mit vielerlei Techniken auf, um Elemente in einem HTML-Dokument herauszufischen und ihnen den passenden Stil zu verleihen: vom einfachen HTML-Selektor, der die Darstellung von HTML-Elementen neu definiert, bis hin zur kontextabhängigen Selektion und den kunstreichen Attributselektoren.

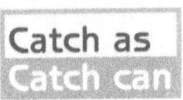

5.1 Verschiedene Arten von Selektoren

Das Selectoracle bei http://penguin.theopalgroup.com/cgi-bin/css3explainer/ selectoracle.py übersetzt Selektoren in Klartext.

Zu den großen Herausforderungen beim Aufbau der Typografie und des Layouts mit Stylesheets gehört die Auswahl der Elemente, auf die ein Stil anzuwenden ist. Absätze in <p>-Tags sollen in verschiedenen Layoutbereichen unterschiedlich formatiert werden, ein Link in der Navigationsleiste soll farbig hinterlegt werden, ein Link im Text nicht. Die Elemente für die Navigation sollen auf der linken Seite des Browserfensters angeordnet werden.

CSS lösen diese Probleme durch verschiedene Arten von Selektoren, die nach bestimmten Regeln miteinander kombiniert werden, um auf individuelle Elemente, die tief in der Schachtelstruktur des Dokuments liegen, zuzugreifen und sie in Form zu bringen. Zu den intuitiven Selektoren gehören der HTML-Elementselektor, der den Namen des HTML-Tags benutzt (p {font-family: Arial} oder h1 {background: gray}), und der Klassenselektor, dessen Name durch das class-Attribut an ausgewählte Tags weitergegeben wird (.einzug {text-indent: 0.5em} und im HTML-Code <p class=einzug>).

Darüber hinaus gibt es den Universalselektor, der alle Elemente anspricht, den Kontextselektor, der auf Elemente innerhalb von bestimmten anderen Elementen zugreift, den id-Selektor, der ein HTML-Element mit der entsprechenden Identifikation durch ein id-Attribut auswählt.

5.1 Verschiedene Arten von Selektoren

Bezeichnung	Beispiel	Erklärung
Universalselektor	*	Alle Elemente sind von den deklarierten Eigenschaften betroffen.
HTML-Elementselektor	p	Alle <p>-Tags im Dokument sind betroffen.
Absteigender Selektor (Kontextselektor)	p em	Alle Vorkommen (instances) eines <em>-Tags, die in einem <p> ...</p> liegen oder anders formuliert: Alle Vorkommen eines <em>-Tags, aber nur, wenn sie in einem <p>-Tag eingeschlossen sind. Auch als Kontextselektor bezeichnet.
Kindselektor	p > em	Alle p-Elemente, die ein em-Element enthalten.
Adjacent sibling selectors	p:first-child	Alle <p>-Tags, die das erste Kind eines Vorfahren sind (z.B. wenn <p> der erste Absatz in einem <body> ist, <tr> die erste Zeile einer Tabelle).
Pseudolinkselektor	a:link	Ein Hyperlink, bevor er besucht wurde.
	a:visited	Ein Hyperlink, der bereits besucht wurde.
	p:active	Ein Hyperlink, während die Maustaste gedrückt wird.
	p:hover	Ein Hyperlink, während der Mauszeiger über dem Hyperlink hovert (schwebt).
	p:focus	Ein Element, das Tastatur- oder andere Eingaben akzeptiert – d.h. im Fokus ist.
Attributselektor	p:lang(de)	Ein <p>-Tag, dessen lang-Attribut auf de gesetzt ist (Sprache=Deutsch).
	p[ein_attrib]	Alle Vorkommen des <p>-Tags, in denen das ein_attrib-Attribut gesetzt wurde, egal wie der Wert von title lautet.
	p[title="important"]	Alle Vorkommen des <p>-Tags, in denen das Attribut title den Wert "important" zugewiesen bekam.
	p[title~="interesting"]	Alle Vorkommen des <p>-Tags, in denen das Attribut title einen Wert aus einer durch Leerzeichen voneinander getrennten Liste von Werten aufweist, wobei dieser Wert genau dem Wert "interesting" entspricht (den Wert, ohne die umschließenden Klammern).
Klassenselektor	.meine_klasse	Ermöglicht verschiedene Klassifikationen von Tags mit unterschiedlichen Eigenschaften.
ID-Selektor	p#Bezeichnung	Jedes Vorkommen von <p>, in dem id=Bezeichnung gesetzt wurde.

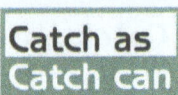

Kapitel 5   Das Fischen nach Elementen – Selektoren

5.2 Universalselektor und HTML-Elementselektoren

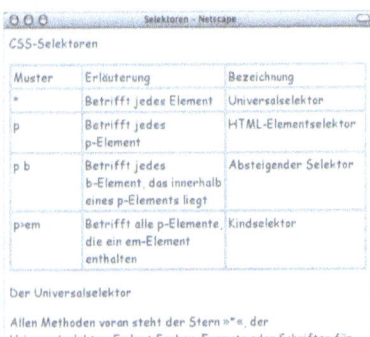

Allen Methoden voran steht der Stern »*«, der Universalselektor. Er legt Farben, Formate oder Schriften für alle Elemente in einem Dokument fest.

◊ `<style type="text/css">`
◊ `<!--`
• `    * {font: 16px "Andale Mono";`
        `color: darkslategray }`
◊ `-->`
◊ `</style>`

HTML-Elementselektoren

Die einfachsten und am häufigsten verwendeten Selektoren sind HTML-Selektoren, die eine neue Darstellung eines HTML-Tags definieren. Ein HTML-Elementselektor überlagert die vorgegebenen Eigenschaften eines HTML-Elements (wie z.B. Schrift und Farbe) und definiert es neu.

Während die Blockelemente p, h1 und h2 ohne weitere Angaben den Voreinstellungen folgen (Text wird in der Schriftart Times oder Times New Roman dargestellt), überschreibt der HTML-Elementselektor die Voreinstellung:

- `p  { font: 12px/150% Verdana, sans-serif;`
     `color: #333333}`
- `td { vertical-align: top;`
     `font: 11px/136% Geneva }`
- `th { text-align: left; vertical-align: top; }`
- `pre { color: #003399}`
- `b  { color: #666666}`
- `h1 { font-family: Geneva, sans-serif;`
     `letter-spacing: 0.2em}`
- `a  { text-decoration: none}`

5.2 Universalselektor und HTML-Elementselektoren

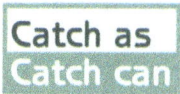

Die neu definierten Stile erfordern im HTML-Dokument keine weiteren Eingriffe durch den Schreiber. Alle Texte, die in <p>-, <h1>- oder <a>-Tags liegen, werden automatisch wie im Stylesheet geregelt angezeigt, ohne dass ein Eingriff in den Tags des Dokuments notwendig wird – im HTML-Code der Seite wird innerhalb des body-Elements keine Formatierung durchgeführt.

HTML-Elemente nutzen die Struktur der HTML-Tags. Sowohl Stylesheets als auch das HTML-Dokument sind einfach. Wenn Dokumente komplexer werden, erfordern HTML-Selektoren die Kenntnis möglichst vieler strukturierender HTML-Tags, um Elemente im Dokument komfortabel und sicher zu formatieren.

Vorgehensweisen für HTML-Selektoren

Das body-Element ist der umspannende Block des HTML-Dokuments. Viele grundlegende und erbliche (inhärente) Eigenschaften können »ganz oben« für das body-Element deklariert werden. Sie sorgen für Konsistenz und verringern die Schreibarbeit.

In erster Linie sind es Stile für die Schrift- und Absatzgestaltung, die sich sinnvoll unter dem Selektor body unterbringen lassen.

```
• body    { background: ivory;
            font-family: Verdana, Arial, sans-serif;
            line-height: 150%;
            color: #333333;
            background: ivory;
            list-style: squate }
```

Die Deklaration der Schrift gilt für alle Elemente im Dokument: Texte in Absätzen, in Tabellen und in Listen werden jetzt in Verdana oder den aufgelisteten Ausweichschriften dargestellt. Das Stylesheet legt die Schriftgröße nicht fest, damit Text in Absätzen und Überschriften weiterhin ihre voreingestellte Größe behalten.

In Macromedia Dreamweaver wird ein HTML-Selektor angelegt, wenn im Dialogfenster Neuer CSS-Stil/»HTML-Tag neu definieren« aktiviert wird. Aus der Liste unter »Tag« kann der Benutzer das HTML-Tag auswählen.

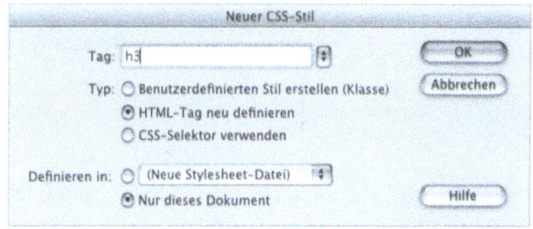

173

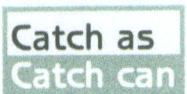

Kapitel 5 Das Fischen nach Elementen – Selektoren

5.3 Klassenselektoren

Klassenselektoren sind ein starkes Konzept: Kein HTML-Element kann ihnen entgehen. Für die Trennung logisch unterschiedlicher Gruppen von Inhalten sind sie (fast) unverzichtbar.

Die meisten HTML-Dokumente für das Web benutzen ein Layout, in dem die Navigation vom Inhalt der Seite optisch getrennt wird – fast immer auf der Basis von Layouttabellen, ab und zu auch bereits durch CSS-Positionierung. Um die Navigation visuell vom Inhalt zu trennen, verwenden die Bereiche unterschiedliche Farben und Schriften.

Die Klassifizierung ermöglicht Variationen für ein Element – eine Klasse von Formaten für die Navigation, eine Klasse von Formaten für Inhalte. Innerhalb der Deklaration für eine Klasse dürfen beliebige Eigenschaften stehen, der Klassenname kann frei gewählt werden.

```
Klassifiziertes Element    Deklaration
```

- `.nav-links`   `{ line-height: 128%;`
                        `  font-family: Georgia }`
- `.hauptinhalt`   `{ line-height: 140%;`
                        `  font-family: Verdana }`

Klassennamen

Klassen beginnen zwingend mit einem ».« (Punkt), gefolgt von einem Namen, der typischerweise die Funktion der Klasse beschreibt. In der Praxis ist es angebracht, Klassen auch nach ihrer Funktion und nicht nach ihrem Erscheinungsbild zu benennen.

Klassenselektoren erstellen einen neuen Stil, der durch das class-Attribut auf das Tag einwirkt. Sie sind durch ein `<p class=" ...">` `</p>` im Code der Seite zu erkennen. Die Klasse kann dann einen beliebigen Absatz formatieren:

◊ `<p class="nav-links"> ... </p>`
◊ `<p class="hauptinhalt"> ... </p>`

Eine korrektere Notation des Klassenselektors setzt den Namen des HTML-Elements direkt vor den Klassennamen und trennt den Namen des HTML-Elements und den Klassennamen durch den Punkt. Das erleichtert

In Macromedia Dreamweaver wird ein Klassenselektor angelegt, wenn im Dialogfenster Neuer CSS-Stil »Benutzerdefinierten Stil erstellen (Klasse)« aktiviert wird. Im Fenster »Name« wird der Name der Klasse eingetragen. Sollte dabei der führende Punkt, den Dreamweaver bereits vorgibt, überschrieben werden, setzt ihn Dreamweaver wieder automatisch beim Anlegen des Stils ein.

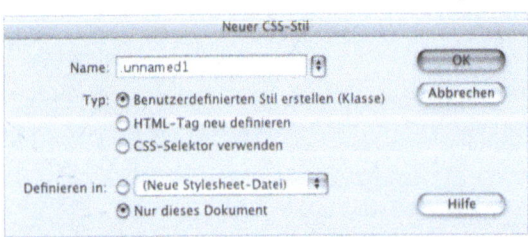

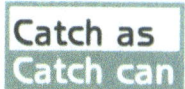

5.3 Klassenselektoren

Der Text wird durch `.hauptinhalt` *formatiert.*
Der Teaser (einleitender Absatz) wird durch das Stylesheet `.teaser` *realisiert.*
Für die Einzüge der Absätze ist das Stylesheet `.einzug` *verantwortlich.*
Der Kasten wird durch das Stylesheet `.kasten` *gebildet, das mit einem <div>-Tag verwendet wird.* `.extra` *ist ein Klassenselektor, der mit Hilfe eines <span>-Tags Texte innerhalb von Absätzen hervorhebt.*

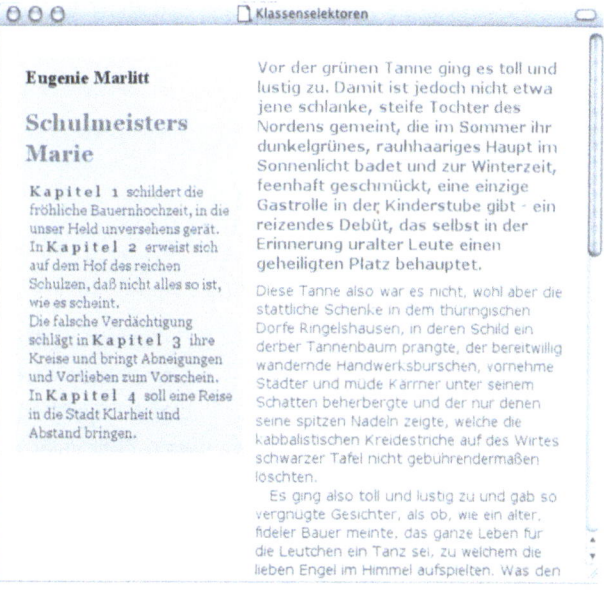

das Lesen des Stylesheets und besagt auf den ersten Blick, für welche Elemente des Dokuments der Klassenselektor gedacht ist:

- `p.hauptinhalt      { font: 12px/128% Verdana; }`
- `p.teaser           { font: bold 16px/130%; }`
- `p.einzug           { text-indent: 14px; }`

Die Notation im HTML-Element ändert sich nicht. Im HTML-Tag wird weiterhin das class-Attribut mit dem Namen der Klasse verwendet.

Klassenselektoren und Container

Klassen können nicht nur einem individuellen Tag, sondern durch ein <div>-Tag einem Bereich mit mehreren HTML-Elementen und mit Hilfe des <span>-Tags einem Bereich innerhalb eines HTML-Elements zugewiesen werden. Das ermöglicht komplexere Darstellungen mit einer einfachen Anwendung:

- `.kasten {       background: silver;`
  `                width: 160px; height: 220px;`
  `                font: 20px/160% Georgia; }`
- `.extra  {       letter-spacing: 3px;`
  `                font-weight: bold; }`

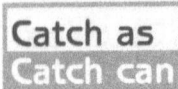

und im HTML-Code:

◊ `<div class="kasten">`
◊ `<h3>Eugenie Marlitt</h3><h1>Schulmeisters Marie</h1>`
◊ `<p><span class="extra">Kapitel 1 </span>schildert die fr&ouml;hliche Bauernhochzeit, in die unser Held unversehens ger&auml;t. </p>`
◊ `</div>`

Klassen stellen auf der einen Seite eine Alternative zu den HTML-Elementselektoren dar und auf der anderen Seite erweitern sie die vorgegebenen HTML-Elementselektoren. Mit Klassenselektoren gibt CSS dem Entwickler ein mächtiges Werkzeug in die Hand. Wer will, kann seine eigene Dokumentenstruktur aufbauen und HTML-Elemente wie <p>, <div> und <h1> mehr oder minder überflüssig machen.

Allerdings erschwert dieses Vorgehen den Aufbau und die Pflege des Stylesheets – ein Stylesheet, das ausschließlich auf Klassenselektoren aufbaut, verliert an Übersichtlichkeit und ist weniger effizient. Zusätzlich gehen Punkte im Ranking in den Suchmaschinen verloren.

HTML- und Klassenselektoren kombinieren

Der Einsatz von Klassenselektoren und HTML-Selektoren, die einander ergänzen, liefert elegante Klassifizierungen logisch zusammengehöriger Gruppen von HTML-Elementen.

Die Stildeklaration der Klasse notiert die Unterscheidungsmerkmale zwischen Layoutbereichen, z.B. Hintergrundfarbe und Schriftart. Alle anderen Merkmale werden über HTML-Selektoren für die jeweiligen Elemente angegeben:

- `p         { font-family: Verdana, sans-serif; color: #333333; }`
- `p.lead    { font: bold 14px/130%; }`
- `p.extra   { letter-spacing: 3px; }`
- `p.einzug  { text-indent: 12px; }`

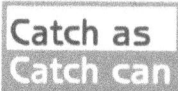

5.4 ID-Selektoren

ID-Selektoren ähneln den Klassenselektoren und unterscheiden sich von diesen auf den ersten Blick nur durch das führende #-Zeichen des ID-Selektors (im Gegensatz zum führenden Punkt der Klassenselektoren). Aber während Klassen beliebig oft im Dokument vorkommen dürfen, sind ID-Selektoren für genau ein individuelles Element im Dokument gedacht.

ID-Selektoren wurden neben ihrer Bedeutung für das Layout mit Stylesheets speziell für JavaScript und DHTML eingeführt. Dort greifen die Skripte über die ID direkt auf ein Element zu.

Ein ID-Selektor beginnt mit dem Zeichen »#«, gefolgt vom Namen des Selektors. Der Name darf nur aus alphanumerischen Zeichen, einem Bindestrich (-) und einem Punkt (.) bestehen und nur ein Mal verwendet werden, damit das Element eindeutig im Dokument identifiziert werden kann.

Für Animationen und Elemente, die durch Skripte beeinflusst werden sollen, braucht das Stylesheet eine eindeutige Identifikation.

- `#abc123 {color: red; background: black; }`
  ...
◊ `<p id=abc123>`

Genau dieses eine Element kann durch das id-Attribut des HTML-Tags als `abc123` angesprochen werden. ID-Selektoren werden also wie Klassenselektoren durch die direkte Bennung der Bezeichnung verwendet, nur dass hier anstelle des class-Attributs das id-Attribut im Tag benutzt wird. Ihre Einmaligkeit prädestiniert ID-Selektoren für die Positionierung von Layoutelementen, in erster Linie für div-Container, in denen die logisch zusammengehörenden Inhalte untergebracht werden:

- `#oben0      { width:100%; }`
- `#ebene1     { margin-left: 143px; padding-left: 9px; }`
- `#ebene2     { position:relative; width:400px; }`
- `#inhalt     { margin-right:9em;`
             `border-right:1px solid rosybrown;`
             `padding-right:9px; }`

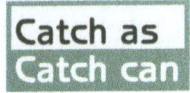

Kapitel 5 Das Fischen nach Elementen – Selektoren

- #nav-oben   { width:100%;
              border: 1px #918D53 solid }
- #tipp   { float:right;
              width:14em;
              position:relative;
              border: 1px #999999 solid}
- #nav-links { position:fixed;
              width:143px;
              top:9px;
              left:9px; }
- #nav-rechts { position:absolute;
              width:9em;
              top:0;
              right:0; }

Im jeweiligen Dokument macht es zwar keinen Unterschied, ob die HTML-Elemente über einen Klassenselektor oder einen ID-Selektor angesprochen werden, aber ID-Selektoren verhindern eine weitere, versehentliche Nutzung. Sie machen das Stylesheet sicherer und leichter lesbar.

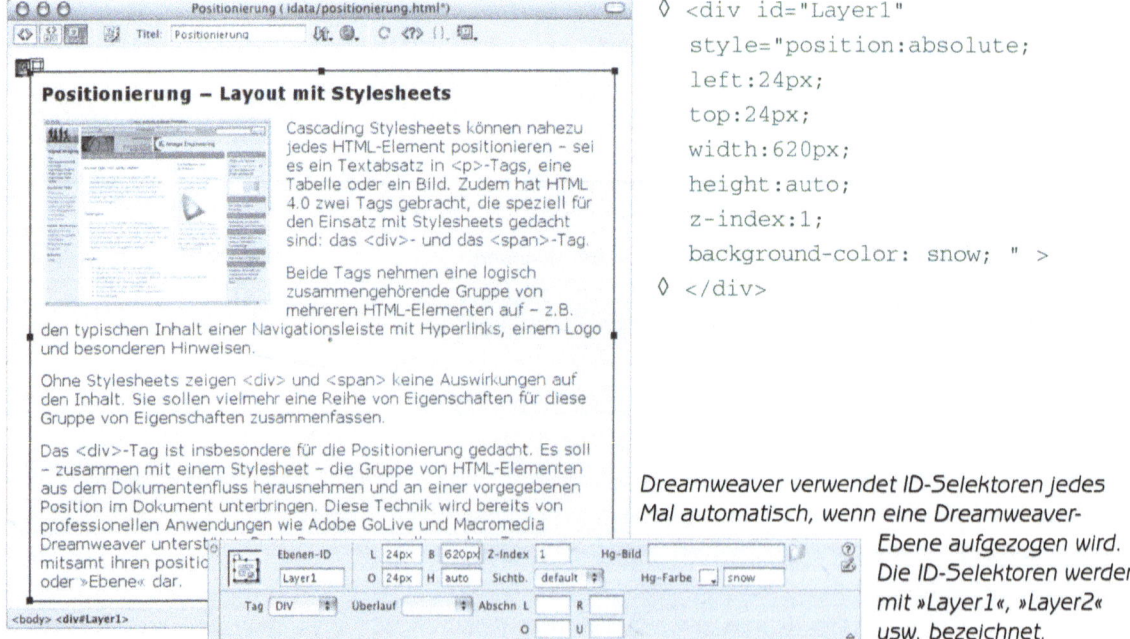

◊ <div id="Layer1"
   style="position:absolute;
   left:24px;
   top:24px;
   width:620px;
   height:auto;
   z-index:1;
   background-color: snow; " >
◊ </div>

Dreamweaver verwendet ID-Selektoren jedes Mal automatisch, wenn eine Dreamweaver-Ebene aufgezogen wird. Die ID-Selektoren werden mit »Layer1«, »Layer2« usw. bezeichnet.

178

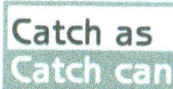

5.5 Absteigende Selektoren – Kontextselektoren

Kontextselektoren wirken nur unter bestimmten Bedingungen. Nehmen wir an, Sie wollen alle fett gekennzeichneten Passagen in roter Schrift darstellen – aber nur in Absätzen, also in <p>-Tags, während ein fetter Text in einer Tabellenzelle die gleiche Farbe aufweisen soll wie der normale Text in Zellen.

Ein Kontextselektor besteht aus einer Folge von einzelnen Selektoren, die durch Leerzeichen voneinander getrennt sind. Dem letzten Selektor in der Folge gilt die Deklaration:

- `p b { color: #990000; }`
  ...
- `<p>Helfen Sie uns, die Liste aktuell zu halten. Schicken Sie uns eine <b>E-Mail</b> oder wenden Sie sich telefonisch an unser <b>B&uuml;rgertelefon</b>. </p>`
  ...
- `<td><b>Konzert im Schloss:</b><br>`

Der Stil weist den Browser an, fetten Text nur innerhalb eines <p>-Tags rot darzustellen. Also wird im Browser Text in Tabellenzellen zwar fett, aber nicht rot dargestellt, die Worte »E-Mail« und »Bürgertelefon« aber sehr wohl. Die Verschachtelung kann noch tiefer wirken:

- `td p code {color: red; }`

Das Element <code> wird rot dargestellt, wenn es in einem Absatz <p> vorkommt, der in einer Tabellenzelle <td> steht.

- `td p code, h1 em {color: red; }`

Das Element <code> wird in obigem Beispiel wie zuvor rot dargestellt und das Element <em> wird ebenfalls rot dargestellt, aber nur wenn es in einem h1-Element steht.

Noch ausgeklügelter wird das Konzept der bedingten Selektoren, wenn der Vor-Vorfahre stimmen muss:

- *div * p*

betrifft nur p-Elemente, die als Enkel oder Ur-Enkel in einem div-Element liegen (beachten Sie den Leerraum auf beiden Seiten des Sterns "", er ist zwingend erforderlich). Bislang bringen aber nur wenige Browser das Kunststück fertig, den Großvater eines Elements zu ermitteln (zz. nur Internet Explorer 5+ Mac).*

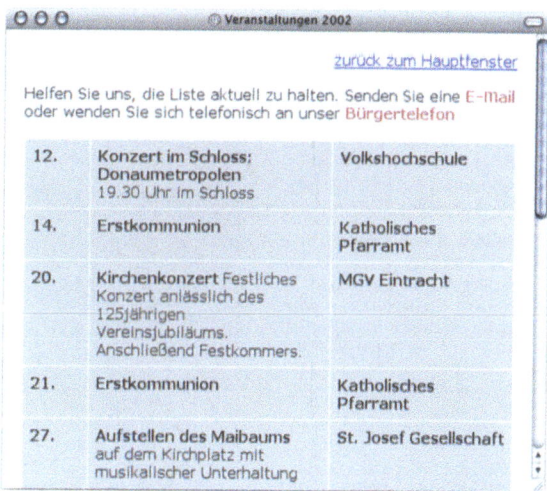

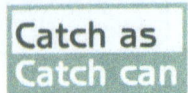

Kapitel 5 Das Fischen nach Elementen – Selektoren

Vollautomatik: Kontextselektoren und Klassifizierung

Kontextselektoren sind besonders elegant, wenn es darum geht, komplexe Stylesheets für eine automatische Nutzung durch Dritte vorzubereiten. Wenn sie sich anstelle von Klassenselektoren einsetzen lassen, erfordern sie weniger manuelle Eingriffe durch den Benutzer, der die Webseite anlegt.

Das allerdings können Kontextselektoren besonders gut, wenn sie mit Klassen- oder ID-Selektoren eingesetzt werden.

Die umfassenden HTML-Elemente, in denen Inhalte logisch gruppiert werden –, seien es nun Tabellen, span- oder div-Container –, werden über Klassen- oder ID-Selektoren klassifiziert. Anschließend dekla-

- `#Layer1 p    { color: #333333; font: 16px/150% Georgia, serif; }`
- `#Layer1 h1   { color: snow; background: gray; font: 18px/180% Verdana, sans-serif; }`
- `#Layer2 p    { color: #666666; font: 16px/150% Verdana, sans-serif; }`
- `#Layer2 h1   { font: 18px/180% Georgia, serif; border: 1px solid silver; }`
- `#Layer2 td   { font: 11px/130% "Andale Mono"; color: #333333; vertical-align: top; }`
- `#Layer2 p i  { color: green; }`
- `#Layer2 td i { color: tomato; }`

rieren Kontextselektoren die Stile für die HTML-Elemente innerhalb der umfassenden HTML-Elemente.

Diese Technik erzielt ein hohes Maß an Automatismus – Textabsätze im Navigationscontainer werden automatisch anders formatiert als Textabsätze in einer linken Spalte für News und die Unternavigation. Hyperlinks in der Navigationsleiste werden durch Pseudolinkselektoren gestaltet, während Hyperlinks in Artikeln und News ihr gewohntes normales Aussehen behalten, ohne dass der Webdesigner durch class- und id-Attribute in den einzelnen HTML-Elementen nachhelfen muss.

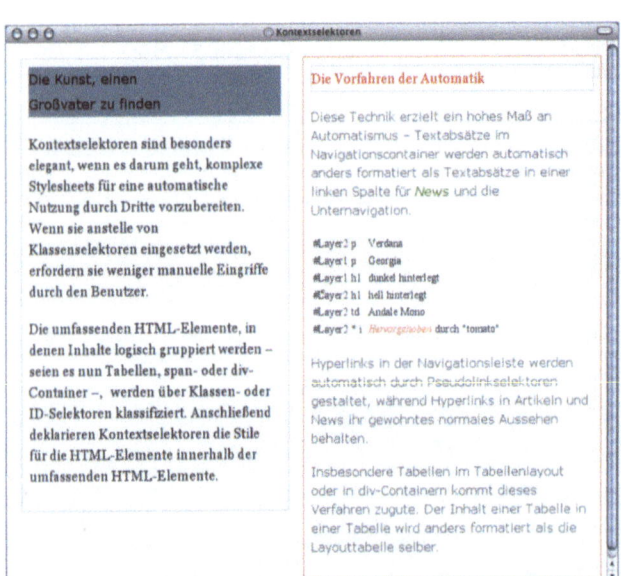

Die HTML-Elemente, die innerhalb der Container benutzt werden, erhalten individuelle Stile als direkte Abkömmlinge des jeweiligen Containers.

Moderne Browser haben keine Probleme, sich durch die Ahnengalerie zu hangeln und einen Text in <i>-Tags innerhalb eines p-Elements, das sich in einem div-Element befindet, exakt zu unterscheiden.

5.6 Pseudoklassen

Pseudoklassen klassifizieren ein HTML-Element und beziehen dabei die Merkmale für die Unterscheidungen nicht aus einem class-Attribut im Tag wie bei den zuvor beschriebenen Klassenselektoren, sondern aus der Interaktion mit dem Benutzer oder der HTML-Struktur selber. In CSS1 gibt es nur einen Elementtyp, der auf diese Weise klassifiziert werden kann, nämlich das a-Element, der »Hyperlink«. Durch die Erzeugung fiktiver Typen des a-Elements kann jeder Klasse ein eigener Stil zugewiesen werden. Die fiktiven Typen sind:

`a:link`   Beschreibt einen Hyperlink, der noch nicht vom Besucher besucht worden ist. Die gelinkte Seite liegt noch nicht im lokalen Cache des Browsers.

`a:visited`   Beschreibt einen Hyperlink, der besucht wurde und im lokalen Speicher des Browsers liegt.

`a:active`   Beschreibt einen Hyperlink, der angeklickt wurde, aber noch nicht ausgelöst wurde – der Zustand zwischen dem Klicken bis zum Loslassen der Maustaste, während die Maustaste noch gedrückt ist. Diese Klasse wird von allen Browsern ab Version 4 und höher erkannt, allerdings nicht von NN 4.xx.

Während die ersten drei Pseudoklassen schon in CSS1 definiert waren, kam :hover erst in CSS2 als Pseudoklasse dazu:

`a:hover`   Beschreibt einen Hyperlink, während der Mauszeiger über dem Hyperlink liegt (to hover: schweben). Diese Klasse wird von allen Browsern ab Version 4 und höher erkannt, allerdings nicht von NN 4.xx.

Pseudoklassen werden durch einen Doppelpunkt gefolgt von dem Namen der Pseudoklasse notiert. Sie können weiterhin auch mit normalen Klassen kombiniert werden. Dank der Pseudoklassen kann das Stylesheet die verschiedenen Zustände eines Hyperlinks unterschiedlich gestalten, ohne dass Ereignishandler wie `mouseover` oder `mousedown` im Tag vermerkt werden.

Nichts geht ohne Rollover und ohne Rollover geht gar nichts ... die kleinen Effekte sagen dem Besucher einer Seite: Ich weiß, dass du da bist und ich interagiere sofort, wenn du nur willst ...

Webdesigner wiederum lieben Effekte, für die sie nicht 24 GIF-Bilder in 12 verschiedenen Farben anlegen müssen.

Tipp: Um für Tests einen »Nulllink« anzulegen, der nirgendwohin führt, aber alle Verhalten eines echten Links aufweist, linken Sie zu: javascript:;

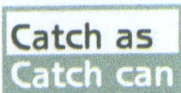

Kapitel 5   Das Fischen nach Elementen – Selektoren

Preiswerte Rollover-Effekte für die Navigation

Mit Hilfe der Pseudoklassen können wir nun endlich den schlichten, voreingestellten Hyperlink raffinierter definieren und ersparen uns das Anlegen unzähliger GIF-Bilder:

- `a          { text-decoration: none; }`
- `a:link     { color: ivory; background: slategray; }`
- `a:visited  { color: slategray; background: mintcream;}`
- `a:active   { color: snow; background: tomato; }`
- `a:hover    { color: tomato; background: ivory; }`

Ein generischer Stil für a sorgt dafür, dass Schrift und andere Merkmale der Hyperlinks nicht in jedem Pseudoklassen-Selektor individuell deklariert werden müssen. Das spart wieder einmal Schreibarbeit und garantiert die Konsistenz.

Effekte sind nicht auf Farbänderungen beschränkt. Schrift und Schriftgröße können geändert werden, ein Rahmen kann kommen und verschwinden, der Hyperlink kann sich ausdehnen und wieder zusammenziehen:

- `a:link { font-weight: normal; }`
- `a:hoover { font-weight: bold; }` oder
- `a:hoover { font-size: 103%; }` oder
- `a:hoover { font-style: cursive; }`

Neue Klassen und neue Zustände in CSS2

CSS2 hat nicht nur die neue Pseudoklasse `:hover` mitgebracht, son-

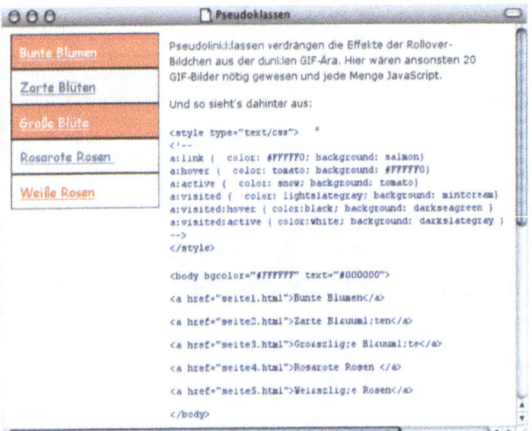

Als wär's ein GIF ... 100% HTML ohne JavaScript, aber mit Stil.

konnte ein Element, das bereits besucht worden war – sich also im Zustand `:visited` befand – nicht gleichzeitig im Zustand `:active` oder `:hover` sein. Also gab es für den Besucher, der auf einen bereits besuchten Hyperlink klickte, keine weitere visuelle Bestätigung seines Mausklicks.

In CSS2 signalisiert ein Hyperlink, der bereits besucht worden ist, dass die Maus gerade auf diesen Hyperlink geklickt ist oder dass die Maus erneut über ihm schwebt:

- `a:visited:active { background: red;`
  `                   color: white; }`
- `a:visited:hover  { background: snow;`
  `                   color: gray; }`

5.6 Pseudoklassen

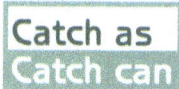

Die Cascading-Regeln entscheiden, welche Eigenschaften in welchem Zustand angewendet werden.

Im Brennpunkt: Das markierte Element :focus

Während die Pseudoklassen von `a:link` bis `a:visited` nur auf das Ankertag angewendet werden können, erfasst die Pseudoklasse `:focus` auch andere Elemente. Ein Element gerät »in den Fokus«, wenn der Besucher ein Element anklickt oder sich mit der Tabulatortaste in ein Element (z.B. ein Eingabefeld in einem Formular) navigiert hat, und bleibt aktiv, bis der Besucher ein anderes Element anklickt oder das Dokumentenfenster schließt.

Zu den nahe liegendsten Anwendungen der Pseudoklasse `:focus` gehört die Interaktion in Formularen, wo dem Besucher eine Änderung signalisiert, dass er ein Eingabefeld erreicht hat:

- `input          { background-color: gainsboro; }`
- `input:focus    { background-color: white; }`

Zu guter Letzt: Das erste Kind :first-child

`:first-child` eröffnet eine weitere Klassifizierung von HTML-Elementen: Es ändert das erste Vorkommen des ersten Elements in einem umfassenden Block, z.B. den ersten Absatz (das erste <p> in einem <body>), die erste Reihe <tr> in einer Tabelle oder das erste <li> in einer Aufzählung gegenüber den folgenden Elementen:

- `p               { font: 16px/150% Verdana;`
  `                  text-indent: 22px; }`
- `p:first-child   {text-indent: 0px;`
  `                  font: bold 18px/150% Verdana; }`
- `h1              {font: bold 18px/150% Georgia;`
  `                  color: #333333; }`
- `h1:first-line   { font: bold 20px/150% Verdana;`
  `                  color: #777777; }`
- `tr              {background: ivory}`
- `tr:first-child  { font-weight: bold;`
  `                  background: beige; }`
- `td              {vertical-align: top }`
- `td:first-child  { font-weight: bold;`
  `                  background: beige; }`

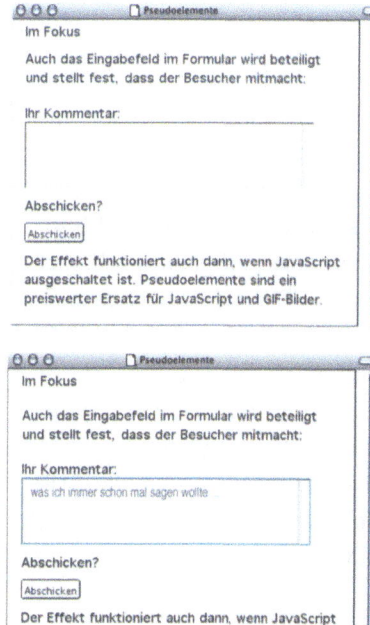

Die Hintergrundfarbe eines Eingabefeldes ändern, wenn der Benutzer das Feld für die Eingabe anklickt: ein Mechanismus, der die Interaktion mit dem Besucher deutlich macht.

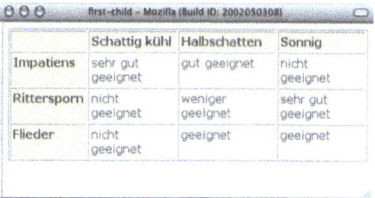

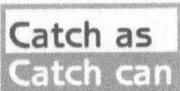

5.7 Pseudoelemente

Pseudoelemente sind fiktive Elemente, die es in HTML nicht gibt. Während Stylesheets ansonsten ein Tag neu definieren (HTML-Selektoren) oder ihm eine Klasse oder eine Identifikation zuweisen (Klassen- oder ID-Selektoren), werden hier Stile für ein HTML-Element definiert, für das kein Tag existiert.

Im Gegensatz zur Pseudoklasse `first:child` sprechen Pseudoelemente Teile eines HTML-Elements an – also nicht das ganze Element. In CSS1 gibt es zwei Pseudoelemente: `first-line` und `first-letter`. Sie können auf Blockelemente (HTML-Elemente, die mit einem Zeilenumbruch enden wie p, h1) angewendet werden und setzen neue typografische Feinheiten um. Pseudoelemente werden durch einen Doppelpunkt, gefolgt vom Namen des Pseudoelements, notiert und können mit normalen Klassen kombiniert werden (p.initial:first-line). CSS1 beschreibt die beiden folgenden Pseudoelemente:

- `:first-letter` – erster Buchstabe in einem Element
- `:first-line` – erste Zeile in einem Element

Klassische Textauszeichnungen

`:first-letter` ändert das erste Zeichen eines Elements – das beliebteste Beispiel ist sicherlich die hängende Initiale, die den edlen Anschein antiquarischer Werke erweckt.

`:first-line` verändert die Darstellung der ersten Zeile. Ein Schnellschuss-Teaser für eilige Redakteure ...

```
p                { font-family: Verdana, sans-serif;
                   color: #333333; }
p:first-letter { font: 40px/100% Georgia;
                   color: tomato; float: left;
                   margin-top: 0px;
                   margin-right: 6px; }
h1               { font-size: 22px;
                   line-height: 150%;
                   color: #666666; }
h1:first-line { font-size: 14px;
                   color: #333333; }
```

5.7 Pseudoelemente

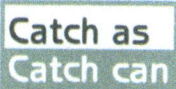

◊ `<h1>Tipps und Tricks
Überschriften mit Autoheader und mehr</h1>`

◊ `<p>Von Zeilen und Zeichen: In CSS1 gibt es zwei
Pseudoelemente: <code>first-line</code> und
<code>first-letter</code>. Sie können
auf Blockelemente (HTML-Elemente, die mit einem
Zeilenumbruch enden wie p, h1)
angewendet werden und setzen neue typografische
Feinheiten um.</p>`

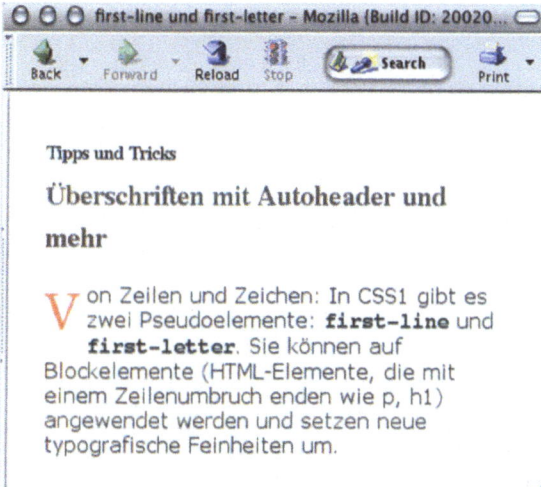

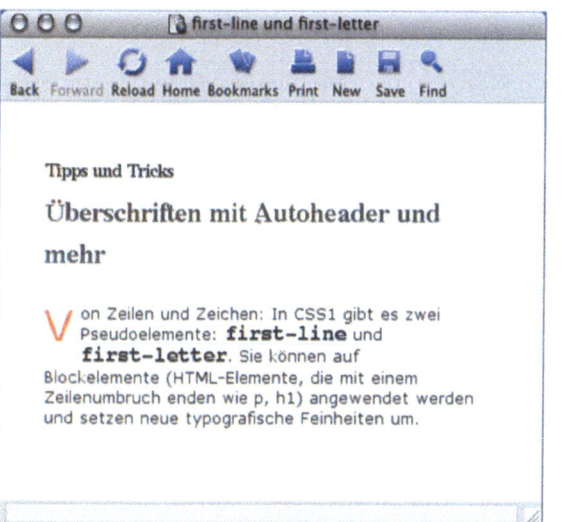

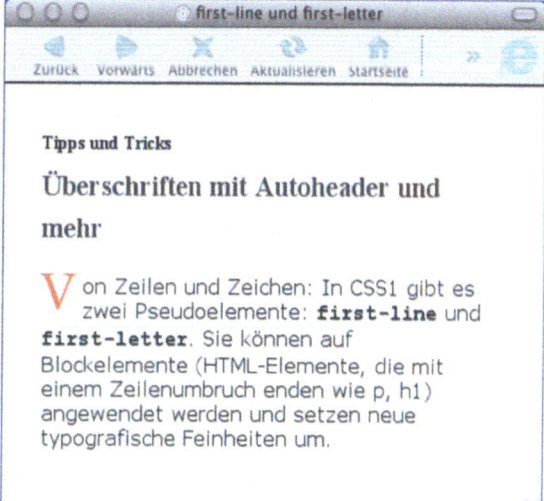

Internet Explorer 5.1, Mozilla 1 und Opera 5 – kleine Unterschiede in der Darstellung machen den Charakter der Browser aus. Es sieht so aus, als wären die Browserkriege im Waffenstillstand.

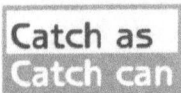

`h1:first-line` setzt die erste Zeile der Überschrift in einer kleineren Schrift und `p:first-letter` den ersten Buchstaben des ersten Absatzes als hängende Initiale. Für das »Hängen« sorgt float: left.

Mehr Pseudoelemente

Speziell für den Druck gedacht sind:
- `:left`   linke Seite der Ausgabe
- `:right`   rechte Seite der Ausgabe
- `:first`   erste Seite der Ausgabe

CSS2 liefert zwei weitere Pseudoelemente:
- `:after` - nach Elementinhalt
- `:before` - vor Elementinhalt

Das Pseudoelement `:after` beschreibt den Raum nach dem Inhalt des definierten Elements. Damit kann ein abschließender Text mit Hilfe der `content`-Eigenschaft automatisch eingefügt werden.

- `/*Im CSS-Bereich: */`
- `h1:after {content: ':' }`
- `p:after   {content: ' - Ende des Textes' }`
- `/*Der Bereich nach dem Inhalt jedes p- und h1-Elements ... */`

`:before` beschreibt den Raum vor dem Inhalt des definierten Elements. Damit kann ein Text mit Hilfe der `content`-Eigenschaft automatisch vor dem Element eingefügt werden.

- `/*Im CSS-Bereich: */`
- `h1:before { content: 'Thema: ' }`
- `p:before  { content: 'Text: ' }`
- `/*Der Bereich vor dem Inhalt jedes Elements p und h1*/`

5.8 Attributselektoren (neu in CSS2)

So simpel Attributselektoren auch erscheinen mögen – in CSS1 finden wir nichts Ähnliches. Bislang unterstützen die »großen« Browser den Attributselektor nicht ..., der folgende Absatz ist also eher von akademischem Interesse.

Ein Attributselektor enthält einen HTML-Elementselektor oder einen universellen Selektor und ein Attribut in viereckigen Klammern. Wenn nur Überschriften mit einem href-Attribut angesprochen werden sollen, notieren wir

- `h1 [href] {color: green;}`

Der Stil färbt alle Überschriften grün ein, wenn sie einen Link enthalten, ob dieser nun bereits besucht wurde oder nicht.

Mit einem Attributselektor lassen sich alle Bilder, die Teil eines Hyperlinks sind und einen Rahmen aufweisen, ändern:

- `a[href] img[border] {border-color: blue;}`

Zwar unterstützen die Browser Attributselektoren noch nicht, aber sie offenbaren uns ein mächtiges Werkzeug: Sie finden die Stecknadel im Heuhaufen.

Mozilla ist auf dem besten Wege, auch die Stile zu unterstützen, die heute noch als exotisch gelten. In diesem Sinne zeigt Mozilla zwar nicht die Überschrift, aber Links in Überschriften in Grün an. Der Attributselektor für Bilder, die einen Hyperlink darstellen und einen Rahmen aufweisen, funktioniert tadellos.

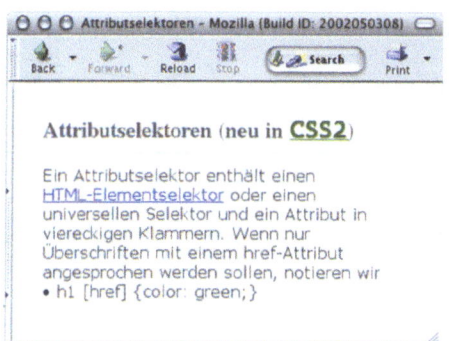

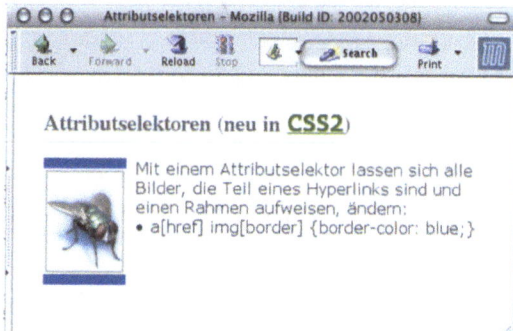

Kapitel 5   Das Fischen nach Elementen – Selektoren

Für Diagnosezwecke könnte sich der Webdesigner alle Elemente auszeichnen lassen, die ein Klassenattribut mit einem beliebigen Wert beinhalten:

- `*[class] {color: red; background: yellow; border: 1px solid orange;}`

Seine eigentliche Macht entwickelt der Attributselektor, wenn er sich auf Attribute mit einem bestimmten Wert bezieht.

- `element[attribute="value"]`

Erst wenn der Wert im Selektor wörtlich dem Wert einer Eigenschaft entspricht, tritt die Stilregel in Kraft. Dabei wäre ein Wert `"2"` etwas anderes als der Wert `"2px"` – in diesem Sinne ist das »wörtlich« in der Regel zu verstehen.

Mit einem vorgegebenen Wert lassen sich alle Links einer Site, die auf eine bestimmte Seite führen, besonders hervorheben:

- `a[href="http://meine.seite.de/"] {font-weight: bold;}`

Auf einfache Weise verbergen wir alle Bilder mit einem leeren alt-Attribut im auralen Stylesheet:

- `img[alt=""] {visibility: hidden;}`

- `p[class="warning"] {color: red; background: white;}`
- `h1[id="page-title"] {font-size: 250%; border-bottom: 1px solid gray;}`

Attributselektoren stellen eine weitere »durchgreifende« Technik bei der Auswahl von Elementen in einem Dokument dar. Bislang sind sie aber nur in wenigen Browsern und dort auch nur in Ansätzen implementiert.

Kapitel 6 Bis zum letzten Tag: Beispiele

Ein Stylesheet soll neben der Gestaltung der Seite die Pflege der Seite und das Einstellen neuer Inhalte in das Layoutgerüst vereinfachen.

Je seltener der »Redakteur« der Seite durch manuelle Eingriffe in den HTML-Code belästigt wird, desto besser. Klassenselektoren, die ein class-Attribut im HTML-Element benötigen, werden also vorzugsweise auf die Layoutstruktur beschränkt, so dass beim Satz des Inhalts die Elemente durch ein einfaches HTML-Tag ihre Form erhalten.

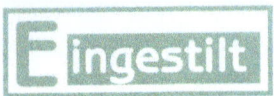

Kapitel 6 Bis zum letzten Tag: Beispiele

6.1 Beispiel 1: Stile für Schriftgestaltung

Das Layout auf der Basis von Tabellen wird auch in den Zeiten der modernen Browser und von CSS2 eine bevorzugte Technik bleiben. Durch Stylesheets erlangen Tabellenlayouts eine höhere Flexibilität und Effizienz in der Pflege und dem Ausbau.

Einfach und strikt ist die Formatierung einer Site durch Stile für die Schrift- und Textgestaltung. Das Layout der Site wird konventionell durch zwei flexible Layouttabellen erstellt, die sich an die Größe des Browserfensters anpassen. Die obere Tabelle beinhaltet einen Text auf der linken Seite und die Hyperlinks für die Navigation auf der rechten Seite. Die untere Tabelle enthält Bildausschnitte auf der linken und Texte und kleine Artikel mit Bildern auf der rechten Seite.

Wie es für solche Layouttabellen typisch ist, wird die Tabelle durch »blinde GIFs« gefestigt, damit Spalten nicht kollabieren.

Das Beispiel finden Sie auf der CD zum Buch unter dem Navigationspunkt »Workshop«.

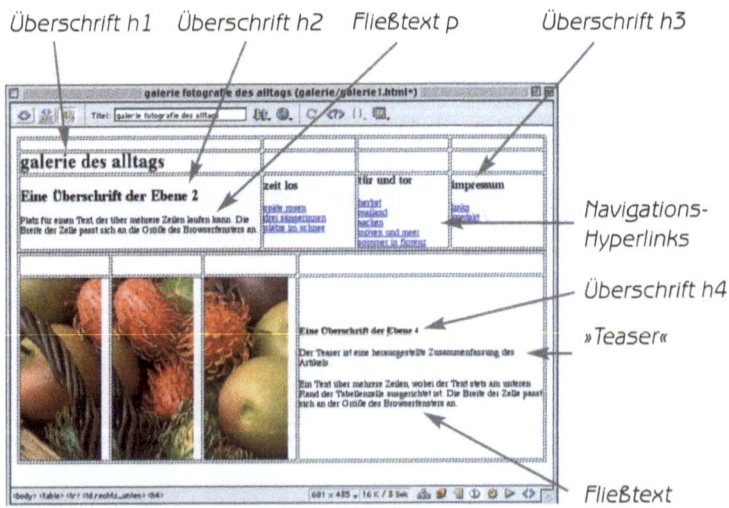

Oben: So stellt sich das Dokument im Browser dar.
Links: »Ohne alles« – So stellt sich das Dokument ohne Stylesheets in Macromedia Dreamweaver dar.

6.1 Beispiel 1: Stile für Schriftgestaltung

Überschriften h1 bis h4

Hier passiert nichts Aufregendes – zu beachten sind höchstens die äußeren Ränder gegen die umgebende Tabelle `margin: 10px` nach oben in h2 und `10px` nach links in h4 (die vierte Stelle in der Deklaration von `margin`: top, right, bottom, left).

- h1 { color: #4A4A4A;
    font: bold 18px/140% Verdana, sans-serif;
    letter-spacing: 1px; }
- h2 { color: #333333;
    font: bold 15px/140% Verdana, sans-serif;
    margin: 10px 0px 0px; }
- h3 { color: #333333;
    font: bold 13px/140% Verdana, sans-serif; }
- h4 { color: #333333;
    font: bold 14px/140% Verdana, sans-serif;
    margin: 0px 0px 0px 10px; }

Der Stil h3 weist keine Eigenschaft für den linken inneren Rand auf, sondern hebt sich vom rechten Rand mit margin-right: 10px ab, da die Überschriften h3 später rechts ausgerichtet werden sollen.

Ausrichtung in den Tabellenzellen

Der Stil für td-Elemente sorgt dafür, dass alle Inhalte von Tabellenzellen am oberen Rand ausgerichtet werden (per Voreinstellung sind Inhalte in Tabellen vertikal zentriert).

- td   { vertical-align: top; }

Der Klassenselektor `.rechts_unten` sorgt für die Ausrichtung von Texten in der Tabellenzelle unten rechts.

- .rechts_unten { text-align: right;
             vertical-align: bottom; }

Dafür muss die Tabellenzelle unten rechts das class-Attribut enthalten:
◊ `<td class="rechts_unten" >`

Textabsätze

Für alle p-Elemente der Site sind die oberen und unteren Abstände gegen benachbarte Elemente durch `margin: 0px 0px` (0px nach oben und unten, 0px nach rechts und links) deklariert. Das verhindert den Extradurchschuss, der per Voreinstellung Absätze in HTML voneinander trennt.

- p   { font: 12px/150% Verdana, sans-serif;
      color: #333333;
      margin: 0px 0px; }

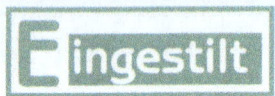

Kapitel 6 Bis zum letzten Tag: Beispiele

> **Eine Überschrift der Ebene 4**
> Der Teaser ist eine herausgestellte Zusammenfassung des Artikels.
> Ein Text über mehrere Zeilen, wobei der Text stets am unteren Rand der Tabellenzelle ausgerichtet ist. Die Breite der Zelle passt sich an der Größe des Browserfensters an.

Der Klassenselektor `.teaser` *bildet einen fett gerenderten Absatz.*

zeit los	tür und tor	impressum
späte rosen	herbst	links
drei sängerinnen	mailand	kontakt
plätze im schnee	aachen	
	möven und meer	
	sommer in florenz	

Die Überschriften und die Hyperlinks werden rechtsbündig gesetzt.

Texte in der Tabellenzelle unten rechts halten einen Abstand von 10px gegen den linken Tabellenrand ein.

- `.rechts_unten p { margin-left: 10px; }`

Vor Texten in der Tabellenzelle unten rechts kann eine Zusammenfassung des Inhalts erfolgen – auch »Teaser« oder »Lead« genannt. Der Teaser soll fett dargestellt werden.

- `.teaser { font-weight: bold; }`

Navigation und Hyperlinks

Die Navigation erfolgt durch Textlinks in den Tabellenzellen oben rechts. Dafür wird eine Klasse `nav` eingerichtet.

- `.nav { text-align: right; }`

In gleicher Weise wie die Tabellenzelle unten rechts werden alle Zellen für die Navigation durch ein class-Attribut vorbereitet.

◊ `<td class="nav" >`

Die Hyperlinks sollen vorzugsweise in Arial und ohne Unterstreichung dargestellt werden. Für die Rollover-Effekte werden Pseudoklassen verwendet.

- `.nav a         { color: #003366;`
  `                 text-decoration: none;`
  `                 font: 11px Arial, sans-serif; }`
- `.nav a:visited{ color: #870025; }`
- `.nav a:hover   { color: #003333; }`

Bilder

Bilder halten Abstand gegen den linken Rand der Tabellenzelle:

- `img { margin-top: 0px 0px 0px 10px; }`

Die Layouttabelle

Die einzige Eigenschaft, die für die beiden Tabellen notiert wird, ist `width: 100%`. Damit passt sich die Tabelle stets an die Größe des Browserfensters an.

- `table { width: 100%; }`

Damit die Tabelle einen Abstand vom Rand des Browserfensters einhält, wird `margin: 20px 20px` für das body-Element deklariert. Zudem sorgt das Stylesheet für die Hintergrundfarbe.

- `body { margin: 20px 20px;`
  `       background-color: moccasin; }`

192

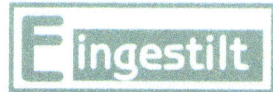

6.2 Beispiel 2: Eigenschaften »ausschalten«

Das folgende Beispiel ist ein klassisches Tabellenlayout in drei Spalten mit einer Kopfzeile für das Logo. In der linken Spalte ist die Navigationsleiste, in der mittleren Spalte der Inhalt und in der rechten Spalte Raum für Zusatzinformationen geplant.

Da in der Regel nur der Inhalt der Seiten aktualisiert wird und das Logo sowie die Navigation entweder durch Templates in Macromedia Dreamweaver bzw. Vorlagen in Adobe GoLive oder als dynamische Inhalte von Skripten erzeugt werden, soll dieser mittlere Bereich möglichst ohne Eingriffe und Klassendeklarationen formatiert werden.

Immer wieder wird es vorkommen, dass Eigenschaften für bestimmte Elemente wieder auf die Voreinstellungen gesetzt werden müssen.

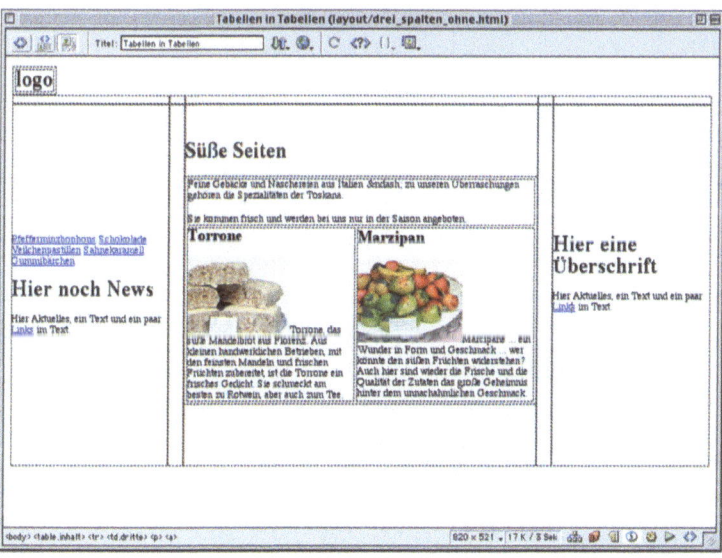

Und wieder bildet eine Tabelle das Grundgerüst des Layouts. Die äußere Tabelle besteht aus fünf Spalten. Blinde GIFs trennen die Spalten links und rechts von der mittleren Spalte für die Inhalte. Die Produktbeschreibungen in der Mitte bestehen aus Tabellen mit jeweils zwei Spalten.

Kapitel 6   Bis zum letzten Tag: Beispiele

Randlos
Mit `margin: 0px` verschwindet das schmale »Schönrähmchen« – ein kleiner Abstand der Inhalte vom Rahmen des Browserfensters, das in jedem Browser etwas anders ausfällt und gegen das im reinen HTML nur Framesets helfen:

Der body-Stil setzt innere und äußere Ränder und Rahmen der Browser außer Kraft.

- ```
  body { margin: 0px;
         padding: 0px; }
  ```

Das volle Fenster
Die äußere Tabelle wird so hoch und breit aufgespannt, dass sie das gesamte Browserfenster ausfüllt:

Die Prozentangaben beziehen sich auf das umfassende Element der Tabelle – auf das body-Element des HTML-Dokuments. `border-bottom` dekoriert die umfassende Tabelle mit einem grauen Rand.

- ```
  table { width: 100%;
          padding-bottom: 8px;
          border-bottom: 10px solid silver; }
  ```

Layouts für jede Spalte
Drei Klassen für Zellen sorgen für ein differenziertes Erscheinungsbild in den drei Spalten.

Die Breite der linken und der rechten Spalte ist mit jeweils 180 Pixeln notiert, die mittlere Spalte hingegen soll mit einer Breitenangabe von 100% stets die gesamte verfügbare Breite einnehmen, so dass sie mit dem Browserfenster wächst und schrumpft.

- `td {vertical-align: top }`
- `td.erste  { width: 180px; background: #F7F7DE; }`
- `td.zweite { width: 100%; background: #FFF7EF; }`
- `td.dritte { width: 180px; background: beige; }`

Layouttabellen nehmen viele Arten von Inhalten auf: Überschriften, Absätze und insbesondere immer wieder weitere Tabellen. Dieser Umstand will vorausgeplant werden.

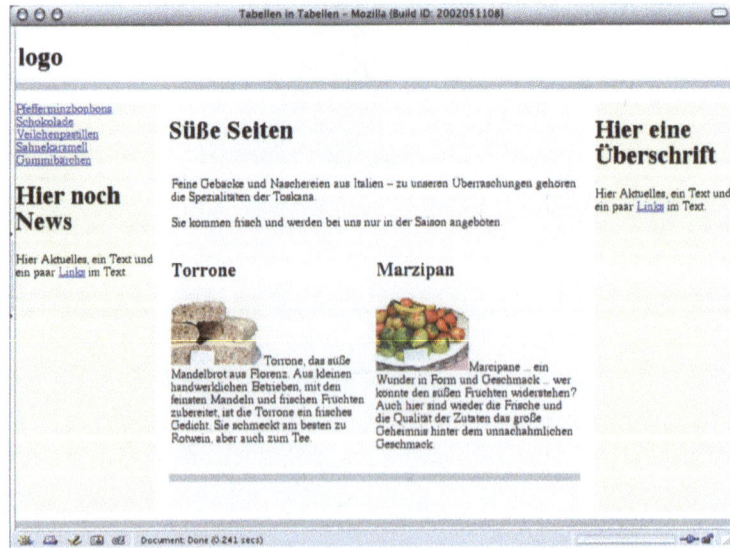

Auf das blinde GIF verzichtet auch dieses Layout nicht. Es sorgt dafür, dass der Freiraum zwischen den Tabellenspalten ein Minimum beibehält, auch wenn der Besucher das Browserfenster stark verkleinert.

6.2 Beispiel 2: Eigenschaften »ausschalten«

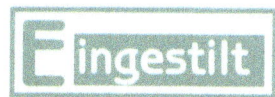

Raum zwischen den Spalten

Der Raum zwischen den drei Bereichen für die Navigation, für den Inhalt in der Mitte und eine weitere Navigation oder aktuelle Neuigkeiten auf der rechten Seite wird durch eine Tabellenspalte getrennt. Für die trennenden Spalten ist eine Breite angegeben:

- `td.frei  { width: 18px; }`

Überschriften links und rechts

Die Überschriften der ersten Ebene h1 sollen in der linken und rechten Spalte gleich aussehen:

- ```
  td.erste h1 { margin: 20px 10px 8px;
                font: bold 12px/140% Arial, sans-serif;
                color: #666666; }
  ```
- ```
  td.dritte h1 { margin: 6px 10px 8px;
                 font: bold 12px/140% Arial, sans-serif;
                 color: #666666; }
  ```

Vom Inline- zum Blockelement

Jeder Hyperlink wird in einer neuen Zeile dargestellt – ohne
-Tag und ohne die Einklammerung in <p>-Tags. Jeder Hyperlink nimmt durch `width: auto` die maximale Breite ein und hält gleichzeitig durch `padding: 6px 10px` Abstand gegen seinen Vorgänger bzw. Nachfolger sowie die umgebenden Tabellenränder.

Der a-Stil notiert die Eigenschaft `display: block`. Der Wert `block` transformiert ein Inlineelement (z.B. img oder a) in ein Blockelement, das zu einem Zeilenumbruch führt.

Die Pseudoklassen verleihen Links zusätzlich einen farbigen Hintergrund und farbige Schrift, die sich je nach Zustand des Links ändert.

- ```
  a               {display: block;
                   width: auto;
                   padding: 6px 10px;
                   border-bottom: 1px solid silver;
                   text-decoration: none;
                   font: 12px Arial, sans-serif; }
  ```
- `a:first-child{border-top: 1px solid silver; }`
- ```
  a:link          {background-color: wheat;
                   color: seagreen; }
  ```
- ```
  a:active        {background-color: khaki;
                   color: darkslategray; }
  ```
- ```
  a:visited       {background-color: goldenrod;
                   color: brown; }
  ```
- ```
  a:hover         {background-color: tomato;
                   color: white; }
  ```

Der erste Link der Navigationsleiste wird zusätzlich mit einem Rahmen oben gegen die Umgebung abgesetzt.

Die Pseudoklasse `a:hover` steht als letzte in der Liste, damit der Stil das Stylesheet `a:visited` überschreibt und der Rollover-Effekt auch bei bereits besuchten Hyperlinks eintritt.

Überschriften in der Mitte

In der mittleren Spalte darf die Überschrift etwas größer ausfallen. Genauso wie die Überschriften h2 für die Produktbeschreibungen in der
  ```

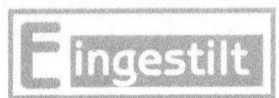

In der Kurznotation setzen zwei Angaben alle vier Abstände: Der erste Wert gibt den Abstand nach oben und nach unten an, der zweite Werte den Abstand nach rechts und nach links.

inneren Tabelle wird wieder ein Abstand gegen den Rand der Tabellenzelle eingehalten.

- ```
  td.zweite h1 { margin: 4px 10px; font: bold
                 14px/140% Verdana, Arial,
                 Helvetica, sans-serif; color: #333333; }
  ```
- ```
  td.zweite h2 { margin: 4px 10px; font: bold
                 12px/140% Verdana, Arial,
                 Helvetica, sans-serif; color: #333333; }
  ```

Raum für Text

Damit Inhalte nicht direkt am Rand der Zelle sitzen, notiert der p-Stil einen äußeren Rand (margin) von 10 Pixeln nach rechts und links. Der äußere Rand nach oben und unten hingegen eliminiert mit dem Wert »0« den Extradurchschuss zwischen zwei Absätzen.

- ```
  p { margin: 0px 10px;
      font: 10px/130% Verdana, Helvetica, sans-serif;
      color: #333333; }
  ```

Umfließen: Bilder

Hier ist `margin-left: 0px` *notiert, denn die umgebende Box für das Bild ist nicht die Tabellenzelle, sondern der Absatz p, der ja bereits einen äußeren Rand gegen die Tabellenwand aufweist.*

.img setzt Bilder auf die linke Seite des Textes und sorgt gleichzeitig für den Abstand des Bildes gegen den umfließenden Text.

- ```
  img    { float: left;
           margin: 0px 15px 5px 0px; }
  ```

Wenn das Chaos einzieht

Wenn jetzt in der mittleren und der dritten Spalte Hyperlinks im Text stehen, gibt es ein kleines Desaster: Durch `display: block` wird jeder Link im Text zu einem Zeilenumbruch führen. Höchste Zeit, die besonderen Eigenschaften des a-Selektors für die zweite und dritte Spalte der Layouttabelle zurückzunehmen.

`display: inline` nimmt die Eigenschaft `display: block` zurück und macht aus dem a-Element wieder ein normales Inlineelement, das nicht zu einem Zeilenumbruch führt. Die Hintergrundfarbe wird mit `background-color: transparent` ausgeschaltet, Hyperlinks werden wieder unterstrichen. Hier übernimmt ein Kontextselektor diese Aufgabe.

- ```
  td.dritte a:link, td.zweite a:link,
  ```
- ```
  td.dritte a:hover, td.zweite a:hover,
  ```
- ```
  td.dritte a:active, td.zweite a:active,
  ```
- ```
  td.dritte a:visited, td.zweite a:visited
      { background-color: transparent;
        color: navy; text-decoration: underline;
        display: inline;
        padding: 0px;
        margin: 0px;
        border: none; }
  ```

6.2 Beispiel 2: Eigenschaften »ausschalten«

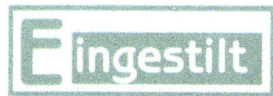

Natürlich wäre es eleganter gewesen, nur für die erste Spalte Pseudoklassen anzulegen. Das hätte das Rücksetzen der Links für die zweite und dritte Spalte erspart.

- ```
  td.erste a          {display: block;
                       width: auto;
                       padding: 6px 10px;
                       border-bottom:1px solid silver;
                       text-decoration: none;
                       font: 12px Arial, sans-serif; }
  ```
- ```
  td.erste a:first-child {
                       border-top: 1px solid silver }
  ```
- ```
  td.erste a:link     {background-color: wheat;
                       color: seagreen; }
  ```
- ```
  td.erste a:active   {background-color: khaki;
                       color: darkslategray; }
  ```
- ```
  td.erste a:visited  {background-color: goldenrod;
                       color: brown; }
  ```
- ```
  td.erste a:hover    {background-color: tomato;
                       color: white; }
  ```

Wenn unterhalb der Navigation weitere Texte und normale Hyperlinks positioniert werden sollen, müssen die interessanten Linkstile aber dennoch zurückgesetzt werden.

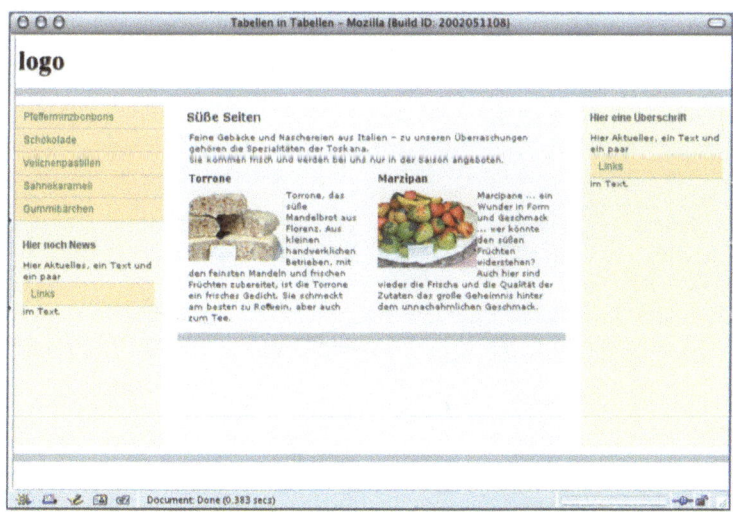

Nicht nur die Pseudolinks sind vorschnell eingesetzt worden, sondern auch der Stil für »schwebende« Bilder. Dieser Stil wirkt nun auch auf die blinden GIFs, die für den Abstand zwischen den Tabellenzellen sorgen.

Kapitel 6   Bis zum letzten Tag: Beispiele

Wenn Inhalte dynamisch aus Datenbanken generiert werden, weist dieses Vorgehen ebenfalls Vorteile auf: Das Skript liefert die innere Tabelle ohne jegliches Wissen über Formate, Stile und Größen. Also wird entweder ein Klassenselektor für die GIF-Bilder angelegt oder die Negierung des img-Stils wird als Inlinestil in jedem Bild angegeben.

Inline oder nicht Inline?

Das Problem, das durch die Deklaration von `float: left` für schwebende Bilder aufgetreten ist, kann durch einen Klassenselektor behoben werden. Es kann aber auch sinnvoll sein, einen eigenen Stil für die blinden GIF-Bilder einzusetzen. Auf diese Weise muss der Redakteur später den Bildern keine Sonderbehandlung zukommen lassen – sie würden immer automatisch auf der linken Seite neben dem Text liegen.

◊
```
<td class="frei">
   <img src="bilder/blind.gif" width="18" height="400"
        style="margin: 0px 0px"></td>
```

Rafinessen: Tabellen in Tabellen

Damit sich die inneren Tabellen besser voneinander abheben, werden sie durch eine farbige Zeile voneinander getrennt. Gleichzeitig wird der Rahmen unten ausgeschaltet, der gerade für die umfassende Tabelle definiert wurde. Außerdem soll der erste Textabsatz jeder inneren Tabelle fett ausgegeben werden.

- `table table{ width: 100%; height: auto;`
  `         margin-bottom: 15px; border-bottom: 0px;`
  `         border-top: 4px solid khaki }`
- `table table tr:first-child p { font-weight: bold;`
  `         color: #777777; font-size: 11px }`

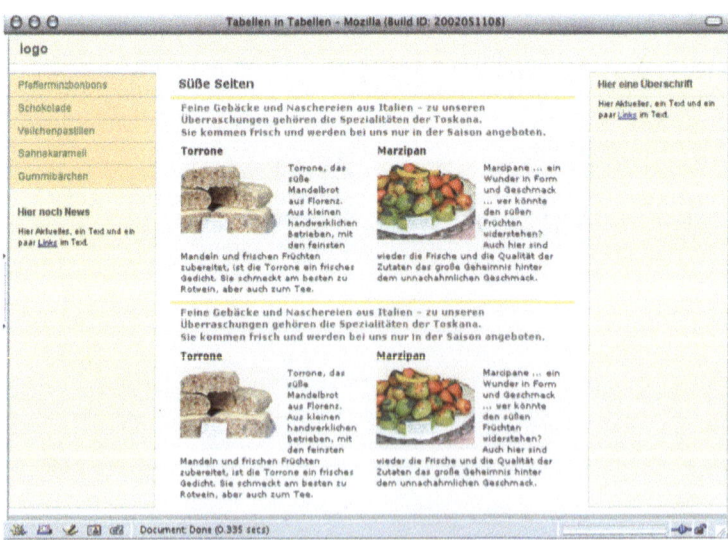

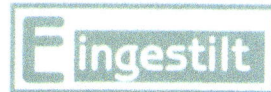

6.3 Beispiel 3: Ein einfaches CSS-Layout

Der Clou eines Seitenlayouts mit Stylesheets liegt darin, die HTML-Struktur linear zu halten. So können alternative Medien wie die Sprachausgabe und die Braillezeile, aber auch ältere Browser einfacher mit diesen Seiten umgehen.

Hier erlaubt sich eine Seite ein extremes Vorgehen: Entweder ein moderner Browser unterstützt die notwendigen Eigenschaften für die aufwendige Gestaltung oder der Browser bekommt ein Stylesheet, mit dem der Besucher die Seiten nett, aber linearisiert und ohne den Aufsehen erregenden Effekt sieht. Ein schlichter Textbrowser ohne Verständnis für Stylesheets oder ein alternatives Ausgabemedium bekommen ebenfalls eine klare, aufgeräumte Seite zu sehen.

Hintergründiges

Der Effekt der Seite beruht auf der Eigenschaft `background-attachment: fixed` und der Option, einen Hintergrund zu positionieren. So bleibt das Bild im Hintergrund stehen, wenn das Dokument im Fenster gescrollt wird. Hierbei wird insbesondere ausgenutzt, dass der Ursprung des Koordinatensystems bei der Platzierung das Browserfenster ist und nicht das Element selber oder das HTML-Dokument. Der kleine Trick der Seite besteht darin, dass zwei Bilder den Hintergrund bilden und dabei perfekt übereinander liegen. Das Hintergrundbild für das body-Element zeigt seinen vollen Kontrastumfang, das andere Hintergrundbild weist einen geringeren Kontrastumfang auf und gehört zu den beiden div-Containern, in denen die Navigation und die Inhalte untergebracht sind.

Positionierte Hintergrundbilder sind also nicht auf die Abmessungen der Elemente beschränkt, für die sie definiert werden. Durch ihre Fixierung auf eine Position im Verhältnis zum Browserfenster können sie über die Grenzen des definierenden Blocks hinausgehen – sie sind allerdings nur innerhalb der Grenzen des Elements sichtbar.

Wenn der Besucher die Seite scrollt, bleibt das Hintergrundbild fest im Browserfenster. Der Effekt ist aufwendiger als er auf den ersten Blick erscheint: Auch der Text und die Navigation stehen vor einem Hintergrundbild.
Das erste Mal gesehen auf den Seiten von Eric A. Meyer:
http://www.meyerweb.com/eric/

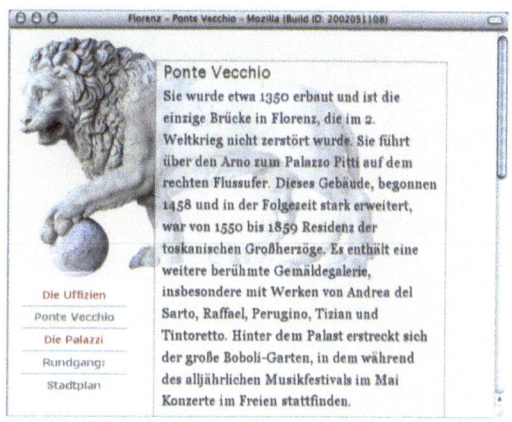

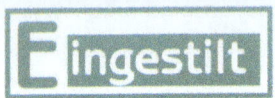

Kapitel 6   Bis zum letzten Tag: Beispiele

Das Hintergrundbild für das body-Element liegt bei den Koordinaten 10 Pixel/10 Pixel gemessen von der linken oberen Ecke des Browserfensters.

Die div-Container für die Navigation und die Inhalte (.fliess) benutzen jeweils das gleiche Hintergrundbild. Dieses ist genauso groß wie das Hintergrundbild des body-Elements, aber durch eine Tonwertkorrektur kontrastärmer. Es ist jeweils nur innerhalb der Container sichtbar und erweckt den Anschein, es würde durch ein Milchglas oder einen semitransparenten Hintergrund verdeckt.

- `body { background: #FFFFF0 url("loewe-mt.jpg")`
  `       no-repeat fixed 10px 10px }`

Container für Inhalte

Der große Block für Inhalte wird absolut positioniert. Der Stil definiert das kontrastärmere Hintergrundbild an der gleichen Position wie das Hintergrundbild für das body-Element, so dass die Bilder perfekt übereinander liegen:

- `div.fliess { background: url("bilder/loewe.jpg")`
  `       no-repeat fixed 10px 10px;`
  `       border: 1px solid gray;`
  `       position:absolute; left:200;`
  `       top:40px; width:60% }`

Container für die Elemente der Navigation

Das div-Element ist fest (fixed) positioniert. Das Absatzformat p definiert die Schriftfamilie und Schriftgröße, die auch für Hyperlinks benutzt wird.

- `div.navigation  { margin: 0px 0px;`
  `       background: #FFFFF0 url("loewe.jpg")`
  `       no-repeat fixed 10px 10px;`
  `       text-align: center;`
  `       position: fixed;`
  `       top: 320px; left: 10px; width: 160px; }`
- `div.navigation a{ display: block;`
  `       margin: 0em 0.5em;`
  `       border-top: 1px solid #778899;`
  `       font: bold 12px/200% Verdana;`
  `       text-decoration: none; }`
- `div.navigation a:first-child { border-top: none; }`

Die Eigenschaft `display: block` *versetzt jeden Hyperlink der Navigation in eine neue Zeile.*

Der interessante Stil ist `display: block` für a und img-Elemente, die von Haus aus Inlineelemente sind, also nicht zu einem Zeilenum-

6.3 Beispiel 3: Ein einfaches CSS-Layout

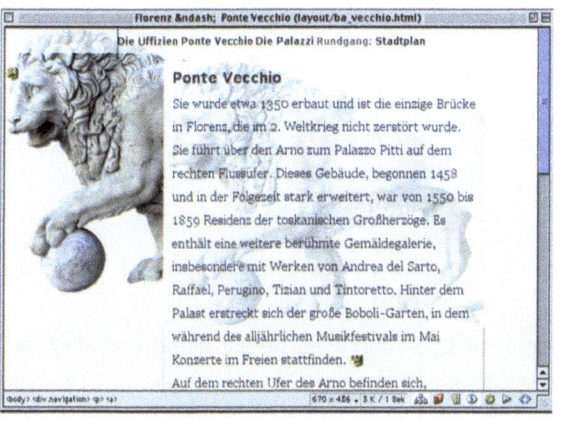

Die Seite kann in Dreamweaver aufgebaut werden, auch wenn Dreamweaver nicht alle Funktionen korrekt darstellt. Auch als Dreamweaver-Vorlage ist die Seite problemlos geeignet. Da Dreamweaver keine Kontextselektoren anlegen kann, werden sie manuell erstellt. Die Stile können allerdings nach dem händischen Anlegen im Stilinspektor erweitert werden.

bruch führen. Durch die Transformation von a und img in Blockelemente entsteht nach jedem Hyperlink im Navigationscontainer ein Zeilenumbruch.

Die Links im Navigationscontainer werden durch einen Rahmen oberhalb der Elemente voneinander getrennt. a:first-child nimmt den ersten Hyperlink von dieser Dekoration aus.

Der Effekt mit zwei fest positionierten Hintergrundbildern funktioniert in älteren Browsern natürlich nicht. Da diese Browser die @import-Regel ignorieren, wird das Stylesheet mit diesen Stilen im style-Element der Seite importiert. Für »mittelalterliche« Browser wird ein zweites Stylesheet mit »ungefährlichen« Stilen für die Schrift- und Absatzgestaltung angelegt und in einem <link>-Element verknüpft.

Dazu muss die importierte Stylesheetdatei im Dokument nach der verknüpften Datei aufgeführt werden. Wer die Stylesheets mit Dreamweaver anlegt, muss das <link rel="stylesheet">-Tag umkopieren, da Dreamweaver das Tag nach dem style-Element anlegt:

Da die Textzeilen mit den Hyperlinks nur durch die Deklaration display:block umbrochen werden, werden sie von Textbrowsern oder »Prä«-CSS-Browsern in einer Zeile als Navigationsleiste oben im Browserfenster gerendert.

```
◊ <link rel="stylesheet"
    href="simple.css" type="text/css">
◊ <style type="text/css">
◊ <!-- @import "magie.css"; -->
◊ </style>
```

Aufpassen, dass bei der Definition der Stile in »simple.css« keine Stile angelegt werden, die durch »magie.css« nicht überschrieben werden. Ansonsten müssen diese Stile wie in Beispiel 6.2 explizit überschrieben werden!

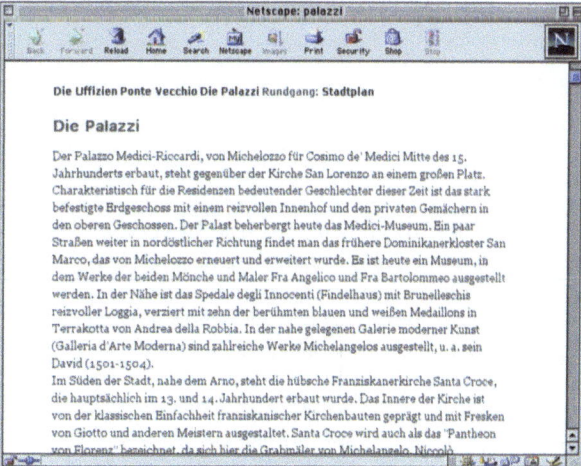

201

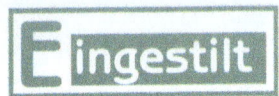

6.4 Beispiel 4: Einfach nur Stylesheets I

Das folgende Beispiel ist CSS »pur« – es beruht einzig und allein auf den positionierenden Eigenschaft von CSS. Das Layout ist ein typisches »Drei-Spalten-Layout« und passt sich der Größe des Browserfensters an, selbst ein Bildschirm mit einer Auflösung von 640 x 480 Pixel kann alle drei Spalten im Fenster halten. Dabei ist der Inhalt der Seite in Browsern, die Stylesheets nicht unterstützen, sinnvoll zu erfassen und voll funktionsfähig.

Das Layout legt sechs Blöcke für die Seite an:

- Eine Navigationsleiste oben mit Textlinks, dem Logo und einem Suchformular
- Eine Logoleiste für ein Logo oder für Bannerwerbung
- Eine Navigationsleiste auf der linken Seite, mit einem Logo und Textlinks
- Eine Navigationsleiste auf der rechten Seite mit Links zu anderen Sites oder kleinen Werbeblöcken
- Ein Block mit dem Inhalt, mit einer Beschreibung der angebotenen Seminare und Online-Tutorials
- Ein farbiger Block innerhalb des Inhaltsblocks, in dem die Tipps des Tages veröffentlicht werden

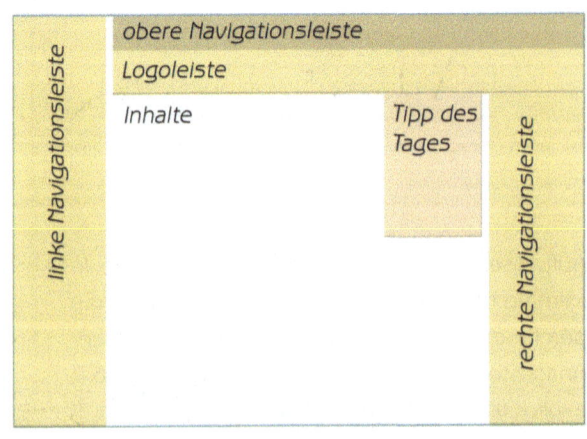

Die Blöcke des Layouts im Überblick: Das Layout soll sich der Größe des Monitors anpassen, ohne die dritte Spalte aus dem Viewport zu verlieren. Insbesondere müssen die Layoutelemente einen Textzoom in den verschiedenen Browsern verkraften.
Für Netscape 4 gibt es wieder ein einfaches Stylesheet, mit dem Besuchern die Inhalte linear aufgelistet werden.

6.4 Beispiel 4: Einfach nur Stylesheets I

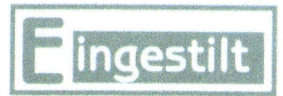

Das Layout soll mit einem Stylesheet für Internet Explorer, Netscape und Opera, jeweils ab Version 5, sowohl für den PC als auch den Mac auskommen – die kleinen Tücken der Browser werden kaschiert.

Als weitere Anforderung stehen die dynamische Erweiterung und Änderung der Seiten auf der Anforderungsliste – sie sollen ohne Änderung der Layoutmechanismen funktionieren. Alle Layoutelemente sollen mit den Inhalten wachsen, ohne dass Änderungen an der Struktur der Seite durchgeführt werden müssen.

Das Layout beginnt mit drei Spalten, die jeweils einen Abstand von 9 Pixeln voneinander aufweisen und gleichzeitig einen Abstand von 9 Pixeln zum Rand des Browserfensters halten. Die mittlere Spalte für die Inhalte wird den meisten Platz beanspruchen – also gibt diese Spalte die Höhe für alle drei Spalten vor und zieht die anderen Spalten mit.

Tipp: Die Beschreibung der Codeelemente benutzt Namen für die Farben der Elemente – hier und in den anderen Kapiteln des Buches werden Farbnamen aus rein didaktischen Gründen benutzt. Wer Wert darauf legt, dass alle Farben in allen Browsern korrekt dargestellt werden, sollte stattdessen lieber die sechsstelligen Hexadezimalcodes angeben.

Schritt 1: Der Hintergrund

Der Abstand zum Rand des Browserfensters wird durch ein Stylesheet für das body-Element gesteuert:

- `body { margin: 9px 9px 0px 9px; padding: 0px 0px; background: white }`

`margin` beschreibt den äußeren Abstand. `padding: 0px` wird explizit deklariert, da die Werte für `padding` in Opera nicht auf 0 gestellt sind. Die Hintergrundfarbe wird gesetzt, da Netscape 6 auf dem Mac das klassische Grau der digitalen Steinzeit vorgibt.

Schritt 2: Der umfassende Block für alle

Den umfassenden Block bildet ein div-Container mit der Bezeichnung `ebene0`. Die Hintergrundfarbe ist die einzige Eigenschaft, die hier angegeben wird: • `#ebene0 {background: khaki }`

Schritt 3: Box in a Box

Ein div-Container mit der Bezeichnung `ebene1` wird in den div-Container `ebene0` verschachtelt. `ebene1` hat einen äußeren Abstand von 143 Pixeln zum linken Rand (das schafft Platz für die linke Navigationsleiste) und einen inneren Abstand von 9 Pixeln für den Freiraum zwischen der linken und der mittleren Spalte.

- `#ebene1 { margin-left: 143px; padding-left: 9px; background: white }`

Jetzt ist bereits sichtbar, dass der Inhalt der zweiten Spalte die Höhe von Spalte 1 und Spalte 2 bestimmt.

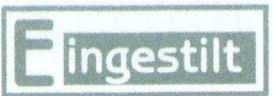

Kapitel 6 Bis zum letzten Tag: Beispiele

Schritt 4

Ein div-Container mit der Bezeichnung `ebene2` wird in den div-Container `ebene1` verschachtelt.

- `#ebene2 { background: khaki}`

Die Hintergrundfarbe ist die einzige Eigenschaft für `ebene2`. An dieser Stelle werden zwei Spalten und der Abstand zwischen den beiden Spalten dargestellt. Im Browserfenster sind die Blöcke erst dann sichtbar, wenn ein Fülltext für einen Test eingegeben wird.

Schritt 5

Mit der gleichen Technik wird `ebene3` in `ebene2` verschachtelt, um die dritte Spalte einzusetzen.

- `#ebene3 {margin-right: 143px; padding-right: 9px; background: #FFF }`
- `#main    { background: #CCC }`

Ein weiterer div-Container mit der Bezeichnung `main` wird ebenfalls in `ebene2` verschachtelt. Die Verschachtelung der div-Container dient u.a. dazu, die verschiedenen Interpretationen von `padding`, `margin` und `border` zu negieren. Insbesondere der Renderingfehler im Boxmodell der Windows IE5- und IE5.5-Versionen würde ansonsten das Layout brechen.

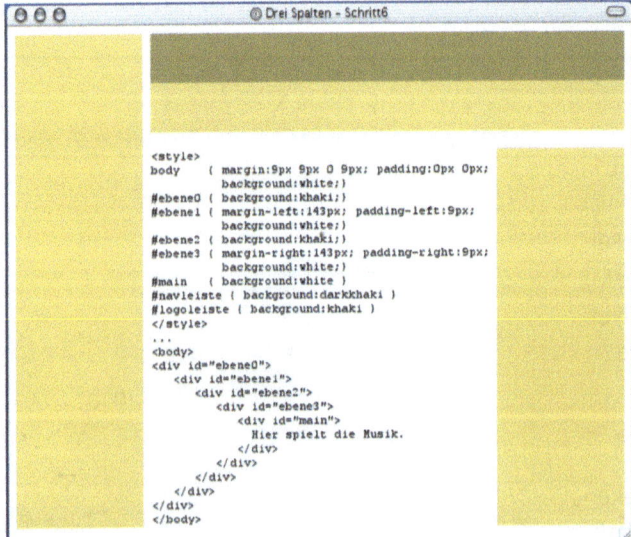

Schritt 6: Die obere Navigationsleiste

In `ebene1` wird vor `ebene2` ein div-Container mit der Bezeichnung `navleiste` – die obere Navigationsleiste – verschachtelt und in `navleiste` ein weiterer div-Container mit der Bezeichnung `logoleiste`, der Raum für das Logo der Seite oder eine Bannerwerbung bietet.

- `#navleiste { background:darkkhaki }`
- `#logoleiste { background:#khaki }`

An dieser Stelle zeigt das Layout drei Spalten sowie die obere Navigationsleiste mit dem Raum für ein Banner. Jeder Block wird so groß, wie der Inhalt, den er aufnimmt.

6.4 Beispiel 4: Einfach nur Stylesheets I

Phase I ist abgeschlossen. Bis zu dieser Stelle erklärt das Beispiel, wie ein Layout generell mit drei Spalten aufgezogen wird und dafür sorgt, dass stets alle drei Spalten die gleiche Höhe aufweisen.

```
<!DOCTYPE HTML PUBLIC "-//W3C//DTD HTML 4.01//EN"
   "http://www.w3.org/TR/html4/strict.dtd">
<html>
<head>
<title></title>
<style>
   body       {margin:9px 9px 0 9px;
                padding:0;
                background:white;}
   #ebene0    {background:khaki;
                width:100%;}
   #ebene1    {margin-left:143px;
                padding-left:9px;
                background:white;}
   #ebene2    {background:khaki;
                position:relative;
                width:inherit;}
   #ebene3    {margin-right:143px;
                padding-right:9px;
                background:white;}
   #main      {background:white;}
   #navleiste{ background:darkkhaki;}
   #logoleiste { background:khaki;}
   #tippbox  { float:right;
                width:175px;
                background:wheat;
                position:relative;}
   #navlinks { position:absolute;
                width:143px;
                top.9px;
                left:9px;}
   #navrechts {     position:absolute;
                width:143px;
                top:0;
                right:0;}
</style>
</head>
```

```
<body>
  <div id="navlinks">
  </div>
  <div id="ebene0">
    <div id="ebene1">
      <div id="navleiste">
        <div id="logoleiste">
        </div>
      </div>
      <div id="ebene2">
        <div id="navrechts">
        </div>
        <div id="ebene3">
          <div id="main">
            <div id="tippbox">
            </div>
          </div>
        </div>
      </div>
    </div>
  </div>
</body>
</html>
```

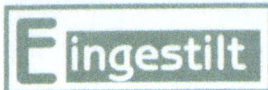

Kapitel 6   Bis zum letzten Tag: Beispiele

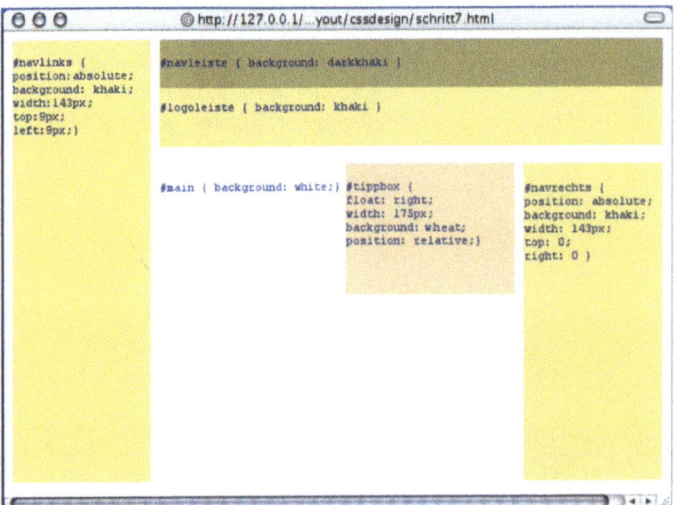

Schritt 7

Ein div-Container mit der Bezeichnung `tippbox` wird in `main` verschachtelt. Seine wichtigste Eigenschaft ist `float: right`, die den Container bei jeder Fenstergröße ohne weitere Positionsangabe an der rechten Grenze des umfassenden Containers `main` hält. Die Höhe des Containers passt sich automatisch an die Größe des Inhalts an:

- `#tipp      { float: right;`
            `width: 175px;`
            `background: #FFF3AC}`

Schritt 8

Ein div-Container mit der Bezeichnung `navlinks`, der absolut positioniert ist (seine Koordinaten beziehen sich auf das Dokument), wird in `ebene0` verschachtelt. Da der div-Container absolut positioniert wird, kann er vor oder hinter `ebene1` gesetzt werden:

- `#navlinks { position:absolute;`
             `width:143px;`
             `top:9px;`
             `left:9px }`

Schritt 9

Der div-Container mit der Bezeichnung `navrechts` hat kein so leichtes Spiel wie `navlinks`. Er soll unter der oberen Navigationsleiste auf der gleichen Höhe wie die mittlere Spalte liegen. Er muss in `ebene2` verschachtelt werden – und zwar vor oder nach `ebene3`.

Damit `navrechts` auf der gleichen Höhe wie `main` liegt, wird `ebene2` relativ positioniert. Dann kann `navrechts` absolut positioniert werden.

- `#ebene2    { background:khaki;`
             `position:relative;}`
- `#navrechts { position: absolute;`
              `width: 143px;`
              `top: 0;`
              `right: 0;}`

Probleme mit dem Internet Explorer

An dieser Stelle gibt es Probleme mit dem Internet Explorer für Windows. Die Tippbox verschwindet, obwohl der Inhalt des main-Blocks die Box sauber umfließt. `tippbox` muss für die korrekte Darstellung im Internet Explorer auf dem PC relativ positioniert werden. Durch die relative Positionierung wird der z-index für `tippbox` höher als der z-index der main-Box, des Blocks für den Hauptinhalt. Die tippbox-Box kommt nach oben und ist wieder sichtbar.

Wegen eines weiteren Problems mit Windows Internet Explorer braucht `ebene2` eine Breitenangabe (`ebene2` ist die Referenz für die rechte Navigationsleiste `navrechts`, die so weit wie möglich nach rechts positioniert ist).

Internet interpretiert das Schlüsselwort `auto` für die Eigenschaft `width` nicht, versteht aber `inherit` (was kein Standard ist). Wird `ebene0` auf eine Breite von 100% gesetzt und die Breite von `ebene2` auf `inherit`, erbt Internet Explorer den Wert von `ebene0`. Alle anderen Browser erben den Wert `auto` von `ebene1` (Windows Internet Explorer scheint stets die letzte explizit gesetzte Eigenschaft eines Vorfahren zu erben).

Internet Explorer und die Tabellenbreite

Würde die Breite von ebene2 mit 100% angegeben, käme es später zu Renderingproblemen. IE5.5+ setzt Tabellen, deren Breite auf 100% gesetzt wird, auf 100% des Browserfensters.

- ```
  #ebene0 { background: khaki;
            width: 100%; }
  ```
- ```
  #ebene2 { background: khaki;
            position: relative;
            width: inherit; }
  ```
- ```
  #tippbox { float: right;
             width: 175px;
             background: wheat;
             position: relative; }
  ```

Schritt 10: Aufräumen

Es wird Zeit, aufzuräumen und Elemente zu ersetzen, die zu Problemen führen können. Der div-Container `ebene3` wird nicht mehr gebraucht und kann entfernt werden. Seine Deklarationen gehen auf `main` über.

- ```
  #main { margin-right: 143px;
          padding-right: 9px;
          background: white; }
  ```

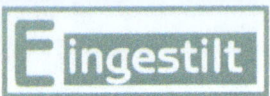

Kapitel 6   Bis zum letzten Tag: Beispiele

Im nächsten Schritt werden die Schriften für die Navigationselemente der Seite angelegt. Beim Anlegen von Überschriften und sobald im Text der rechten Navigationsleiste Ausdrücke in langen Zeichenketten eingesetzt werden, kommt schnell ans Tageslicht, dass der Besucher durch Ändern der Schriftgröße in seinem Browser in der Lage ist, das Layout zu brechen: Der Text fließt über die vorgesehenen Grenzen hinaus.

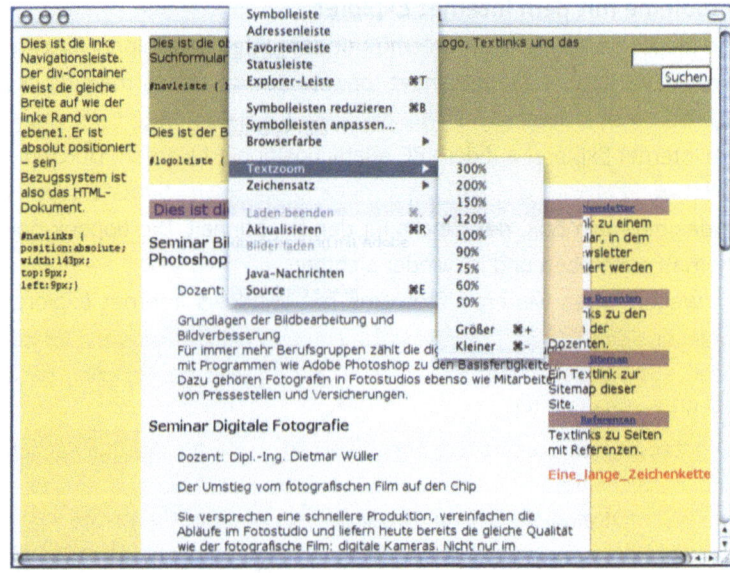

Schritt 11: Relative Größen einsetzen

Eine Lösung des Problems, das durch den Textzoom der modernen Browser hervorgerufen wird, besteht in der Angabe von relativen Größen anstelle der absoluten Maße für Elemente wie die Navigationsleisten rechts und links. Diese beiden Boxen sind 143 Pixel breit – das entspricht etwa 9 em.

- ```
  #main       { margin-right: 9em;
                padding-right: 9px;
                background: white;}
  ```
- ```
  #navrechts  { position: absolute;
                width: 9em;
                top: 0em;
                right: 0em }
  ```

Der Besucher hat – je nach Browser, mit dem er die Seiten betrachtet – verschiedene Möglichkeiten, die Schriftgrößen zu ändern. Das hier vorgestellte Verfahren löst einige der Probleme, die dabei auftreten können, aber nicht alle. Die Spannbreite der Techniken in den Browsern ist zu groß, um allen Eventualitäten vorzubeugen.

Auch die Tippbox wird mit einer variablen Breite versehen, nicht aber die linke Navigationsleiste. Overflow-Probleme in der linken Navigationsleiste führen nicht zu Brüchen im Layout.

6.4 Beispiel 4: Einfach nur Stylesheets I

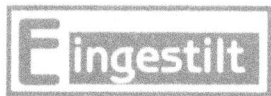

```
<!DOCTYPE HTML PUBLIC "-//W3C//DTD HTML 4.01//EN"
  "http://www.w3.org/TR/html4/strict.dtd">
<html><head><title>Drei Spalten &ndash; Schritt12</title>
<style>
  body        {margin: 9px 9px 0 9px; padding: 0; background: white }
  #ebene0     {background: khaki; width: 100% }
  #ebene1     {margin-left: 143px; padding-left: 9px; background: white }
  #ebene2     {background: khaki; position: relative; width: inherit }
  #main       {margin-right: 9em; border-right: 1px solid rosybrown;
               padding-right: 9px; background: white }
  #navleiste  {background: darkkhaki; width: 100% }
  #logoleiste {background: khaki; clear: right; text-align: center }
  #tippbox    {float: right; width: 11em;
               background: wheat;
               position: relative }
  #navlinks   {position: absolute;
               width: 143px;
               top: 9px;
               left: 9px }
  #navrechts  {position: absolute;
               width: 9em;
               top: 0em; right: 0em }
  #main h1    {margin: 0em;
               padding-left:0.3em;
               padding-right: 5em;
               background: rosybrown }
  #navrechts h3 {margin: 0px;
               padding: 3px;
               background: rosybrown }
  #navleiste form {float: right;
               width: 10.5em;
               text-align: right;
               margin: 0;
               line-height: 0.7em }
  #navleiste input
              {font-size: 0.8em;}
  a img       {border: none }
</style>
</head>
```

```
<body>
<div id="navlinks"> Linke Navigationsleiste
</div>
<div id="ebene0">
  <div id="ebene1">
    <div id="navleiste"> Obere Navigationsleiste
      <form method=get action="...">
        <input type="text" name="query">
        <input type="submit" value="Suchen"
          name="such">
      </form>
      <div id="logoleiste"> Logoblock
      </div>
    </div>
    <div id="ebene2">
      <div id="navrechts"> Rechte Navigationsleiste
        <div id="ebene3">
          <div id="main"> Überschrift Hauptinhalt
            <div id="tippbox"> Aktuelle Tipps
            </div>
            Hauptinhalt
          </div>
        </div>
      </div>
    </div>
  </div>
</div>
</body>
```

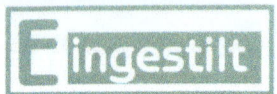

Kapitel 6   Bis zum letzten Tag: Beispiele

Schritt 12

Die obere Navigationsleiste nimmt ein Suchformular auf. Seine wichtigste Eigenschaft ist `float:right`. Das Suchformular wird als erstes Element in den div-Container `navleiste` eingebunden.

Die Breitenangabe ist zwingend erforderlich, da das Formular frei schwebend deklariert ist (`float:right`). Im Sinne des vorangegangenen Absatzes über relative Größen notiert das Stylesheet für das Formular in `navleiste` die Breite relativ mit `width:10.5em`. Damit wächst das Suchformular entsprechend der gewählten Schriftgröße des jeweiligen Browsers.

`text-align:right` richtet das Formular am rechten Rand des umfassenden Blocks aus.

- `#navleiste form  { float: right; width: 10.5em;`
  `                  text-align: right; }`

Die Eigenschaft `float:right` kann dazu führen, dass Elemente des Logoblocks überlagert werden. Darum deklariert `logoleiste` die Eigenschaft `clear:right` und Elemente in `logoleiste` richten sich unterhalb von schwebenden Elementen auf der rechten Seite aus.

In Hinsicht auf die Probleme mit der Vererbung der Breite im Internet Explorer 5/5.5 unter Windows, die in Schritt 9 besprochen wurden, erhält der div-Container `navleiste` die Deklaration `width: 100%`.

- `#logoleiste          { background: khaki;`
  `                       clear: right; }`
- `#navleiste form      { float: right; width: 10.5em;`
  `                       text-align: right;`
  `                       margin: 0em;`
  `                       line-height: 0.7em; }`
- `#navleiste input     { font-size: 0.8em; }`

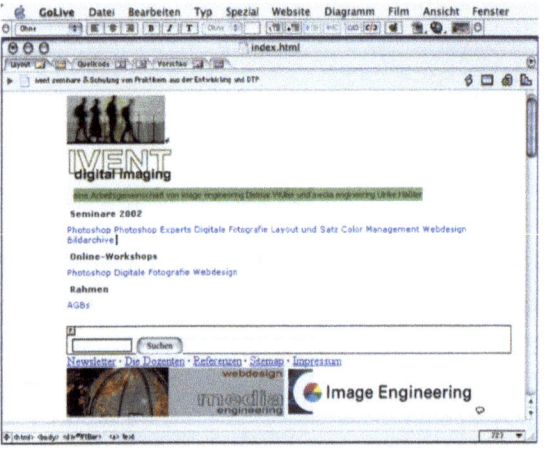

CSS2-Positionierung und Dreamweaver/GoLive: Die Site kann nicht mehr in Dreamweaver oder GoLive gepflegt und erweitert werden. Grafische Webeditoren sind noch nicht in der Lage, die Seiten darzustellen. Dennoch macht es Sinn, sie in Dreamweaver/GoLive einzustellen: Die Funktion der Templates- oder Musterseiten, mit der neue Seiten erzeugt und die Navigation einer bestehenden Site schnell über sämtliche Seiten einer Site erweitert und verändert werden kann, funktioniert auch weiterhin und garantiert eine stabile Sitestruktur.

6.4 Beispiel 4: Einfach nur Stylesheets I

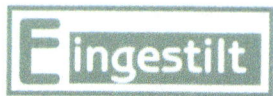

Stile für die Schriftgestaltung

Bleibt nur noch, die Stile für die Schriftgestaltung der Seite anzulegen. Zu beachten ist dabei, dass sämtliche Texte und Bilder innerhalb der verschiedenen div-Container bis an den Rand des Containers reichen und auf Abstand gebracht werden müssen.

- `#navlinks a { border:none;`
  `margin-left: 0.6em;`
  `font-family: Verdana, Arial, sans-serif;`
  `font-size: 0.8em;`
  `display: block;`
  `text-decoration: none; }`
- `#navlinks h3 {font-size:0.9em;`
  `color: #2B302B;`
  `margin: 0.8em 0.1em 0.4em 0.4em; }`
- `#navlinks p { font: 0.8em Arial, sans-serif;`
  `margin-right: 1em;`
  `margin-left: 1em;`
  `color: #0E0F0E; }`
- `#navlinks a:link {color: #FFFFFF;}`
- `#navlinks a:visited {color: #F0EFCA; }`
- `#navlinks a:hover {color: darkslategray;}`

`display: block` *für Links in der linken und rechten Navigationsleiste sind für Textbrowser und Browser gedacht, die Stylesheets nicht interpretieren. Dank* `display: block` *erscheinen die Links in diesen Browsern in einer horizontalen Zeile, während in Browsern mit CSS-Unterstützung jeder Link eine Zeilenschaltung erzeugt.*

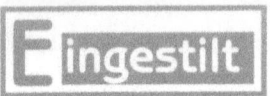

Kapitel 6 Bis zum letzten Tag: Beispiele

6.5 Beispiel 5: Einfach nur Stylesheets II

Wieder einmal kommt das technische Spagat zum Tragen, das durch die Formatierung mit Stylesheets möglich wird: Die Inhalte der Site sind »linear« in ihrer inhaltlichen Folge, um so für Textbrowser, ältere Browser und alternative Ausgabetechniken funktionsfähig vorzuliegen, die Gestaltung für die modernen Browser bringt die technisch machbare Funktionalität.

Das Schöne an Frames war die Navigationsleiste, die im klassischen Frameset auf der linken Seite festgemauert im Browserfenster stand. Sie erfüllte die Anforderung, dass der Kontext »Bei wem bin ich, wohin kann ich sonst noch« stets erhalten blieb, auch wenn sich der Besucher durch lange Seiten scrollte. Cascading Stylesheets sind durchaus in der Lage, uns dieses Feature zurückzubringen und es auch noch einfacher in die Welt zu setzen als mit Frames.

Die Navigationsleiste im vorangegangenen Beispiel wird durch das Stylesheet

- ```
  #navlinks { position:absolute;
              width:143px;
              top:9px;
              left:9px; }
  ```

formatiert. Damit die Navigationsleiste im Browserfenster fest steht, auch wenn der Besucher durch die Seite scrollt, wird das Stylesheet um eine Deklaration erweitert:

- ```
  #navlinks { position:fixed; //position: absolute;
              width:143px;
              top:9px; left:9px; }
  ```

Damit wird das Browserfenster der Bezugspunkt des div-Containers, der sich jetzt nicht mehr vom Fleck bewegt.

Was macht die Eigenschaft `position:absolute` im Kommentar? Sie bleibt als »Netz mit doppeltem Boden« für den Internet Explorer unter Windows. Während alle Browser ab Version 5 die feste Positionierung beherrschen, wird sie im Internet Explorer unter Windows weder in den Versionen 5/5.5 noch in der Version 6 unterstützt.

Da der Internet Explorer in allen Versionen den Wert `fixed` ignoriert, tritt die deklarierte Eigenschaft `position:absolute` in Kraft und der Internet Explorer verschiebt die Navigationsleiste, wenn die Seite gescrollt wird.

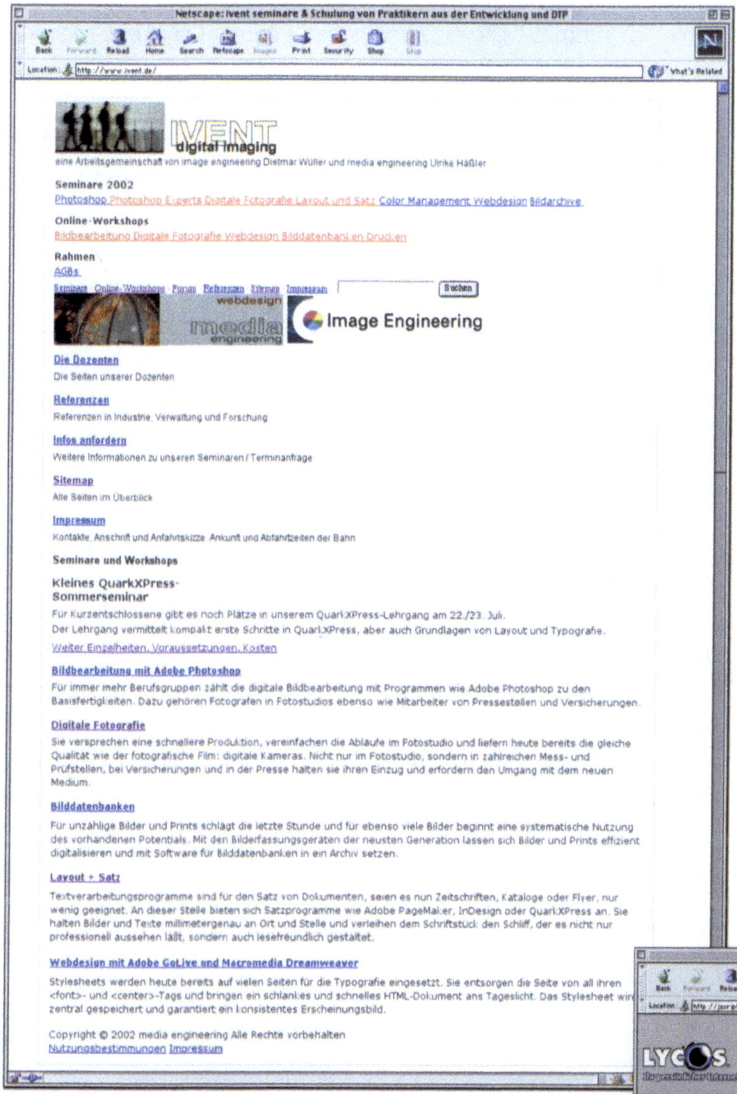

6.5 Beispiel 5: Einfach nur Stylesheets II

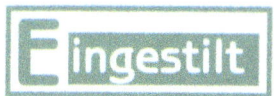

Die Darstellung der CSS-Seite ist linear und voll funktionsfähig in allen Browsern, die Stylesheets nicht unterstützen.

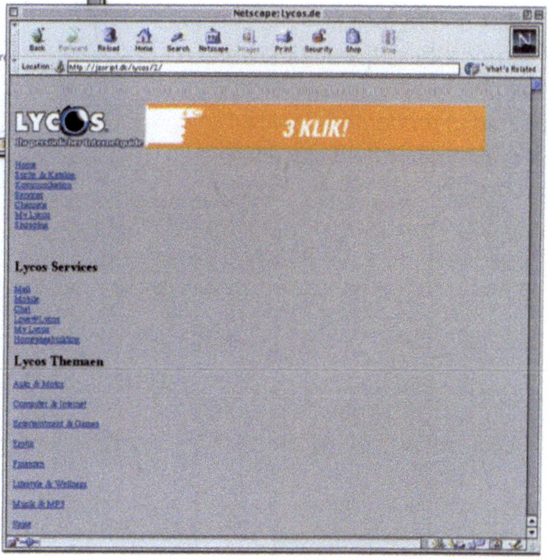

Mit Stylesheets macht Netscape 4.x Kleinholz aus dem CSS-Layout. Also empfiehlt es sich, das Stylesheet vor Netscape 4.x (und anderen älteren Browsern) zu verbergen. Die einfachste Lösung ist ein einfaches Stylesheet für Netscape und alle Browser, die Stylesheets gar nicht oder nur fehlerhaft interpretieren. Zu den ersten »großen« Sites, die diesem Trend folgen, gehört die europäische Lycos-Site http://jscript.dk/lycos/2/.

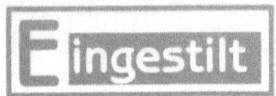

Die Konstruktion mit dem CSS-Kommentarzeichen »//« nutzt einen Fehler im Internet Explorer 5 und höher: Internet Explorer 5+ ignoriert das Kommentarzeichen und überschreibt mit `position:absolute` die zuvor gesetzte Eigenschaft `position:fixed`.

Benutzern, die im Microsoft-Flagschiff surfen, werden also die ganze Seite scrollen, während für Netscape 6 und Opera 5 die Navigationsleiste so fest im Browserfenster steht als wäre sie ein Frame.

Netscape 4.x gelinkt

In Browsern, die keine Stylesheets unterstützen, werden die Inhalte linear und voll funktionsfähig dargestellt. Die Problematik des CSS-Layouts liegt in Netscape 4.x, das nicht in der Lage ist, die Inhalte sinnvoll darzustellen. Das Stylesheet mit den hier vorgestellten Stilen wird darum nicht durch ein <link>-Tag verknüpft, sondern importiert. Netscape 4.x ignoriert die @import-Regel im <style>-Tag.

Damit eröffnet sich ein Weg, alten Browsern, die Stylesheets zwar interpretieren, aber die Positionierung über Stylesheets nicht ausreichend unterstützen, mit einem eigenen Stylesheet zu versorgen, ohne dass eine Browserabfrage durch ein JavaScript durchgeführt wird: Zuerst wird ein Stylesheet durch ein <link>-Tag verknüpft, danach wird ein Stylesheet durch die @import-Regel geladen.

Das Stylesheet für die Verknüpfung über das <link>-Tag enthält Hintergrundfarbe und Stile für die Textgestaltung, die für eine einfache Gestaltung der Seite sorgen.

Die Stylesheetdatei simple.css mit einfachen Textstilen für Browser wie IE3/4 und Netscape 4 muss vor der @import-Regel verknüpft werden, damit die Stile aus der @import-Regel in modernen Browsern die Regeln aus simple.css überschreiben.

```
◊<!DOCTYPE HTML PUBLIC "-//W3C//DTD HTML 4.01//EN"
   "http://www.w3.org/TR/html4/strict.dtd">
◊<html>
◊<head>
◊  <link rel="stylesheet" href="../simple.css"
      type="text/css">
◊  <style type="text/css">
◊  <!--
      @import url(../ivent.css);
   -->
◊  </style>
...
◊</head>
```

6.6 Beispiel 6: Wie gedruckt – das Stylesheet für den Drucker

Das Web ist ein multimediales Medium. Auch wenn das Internet bei den meisten Besuchern auf dem Monitor des Computers landet ..., wenn es richtig interessant und wichtig wird, drucken wir die Seiten auf unserem Desktop-Drucker. Alternative Stylesheets definieren alternative Stile, die anstelle der vordefinierten oder automatisch vorgezogenen Stylesheets eingesetzt werden. Ihre wichtigste Anwendung wird in der Formatierung des Dokuments für verschiedene Medien liegen:

Die neue Browsergeneration druckt – aber nicht mehr einen unkontrollierbaren Screenshot, der Bilder durchschneidet und Texte zensiert.

```
◊<link rel="Alternate Stylesheet" href="monitor.css"
  type="text/css" title="monitor" media=screen>
◊<link rel="Alternate Stylesheet" href="druck.css"
  type="text/css" title="druck" media=print>
```

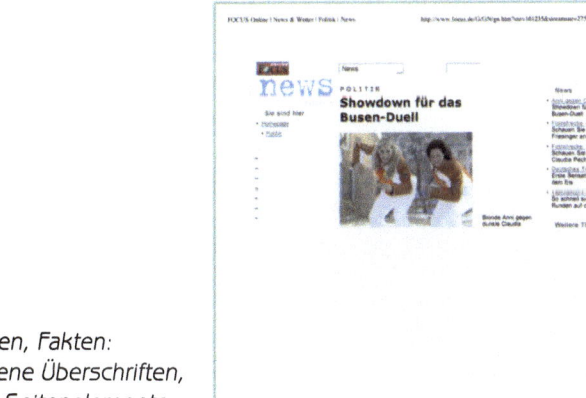

Fakten, Fakten, Fakten: Abgeschnittene Überschriften, überflüssige Seitenelemente, verschluckter Text.
Ausgabe: Fokus mit Mozilla 0.9.8, Spiegel mit Internet Explorer 5.1.

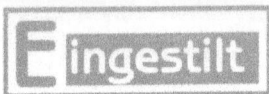

Kapitel 6   Bis zum letzten Tag: Beispiele

Immer noch ist der größte Teil des Webdesigns rein visuell und die meisten Seiten lassen sich nicht besonders gut ausdrucken. Navigationsleisten machen den Druck schwer lesbar. Wie oft sehen wir schon die kleine Schaltfläche »Lesbare Druckversion«? Dabei ist der Druck die zweitwichtigste Ausgabeform des Webs.

Dabei können wir Besuchern unserer Seiten, die mit Internet Explorer 4.5+, Opera 5+ und Mozilla/Netscape 6 surfen, durchaus eine vernünftige Druckausgabe bieten. Der Medientyp für den Druck wird in der @import-Anweisung angegeben:

```
@import url(seite.css) print, projection;
```

Die Stile in seite.css werden sowohl für den Druck als auch die Projektion benutzt, beides seitenbasierte Ausgabeverfahren. Auch in gelinkten Stylesheets können mehrere Ausgabeziele angegeben werden:

```
<link rel="stylesheet" type"text/css"
      href="print.css" media="print, projection">
```

Stylesheet für den Druck
Um dem Interessenten ein besseres und bereinigtes Druckbild zu bieten, werden also zwei Stylesheets angelegt: eines für die Bildschirmausgabe, eines für den Druck.

```
/* Stile für den Monitor */
body {color: silver;
  background: black; }
  a:link {color: yellow;
  background: #333333;
  text-decoration: none; }
a:visited {color: white;
  background: #333333;
  text-decoration: none; }
a:active {color: black;
  background: white;
  text-decoration: none; }
h1, h2, h3 {color: #CCCCCC;
  background: black;
  padding-bottom: 1px;
  border-bottom: 1px solid gray; }
```

```
/* Stile für den Druck */
body {color: black;
  background: white; }
a:link, a:visited
  {background: white;
  color: black;
  text-decoration: underline;
  font-weight: bold; }
h1, h2, h3 {
  background: white;
  color: black;
  padding-bottom: 1px;
  border-bottom: 1px solid gray; }
.keindruck {display:none; }
```

6.6 Beispiel 6: Wie gedruckt – das Stylesheet für den Drucker

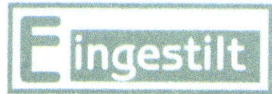

Pseudolinks werden in der Druckausgabe wieder unterstrichen und ohne Hintergrund gedruckt. Die klassifizierte Deklaration .keindruck unterdrückt das Banner im Druck. Beide Stylesheets werden im head-Element des Dokuments eingefügt:

- ```
  <link rel="stylesheet" type"text/css"
       href="screen.css" media="screen">
  ```
- ```
  <link rel="stylesheet" type"text/css"
       href="druck.css" media="print">
  ```

Was auf dem Papier keinen Sinn macht ...

Im HTML-Dokument werden alle Elemente wie Banner und Menüleisten, die nicht ausgedruckt werden sollen, mit einem <div>-Tag und dem entsprechenden Klasseneintrag eingerahmt. Das reicht, um sie im Druck zu unterdrücken. Auf dem Monitor werden sie natürlich weiter angezeigt.

- ```
  <div class="keindruck">Banner, Menüleisten und
  anderes, was im Druck nicht gezeigt werden
  soll</div>
  ```

Die Umkehrung ist natürlich auch denkbar: Drucken, aber nicht auf dem Monitor anzeigen ... aber nicht ohne weiteres machbar. Denn ältere Browser, die das Attribut nicht kennen, werden die Elemente unweigerlich anzeigen.

Stile für den Druck

Die nahe liegendste Methode, spezielle Stile für den Druck einzufügen, ist das link-Element:

- ```
  <link rel="stylesheet" type="text/css"
       href="..." media="print" />
  ```

Stylesheets für den Druck stellen in einigen Browsern eine Gefahr für die Ausgabe auf dem Monitor dar, wenn das media-Attribut nicht korrekt erkannt wird und Stile für den Druck fälschlicherweise auf die Monitorausgabe angewendet werden. Man stelle sich nur einmal vor, das Werbebanner verschwindet bei der Monitorausgabe ...

Um die Ausgabe auf dem Monitor nicht durch falsch erkannte Stilregeln in Gefahr zu bringen, kann die @import-Regel im style-Element eingesetzt werden. Sie wird von älteren und fehlerhaften Browsern wie Netscape 4.x ignoriert.

Um Stylesheets für den Druck vor modernen Browsern zu schützen, können sie innerhalb einer importierten Stylesheetdatei durch @media print abgeschottet werden.

Eine Kompatibilitätsliste für die Unterstützung von Stylesheets für den Druck gibt es bei

http://www.codestyle.org/css /media/print-BrowserSummary.shtml.

Die Kompatibilitätsliste behandelt nur die Gefahren, die durch Stylesheets für den Druck auf die Monitorausgabe zukommen, nicht aber, ob Stile für das jeweilige Medium korrekt angewendet werden.

Stile für @media print

Stile für den Druck lassen sich global im style-Element des Dokuments vereinbaren:

◊ `<style>`
- `@media screen`
- `{ p {font-family: Verdana, sans-serif;`
  `font:14px/150%; color: darkgray} }`
- `@media print {`
- `p { font: 14px/130% Georgia; color:black; margin:`
  `0px 0px; text-align: justify; }`
- `hr { page-break-after: always; }`
- `hr:before`
  `{ content: "Ende Kapitel " counter(kapitel) " ";`
  `counter-increment: kapitel;}}`
- `@media screen,print`
- `{ h1 {color: darkgray; font: 15px/200% Helvetica;`
  `margin-bottom: 3em; }}`
- `@page {  size: 14cm 14cm; marks: crops;`
  `orphans: 4; widows: 4; }`
- `@page:first {  margin: 6cm 4cm 1cm 1cm }`
- `@page:left { margin: 1cm 1cm 1cm 4cm }`
- `@page:right {  margin: 1cm 4cm 1cm 1cm }`

◊ `</style>`

Sie können aber auch innerhalb einer Stylesheetdatei notiert werden. Unter den modernen Browsern erkennen Internet Explorer ab Version 5, Mozilla 1, Netscape 6 und Opera die @media-Regel korrekt und zeigen das Dokument in differenzierten Stilen.

Nur Internet Explorer 5+ auf dem Mac erkennt die @page-Regel nicht, sondern kann erst dann spezielle Stile für den Druck anwenden, wenn die Stylesheets über

```
<link rel="stylesheet" type="text/css" href="..."
      media="print" />
```

6.6 Beispiel 6: Wie gedruckt – das Stylesheet für den Drucker

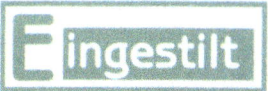

Das gleiche Dokument, zwei Ausgaben: Unterschiedliche Schriften, ein anderer Satzspiegel, bestimmte Elemente werden für die Druckausgabe unterdrückt. Stand der Technik: Juli 2002.

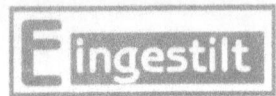

Kleine Unterschiede

Hintergrundfarben und -bilder stören auf Druckseiten fast immer. Also werden sie ausgeschaltet:

- `body {background: none; }`

Schriften für den Druck sollten in Punktgrößen angegeben werden:

- `#main p {    font: 9pt/130% Georgia, Times, Serif;`
  `          color: black; margin: 10pt 10pt;    }`

Texte werden schwarz gedruckt. Eine Ausnahme bilden Hyperlinks: Damit auf dem Papier besser nachvollzogen werden kann, dass sich hinter einem Begriff ein Link verbirgt, wird er blau und unterstrichen gedruckt.

- `#main h1, h2, h3, h4, h5, h6 { color: black; }`
- `a { color: blue; text-decoration: underline; }`

Die Navigationsleisten und das Suchfeld werden bei der Druckausgabe unterdrückt:

- `#nav-rechts { display: none; }`
- `#tippbox { display: none; }`
- `#nav-oben { display: none; }`

Seitenumbrüche innerhalb von Absätzen würde der Stil

- `.absatz { page-break-inside: avoid; }`

verbergen, aber zurzeit wird diese Eigenschaft leider von keinem Mainstream-Browser unterstützt.

Gib dem Tag 'nen Stil

Kapitel 7   HTML is a Box in a Box

HTML ist die wahrscheinlich kleinste Programmiersprache der Welt. Nicht einmal ein HP-Taschenrechner der ersten Generation hatte einen so kleinen Befehlssatz. Gerade in Hinsicht auf die Formatierung der Inhalte durch Stylesheets lohnt es sich, die Konstrukte von HTML genauer unter die Lupe zu nehmen, denn sie sind die Träger der visuellen Gestaltung.

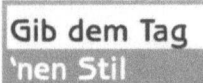

Kapitel 7   HTML is a Box in a Box

Catch the Spirit ... HTML und Stylesheets sind ein Paar. Wenn die Struktur von HTML stimmt, herrschen optimale Bedingungen für Cascading Stylesheets. Ein paar der folgenden Betrachtungen mögen esoterisch anmuten, aber sie sind grundlegend für das Verständnis der komplexeren Eigenschaften von Stylesheets.

7.1 Die wahrscheinlich kleinste Programmiersprache der Welt

Das »Markup« im Namen *HyperText Markup Language* verrät die Natur von HTML: HTML besteht aus Markierungen, die »Tags« genannt werden. So wie im traditionellen Satz der Redakteur dem Setzer durch Marken am Rande des Papiers Überschriften, Teaser und Absätze markierte, markiert HTML Inhalte für den »User Agent« – den Browser – als Überschriften, Leads und Absätze.

Tags, Attribute, Eigenschaften und Elemente

Ein **Tag** ist eine Anweisung in HTML, die in spitzen Klammern notiert wird. Eine Reihe von Tags schließt Inhalte ein und endet dann mit einem »Ende-Tag«: <p> </p>, das Tag für einen Absatz, <table> </table> für eine Tabelle, <h1> </h1> für eine Überschrift. Andere Tags brauchen kein Ende-Tag (z.B. <hr>, die Linie, oder <br>, der Zeilenumbruch).

Attribute sind Eigenschaften eines Tags, die in den spitzen Klammern des Tags notiert werden und die Darstellung des Inhalts verändern können, wie z.B. das noshade-Attribut der Linie (<hr noshade>), oder Aktionen steuern wie die Attribute von Formularelementen oder das target-Attribut des Hyperlinks. Einige Attribute wiederum können verschiedene Werte annehmen. Der berühmteste Vertreter ist sicherlich <font size="3">. Wenig bekannt ist, dass Attribute in HTML-Tags auch Ereignisse wie einen Mausklick abfangen können: `onmouseover="this.bgColor=red" onmouseout = "this.bgcolor=green"`.

Container enthalten Inhalte, die im Viewport – also in der Regel im Browserfenster – dargestellt werden. So ist z.B. das <title>-Tag, das den Titel der Seite enthält, ein Container. <p> ist der Container für Absätze und die Tabelle der Container für tabellarische Daten. Das
-Tag und das <hr>-Tag andererseits sind keine Container. Alles was sie brauchen, steht schon in den spitzen Klammern, und so benötigen sie auch kein Ende-Tag.

7.1 Die wahrscheinlich kleinste Programmiersprache der Welt

Gib dem Tag 'nen Stil

AaBbCcDdEeFghhi

Auch Textzeilen sind Boxen. Für jede Textzeile wird eine Inlinebox erzeugt, die sich über die volle Breite des Elements erstreckt, in dem die Textzeile sitzt. Ihre Höhe entspricht der Zeilenhöhe, die in HTML vom Designer nicht beeinflusst werden kann, sondern nur mit der Eigenschaft `line-height` *aus dem Stylesheet.*
Jede folgende Zeile schließt exakt an die vorangegangene Box an.

HTML-Element ist die Bezeichnung für ein HTML-Tag mitsamt seinen in spitzen Klammern eingeschlossenen Attributen und Werten:

◊ `<p class="rot">Dies ist ein Text in einem Absatz</p>`
oder
◊ `<td onmouseover="this.bgcolor=red">Hier steht der Inhalt der Tabellenzelle</td>`

Vorbelegt

Alle Attribute aller HTML-Tags sind vorbelegt – spätestens der Browser muss schließlich eine Entscheidung treffen, wie ein Inhalt dargestellt wird. So gibt es eine Standardschrift für Text, der in einem <p>-Tag gesetzt wird, eine vordefinierte Schrift für Text, der in <pre> oder <code> gesetzt ist, und auch die Farbe für Text ist vordefiniert. Es gibt eine Standardeinstellung für die Zeilenhöhe und den Abstand zwischen zwei Absätzen. Vordefiniert sind Schriftart und -größen für Überschriften. HTML-Attribute stehen nicht frei im Raum.

Die wahrscheinlich kleinste Programmiersprache der Welt

HTML ist eine kleine Skriptsprache: Es gibt nur wenige Anweisungen – sprich »Tags«. Es gibt auch nur sehr wenige Attribute.

Ein HTML-Dokument besteht aus linear aneinander gereihten Tags, mit denen der Designer die Inhalte einer Seite von oben nach unten aufbaut. So werden sie auch vom Browser »gerendert«: In der Reihenfolge, in der die Inhalte in den Tags nach dem <body>-Tag im Dokument gelistet erscheinen. Der Browser arbeitet eine Anweisung nach der anderen ab und stellt die Inhalte im Fenster dar.

Weiterhin ist HTML striktes Schachteldenken. HTML-Elemente bilden Schachteln oder viereckige Blöcke, die – ohne den Einsatz von Stylesheets – hintereinander aufgereiht werden. Jede Schachtel ist so breit wie der Block, in dem sie sitzt.

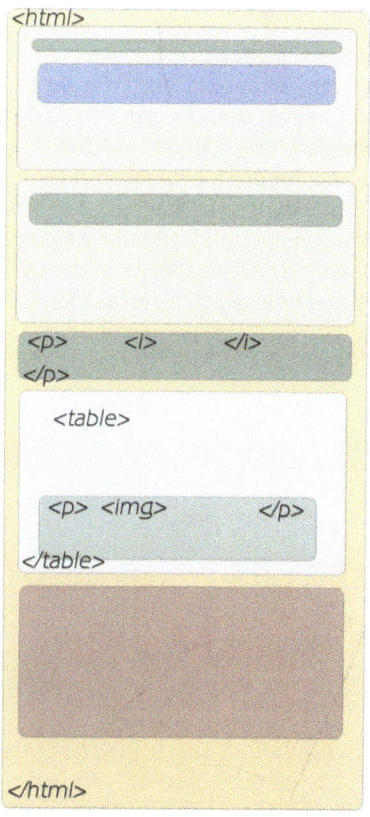

Das also ist HTML? Die Vorstellung von Programmierern, wie Text durch eine Telefonleitung gejagt und auf werweißwasfüreinenBildschirm auszugeben ist?
Was für den einen eine Einschränkung bedeutet, ist für den anderen die ganz Welt. Das World Wide Web auf unseren Computermonitoren ist nicht das Internet: Palmtops, Handys und Fernseher, Braillezeilen, Sprachausgabe und nicht zuletzt Drucker warten auf adäquate Inhalte und all das soll unter einen Hut gebracht werden.

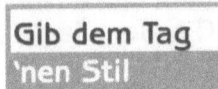

Das ausgeprägte Zeilendenken kennen wir auch in Word: Textverarbeitungsprogramme gehören zu den ältesten Anwendungen auf dem Computer und die heutigen Textverarbeitungsprogramme haben ihre Wurzeln noch in den ersten zeilenorientierten Texteditoren, in denen Programme geschrieben wurden.

Blockelemente und Inlineelemente

Der große umspannende Block ist <html> ... </html>, das Tag, das ein HTML-Dokument identifiziert. Im <html>-Block liegen weitere Boxen: eine <body>-Box, in der mehrere <p>-Boxen, <table>-Boxen oder <div>-Boxen liegen können. Die genannten Boxen sind allesamt »Blockelemente« mit einem wesentlichen Charakteristikum: Sie erzeugen einen Zeilenumbruch im Browser.

Neben den Blockelementen gibt es »Inlineelemente«. Inlineelemente erzeugen im Gegensatz zu Blockelementen keinen Zeilenumbruch – so zum Beispiel das <i>-Tag für kursiven Text, das <font>-Tag für die Schrift, das <img>-Tag für ein Bild und das <a>-Tag für einen Link. Inlineelemente liegen immer innerhalb eines Blockelements und erben Eigenschaften vom Blockelement, das sie umgibt. <b>- und <i>-Tags erben Schriftart, -größe und -farbe vom <p>-Element, in dem sie sitzen, und fügen neue Eigenschaften hinzu, nämlich den Schriftstil bold oder italic.

Im reinen HTML ist der Unterschied zwischen Block- und Inlineelementen nicht weiter dramatisch. Jeder weiß schließlich, dass ein <i>-Tag keinen Zeilenumbruch erzeugt, sondern beispielsweise
- oder <p>- oder <table>-Tags. Erst beim Einsatz von Stylesheets werden die feinen Unterschiede zwischen Block- und Inlineelementen zu einem wesentlichen Bestandteil der Technik.

Wie auf einer Perlenschnur:
Lineare Codierung und lineare Inhalte

Für HTML sind Inhalte also stets linear: Ein Absatz folgt dem nächsten, dann folgt eine Tabelle, dahinter wieder ein Absatz, dann erscheint ein Bild und wieder folgt Absatz auf Absatz. Die Linearität ist unverzichtbar für die Ausgabe in anderen, linearen Medien, in erster Linie für den Druck und die Sprachausgabe.

Zwei Ansätze durchbrechen den Grundgedanken der Linearität des puren Inhalts: Layouttabellen und Frames. Frames waren (so gut wie) unverzichtbar für die Navigation und alle Elemente, die immer im Browserfenster sichtbar bleiben sollten, wenn der Besucher sich durch die Seite scrollte.

Layouttabellen waren das einzige Werkzeug, das Texte und Bilder horizontal und vertikal ausrichten konnte. Layouttabellen durchbrechen die Linearität des Inhalts massiv, wenn sie nicht sorgsam aufgebaut werden. Insbesondere die Tabelle in der Tabelle mischt den Inhalt auf.

Programmierer versus Designer?

In den grundlegenden Eigenschaften von HTML kommt der Charakter von Technikern, Wissenschaftlern und Programmierern, die HTML ur-

7.1 Die wahrscheinlich kleinste Programmiersprache der Welt

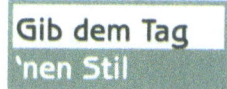

Satzprogramme sehen die Welt anders: Sie sehen ein großes leeres Blatt, auf das der Layouter Container für Texte und Bilder legt. Sie setzen Text- und Bildcontainer an jede beliebige Stelle – auch außerhalb des Blattes –, und das auch noch beliebig übereinander. Hier prallen also Welten aufeinander ... HTML kommt vom Mars, Satzprogramme von der Venus.

sprünglich entwickelten, zum Vorschein: das Boxendenken aus den begin-end-Blöcken der Programmiersprachen und die ausgeprägte Zeilenorientierung. Auch die Vorbelegung aller Elemente ist ein wesentliches Charakteristikum moderner Programmiersprachen, die allen Variablen im Programm einen Anfangswert zuweisen.

Weitergedacht:
Wie Programmierer und Designer zusammenfinden
Mit Cascading Stylesheets gelingt ein Spagat: Das reine HTML-Dokument enthält weiterhin den linear aufgebauten Inhalt, den auch ein zeilenorientierter Browser für den Surfer aus Sparta in seiner logischen Folge darstellt.

Alle vorgegebenen Werte für die Darstellung von der Schriftart der Überschriften bis zur Position der Elemente können überschrieben werden. Eine Überschrift wird auf dem Monitor als Verdana, 22 Pixel

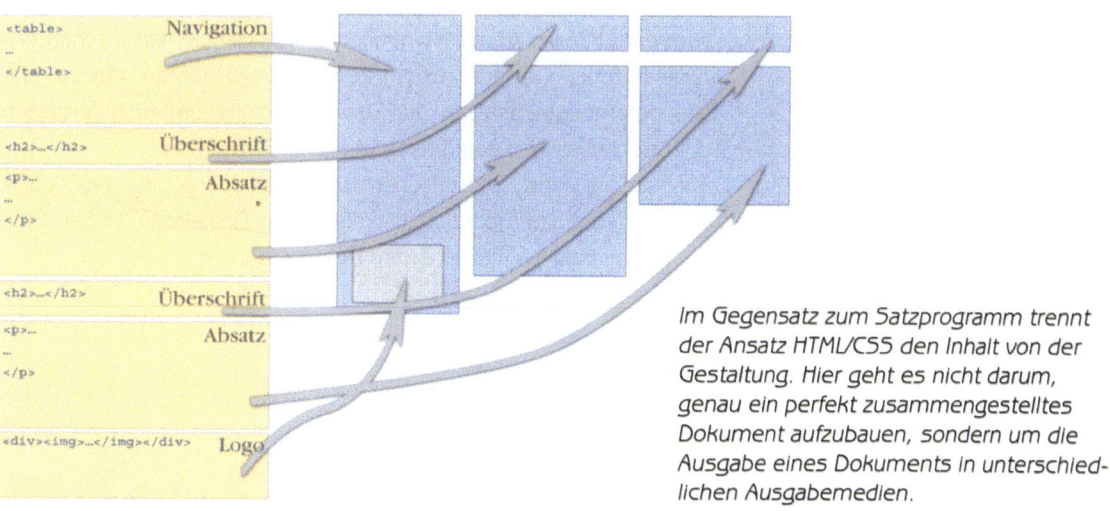

Im Gegensatz zum Satzprogramm trennt der Ansatz HTML/CSS den Inhalt von der Gestaltung. Hier geht es nicht darum, genau ein perfekt zusammengestelltes Dokument aufzubauen, sondern um die Ausgabe eines Dokuments in unterschiedlichen Ausgabemedien.

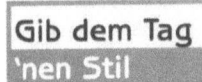

groß und dunkelblau auftauchen, im Internetradio verursacht die Überschrift ein deutliches »Ping«, damit der Zuhörer weiß, dass ein neuer Abschnitt beginnt. Im Druck ist die Überschrift 16 Punkt groß und bewirkt einen Seitenvorschub.

Die Positionierung von Elementen durch Cascading Stylesheets ermöglicht es, Elemente nicht nur untereinander, sondern neben- und übereinander darzustellen. Der Text im HTML-Dokument bleibt linear, aber auf dem Screen und im Druck erscheint er nebeneinander im Spaltensatz. Die Navigationsleiste und das Logo der Site stehen oben im HTML-Dokument, bleiben aber bei der Ausgabe auf einem Monitor stets rechts oben im Viewport, auch wenn der Benutzer bis an das Ende der Seite scrollt.

So gelingt das Kunststück, Inhalte für verschiedene Medien aufzubereiten: Internet sehen, hören und drucken. Damit befriedigen wir viele Gemüter: Besucher, die sich das Internet vorlesen lassen, Besucher mit alten Browsern und ... tata ... die Suchmaschinen. Was nämlich weit vorne steht, hat auch in der Suchmaschine ein höheres Gewicht.

Webseiten versus Druck: Hier tut sich was
Neben der Ausgabe in alternativen Medien gibt es noch einen weiteren Aspekt, den der klassische Satz im Print nicht kennt: Dokumente, die für den Druck gesetzt werden, müssen nur selten gepflegt und erweitert werden. Die Satzdateien für Zeitschriften und viele Bücher wandern direkt nach dem Druck ins Archiv. Die nächste Publikation wird andere Inhalte zeigen.

In HTML-Dokumenten hingegen herrscht ein reges Leben: Hier werden neue Inhalte eingemischt und Inhalte gelöscht, wenn sie nicht mehr aktiv sind. Während ein Layout im Druck schon böse reagiert, wenn nur ein paar Wörter nachträglich angefasst werden – schon eine kleine Korrektur kann zu einem Zeilenumbruch führen, der zu einer Veränderung des Absatzes führt, die einen Seitenumbruch verursacht ... jeder Grafiker kennt und fürchtet dieses Phänomen.

Inhalte im Web sind gleichermaßen »langlebig« und »kurzlebig«. Webseiten brauchen eine ungleich flexiblere Gestaltung, in der Änderungen des Inhalts nicht zu einem Desaster führen.

7.2 HTML-Attribute

Ohne Stylesheets regeln entweder die Voreinstellungen oder das Gutdünken der Browser die Darstellung von HTML-Dokumenten. Eigene Vorstellungen konnte der Autor durch formatierende Tags wie `<font>` oder `<center>` oder durch Attribute innerhalb der spitzen Klammern des Tags – z.B. durch `<td valign="top">` für die Ausrichtung von Zelleninhalten oder `<body bgcolor="#CCCCCC">` für die Festlegung der Hintergrundfarbe – einbringen.

In der HTML-Spezifikation 4.0 wurden solche Tags und viele Attribute, die ebenfalls ausschließlich der Darstellung dienen, als unerwünscht (wörtlich: *deprecated*) gekennzeichnet. Sowohl die Tags als auch die Attribute sollen durch entsprechende Eigenschaften in Stylesheets ersetzt werden. Einer Gruppe von Kernattributen hingegen hat HTML 4.01 herausgestellt. Diese Attribute können in den meisten HTML-Tags angewendet werden:

Neben den `<font>`- und `<center>`-Tags bauschten HTML-Attribute, die ausschließlich der Gestaltung der HTML-Elemente dienten, das Dokument auf und vernebelten die Struktur. HTML 4.0 hat unter den Attributen aufgeräumt.

class	dir	id	lang
onclick	ondblclick	onkeydown	onkeypress
onkeyup	onmousedown	onmousemove	onmouseout
onmouseover	onmouseup	style	title

Das Attribut `style` schreibt das Stylesheet für ein HTML-Element direkt in die spitzen Klammern des Tags hinein:

◊ `<p style="height: 200px; color: #949C94">`
◊ `Inhalt … </p>`

Das Attribut `class` transportiert eine klassifizierende CSS-Eigenschaft, die zentral definiert wurde, direkt zum Tag:

- `.block { height: 200px; color: #949C94}`
  ...
◊ `<p class="block">ein Text, der mit .block`
  `formatiert wurde <p>`

Gib dem Tag 'nen Stil

Attribut	Beschreibung	für alle Tags außer:
`class`	weist einem Element eine Stylesheet-Klasse zu	base basefont head html meta param script style title
`dir`	gibt die Laufrichtung des Textes an (von links nach rechts o. von rechts nach links)	applet base basefont bdo br frame frameset iframe param script
`id`	weist dem Element eine Bezeichnung zu, die im Dokument eindeutig ist	base head html meta script style title
`lang`	definiert die Sprache und den Zeichensatz	applet base basefont br frame frameset iframe param script
`onclick`	Eventhandler, der bei einem Mausklick einen Skriptcode ausführt	applet base basefont bdo br font frame frameset head html iframe isindex meta param script style title
`ondblclick`	Eventhandler, der bei einem Doppelklick mit der Maus ein Skript ausführt	applet base basefont bdo br font frame frameset head html iframe isindex meta param script style title
`onkeydown`	Eventhandler, der beim Drücken einer Taste ein Skript ausführt	applet base basefont bdo br font frame frameset head html iframe isindex meta param script style title
`onkeypress`	Eventhandler, der beim Drücken einer Taste ein Skript ausführt	applet base basefont bdo br font frame frameset head html iframe isindex meta param script style title
`onkeyup`	Eventhandler, der beim Loslassen einer Taste ein Skript ausführt	applet base basefont bdo br font frame frameset head html iframe isindex meta param script style title
`onmousedown`	Eventhandler, der ein Skript ausführt, wenn eine Maustaste heruntergedrückt wird	applet base basefont bdo br font frame frameset head html iframe isindex meta param script style title
`onmousemove`	Eventhandler, der ein Skript ausführt, wenn die Maus im HTML-Element bewegt wird	applet base basefont bdo br font frame frameset head html iframe isindex meta param script style title
`onmouseout`	Eventhandler, der ein Skript ausführt, wenn die Maus ein HTML-Element verlässt	applet base basefont bdo br font frame frameset head html iframe isindex meta param script style title
`onmouseover`	Eventhandler, der ein Skript ausführt, wenn die Maus über ein Element bewegt wird	applet base basefont bdo br font frame frameset head html iframe isindex meta param script style title
`onmouseup`	Eventhandler, der ein Skript ausführt, wenn die Maustaste losgelassen wird	applet base basefont bdo br font frame frameset head html iframe isindex meta param script style title
`style`	CSS-Inlinestil innerhalb des HTML-Elements	base basefont head html meta param script style title
`title`	weist einem Tag einen Namen zu, der ein beliebiger Zeichenstring sein kann. Im Gegensatz zum Attribut id kann der Name mehreren Elementen zugewiesen werden.	base, basefont, head, html, meta, param, script, style, title

`id` ist eine eindeutige Bezeichnung für ein individuelles HTML-Element in einem HTML-Dokument, die insbesondere für JavaScript-Anwendungen gedacht ist. Aber auch Cascading Stylesheets machen Gebrauch vom ID-Selektor, mit dem ein Stylesheet einem Tag zugewiesen wird – ähnlich wie mit einem Klassenselektor:

- `#navigation   {position: absolute;`
  `              top: 20px; left:0px }`
  ...
◊ `<div id="navigation">`

Der ID-Selektor kann nur einem individuellen HTML-Element zugewiesen werden. Das Verfahren wird typischerweise für die Layoutelemente einer Seite benutzt.

`title` ist eine Zeichenkette, die Nachrichten und Texte an das HTML-Element transportiert, z.B. die Erklärung einer Abkürzung im `<abbr>`-Tag:

◊ `<abbr title="Cascading Stylesheet">CSS </abbr>`

`lang` und `dir` wurden für die Internationalisierung aufgenommen; sie definieren Sprache und Laufrichtung des Textes.

Ereignisse im Tag abfangen

Die übrigen Attribute sind »Ereignishandler« – sie erkennen Ereignisse, die der Besucher durch die Maus oder die Tastatur auslöst, und rufen ein Skript auf:

◊ `<td onclick="MM_openBrWindow('fenster.html')">`

Der »Ereignishandler« erkennt einen Mausklick auf die Tabellenzelle und ruft ein JavaScript auf, das ein neues Browserfenster öffnet. Diese HTML-Kernattribute zielen ins Herz des E-Commerce – sie dienen neben der Gestaltung und der Animation von Elementen insbesondere dem Anlegen von Formularen – darum sind für jedes Maus- und Tastaturereignis entsprechende Ereignishandler für jedes Element vorhanden. Diese Attribute fangen Eingaben des Benutzers ab, um sie direkt zu prüfen und zu verarbeiten.

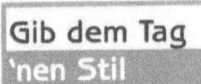

7.3 Kleinlich: Wie schreibt man ein Tag?

Immer wieder wird der Entwickler von Websites mit dem HTML-Code anderer Leute oder mit dem Code aus HTML-Editoren wie Dreamweaver und GoLive arbeiten. Dabei ziehen alle möglichen Stile an uns vorbei: Der eine schreibt <HTML>, der andere <html> und der nächste <Html>. Alles ist korrekt. Das W3C erlaubt sowohl Groß- als auch Kleinschreibung.

Mit der Version 4.01 von HTML macht das W3C die Kleinbuchstaben zum Standard. Auch XML, die »Zukunft der Webseiten«, ist case-sensitiv, macht also einen Unterschied zwischen Groß- und Kleinschreibung.

Mac und PC sind nicht »case-sensitiv«. Unix allerdings ist case-sensitiv und sieht bei `index.html` *eine andere Datei als bei* `Index.HTML`.

Eingeschlossen

HTML braucht jede Menge Hochkommas, und die gleich in zwei Geschmacksrichtungen: »"..."« und »'...'«.

Wenn alle Zeichen eines Attributs Buchstaben, Ziffern, Punkte oder Bindestriche sind, braucht HTML keine Hochkommas. Wenn andere Zeichen darunter sind, etwa Schrägstriche, Semikola oder Leerzeichen, benötigt HTML Hochkommas. Wenn Sie sich nicht sicher sind, setzen Sie Hochkommas, denn sie schaden nicht. Vergessen Sie dabei nur nicht, das Hochkomma auch zu schließen!

Es kann allerdings auch vorkommen, dass mehrere öffnende und schließende Hochkommas ineinander verschachtelt werden müssen. Das ist z.B. der Fall, wenn die `font-family`-Eigenschaft im `style`-Attribut eines Tags notiert wird:

◊ `<p style="font-family: 'courier new'">`

Dann sollten die Hochkommas auf den Schachtelebenen unterschiedlich sein – darum also gibt es zwei Geschmacksrichtungen für Hochkommas.

Umständlich:
Wie schreibt man Umlaute und Sonderzeichen?

Umlaute und Sonderzeichen werden durch kleine Zeichenfolgen beschrieben, die mit »&« (Kaufmännisches »Und« oder auch »Ampersand« genannt) eingeleitet werden. Über 200 Sonderzeichen können entwe-

7.3 Kleinlich: Wie schreibt man ein Tag?

Gib dem Tag 'nen Stil

der durch einen HTML-Namen oder einen dezimalen Schlüssel in das HTML-Dokument gesetzt werden, wobei sich HTML-Namen mit etwas kreativer Fantasie fast wie Klartext lesen lassen. Das zuverlässigste Verfahren über die verschiedenen Plattformen und Browser ist allerdings die dezimale Notation.

Fehlende Werkzeuge, mangelndes Wissen, falsche Referenzen

Der Computer brachte uns die feinen Techniken des Drucks zurück, nachdem wir uns von der Typenvielfalt erholt hatten. Das Web machte alles wieder kaputt. Bis HTML 4 bot das Web so gut wie keine typografischen Sonderzeichen. Heute, da sie verfügbar sind, benutzt sie niemand und die meisten wissen nicht einmal etwas von ihrer Existenz.

Die meisten Referenzen sind schlichtweg falsch (in unzähligen Webseiten wird der Gedankenstrich als &#151 angegeben – alles falsch, denn der gesamte Bereich von &#129 bis &#159 ist nicht zulässig und sollte nicht benutzt werden) und WYSIWYG-Editoren wie FrontPage und Dreamweaver 4 machen einen Bogen um sie oder nutzen sie ebenfalls falsch. Erst mit Dreamweaver MX hat Macromedia korrekte Sonderzeichen implementiert.

Netscape 4 versteht die meisten Namen für Sonderzeichen nicht (wie etwa ’ für ein einfaches Hochkomma) und Netscape-4-Benutzer bombardieren uns mit E-Mails, unsere Seiten wären »im Eimer«. Internet Explorer 5+ und Netscape 6 auf dem Mac beherrschen nahezu das gesamte Spektrum der HTML-Sonderzeichen, die in der HTML-Datei auf der CD aufgeführt sind.

Die folgende Tabelle listet die wichtigsten Sonderzeichen »für den Alltag« auf. Für Sonderzeichen wie das Copyright-Symbol können Sie den HTML-Namen ##© oder den numerischen Schlüssel © benutzen. Die vollständige Liste der Sonderzeichen ist im Anhang auf Seite 310 zu finden und auf der CD zum Buch enthalten.

Zeichen	Name	Numerisch	Beschreibung
" "			nicht brechendes Leerzeichen
" "	&zwnj;	&#8204;	Null-Leerraum, der nicht zusammenführt (z.B. um Worte wie www.langerlink.de ohne Trennzeichen zu trennen)
"©"	&copy;	&#169;	Copyright
"®"	&reg;	&#174;	registrierte Handelsmarke
"™"	&trade;	&#8482;	Handelsmarke
"§"	&sect;	&#167;	Paragraph, Absatzzeichen
"""	&rdquo;	&#8221;	rechtes doppeltes Anführungszeichen oben
„"	&bdquo;	&#8222;	doppeltes Anführungszeichen unten
"'"	&prime;	&#8242;	einfaches Anführungszeichen = Minuten = Fuß
"""	&Prime;	&#8243;	doppeltes Anführungszeichen = Sekunden = Inch
"-"	&shy;	&#173;	weiches Trennzeichen
"…"	&hellip;	&#8230;	horizontale Punktfolge = drei Punkte in Folge
"°"	&deg;	&#176;	Grad
"±"	&plusmn;	&#177;	Plusminus
"π"	&pi;	&#960;	kleines griechisches pi
"•"	&bull;	&#8226;	gefüllter Kreis (bullet) = Aufzählungssymbol
"€"	&euro;	&#8364;	Euro
"¢"	&cent;	&#162;	Cent
"˜"	&tilde;	&#732;	kleine Tilde

Gib dem Tag 'nen Stil

Da die modernen Browser jetzt allesamt zumindest CSS1 auf ihre Fahne schreiben, würden sie an der einen oder anderen Stelle Kleinholz aus unseren sorgfältig konstruierten Seiten machen. Also benutzen die modernen Browser die Deklaration von !DOCTYPE im Kopf des HTML-Dokumentes, um zu entscheiden, wie sie die Seite darstellen: standardkonform oder mit einer Simulation ihrer praxisbewährten Fehler.

7.4 Kopfstände: Das !Doctype-Tag

Das <!DOCTYPE>-Tag gibt die Document Type Definition (DTD) des Dokuments an. Die DTD bestimmt die Grammatik und die Syntax der HTML-Sprache.

Das Tag ist zwar nicht zwingend erforderlich, aber das W3C (World Wide Web Consortium), das den Standard für HTML 4.01 spezifiziert, empfiehlt, das <!DOCTYPE>-Tag stets zu setzen.

Die Standardisierung von HTML brachte im Laufe der Jahre Versionen hervor, die den heutigen Bestrebungen einer reinen Strukturierungssprache entgegenliefen. In diesem Sinne wurden z.B. Hintergrundfarben und Schriftenauszeichnung definiert, die heute als unerwünscht gelten. Ein moderner Browser soll aber gleichzeitig »antike« und moderne HTML-Dokumente korrekt darstellen.

Die Angabe des Dokumententyps verhilft dem Browser zu einer besseren Orientierung und vermeidet Darstellungsfehler. Wenn das <!DOCTYPE>-Tag nicht gesetzt wird, simulieren neuere Browser zudem die Darstellungsfehler ihrer älteren Versionen – auch hier wieder in dem Bestreben, ältere HTML-Dokumente weiterhin ansehnlich zu rendern. So kann es passieren, dass Sie ein Dokument korrekt codieren, der Browser das Dokument aber fehlerhaft darstellt, da er sich an seine alte Darstellung eines Elements hält.

Das Tag kann nur in die erste Zeile des HTML-Codes gesetzt werden. Es ist das einzige Tag, das vor dem <HTML>-Tag stehen kann.

- Das Tag wird nicht geschlossen.
- Das Ausrufezeichen "!" ist zwingend erforderlich.

```
<!DOCTYPE HTML PUBLIC "-//W3C//DTD HTML 4.01//EN">
```

DOCTYPE HTML PUBLIC bedeutet, dass sich das Dokument auf die öffentlich verfügbare HTML-DTD bezieht. "-//W3C//DTD HTML 4.01//EN" kennzeichnet das W3C als maßgeblichen Herausgeber des Dokumententyps »HTML«, der in der Version 4.01 im Dokument benutzt wird. EN ist die Sprachangabe (Englisch). Sie bezieht sich nicht auf den Inhalt des Dokuments, sondern auf die Notation der HTML-Elemente und -Attribute.

7.4 Kopfstände: Das !Doctype-Tag

Die URI `http://www.w3.org/TR/1999/REC-html401-19991224` erlaubt dem User Agent (Browser), die DTD und darin enthaltene Regeln und Elemente zu laden, wenn sie benötigt werden. Theoretisch wäre es einem Browser dadurch möglich, auch neuere Versionen von HTML, die nach dem Erscheinen des Browsers veröffentlicht werden, korrekt zu interpretieren. In der Praxis ist wohl kaum ein Browser in der Lage, tatsächlich neuere Regeln nachträglich zu adaptieren. Die Adresse ist demzufolge auch nicht erforderlich.

```
<!DOCTYPE HTML PUBLIC "-//W3C//DTD HTML 4.01//EN"
"http://www.w3.org/TR/html4/strict.dtd">
```

`strict` schließt aus, dass die Darstellung des Dokuments Elemente und Attribute benutzt, die das W3C als Aufgabe von Stylesheets ansieht. Auch die Benutzung der HTML-Elemente innerhalb des Dokuments wird bei `strict` sehr eng gesehen. So müssen alle Elemente innerhalb des body-Elements in Blockelementen stehen. Ein Text, der ohne umschließende <p>-Tags direkt zwischen das öffnende und schließende <body>-Tag geschrieben wird, wird bereits als Verletzung der Syntaxregeln angesehen. Webautoren sind angehalten, `strict DTD` so weit wie möglich anzuwenden, es bleibt ihnen aber überlassen, `transitional` zu nutzen, wenn für die Präsentation des Dokuments bestimmte Elemente und Attribute erforderlich sind.

```
<!DOCTYPE HTML PUBLIC "-//W3C//DTD HTML 4.01
   Transitional//EN"
"http://www.w3.org/TR/html4/loose.dtd">
```

`loose` kennzeichnet ein Dokument, in dem Elemente und Attribute benutzt werden, die als unerwünscht gelten. Wer seine Dokumente auch für Browser, die Stylesheets noch nicht beherrschen (z.B. Netscape 3), grafisch und typografisch aufbereiten möchte, wird diese Variante sicherlich bevorzugen.

```
<!DOCTYPE HTML PUBLIC "-//W3C//DTD HTML 4.01
   Frameset//EN"
"http://www.w3.org/TR/html4/frameset.dtd">
```

`frameset` kennzeichnet ein Dokument, das Frames (nicht »iframes«) benutzt.

Kapitel 7   HTML is a Box in a Box

7.5   Container für alles: <div>- und <span>-Tag

<span> und <div> sind zwei Tags, die erst im Zusammenhang mit Stylesheets oder Animationen Sinn machen – sie beinhalten keinerlei Strukturinformationen – und die Tags sind im wahrsten Sinne des Wortes leer. Beide Tags dienen dazu, mehrere HTML-Elemente, die visuell und inhaltlich zusammengehören, aufzunehmen und in besonderer Weise darzustellen. Der kleine, aber feine Unterschied zwischen den beiden Tags ist ein Zeilenumbruch: Das <span>-Tag erzeugt keinen Zeilenumbruch (<span> ist also ein Inlineelement), während das <div>-Tag zu einem Zeilenumbruch führt.

Karriere machte insbesondere das <div>-Tag als »Ebene« in Macromedia Dreamweaver und »Rahmen« in Adobe GoLive. Beide Programme stellen <div>- und <span>-Tags als grafische Elemente in Form einer Box auf, die mit Texten, Bildern und Tabellen gefüllt und exakt im Browserfenster positioniert wird. <div>-Boxen lassen sich in beiden Programmen durch die mitgelieferten Skripte animieren.

Flexible Rahmen für das Layout – genau das, was sich Webdesigner immer gewünscht haben. Zwar ist die Layouttabelle immer noch eindeutiger Sieger nach Punkten, aber die preiswerten Massencontainer locken mit einer schlanken Struktur.

Der Einsatz von <div>- und <span>-Containern für die Positionierung und Ausrichtung von Elementen auf einer Seite lässt die Inhalte in ihrer logischen Reihenfolge.

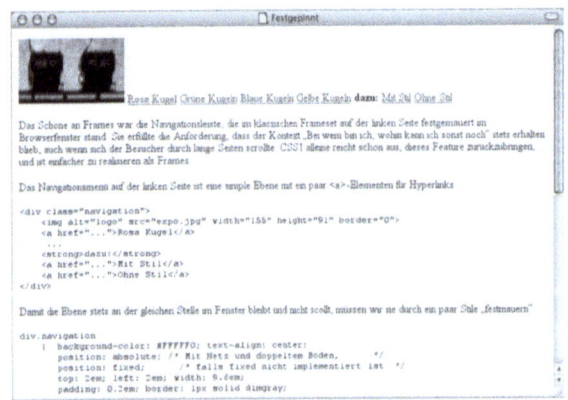
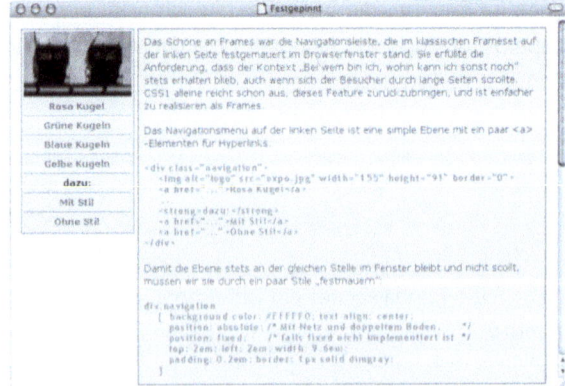

7.5 Container für alles: <div>- und <span>-Tag

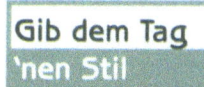

div   IE4+ M1 N4 O5+

<div> ... </div>   *Definiert in HTML 3.2, 4.0*

In erster Linie wird das <div>-Tag dazu herangezogen, eine Menge von logisch zusammengehörigen HTML-Elementen mit Hilfe von Cascading Stylesheets zu positionieren oder mit JavaScript zu animieren. Das <div>-Tag ist ein Container für mehrere HTML-Elemente, denen durch die Kernattribute des <div>-Tags Stylesheet-Eigenschaften zugewiesen werden. div-Elemente sind Blockelemente, da das öffnende und das schließende <div>-Tag jeweils zu Zeilenumbrüchen – äquivalent zum
-Tag – führen. <div>-Tags können ineinander verschachtelt werden. Das schließende Tag ist optional. Allerdings ist es fast immer empfehlenswert, das schließende Tag zu setzen.

Äquivalent zum <div>-Tag gibt es das <span>-Tag, das benutzt wird, wenn einer Gruppe von HTML-Elementen »inline«-Stile – also ohne Zeilenumbruch – zugewiesen werden sollen.

Macromedia Dreamweaver stellt div- und span-Container wie Textrahmen in Quark in einem frei positionierbaren Rahmen dar. Alle Stylesheetangaben setzt Dreamweaver in das style-Attribut des div- oder span-Elements.

Kernattribute	`class dir id lang onclick ondblclick onkeydown onkeypress onkeyup onmousedown onmousemove onmouseout onmouseover onmouseup style title`
align	steuert die horizontale Ausrichtung des Inhalts des <div>-Tags. Die möglichen Werte sind center, justify, left und right.

Zur Beschreibung der Kernattribute siehe S. 223.

align gilt seit Version 4.0 als unerwünscht. Stattdessen sollen jetzt Stylesheets benutzt werden.

span   IE4+ M1 N4 O5+

<span> ... </span>   *Definiert in HTML 4.0*

Das <span>-Tag kennzeichnet eine ausgewählte Menge von Elementen als span-Elemente und wendet Kernattribute auf diese Menge an. Das Tag verhält sich wie ein Inlineelement, es führt also nicht zu einem Zeilenumbruch. In dieser Hinsicht ist das span-Element das Gegenstück zum div-Element, das ein Blockelement bildet (das <div>-Tag führt zu einem Zeilenumbruch).

<span>-Tags können verschachtelt werden. Das schließende <span>-Tag ist erforderlich.

Kernattribute	`class dir id lang onclick ondblclick onkeydown onkeypress onkeyup onmousedown onmousemove onmouseout onmouseover onmouseup style title`

Gib dem Tag 'nen Stil

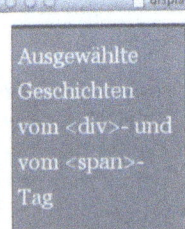

Drei Mal <span>-Tag: Das <span>-Tag sorgt für die hervorgehobene und positionierte Darstellung des einleitenden Kastens, für die Hinterlegung der Textpassage im ersten Absatz und die komplette Hinterlegung des mittleren Absatzes.

Das <span>-Tag

span ist ein Inlineelement, das wie <b>, <i> und <strong> in HTML benutzt wird. Das öffnende und das schließende <span>-Tag umschließen ein oder mehrere HTML-Elemente, um Stylesheet-Eigenschaften auf eine logisch und optisch zusammengehörende Gruppe von HTML-Elementen anzuwenden.

span ist nur dafür da, Stile anzuwenden und hat keinerlei Auswirkung auf die Darstellung des Dokuments, wenn das Stylesheet nicht benutzt wird.

<span> wird üblicherweise verwendet, um zusätzliche Formatierungen in ein oder mehrere Tags einzubringen, ohne dabei auf das style-Attribut des Tags zugreifen zu müssen. Das <span>-Tag wird um die zu formatierenden Elemente herum angelegt und ist durch die globalen Stylesheet-Definitionen eleganter und flexibler als style-Attribute.

Stil für Mittendrin

- .hinterlegt { background: gainsboro}

Das Stylesheet deklariert die Hintergrundfarbe einer Textpassage mitten in einem Absatz. Der Stil wird durch das <span>-Tag in das Element transportiert:

◊ <p> ... um Stile anzuwenden und <span class=
  "hinterlegt"> hat selber keinerlei Auswirkung auf
  die Darstellung</span> des Dokuments. ... </p>

Stil für zwei und mehr

Daneben kann das <span>-Tag auch mehrere HTML-Elemente in seine öffnenden und schließenden Tags einschließen, darunter auch weitere span-Elemente:

◊ <span class="hinterlegt">
◊ <p><span> wird üblicherweise benutzt,
  um zusätzliche Formatierungen in ein oder
  ...
  Definitionen eleganter und flexibler als
  style-Attribute.</p>
◊ <p>Meistens wird das <span>-Tag mit dem
  class-Attribut um die Inhalte gelegt   ...
  der gewünschten Formatierung keine weiteren
  Folgen. </p> </span>

7.5 Container für alles: <div>- und <span>-Tag

Gib dem Tag 'nen Stil

Elemente mit <span> positionieren

Inhalte eines span-Elements können wie alle anderen HTML-Elemente auch positioniert werden, obwohl dafür meistens das <div>-Tag herangezogen wird:

- ```
  .kasten { background: #94948C;
  width: 180px; height: 220px;
  float: left; color: #FFFFFF;
  margin: 0px 20px 10px 0px;
  padding: 10px 6px 6px;
  border: solid;
  border-width: 4px 1px;
  border-color: #5A5A52 #333333; }
        ...
  ```
- ◊ `<span class="kasten"><h3>Ausgewählte Geschichten</h3>`
- ◊ `<p>vom &lt; div &gt; und vom &lt; span &gt; - Tag</p></span>`

Wann ist es vorteilhaft, Inhalte mit einem span-Container zu formatieren, und wann ist es besser, einen div-Container zu benutzen? span-Elemente eignen sich im besonderen Maße, wenn es sich bei dem formatierten Element um ein Inlineelement handelt, das auf der gleichen Zeile stehen bleiben soll. Das span-Element könnte wie ein Tabulator eingesetzt werden ...

Und noch ein Container: Das <div>-Tag

Das <div>-Tag (division: Abteilung; in Dreamweaver »Ebene« und in GoLive »Rahmen« genannt) funktioniert ähnlich wie das <span>-Tag, ist aber ein Blockelement und erzeugt einen Zeilenumbruch. <div>...</div> kann Absätze, Überschriften, Tabellen und selbst weitere div-Elemente enthalten.

Eine »Ebene« ist also nichts weiter als die codierte Beschreibung einer leeren Hülle, von der der Browser nichts sieht. Das <div>-Tag umspannt mehrere HTML-Elemente und ist ein Blockelement, d.h., im Dokumentenfluss beginnt mit dem <div>-Tag eine neue Zeile.

Genauso wie das <span>-Tag kommt das <div>-Tag erst in Schwung, wenn es mit einigen CSS-Regeln angereichert wird. Zu seinen Lieblingsattributen gehört das id-Attribut (Identifikation), anhand dessen es später von einem JavaScript angesteuert oder durch ein Stylesheet im Layout der Seite positioniert wird.

Gerade in Hinsicht auf Letzteres – das Seitenlayout – liegt das große Potential und die Hoffnung, dass div-Container nach und nach große Teile der aufwendigen Layouttabellen ersetzt werden, wenn die Browsergemeinde erst einmal die positionierenden Eigenschaften zuverlässig unterstützen wird.

Die besten Eigenschaften für das <div>-Tag

Breite, Höhe, Art der Positionierung und die Position sind die bevorzug-
  ```

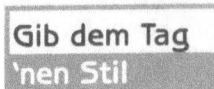

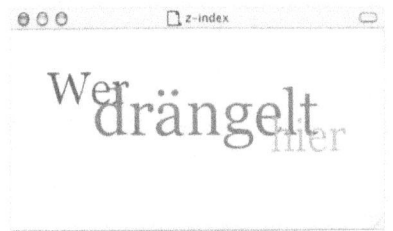

Da div- und span-Elemente per Voreinstellung keinen Hintergrund haben, scheinen die darunter liegenden Elemente durch.

ten Eigenschaften, die Inhalte in div-Elementen aus dem Dokumentenfluss herausheben.

- `div.navigation { background-color: #FFFFF0; position: absolute; top: 2em; left: 2em; right: auto; height: auto; width: 170px; z-index: 1; }`

Im reinen HTML gibt es keinen Mechanismus, der Elementen erlaubt, übereinander zu liegen. Eine scheinbare Überlagerung von Elementen muss ohne Stylesheets durch Bilder simuliert werden. Die absolute Positionierung bringt mit sich, dass Elemente auch übereinander liegen können.

Wenn mehrere div-Elemente auf der Seite einander überlagern, ist der Wert des z-index für die Positionierung des Elements in der Tiefe verantwortlich. Durch den z-index lassen sich div-Container mit Ebenen in Illustrator oder PageMaker vergleichen – in Dreamweaver werden sie darum auch »Ebenen« genannt.

Je größer der Wert von z-index ist, desto weiter oben liegt das div-Element und der div-Container mit dem größten Indexwert wird derjenige sein, der im Browserfenster stets oben liegt und sichtbar ist. Per Vorgabe sind div-Container transparent und lassen die darunter liegenden Elemente und ihre Hintergründe durchscheinen.

Einmalig: Die Identifikationen

Das id-Attribut identifiziert den <div>-Container für Animationen, aber auch für ID-Selektoren im Stylesheet. Der ID-Selektor bestimmt insbesondere die Identifizierung von div-Elementen für das Layout der Seite.

- `#box_navigation { position: absolute; top: 2em; left: 2em; right: auto; height: auto; width: 170px; z-index: 10; }`
  ...
◊ `<div id="box_navigation">`
◊   `<p><img alt="logo" src="expo.jpg" width="155" height="91"> ... </p>`
◊ `</div>`

Ob für diesen Zweck ein Klassenselektor oder ein ID-Selektor eingesetzt wird, hat keine Auswirkungen auf die Anwendung dieser Technik. Die Verwendung des ID-Selektors trägt aber zur Lesbarkeit der Stylesheetdatei bei. Sie sagt dem Entwickler und Designer, der sich in eine

7.5 Container für alles: <div>- und <span>-Tag

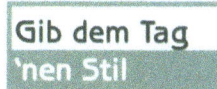

vorhandene Site einarbeitet, dass hier ein Stil für ein indivuelles Element vorliegt, der nicht für weitere Elemente eingesetzt werden kann.

Unterstützung von div und span in Macromedia Dreamweaver

Dreamweaver hat bereits in seinen früheren Versionen das grafische Handling von div- und span-Containern komfortabel unterstützt. Wird der Eigenschaften-Inspektor für die Definition von Dreamweaver- »Ebenen« benutzt, legt Dreamweaver das Stylesheet direkt in das style-Attribut der jeweiligen Tags.

Wer Wert darauf legt, Ebenen über globale Stile zu steuern, kann die Positionswerte im Eigenschaften-Inspektor gleich nach dem Anlegen löschen und die Werte über den CSS-Inspektor in einen globalen Stil eintragen. Dreamweaver interpretiert also auch das Stylesheet (sowohl interne als auch externe Regeln) und kann daraus eine grafische Darstellung der Elemente rendern.

Dreamweaver liest auch Stylesheets, die der Designer mit einem externen Editor wie Dana unter Windows oder BBEdit auf dem Mac angelegt hat, und zeigt positionierte Elemente korrekt an, solange es sich um eine absolute Positionierung handelt.

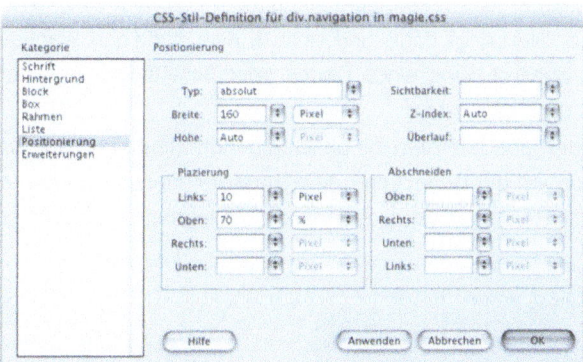
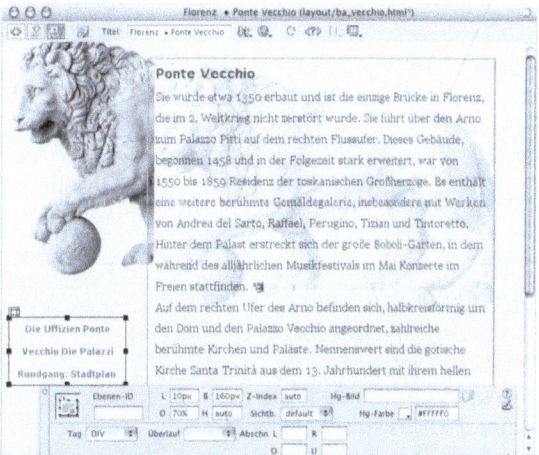

Die grafische Manipulation von div-und span-Elementen wird in Dreamweaver direkt unterstützt.

7.6 Geben Sie hier Ihren Namen ein ... Formulare, Formulare

Die Möglichkeit, Informationen einzuspielen und zu sammeln, eine Antwort vom Benutzer via Formular zu erhalten und dynamisch auf die Eingabe des Benutzers zu reagieren, ist das Herz der E-Commerce-Industrie.

In Formularen steckt ein großes Potential des Internets. Formulare sind nicht nur die elektronischen Fragebögen und Bestellseiten, sondern auch hinter Gästebüchern und Chats, hinter browsergestützten Redaktionssystemen und Suchmaschinen stehen die Tags für das HTML-Formularwesen. Formulare sind der interaktive Teil des Internets.

Es ist also mehr als verständlich, dass es zu den größten Herausforderungen eines Seitendesigns gehört, Formulare übersichtlich und einfach, ansprechend und funktionell zu gestalten.

Die große Zweckgemeinschaft: Formular und Tabelle

Bislang dürfte hinter jedem sorgfältig gestalteten Formular eine HTML-Tabelle stehen. Sie bringt Form und Linie in den ständigen Wechsel zwischen der Beschreibung eines Feldes oder Schaltfläche und den Steuerfeldern des Formulars.

Die Zellen der Tabelle richten die beschreibenden Texte und die Formularfelder aus – in der Regel unter dem massiven Einsatz von formatierenden Attributen. Ganz weit oben in der Beliebtheitsskala stehen

Bei der Gestaltung des Formulars mit Stylesheets sind der Fantasie kaum Grenzen gesetzt. Es bleibt aber die alles entscheidende Frage, wie die »mittelalterlichen« Browser die freie Gestaltung verkraften.

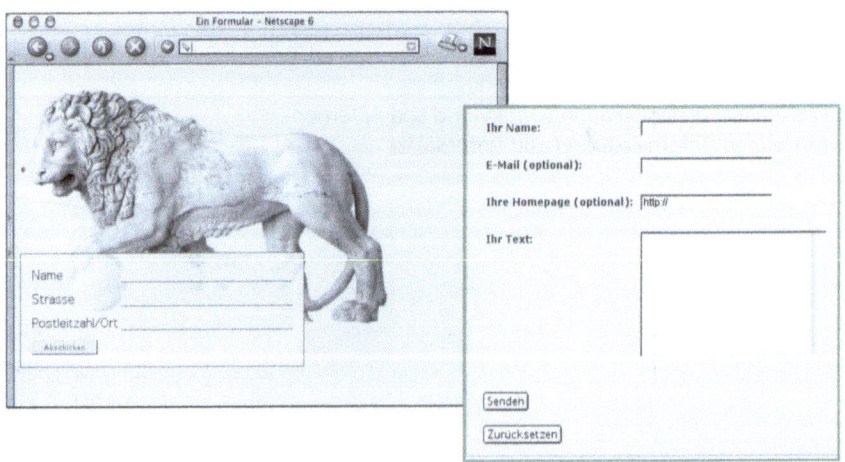

7.6 Geben Sie hier Ihren Namen ein... Formulare, Formulare

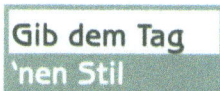

`valign=top` für die vertikale Ausrichtung von Elementen in der Tabellenzelle und `bgcolor` für die Farbe der Wahl.

Wichtig ist, dass die vollständige Tabelle vom öffnenden bis zum schließenden <table>-Tag innerhalb der öffnenden und schließenden <form>-Tags steht.

Zögerliche Kontaktaufnahme: Formular und Stylesheet

Der Text selber, den der Benutzer in die ein- und mehrzeiligen Eingabefelder oder Textfelder eingibt, kann im reinen HTML nicht formatiert werden – das vollbringt erst ein Stylesheet.

Ohne Stylesheet unterliegt es dem Browser, in welcher Schrift und Schriftgröße der Text im Formularfeld dargestellt wird – was letztendlich auf die typische Optik der viereckigen Löcher für die Texteingabe im Browser hinausläuft. Auch das klassische Formulargrau der Schaltflächen kann nur durch Stylesheets aufgebrochen und im Sinne des Webdesigners gestaltet werden.

Zweifellos leistet schon ein wenig CSS1 Nennenswertes bei der Darstellung von Formularen. Hier gibt es für die zögerliche Nutzung von Seiten der Webdesigner gleich viele gute Gründe: die bange Frage, wie die »mittelalterlichen« Browser auf das Formular reagieren, das mit Stylesheets verändert wurde, und die Frage, ob der Benutzer, der sich an die grauen Klappfelder und kleinen weißen Eingabefelder gewöhnt hat, eine neue visuelle Gestaltung überhaupt akzeptiert.

Hinter den Kulissen des Formulars

HTML definiert nur die sichtbaren Elemente eines Formulars. Damit die Eingabe in einer Datei oder Datenbank gespeichert oder verschickt werden kann, muss ein Programm, typischerweise ein CGI-Skript, eingebunden werden.

Die Felder des Formulars müssen geprüft werden: Sind alle Angaben, die notwendig sind, vorhanden und plausibel? Diese Prüfung kann direkt beim Absender des Formulars durchgeführt werden, wenn dafür lokale Skripte – meistens JavaScript – benutzt werden, oder sie wird von einem Programm auf dem Server vorgenommen. Anschließend müssen die eingelesenen Werte an ein Programm, in eine Datei oder eine Datenbank übertragen werden.

Ein harmonisches Paar: PHP und Stylesheets

Immer häufiger wird auch PHP für das Formularhandling eingesetzt. Dann ist typischerweise der HTML-Code in den PHP-Code eingewoben. Wenn dabei der HTML-Code noch mit formatierenden Tags versehen werden muss, wird die PHP-Source in kürzester Zeit unübersichtlich.

Wenn das Formular durch die Schaltfläche submit abgeschickt wird, werden die Daten, die der Benutzer in Felder eingetragen oder durch Radiobuttons, Checkbuttons und Auswahllisten angegeben hat, in Paare zusammengefasst, wobei jedes Paar aus einem Namen und einem Wert besteht – der Name des Feldes (z.B. name/Huber vom See). Der Wert kann mehr sein als ein kurzes Stück Text – auch ganze Dateien können über ein Formular übertragen werden.

In der klassischen PHP-Anwendung werden HTML-Tags von PHP durch die Echo-Anweisung erzeugt. Die Einbindung von Stylesheets und Stylesheetdateien stellt kein Problem dar.

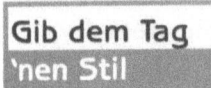

Kapitel 7 HTML is a Box in a Box

```
<!DOCTYPE HTML PUBLIC "-//W3C//DTD HTML 4.01
  Transitional//EN">
<html>
<head>
  <title> News-Editor</title>
  <link rel="stylesheet" type="text/css"
  href="{path_css}news.css">
</head>

<body>
<div class="navi_top">
  <a href="logout.php?{php_sid}">Abmelden</a>
  <a href="index.php?{php_sid}">News-Startmen &uuml </a>
  <b>News bearbeiten</b>
  <a href="news_edit_list.php?{php_sid}">News bearbeiten (Listenmodus)</a>
  <a href="wa_edit.php?{php_sid}">Externe Links bearbeiten</a>
  <a href="list.php" target="_blank">News-Liste anzeigen</a>
</div>
</body>
</html>
```

Stylesheetdateien können ohne weiteres im PHP-Code oder -Template geladen werden. Sie sind eine Entlastung bei der Mischung von PHP-Skript und HTML-Tags.

Da aber der Aufruf zum Einbinden der Stylesheetdatei genauso wie jedes andere HTML-Tag in den PHP-Quelltext eingesetzt werden kann, entspannt die Benutzung von Stylesheets die Lage in der PHP-Source und sorgt für ein übersichtliches und deutlich kürzeres Listing. Natürlich können auch mit PHP lokale Stile im style-Element vereinbart werden oder durch das style-Attribut direkt in das Tag gesetzt werden.

Formulare mit Stylesheets positionieren

Da das form-Element nur einen Behälter darstellt, ist die Positionierung das nahe liegendste Ziel eines Stylesheets:

- `form { margin: 250px auto auto }` oder
- `form { height: auto; width: auto; left: auto;
          top: 250px; position: absolute }`

Die absolute Positionierung des Formulars gelingt auch in Netscape 4.x. Aber auch Hintergrundfarbe oder -bild, margin, padding und border sind Eigenschaften, mit denen das Formular verändert werden kann.

```
• form  { float: right; height: auto;
    width: auto; margin: 0px; padding: 25px;
    border: 1px solid #99CC66;
    background: url(cinque.jpg) repeat-y}
• form td { vertical-align: top; padding: 3px 3px;
            font-family: Geneva, Arial, san-serif;
            line-height: 140%; color: #333333}
• form td p {font-family: Geneva, sans-serif;
             line-height: 140%; color: #333333
             text-align: right }
```

`float: right` setzt das Formular auf die rechten Seite des Viewports. `padding` hält Text und Schaltflächen auf Abstand vom Formularrand. Das Stylesheet `form td` legt einen Freiraum um Texte und Schaltflächen in den Tabellenzellen fest. `form td p` richtet Texte innerhalb des Formulars an der rechten Seite der Tabellenzellen aus. Die Wahl von Kontextselektoren für die Elemente des Formulars stellt sicher, dass die Formatierungen auf Elemente des Formulars beschränkt bleiben.

Die dritte und ebenfalls nahe liegende Art der Positionierung des Formulars ist ein div-Container für das Formular und seine Eingabe- und Schaltflächen. Auch diese Technik funktioniert noch in Netscape 4, für moderne Browser stellt sie grundsätzlich kein Problem dar.

Formatierung von Eingabefenstern und Schaltflächen

Auch die klassische Darstellung von input-, textarea- und button-Elementen wird durch Stylesheets verändert. Neben Hintergrundfarben und Rahmen ist `margin: 0px` ein Garant für kleinste Platzansprüche. `height` und `width` skalieren das Eingabefeld und die Schaltfläche. Eine größere Schrift innerhalb der Eingabefelder kommt vielen Benutzern ebenfalls entgegen.

Die Mischung aus

```
• input       { background: gainsboro;
                font:size:12px;
                font-style: bold }
• input:focus { background: white}
• button      { background: wheat;
                height: 30px; width: 30px;}
```

bestätigt dem Benutzer, dass ein Eingabefeld aktiviert wurde – bei der Navigation mit der Tabulatortaste von einem Eingabefeld zum nächsten eine willkommene Unterstützung des Benutzers.

form

IE4+ M1 N4+ O5+

<form> ... </form>   *Definiert in HTML 2.0, 3.2, 4.0*

Das <form>-Tag kennzeichnet den Anfang und das Ende eines Formulars. form ist ein Blockelement, das zu einem Zeilenumbruch führt. <form>-Tags können nicht ineinander verschachtelt werden. Das schließende Tag ist zwingend erforderlich.

Das form-Element selber bildet keine Struktur, sondern dient als Container für die Steuerelemente des Formulars. »Steuerelemente« sind die verschiedenen Elemente innerhalb eines Formulars, in die der Benutzer des Formulars Daten einträgt oder in denen er Auswahlen trifft. Die so gesammelten Informationen werden als Inhalt oder Parameter des Formulars bezeichnet und bilden Name/Wert-Paare.

◊
```
<form name="gastbuch" method="post"
  action="http://www.seite.de" onSubmit="return
  CheckForm();">
```

Die Steuerelemente werden aus vier weiteren Tags gebildet, die innerhalb der öffnenden und schließenden Klammer des <form>-Tags stehen und in beliebiger Reihenfolge beliebig oft verwendet werden dürfen. Die vier Tags, mit denen ein Formular aufgebaut wird, sind <button>, <input>, <select> und <textarea>.

Das Konzept sieht vor, dass der Benutzer die Felder des Formulars als Antwort auf eine Anfrage nach Informationen ausfüllt (z.B. eine Versandadresse einträgt). Anschließend klickt der Benutzer die Schaltfläche »Abschicken« (submit). Dadurch werden die Daten zur Weiterbearbeitung übertragen – in der Regel an eine andere Seite der Website. Die Daten können auch an die gleiche Seite, an ein Fenster oder einen Frame übertragen werden.

Kernattribute	`class dir id lang onclick ondblclick onkeydown onkeypress onkeyup onmousedown onmousemove onmouseout onmouseover onmouseup style title`
accept	ist eine durch Kommas getrennte Liste von Dateiformaten, die der Server als Inhalt akzeptiert, wenn `type="file"` aufgeführt wurde.
accept-charset	ist eine durch Kommas oder Leerzeichen getrennte Liste von Zeichen, die der Server verarbeiten kann, wenn der Inhalt eines Formulars übertragen wurde.
action	setzt die URL der Seite, an die der Inhalt des Formulars zur Weiterverarbeitung übertragen wird.

enctype	spezifiziert den MIME-Typ, der das Formular codiert. Die Vorgabe ist `application/x-www-form-urlencoded`. Wenn `type="file"` für den Inhalt angegeben wurde, muss das Attribut auf `multipart/form-data` gesetzt werden.
method	gibt an, welche der zwei möglichen HTTP-Methoden benutzt wird, um den Inhalt des Formulars zu übertragen. Die am häufigsten benutzte Methode `post` überträgt den Inhalt des Formulars in zwei Schritten. Zuerst wird die vom action-Attribut spezifizierte URL kontaktiert. Danach – wenn der Schritt erfolgreich war – wird der Inhalt an die URL übertragen. Die `get`-Methode hängt den Inhalt an das Ende der URL an, die im action-Attribut angegeben wurde (ein Fragezeichen trennt das Ende der URL vom Anfang des Inhalts).
name	ist eine Zeichenfolge, die ein Steuerfeld mit einem Namen belegt. Der Name muss im Dokument eindeutig sein und kann nicht noch einmal benutzt werden.
onreset	initiiert die Ausführung eines Skripts, wenn der Benutzer das Formular löscht (clear).
onsubmit	ruft ein Skript auf, wenn der Benutzer das Formular abschickt (submit). An dieser Stelle kann z.B. ein JavaScript auf der Client-Seite den Inhalt des Formulars verifizieren (d.h. prüfen, ob alle Felder korrekt ausgefüllt wurden).
target	überträgt den Inhalt des Formulars an ein spezifiziertes Fenster oder an einen Frame.

Bemerkungen

Ein form-Element darf keine weiteren <form>-Tags enthalten. Das schließende Tag ist erforderlich.

Folgende zwei Attribute müssen immer aufgeführt werden:
- `action` gibt an, wohin die Daten übertragen werden.
- `method` gibt an, wie die Daten übertragen werden.

> **Gib dem Tag 'nen Stil**

button IE4+ M1 N6 O5+

<button> ... </button> *Definiert in HTML 4.0*

Das <button>-Tag erzeugt eine Schaltfläche in einem Formular. Eine Schaltfläche kann einen Inhalt haben, der aus einem Bild oder Text besteht. Wenn der Inhalt ein Text ist, kann die Schaltfläche zusätzlich in einer 3D-Optik dargestellt werden.

Jeder Inhalt – Text oder Bild –, der zwischen dem öffnenden und schließenden <button>-Tag gesetzt wird, wird in der Schaltfläche gerendert. Die einzige Ausnahme bilden Image Maps, die mit <map>- und <area>-Tags erzeugt werden – sie können nicht in einer Schaltfläche stehen.

Weiterhin sollte eine Schaltfläche keine weiteren <button>-Tags enthalten und ebenso wenig <fieldset>-, <form>-, <iframe>-, <input>-, <isindex>-, <label>-, <select>- oder <textarea>-Tags.

Das <button>-Tag erzeugt ein Inlineelement, d.h., es führt nicht zu einem Zeilenvorschub. Das schließende Tag ist erforderlich.

Kernattribute	`class dir id lang onclick ondblclick onkeydown onkeypress onkeyup onmousedown onmousemove onmouseout onmouseover onmouseup style title`
accesskey	bestimmt eine Taste auf der Tastatur, die beim Drücken zusammen mit dem alt- oder meta-key einen Link aktiviert. Das Attribut wird nur von wenigen Browsern unterstützt.
disabled	ist ein boolescher Wert und setzt die Schaltfläche außer Kraft. In einigen Browsern wird die Schaltfläche ausgegraut dargestellt.
name	weist einer Schaltfläche einen Namen zu.
onblur	veranlasst die Ausführung eines JavaScripts, wenn ein Element den Fokus verliert (z.B. wenn die Maus in ein anderes Element geklickt wurde oder die Navigation mit der Tabulatortaste den Mauszeiger in ein anderes Element platziert).
onfocus	erkennt, dass ein Element aktiviert wurde – in den Fokus kam – (zum Beispiel, wenn die Maus auf das Element geklickt wurde oder eine Navigation mit der Tabulatortaste den Mauszeiger auf das Element gesetzt hat), und ruft ein JavaScript auf.
tabindex	ist eine ganze Zahl, die den Rang innerhalb der Tabulatoraufrufe bei der Navigation mit der Tastatur

7.6 Geben Sie hier Ihren Namen ein... Formulare, Formulare

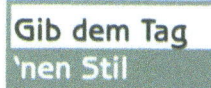

	festlegt. Das Attribut wird nur von wenigen Browsern unterstützt.
type	bestimmt die Art der Schaltfläche. Die erlaubten Werte sind `button`, `reset` oder `submit`.
value	weist einer Schaltfläche einen Wert zu. Der Wert kann später durch ein Skript geändert werden.

input   IE4+ M1 N4+ O5+

`<input>` Definiert in HTML 2.0, 3.2, 4.0

Das `<input>`-Tag erzeugt ein einzelnes Steuerfeld in einem Formular. Steuerfeld ist ein technischer Begriff, der die verschiedenen Elemente (Schaltflächen, Checkboxen, Radiobuttons, Textfelder usw.) beschreibt, die innerhalb eines Formulars Informationen sammeln. Es gibt kein schließendes Tag.

Kernattribute	`class dir id lang onclick ondblclick onkeydown onkeypress onkeyup onmousedown onmousemove onmouseout onmouseover onmouseup style title`
accept	wird zusammen mit `type="file"` benutzt, um festzulegen, welche Art von Dateien (inklusive des Pfades) an das Formular angehängt werden können. Das Attribut ist eine durch Kommas getrennte Liste. Beispiel: `accept="bilder/*.gif"`
accesskey	bestimmt eine Taste auf der Tastatur, die beim Drücken zusammen mit dem alt- oder dem metakey einen Link aktiviert. Das Attribut wird nur von wenigen Browsern unterstützt.
align	wird zusammen mit `type="image"` benutzt, um ein Bild in Hinsicht auf den umgebenden Text auszurichten. Die möglichen Werte sind `bottom`, `left`, `middle`, `right` und `top`.
alt	stellt eine Textnachricht zur Verfügung, die anstelle des Bildes von den Browsern gezeigt wird, die Bilder oder Grafiken nicht darstellen können.
checked	ist ein boolescher Wert. Wenn das Attribut vorhanden ist, ist eine Checkbox oder ein Radiobutton vorselektiert (und weist einen vorgegebenen Wert auf).

Wenn das Formular die Seele der E-Commerce-Seite ist, dann ist das `<input>`-Tag das Herz des Formulars. Es gibt 10 Arten von Steuerfeldern, die durch das `<input>`-Tag erzeugt werden. Dementsprechend muss das type-Attribut benutzt werden, um die Art des Steuerfeldes festzulegen. Die 10 Arten sind: `button checkbox file hidden image password radio reset submit` **und** `text`.

align gilt seit HTML 4.0 als unerwünscht. Stattdessen sollen jetzt Stylesheets benutzt werden.

247

disabled	ist ein boolescher Wert. Wenn das Attribut angegeben ist, wird das Steuerfeld ausgeschaltet und funktioniert nicht mehr. In einigen Browsern erscheint das Feld ausgegraut.
ismap	ist ein boolescher Wert. Wenn das Attribut vorhanden ist, handelt es sich bei dem Bild um eine klickbare serverseitige Image Map.
maxlength	bestimmt die maximale Anzahl von Zeichen, die in einer Zeile des Textfensters eingegeben werden kann.
name	ist eine Zeichenfolge, die ein Steuerfeld mit einem Namen belegt. Der Name muss im Dokument eindeutig sein und kann nicht wieder verwendet werden.
onblur	ruft ein Skript auf, wenn ein Element den Fokus verliert (z.B. wenn die Maus in ein anderes Element geklickt wurde oder die Navigation mit der Tab-Taste den Mauszeiger in ein anderes Element platziert).
onchange	initiiert ein JavaScript, wenn ein Steuerfeld im Formular geändert wurde und aus dem Fokus gerät.
onfocus	erkennt, dass ein Element aktiviert wurde – in den Fokus kam – (zum Beispiel, wenn die Maus auf das Element geklickt wurde oder eine Navigation mit der Tabulatortaste den Mauszeiger auf das Element gesetzt hat), und ruft ein Skript auf.
onselect	erkennt, dass ein Eingabefeld aktiviert wurde (z.B. wenn die Maus auf das Element geklickt oder der Mauszeiger mit der Tabulatortaste auf das Element gesetzt wurde), und ruft ein Skript auf.
readonly	spielt einen Wert in ein Steuerfeld ein, der vom Besucher nicht geändert werden kann.
size	bestimmt die Breite einer Textzeile durch die Angabe der Anzahl von Zeichen, die in das Textfenster passt.
src	ist die URL-Adresse oder das Verzeichnis (Pfad/Name), in dem eine Datei gespeichert ist.
tabindex	ist eine ganze Zahl, die den Rang innerhalb der Tabulatoraufrufe bei der Navigation mit der Tastatur festlegt. Das Attribut wird nur zögerlich unterstützt.
type	legt die Art des Eingabefeldes fest. Die verschiedenen Arten von Eingabefeldern können durch Stylesheets formatiert werden. Dennoch hängt die exakte Darstellung von Eingabefeldern vom Browser ab.

7.6 Geben Sie hier Ihren Namen ein... Formulare, Formulare

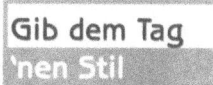

type="button" — erzeugt eine viereckige Schaltfläche, die geklickt wird, um eine gewünschte Aktion durchzuführen. Wenn das Formular zurückgesetzt oder abgeschickt werden soll, sollten die Steueranweisungen `type="reset"` und `type="submit"` angewendet werden. Ein Wert für das Attribut `name` ist zwingend erforderlich.

Das `value`-Attribut stellt einen Text in der Schaltfläche dar. Der Text auf der Schaltfläche bestimmt die minimale Größe der Schaltfläche. Eine andere Größe kann durch ein Stylesheet festgelegt werden. Die Farbe der Schaltfläche ist per Vorgabe grau, kann aber durch ein Stylesheet geändert werden.

type="button"
[Klick mich!]

Code:
```
<input type="button"
  name="button1"
  value="Klick mich!">
```

type="checkbox" — erzeugt eine kleine, viereckige Schaltfläche, die vom Benutzer durch einen Klick der Maus ein- oder ausgeschaltet wird. Beim Einschalten erscheint eine kleine Kennzeichnung in der Box. Ein Wert für das Attribut `name` ist zwingend erforderlich.

`value` weist der Checkbox einen Wert zu.

Mittels `checked` erfolgt eine Voreinstellung der Checkbox. Wenn die Checkbox eingeschaltet wurde, wird der Wert `value` als Teil der Formularinformationen gespeichert und an die entsprechende Datei oder Datenbank geschickt, wenn das Formular übermittelt wird.

Der Wert für eine nicht eingeschaltete Checkbox wird nicht gespeichert oder übermittelt.

type="checkbox"
☑ ☐

Code:
```
<input type="checkbox"
  name="ckbx1"
  value="true">
```

type="file" — hängt eine Datei an ein Formular an. Wenn das Formular übertragen wird, wird die Datei zusammen mit dem restlichen Inhalt des Formulars hochgeladen. Diese Steueranweisung spielt ein Eingabefenster und eine vom Browser automatisch erzeugte Schaltfläche "Durchsuchen..." ein.

Mit einem Klick auf die Schaltfläche »Durchsuchen...« kann der Benutzer durch die Verzeichnisse nach der gewünschten Datei suchen. Wenn die Datei gefunden wird, kann sie mit einem Doppelklick ausgewählt werden. Alternativ können Sie einen Pfad und den Namen der Datei in das Eingabefenster setzen. Der Wert für das Attribut `name` ist

Code:
```
<form method="post"
  enctype="multipart/form-
  data" action="next.html">
<input type="file"
  name="Durchsuchen">
</form>
```

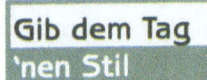

Kapitel 7 HTML is a Box in a Box

zwingend erforderlich. Das Attribut `value` wird nicht benutzt.

Um `type="file"` nutzen zu können, müssen sowohl das `enctype-` als auch das `method`-Attribut des <form>-Tags, so wie zuvor angegeben, gesetzt werden.

type="hidden" fügt Daten in ein Formular ein, die der Besucher nicht sehen und nicht ändern kann. Beim Übermitteln des Formulars wird der versteckte Inhalt zusammen mit den anderen Daten des Formulars übertragen.

Der versteckte Inhalt ist ein Name/Wert-Paar. Der Name wird mit dem Attribut `name` angegeben. Das Attribut `value` muss ebenfalls gesetzt werden und kann eine beliebige Zeichenkette sein.

Code
```
<input type="hidden"
  name="Hausnummer"
  value="11e">
```

type="image" kann eine Grafik oder ein Pixelbild anstelle der `type="submit"`-Schaltfläche einsetzen. Die Grafik kann z.B. ein eigenes "abschicken.gif" sein. Die Grafikschaltfläche funktioniert genauso wie die Schaltfläche "Abschicken".

`type="image"` kann auch eine maussensitive Image Map sein (der Browser muss in der Lage sein, die x-y-Koordinaten zu empfangen und auszuwerten). Das `src`-Attribut gibt den Speicherplatz der Datei an. Das `alt`-Attribut kann benutzt werden, um einen alternativen Text einzuspielen, falls der Browser keine Bilder oder Grafiken darstellen kann.

Einige Browser legen per Voreinstellung einen Rahmen um alle vier Seiten des Bildes.

Code:
```
<input type="image"
  border="0" name="los"
  src="bilder/los.gif"
  width="20" height="22"
  alt="Abschicken">
```

type="password" spielt ein Eingabefenster für die maskierte Eingabe eines Passwortes ein. Bei einem maskierten Text gibt der Benutzer ein Passwort ein, aber statt der eingegebenen Zeichen erscheinen Sterne oder gefüllte Kugeln (bullets) für jedes einzelne Zeichen. Um einen Benutzernamen zu erfragen, benutzen Sie die Steueranweisung `type="text"`.

Die vorgegebene Größe des Eingabefensters hängt vom jeweiligen Browser ab und beträgt typi-

Code:
```
<input type="password">
```

scherweise 20 bis 30 Zeichen in der Länge. Die Größe kann durch ein Stylesheet geändert werden.

Mit dem Attribut `maxlength` wird die maximale Anzahl von Zeichen festgelegt, die vom Eingabefeld akzeptiert wird. Dieses Verfahren stellt nur eine semisichere Methode zur Abfrage des Passwortes dar. Zwar ist das Passwort auf dem Bildschirm nicht sichtbar, aber das Passwort wird unverschlüsselt als Teil des Formularinhalts übermittelt.

type="radio" erzeugt einen kleinen runden Schalter mit einer weißen Mitte, die durch einen Klick mit der Maus ein- oder ausgeschaltet werden kann. Wenn der Radiobutton aktiviert wird, erscheint ein kleiner schwarzer Punkt in der Mitte. Der Radiobutton präsentiert dem Benutzer eine Liste von Wahlmöglichkeiten, in der er nur eine Wahl treffen kann, zum Beispiel die Farbe eines T-Shirts aus fünf möglichen Farben auszuwählen.

Eine zusammengehörende Gruppe von Radiobuttons muss denselben Namen aufweisen.

Weiterhin muss jeder Radiobutton einer Gruppe einen anderen Wert `value` besitzen. Wenn ein Radiobutton ausgewählt wird, wird nur der gewählte Wert als Teil des Formularinhalts übertragen. Die Werte der nicht gewählten Radiobuttons werden nicht übertragen.

Die Größe und die Farbe des Radiobuttons können nicht geändert werden. Das Attribut `checked` stellt einen der Radiobuttons mit einem kleinen schwarzen Punkt in der Mitte als vorselektiert dar.

type="reset" erzeugt eine viereckige Schaltfläche, die bei einem Klick mit der Maus alle Felder des Formulars zurücksetzt. Das Formular wird wieder in seiner Ausgangsform dargestellt.

Per Vorgabe ist der Resetschalter grau und der Text `"reset"` wird innerhalb der Schaltfläche eingespielt. Ein Stylesheet kann die Farbe ändern und das Attribut `value` einen anderen Text ausgeben.

```
type="radio"
Rot    ●
Blau   ○
Lila   ○
Gelb   ○
```

Code:
```
Rot <input type="radio"
  name="farbe" value="rot"
  checked><br>
Blau <input type="radio"
  name="farbe"
  value="blau"><br>
Lila <input type="radio"
  name="farbe"
  value="lila"><br>
Gelb <input type="radio"
  name="farbe"
  value="gelb"><br>
```

```
type="reset"
[Zurücksetzen]
```

Code:
```
<input type="reset"
  value="Zur&uuml;cksetzen"
  name="reset">
```

Gib dem Tag 'nen Stil

type="submit"
type="text"
[Absenden]

Code:
```
<input type="submit"
  name="submit"
  onclick="submitform()"
  value="Absenden">
```

type="text"
Eingabe: [Ihr Name]

Code:
```
<p> Eingabe:
  <input type="text"
  name="Eingabefeld"
  value="Ihr Name"
  size="25"
  maxlength="40">
```

Der Text innerhalb der Schaltfläche wird in der kleinsten Schriftart dargestellt. Die Schriftgröße kann durch das Attribut `size` oder ein Stylesheet geändert werden. Das Attribut `name` ist nicht erforderlich, aber es ist gängige Codierpraxis, jedem Steuerfeld des Formulars einen Namen zu geben.

type="submit" erzeugt eine viereckige Schaltfläche, mit der der Besucher den Inhalt eines Formulars für die Weiterverarbeitung abschickt. Ein Formular kann an die gleiche Seite oder zu einer anderen URL übertragen werden – das Ziel der Übertragung wird im <form>-Tag mittels des `action`-Attributs angegeben.

Per Vorgabe ist die Schaltfläche grau und enthält den Text »Submit«. Die Farbe lässt sich mittels eines Stylesheets ändern und das Attribut `value` kann benutzt werden, um den Text in der Schaltfläche zu ändern. Der Text, der innerhalb der Schaltfläche dargestellt wird, bestimmt die minimale Größe der Schaltfläche. Die Größe kann durch ein Stylesheet oder durch das size-Attribut geändert werden.

Das Attribut `name` ist nicht erforderlich, aber es ist gängige Codierpraxis, jedem Steuerfeld des Formulars einen Namen zu geben.

Wenn das Attribut `value` benutzt wird, wird der Wert von `value` zusammen mit dem Inhalt übermittelt.

type="text" spielt ein einzeiliges Eingabefenster ein, in dem der Benutzer die geforderten Informationen (z.B. eine Telefonnummer oder eine Benutzerkennung) eingeben kann. Wenn für die Eingabe mehr als eine Zeile erforderlich ist, sollte anstelle des <input>-Tags mit dem Attribut `type="text"` das <textarea>-Tag benutzt werden.

Die vorgegebene Fenstergröße hängt vom jeweiligen Browser ab und beträgt in der Regel 20 bis 30 Zeichen. Es wird empfohlen, die Größe in einem Stylesheet oder durch das Attribut `size` anzugeben, statt auf die Vorgabe zu bauen.

Das Attribut `maxlength` setzt die maximale Anzahl von Zeichen, die vom Steuerfeld akzeptiert wird. Das `value`-Attribut kann einen Text in das Eingabefenster setzen, aber seine Benutzung ist optional.

7.6 Geben Sie hier Ihren Namen ein... Formulare, Formulare

Gib dem Tag 'nen Stil

value	weist einem Feld einen Anfangswert zu, z.B. einen Text oder eine Zahl. Der Anfangswert kann auch später durch ein Skript geändert werden.
usemap	gibt den Namen einer Image Map an, die mit dem Element verknüpft werden soll, und legt fest, dass es sich hier um eine klickbare clientseitige Image Map handelt.

select   IE4+ M1 N4+ O5+

<select> ... </select>   *Definiert in HTML 2.0, 3.2, 4.0*

Das <select>-Tag erzeugt eine Pulldown-Liste in einem Formular und stellt den Anfang und das Ende einer Multiple-Choice-Liste dar. Per Vorgabe erzeugt das Tag in einer Zeile ein Fenster und auf der rechten Seite des Fensters eine Schaltfläche. Optional kann das Fenster auch mehrere Zeilen enthalten. Wenn der Besucher das Fenster mit der Maus anklickt, öffnet sich die Liste und klappt alle Auswahlmöglichkeiten auf. Der Besucher wählt einen Eintrag durch einen Klick mit der Maus. Optional kann der Besucher auch mehrere Auswahlen treffen.

Wenn ein Eintrag ausgewählt wurde, wird sein Wert dem Inhalt des Formulars hinzugefügt, und wenn das Formular abgeschickt wird (submit), wird das Element mit dem restlichen Inhalt des Formulars übertragen. Innerhalb der Liste müssen die einzelnen Einträge in <option>- oder <optgroup>-Tags eingeschlossen werden. Das schließende Tag ist erforderlich.

Die wahre Schönheit des select-Elements liegt darin, dass es nicht mehr als eine Zeile Platz erfordert und dennoch eine lange Liste von Einträgen zur Wahl stellt. Jeder Eintrag kann als Ziel eines Hyperlinks auf eine andere Seite führen.

Kernattribute	`class dir id lang onclick ondblclick onkeydown onkeypress onkeyup onmousedown onmousemove onmouseout onmouseover onmouseup style title`
disabled	ist ein boolescher Wert. Wenn das Attribut vorhanden ist, wird das Steuerfeld außer Funktion gesetzt. In einigen Browsern wird das Steuerfeld in diesem Fall ausgegraut dargestellt.
multiple	erlaubt die Auswahl von einem oder mehreren Elementen der Auswahlliste des Pulldown-Menüs. Per Vorgabe kann nur ein Element gewählt werden.
name	ist eine Zeichenfolge, die ein Steuerfeld in einem Formular mit einem Namen belegt. Der Name muss

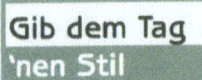

Kapitel 7   HTML is a Box in a Box

	eindeutig sein und kann nicht erneut im Dokument verwendet werden.
onblur	initiiert ein Skript, wenn das Element den Fokus verliert (z.B. wenn die Maus in ein anderes Element geklickt wurde oder eine Navigation mit der Tabulatortaste den Mauszeiger in ein anderes Element platziert).
onchange	initiiert ein Skript, wenn ein Steuerfeld in einem Formular geändert wurde und aus dem Fokus gerät.
onfocus	erkennt, dass ein Element aktiviert wurde – in den Fokus kam – (zum Beispiel, wenn die Maus auf das Element geklickt wurde oder eine Navigation mit der Tabulatortaste den Mauszeiger auf das Element gesetzt hat), und initiiert ein JavaScript.
size	macht es möglich, mehr als ein Element im Pulldown-Menü darzustellen. Eine Scrollleiste mit Auf- und Abschaltern erlaubt dem Besucher, durch die Liste zu scrollen. Per Vorgabe kann immer nur ein Element in der Liste dargestellt werden.
tabindex	ist eine ganze Zahl, die den Rang innerhalb der Tabulatoraufrufe bei der Navigation mit der Tastatur festlegt. Das Attribut wird bislang nur von wenigen Browsern unterstützt.

textarea   IE4+ M1 N4+ O5+

<textarea> ... </textarea>   *Definiert in HTML 2.0, 3.2, 4.0*

Das <textarea>-Tag erzeugt ein Eingabe-Textfeld mit mehreren Zeilen. textarea sollte verwendet werden, wenn dem Benutzer ein mehrzeiliges Eingabefeld – z.B. für einen E-Mail-Text – angeboten wird. Wenn nur wenige Worte eingegeben werden, sollte das <input>-Tag mit dem Attribut type="text" bevorzugt werden. Der Text oder HTML-Code, der zwischen die öffnenden und schließenden Klammern eines <textarea>-Tags gesetzt wird, taucht innerhalb des textarea-Fensters auf. Darum ist das schließende Tag zwingend erforderlich.

Kernattribute	`class dir id lang onclick ondblclick onkeydown onkeypress onkeyup onmousedown onmousemove onmouseout onmouseover onmouseup style title`

accesskey	bestimmt eine Taste auf der Tastatur, die beim Drücken zusammen mit der Alttaste einen Link aktiviert. Das Attribut wird noch nicht zuverlässig unterstützt.
cols	legt die Anzahl der Zeichen fest, die über die Breite des textarea-Fensters bei der Eingabe sichtbar werden.
disabled	ist ein boolescher Wert, der bei Anwesenheit das Eingabefeld außer Funktion setzt. Einige Browser stellen das Steuerfeld in diesem Falle ausgegraut dar.
name	ist eine Zeichenfolge, die das Steuerfeld mit einem eindeutigen Namen belegt. Der Name muss im Dokument eindeutig sein und kann nicht anderweitig benutzt werden.
onblur	initiiert ein Skript, wenn das Element den Fokus verliert (z.B. wenn die Maus in ein anderes Element geklickt wurde).
onchange	initiiert die Ausführung eines Skripts, wenn ein Steuerfeld in einem Formular geändert wurde und aus dem Fokus gerät.
onfocus	erkennt, dass ein Element aktiviert wurde – in den Fokus kam – (zum Beispiel, wenn die Maus auf das Element geklickt wurde oder eine Navigation mit der Tabulatortaste den Mauszeiger auf das Element gesetzt hat), und ruft ein Skript auf.
onselect	initiiert ein Skript, wenn das Steuerfeld in den Fokus gerät.
readonly	erlaubt die Darstellung eines Textes oder eines Wertes in einem Steuerfeld, das nicht vom Benutzer verändert werden kann.
rows	gibt an, wie viele Zeilen im textarea-Fenster dargestellt werden.
tabindex	ist eine ganze Zahl, die den Rang innerhalb der Tabulatoraufrufe bei der Navigation mit der Tastatur festlegt. Das Attribut wird nur zögerlich unterstützt.
wrap	bricht ein Wort, das länger als die Breite eines Eingabefeldes ist, über mehrere Zeilen um. Per Vorgabe wird ein Wort nicht umbrochen. Die möglichen Werte sind `off` (Voreinstellung) und `physical`.

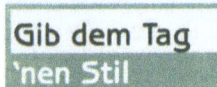

7.7 Vom Leben in der Zelle: Die Tabelle

Bevor es Stylesheets gab, war die Tabelle das einzig zuverlässige Mittel, Texte und Bilder auszurichten. Bis heute ist es den Mechanismen der Stylesheets nicht gelungen, die Tabelle aus ihrer zentralen Rolle zu verdrängen.

Innerhalb der Tabelle können Stylesheets im wahrsten Sinne des Wortes im großen Stil dazu beitragen, den Overhead, der durch unzählige HTML-Attribute wie align, valign und bgcolor den HTML-Code aufbläht, zu beseitigen. Die Ausrichtung von Inhalten in Tabellenzellen funktioniert auch in den »mittelalterlichen« Browsern.

Tabellen als Ersatz der Grundlinie: Registerhaltigkeit

Für ein Layout, das versucht, einen Spaltensatz vom Papier ins WWW zu übertragen, ist all das immer noch unhandlich: Jede Überschrift beendet die Registerhaltigkeit des Spaltensatzes in Tabellen sofort unweigerlich. Auf einen registerhaltigen Spaltensatz mit einer Grundlinie wie in QuarkXPress müssen wir bis CSS3 warten. Und auf die übernächste Generation von Browsern.

Damit bei diesen »Dehnübungen« Texte nicht zu schmal werden, setzt ein transparentes GIF eine Minimalbreite für die entsprechenden Spalten fest – üblicherweise in einer separaten Tabellenzeile. Hier sitzen die blinden GIFs in der ersten Zeile und in der zweiten Zeile ist der Tabellenkopf <th> untergebracht, der sich über drei Spalten erstreckt.

Die schnelle Tabelle

Tabellen – insbesondere, wenn sie mit relativen Maßen arbeiten – verlangen intensive Berechnungen seitens des Browsers. Bis der Browser die Maße einer Tabelle im Fenster berechnet hat, kann er den Inhalt nicht darstellen. Er muss den Inhalt aber komplett laden, denn auch der Inhalt beeinflusst die Größe der Tabelle. Bis zur endgültigen Berechnung aller Maße zeigt der Browser ... nichts. Mit etwas Glück beobachtet der Besucher die Ladeleiste unten im Fenster und entscheidet sich dafür, abzuwarten, ob der Inhalt seinen Erwartungen entspricht.

Damit die Tabelle schneller geladen wird, muss sie entweder mit festen Breiten definiert werden oder man teilt eine lange Tabelle in kürzere Tabellen à 5, 10 oder mehr Zeilen ein.

Ausrichtung von Inhalten in Tabellenzellen

Zu den größten Einsparungen gehört der Einsatz der Stylesheetregel

- `td { vertical-align: top; }`

mit der die Inhalte vertikal an der oberen Begrenzung der Tabellenzelle ausgerichtet werden. Die Regel erspart die unzähligen und unerwünschten `valign="top"`-Attribute in Zellen. Die horizontale Ausrichtung mit `td { text-align: left; }` festzulegen, ist überflüssig, da die linksbündige Ausrichtung vorgegeben ist.

Stylesheets für Tabellenzeilen

Nützlich ist wiederum die Eigenschaft `padding`, die für den Abstand aller Inhalte vom Zellenrand sorgt. Im Gegensatz zum HTML-Attribut `cellpadding` kann für die Abstände nach oben, zu den Seiten und nach unten jeweils ein unterschiedlicher Wert angesetzt werden.

Ein feiner Stil, insbesondere in der Auflistung tabellarischer Daten, wird nicht über Stylesheets eingebracht, sondern über die Kernattribute der Tabellenzeile: Vereinfachen Sie dem Besucher den Durchblick durch lange Tabellen durch einen Rollover-Effekt über der Tabellenzeile oder -zelle:

```
◊ <tr onmouseover="this.bgcolor='gainsboro'"
     onmouseout="this.bgcolor='gray'">
◊     <td>14.01. - 20.01.2002</td>
◊     <td>Ausstellung: Westwerk zeigt &quot;Ral
           6019&quot;<br>
           14.01.2002, 18.00 Uhr Vernissage</td>
◊ </tr>
```

Das Attribut `onmouseover` erkennt, dass der Mauszeiger über der Tabellenzeile liegt und die Zuweisung `this.bgColor='gainsboro'`

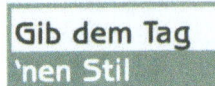

tauscht die Hintergrundfarbe des Elements gegen eine andere Farbe aus. Das Attribut onmouseout bemerkt, dass der Mauszeiger die Tabellenzelle verlässt, und die Zuweisung this.bgColor='gray' tauscht die Hintergrundfarbe gegen die ursprüngliche Farbe aus.

Wenn für die Tabellenzeile oder die -zelle eigene Hintergrundfarben definiert sind, funktioniert der Effekt nicht.

Einfacher lesbar

Zeilenweise wechselnde Farbnuancen sind ebenfalls ein Hilfsmittel, um lange Tabellen lesbarer zu gestalten. Sie werden durch das HTML-attribut class und einen Klassenselektor realisiert.

- .dunkel { background: #E6E6EE; }
  ...
◊ <tr class="dunkel">   /* für jede zweite Zeile

Ein zarter Streifen unter einer Tabellenzeile wird durch die border-Eigenschaft realisiert:

- tr { border: #999999 solid;
       border-width: 0px 0px 1px; }

Der Rollover-Effekt erleichtert das Auffinden von Informationen in langen Tabellen. Er wird von Netscape 4 nicht unterstützt, führt hier aber ansonsten nicht zu Problemen.

Wer bei wechselnden Hintergrundfarben für Tabellenzeilen Wert auf Netscape-4-Unterstützung legt, muss jeder einzelnen Zelle in der Zeile die Hintergrundfarbe zuweisen.

7.7 Vom Leben in der Zelle: Die Tabelle

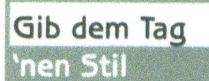

Stylesheets für den Tabellenkopf

Der Tabellenheader ist eine normale Tabellenzelle, mit einer Ausnahme: Die Inhalte der Tabellenzelle werden zentriert gesetzt. <th> kann keinesfalls nur für die erste Zeile einer Tabelle eingesetzt werden, sondern hebt beliebige Zellen hervor. Mit

- `th { text-align: left; }`

wird auch der Tabellenkopf linksbündig ausgerichtet.

Anwendung von Stylesheets

Hintergrundfarbe und Rahmen sind die Eigenschaften, die für Tabellen in HTML-Dokumenten am häufigsten in Stylesheets deklariert werden. Zudem kann in einem Stylesheet die Höhe der Tabelle festgelegt werden – im reinen HTML gibt es kein (offizielles) Attribut, das die Höhe der Tabelle regelt, sondern hier müssen »blinde« GIF-Bilder eingesetzt werden, um der Tabelle eine verlässliche Höhe mit auf den Weg ins Browserfenster zu geben.

Solange allerdings die Eigenschaften `min-height` und `max-height` von den Browsern nicht unterstützt werden, lässt sich auch mit Hilfe eines Stylesheets nicht verhindern, dass die Inhalte die Tabelle über das gewünschte Maß hinaus ausdehnen. In den modernen Browsern passiert das trotz aller Kontrollmechanismen durch den »Text-« oder »Schriftzoom«, der Schriften größer darstellt und damit die Ränder von Tabellen wie Gummi auch über jedes vorgesehene Format ausdehnt.

Die Eigenschaften `display: inline` und `float: left/right` liefern Tabellen, die neben dem umfließenden Text stehen (nicht in Netscape 4.x).

Tabellen und Tabellenspalten

Für spaltenorientierte Tabellen werden nicht Stylesheets eingesetzt, sondern zwei Tags: <colgroup> und <col>, die auf den folgenden Seiten beschrieben werden.

Der klassische Aufbau von Tabellen ist zeilenorientiert. Dabei kommt es der Flexibilität zugute, dass sich eine Zelle durch die Attribute rowspan und colspan über mehrere Zeilen bzw. Spalten erstrecken kann.

Kopf	Kopf	Kopf	Kopf	Kopf	Kopf
Das Attribut colspan verbindet Tabellenzellen über mehrere Spalten zu einer Tabellenzelle.					
		Das Attribut rowspan verbindet Tabellenzellen über mehrere Zeilen zu einer Tabellenzelle.		colspan und rowspan können Tabellenzellen über mehrere Zeilen und Spalten verbinden.	

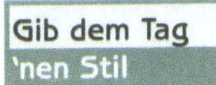

Kapitel 7 HTML is a Box in a Box

table
IE4+ M1 N4+ O5+

`<table> ... </table>`   Definiert in HTML 3.2, 4.0

Entsprechend der HTML-Spezifikation besteht eine Tabelle aus einer optionalen Überschrift (caption) und einer beliebigen Zahl von Tabellenzeilen. Tabellenzeilen bestehen aus Tabellenzellen.

Die Tabellenspalte kommt ins Spiel, wenn die Tabelle fertig definiert ist. Erst dann können individuelle Spalten oder Gruppen von Spalten über die zeilenorientierte Struktur gelegt werden.

Das <table>-Tag kennzeichnet ein Element als Tabelle. Eine Tabelle stellt tabellarische Daten strukturiert in Zeilen und Spalten dar. Der normale Fluss von Texten und Bildern wird unterbrochen und die Tabelle wird in der nächsten Zeile eingefügt. Wenn das Ende des table-Elements erreicht ist, wird der Fluss der Texte und Bilder in der nächste Zeile wieder aufgenommen. Durch bestimmte Attribut oder Stylesheet-Eigenschaften kann die Tabelle allerdings auch ohne Zeilenvorschub in den Dokumentenfluss gesetzt werden.

Das Innenleben einer Tabelle besteht aus Tabellenzeilen (<tr>), Headern (<th>), Zellen (<td>) und dem <caption>-Tag. Zudem gibt es seit 4.0 drei weitere Tags für Tabellen – tbody, tfoot und thead. Das schließende Tag ist erforderlich.

Kernattribute	`class dir id lang onclick ondblclick onkeydown onkeypress onkeyup onmousedown onmousemove onmouseout onmouseover onmouseup style title`
align	richtet eines Tabelle in der Mitte, am linken Rand oder am rechten Rand des Browserfensters aus. Die möglichen Werte sind `center`, `left` und `right`.
bgcolor	setzt die Hintergrundfarbe der Tabelle. Sein Wert kann entweder ein Farbname (z.B green) oder ein hexadezimaler RGB-Farbwert (z.B. #3300cc) sein.
border	zieht einen Rahmen rund um die Tabelle auf. Die Linien des Rahmens werden schattiert dargestellt, um eine dreidimensionale Erscheinung zu erzeugen. Die Breite des Rahmens wird als ganze Zahl angegeben. Die Voreinstellung ist kein Rahmen (0 Pixel).
cellpadding	setzt den Weißraum zwischen den Zellwänden und dem Inhalt der Zelle und wird als ganze Zahl von Pixeln eingegeben. Die Vorgabe ist ein Pixel.
cellspacing	setzt den Weißraum zwischen nebeneinander liegenden Zellen und zwischen den Zellen und dem äußeren Rand der Tabelle und wird als ganze Zahl von Pixeln angegeben. Die Vorgabe ist zwei Pixel.
frame	legt fest, welche der vier Linien, aus denen der Rahmen der Tabelle besteht, sichtbar sein soll. Die möglichen Werte sind `above`, `below`, `border`, `box`, `hsides`, `lhs`, `rhs`, `void` und `vsides`.

align gilt seit HTML 4.0 als unerwünscht. Stattdessen sollen jetzt Stylesheets benutzt werden.

bgcolor gilt seit HTML 4.0 als unerwünscht. Stattdessen sollen jetzt Stylesheets benutzt werden.

7.7 Vom Leben in der Zelle: Die Tabelle

Gib dem Tag 'nen Stil

rules	legt fest, welche Rahmenlinien rund um die Zelle innerhalb der Tabelle sichtbar sein sollen. Durch die Angabe von `rows` werden nur die Linien zwischen den Reihen sichtbar, durch die Angabe von `cols` werden nur die Linien zwischen den Spalten sichtbar und die Angabe von `none` zeigt keine innenliegenden Rahmen.
summary	wird für nichtvisuelle Medien wie Braillezeile oder Sprachsynthesizer benutzt, um zusätzliche Informationen über die Tabelle zur Verfügung zu stellen.
width	bestimmt die Breite der Tabelle. Sie wird entweder als ganze Zahl von Pixeln oder als Prozentsatz des umfassenden Elements angegeben.

td
IE4+ N1 N4+ O5+

`<td> ... </td>`   *Definiert in HTML 3.2, 4.0*

Das <td>-Tag erzeugt eine Tabellenzelle als Behälter für Daten, Text oder Bilder. Eine Tabellenzeile kann aus beliebig vielen Tabellenzellen bestehen. Das schließende Tag ist optional. Dennoch wird empfohlen, es zu benutzen. Die Folge der Tags innerhalb einer Tabelle ist <table><tr><td> hier stehen die Inhalte </td></tr></table>.

Kernattribute	`class dir id lang onclick ondblclick onkeydown onkeypress onkeyup onmousedown onmousemove onmouseout onmouseover onmouseup style title`	
abbr	stellt eine Zusammenfassung des Tabellleninhalts dar. Es wird von den meisten Browsern nicht erkannt.	
align	steuert die horizontale Ausrichtung des Zelleninhalts. Die möglichen Werte sind `center`, `char`, `justify`, `left` und `right`.	*align gilt seit HTML 4.0 als unerwünscht. Stattdessen sollen jetzt Stylesheets benutzt werden.*
axis	wird von den meisten Browsern nicht erkannt. Es erzeugt eine Liste von Kategorien als Basis für eine Abfrage. Die Abfrage wird gegen die Zellen durchgeführt, aus denen die Tabelle aufgebaut ist.	
bgcolor	bestimmt die Hintergrundfarbe der Zelle. Der Wert kann entweder der Name einer Farbe sein (z.B. red) oder ein hexadezimaler RGB-Farbwert (z.B. #ccffa9). Die Hintergrundfarbe der Zelle überschreibt die Hintergrundfarbe der Zeile oder der Tabelle.	*bgcolor gilt seit HTML 4.0 als unerwünscht. Stattdessen sollen jetzt Stylesheets benutzt werden.*

	char	weist ein Zeichen für die Ausrichtung des Inhalts einer Zelle aus. An diesem Zeichen werden Dezimalstellen in einer Spalte vertikal ausgerichtet. Der Vorgabewert ist länderspezifisch. In den USA wird das erste Vorkommen eines Kommas oder eines Dezimalpunktes benutzt.
	charoff	ist eine ganze Zahl, die den Abstand des Zeichens für die Ausrichtung vom Zellenrand angibt. Per Vorgabe wird der Abstand vom linken Zellenrand berechnet.
	colspan	spannt eine Zelle über mehrere Spalten auf. Es kann auch mit dem Attribut `rowspan` kombiniert werden, um ein Tabellenzelle über mehrere Zeilen und Spalten aufzubauen.
	headers	ist eine Liste von Zellennamen, die aus den id-Attributen der Zellen stammen. `headers` wird von Browsern für die Sprachausgabe benutzt und von den meisten Screenbrowsern nicht erkannt.
height gilt seit HTML 4.0 als unerwünscht. Stattdessen sollen jetzt Stylesheets benutzt werden.	height	legt die minimale Höhe einer Zelle in einer ganzen Anzahl von Pixeln fest. Die angegebene Höhe wird durch einen größeren Inhalt automatisch erweitert. Die höchste Zelle einer Zeile bestimmt die Höhe sämtlicher Zellen einer Zeile.
nowrap gilt seit HTML 4.0 als unerwünscht. Stattdessen sollen jetzt Stylesheets benutzt werden.	nowrap	stoppt dem Umbruch von Texten in einer Zelle und sorgt so dafür, dass der Inhalt der Zelle in einer durchgehenden Zeile angezeigt wird. Durch die Benutzung von <p>- und -Tags kann der Zeilenumbruch dennoch erzwungen werden.
	rowspan	spannt eine Tabellenzelle über mehrere Zeilen auf. Es kann mit dem Attribut `colspan` kombiniert werden, um eine Zelle aufzuziehen, die sich über mehrere Zeilen und Spalten erstreckt.
	scope	weist einer Headerzelle eine Gruppe von Zellen zu. Die vier möglichen Werte sind `col`, `colgroup`, `row` und `rowgroup`.
	valign	steuert die vertikale Ausrichtung des Zelleninhalts. Die möglichen Werte sind `baseline`, `bottom`, `middle` und `top`.
width gilt seit HTML 4.0 als unerwünscht. Stattdessen sollen jetzt Stylesheets benutzt werden.	width	legt die horizontale Ausdehnung einer Zelle als ganze Zahl von Pixeln fest. Die breiteste Zelle bestimmt die Breite der gesamten Spalte.

7.7 Vom Leben in der Zelle: Die Tabelle

Gib dem Tag 'nen Stil

tr
IE4+ M1 N4+ O5+

`<tr> ... </tr>` — *Definiert in HTML 3.2, 4.0*

Das `<tr>`-Tag erzeugt eine Zeile in einer Tabelle. Eine Tabelle kann beliebig viele Zeilen enthalten. Eine Zeile kann aus einer oder mehreren Zellen bestehen, die tabellarische Daten wie Text und Bilder aufnehmen. Zellen werden durch das `<td>`- oder `<th>`-Tag erzeugt. Das schließende Tag ist optional, aber es wird empfohlen, es zu setzen. `<tr>`-Tags sollten nicht in `<th>`, `<td>` oder anderen `<tr>`-Tags platziert werden. Die Reihenfolge der Tags ist `<tr><th>` hier wird der Inhalt gesetzt `</th></tr>` und `<tr><td>` hier wird der Inhalt gesetzt `</td></tr>`.

Kernattribute	`class dir id lang onclick ondblclick onkeydown onkeypress onkeyup onmousedown onmousemove onmouseout onmouseover onmouseup style title`	
align	steuert die horizontale Ausrichtung des Inhalts der Zelle für alle Zellen einer Zeile. Die fünf gültigen Werte sind `center`, `char`, `justify`, `left` und `right`.	*align gilt seit HTML 4.0 als unerwünscht. Stattdessen sollen jetzt Stylesheets benutzt werden.*
bgcolor	steuert die Hintergrundfarbe aller Zellen einer Zeile. Der Wert kann entweder der Name einer Farbe sein (z.B. red) oder ein hexadezimaler RGB-Farbwert (z.B. #ccffa9). Der Wert für die Hintergrundfarbe der Zeile überschreibt einen Wert für die Hintergrundfarbe der Tabelle, wird aber selbst wiederum von der Hintergrundfarbe der Tabellenzelle überschrieben.	*bgcolor gilt seit HTML 4.0 als unerwünscht. Stattdessen sollen jetzt Stylesheets benutzt werden.*
char	weist ein Zeichen für die Ausrichtung des Inhalts einer Zelle aus. An diesem Zeichen werden Dezimalstellen in einer Spalte vertikal ausgerichtet. Der Vorgabewert ist länderspezifisch. In den USA wird das erste Vorkommen eines Kommas oder eines Dezimalpunkts benutzt.	
charoff	ist eine ganze Zahl, die den Abstand des Zeichens für die Ausrichtung vom Zellenrand angibt. Per Vorgabe wird der Abstand vom linken Zellenrand berechnet.	
valign	steuert die vertikale Ausrichtung des Zelleninhalts für alle Zellen in einer einzelnen Zeile. Die möglichen Werte sind `baseline`, `bottom`, `middle` und `top`.	

Kapitel 7   HTML is a Box in a Box

th
IE4+ M1 N4+ O5+

`<th> ... </th>` *Definiert in HTML 3.2, 4.0*

Das <th>-Tag erzeugt einen Tabellenkopf in den Zellen einer Zeile des Tabellenelements. Im Tabellenkopf sollen Informationen über die Spalten der Tabelle wiedergegeben werden. Der Tabellenkopf wird in fetter Schrift dargestellt. Das schließende Tag ist optional. Es ist allerdings zu empfehlen, es stets zu setzen. Die Reihenfolge der Tags ist: <tr><th> hier stehen die Inhalte </th></tr>.

Kernattribute	`class dir id lang onclick ondblclick onkeydown onkeypress onkeyup onmousedown onmousemove onmouseout onmouseover onmouseup style title`
abbr	stellt eine Zusammenfassung des Tabellenzelleninhalts dar. Es wird von den meisten Browsern nicht erkannt.
align	steuert die horizontale Ausrichtung des Zelleninhalts. Die möglichen Werte sind `center`, char, `justify`, `left` und `right`.
axis	wird von den meisten Browsern nicht erkannt. Es erzeugt eine Liste von Kategorien als Basis für eine Abfrage. Die Abfrage wird gegen die Zellen durchgeführt, aus denen die Tabelle aufgebaut ist.
bgcolor	bestimmt die Hintergrundfarbe der Zelle. Der Wert kann entweder der Name einer Farbe sein (z.B. red) oder ein hexadezimaler RGB-Farbwert (z.B. #ffccff). Der Wert für die Hintergrundfarbe der Zelle überschreibt einen Wert für die Hintergrundfarbe der Zeile oder der Tabelle.
char	weist ein Zeichen für die Ausrichtung des Inhalts einer Zelle aus. An diesem Zeichen werden Dezimalstellen in einer Spalte vertikal ausgerichtet. Der Vorgabewert ist länderspezifisch. In den USA wird das erste Vorkommen eines Kommas oder eines Dezimalpunktes benutzt.
charoff	ist eine ganze Zahl, die den Abstand des Zeichens für die Ausrichtung vom Zellenrand angibt. Per Vorgabe wird der Abstand vom linken Zellenrand berechnet.
colspan	spannt eine Zelle über mehrere Spalten auf und kann mit `rowspan` kombiniert werden, um eine Zelle über mehrere Zeilen und Spalten aufbauen.

align gilt seit HTML 4.0 als unerwünscht. Stattdessen sollen jetzt Stylesheets benutzt werden.

bgcolor gilt seit HTML 4.0 als unerwünscht. Stattdessen sollen jetzt Stylesheets benutzt werden.

7.7 Vom Leben in der Zelle: Die Tabelle

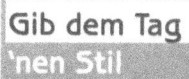

headers	ist eine Liste von Zellennamen, die aus den id-Attributen der Zellen stammen. `headers` wird von Browsern für die Sprachausgabe benutzt und von den meisten Screenbrowsern nicht erkannt.	
height	legt die minimale Höhe einer Zelle in einer ganzen Anzahl von Pixeln fest. Die angegebene Höhe wird durch einen größeren Inhalt automatisch erweitert. Die höchste Zelle einer Zeile bestimmt die Höhe sämtlicher Zellen einer Zeile.	*height gilt seit HTML 4.0 als unerwünscht. Stattdessen sollen jetzt Stylesheets benutzt werden.*
nowrap	stoppt den Umbruch von Texten in einer Zelle und sorgt so dafür, dass der Inhalt der Zelle in einer durchgehenden Zeile angezeigt wird. Durch die Benutzung von <p>- und -Tags kann der Zeilenumbruch dennoch erzwungen werden.	*nowrap gilt seit HTML 4.0 als unerwünscht. Stattdessen sollen jetzt Stylesheets benutzt werden.*
rowspan	spannt eine Tabellenzelle über mehrere Zeilen auf. Es kann mit dem Attribut `colspan` kombiniert werden, um eine Zelle aufzuziehen, die sich über mehrere Zeilen und Spalten erstreckt.	
scope	weist einer Headerzelle eine Gruppe von Zellen zu. Die vier möglichen Werte sind `col`, `colgroup`, `row` und `rowgroup`.	
valign	steuert die vertikale Ausrichtung des Zelleninhalts. Die möglichen Werte sind `baseline`, `bottom`, `middle` und `top`.	
width	legt die horizontale Ausdehnung einer Zelle als ganze Zahl von Pixeln fest. Die breiteste Zelle bestimmt die Breite der gesamten Spalte.	*width gilt seit HTML 4.0 als unerwünscht. Stattdessen sollen jetzt Stylesheets benutzt werden.*

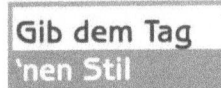

tbody — zurzeit von keinem Browser unterstützt

`<tbody> ... </tbody>` *Definiert in HTML 4.0*

Das `<tbody>`-Tag ist eines der drei neuen Tags für Tabellen aus der HTML-Spezifikation 4.0. Diese drei Tags unterteilen eine Tabelle in drei Bereiche: Das `<tbody>`-Tag definiert den »Body«, in dem die Daten der Tabelle liegen, das `<thead>`-Tag definiert den Tabellenkopf und das `<tfoot>`-Tag die Fußnote zur Tabelle. Diese Unterteilung soll ein Scrollen durch den Tabelleninhalt möglich machen, während der Tabellenkopf und die Fußnote fest im Browserfenster stehen und sichtbar bleiben. Leider hat noch kein Browser diese Tags wirklich implementiert.

Beachten Sie, dass die korrekte Folge für diese drei Tags thead, tfood und dann tbody sein muss. Das schließende Tag ist optional. Es ist allerdings zu empfehlen, es stets zu setzen.

Kernattribute	`class dir id lang onclick ondblclick onkeydown onkeypress onkeyup onmousedown onmousemove onmouseout onmouseover onmouseup style title`
align	align steuert die horizontale Ausrichtung der Inhalte in allen Zellen des Tabellenkörpers. Die fünf gültigen Werte sind `center`, `char`, `justify`, `left` und `right`.
char	weist ein Zeichen für die Ausrichtung des Inhalts einer Zelle aus. An diesem Zeichen werden Dezimalstellen in einer Spalte vertikal ausgerichtet. Der Vorgabewert ist länderspezifisch. In den USA wird das erste Vorkommen eines Kommas oder eines Dezimalpunktes benutzt.
charoff	ist eine ganze Zahl, die den Abstand des Zeichens für die Ausrichtung vom Zellenrand angibt. Per Vorgabe wird der Abstand vom linken Zellenrand berechnet.
valign	steuert die vertikale Ausrichtung des Zelleninhalts in allen Zellen des Tabellenkörpers. Die möglichen Werte sind `baseline`, `bottom`, `middle` und `top`.

align gilt seit HTML 4.0 als unerwünscht. Stattdessen sollen jetzt Stylesheets benutzt werden.

7.7 Vom Leben in der Zelle: Die Tabelle

Gib dem Tag 'nen Stil

colgroup *IE4+ M1 N6 O5+*

`<colgroup> ... </colgroup>` *Definiert in HTML 4.0*

Das `<colgroup>`-Tag kann ausschließlich innerhalb des table-Elements benutzt werden. Es baut eine spaltenorientierte Tabelle auf – im Gegensatz zur Standard-HTML-Tabelle, die zeilenorientiert ist. Wenn Sie das Attribut span nicht benutzen, können Sie den einzelnen Spalten Werte durch `<col>`-Tags zuweisen. Das schließende Tag ist optional. Es ist allerdings zu empfehlen, es stets zu setzen.

Kernattribute	`class dir id lang onclick ondblclick onkeydown onkeypress onkeyup onmousedown onmousemove onmouseout onmouseover onmouseup style title`	
align	steuert die horizontale Ausrichtung des Zelleninhalts. Die möglichen Werte sind `center`, `char`, `justify`, `left` und `right`.	*align gilt seit HTML 4.0 als unerwünscht. Stattdessen sollen jetzt Stylesheets benutzt werden.*
char	weist ein Zeichen für die Ausrichtung des Inhalts einer Zelle aus. An diesem Zeichen werden Dezimalstellen in einer Spalte vertikal ausgerichtet. Der Vorgabewert ist länderspezifisch. In den USA wird das erste Vorkommen eines Kommas oder eines Dezimalpunktes benutzt.	
charoff	ist eine ganze Zahl, die den Abstand des Zeiches für die Ausrichtung vom Zellenrand angibt. Per Vorgabe wird der Abstand vom linken Zellenrand berechnet.	
span	bestimmt die Anzahl der Spalten, die zu einer Spaltengruppe gehören. Wenn die Spalten sehr unterschiedlich ausfallen, wird anstelle des `span`-Attributs im `<colgroup>`-Tag besser das `<col>`-Tag benutzt, um die Spalten zu definieren.	
valign	steuert die vertikale Ausrichtung des Zelleninhalts. Die möglichen Werte sind `baseline`, `bottom`, `middle` und `top`.	
width	bestimmt die Breite der aufgespannten Spalten. Es kann als Prozentsatz der gesamten Breite oder als ganze Anzahl von Pixeln angegeben werden.	*width gilt seit HTML 4.0 als unerwünscht. Stattdessen sollen jetzt Stylesheets benutzt werden.*

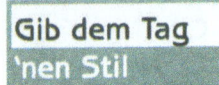

Kapitel 7   HTML is a Box in a Box

col
IE4+ M1 N6 O5+

`<col>`   *Definiert in HTML 4.0*

Das <col>-Tag weist den einzelnen Spalten einer Tabelle innerhalb eines colgroups-Elements Attribute zu. Das <col>-Tag kann nur innerhalb eines colgroup-Elements sitzen. Wenn allerdings das span-Attribut des <colgroup>-Tags benutzt wird, kann das <col>-Tag nicht verwendet werden. Es gibt kein schließendes Tag.

Kernattribute	`class dir id lang onclick ondblclick onkeydown onkeypress onkeyup onmousedown onmousemove onmouseout onmouseover onmouseup style title`
align	steuert die horizontale Ausrichtung des Zelleninhalts. Die möglichen Werte sind `center, char, justify, left` und `right`.
char	weist ein Zeichen für die Ausrichtung des Inhalts einer Zelle aus. An diesem Zeichen werden Dezimalstellen in einer Spalte vertikal ausgerichtet. Der Vorgabewert ist länderspezifisch. In den USA wird das erste Vorkommen eines Kommas oder eines Dezimalpunktes benutzt.
charoff	ist eine ganze Zahl, die den Abstand des Zeichens für die Ausrichtung vom Zellenrand angibt. Per Vorgabe wird der Abstand vom linken Zellenrand berechnet.
span	setzt die Anzahl der Spalten, die in einer Spaltengruppe zusammengefasst werden. Wenn alle Spalten unterschiedlich ausfallen, wird anstelle des `span`-Attributs besser das <col>-Tag benutzt, um die Spalten zu erzeugen.
valign	steuert die vertikale Ausrichtung des Zelleninhalts. Die möglichen Werte sind `baseline, bottom, middle` und `top`.
width	bestimmt die Breite der umspannenden Spalten. Der Wert kann ein Prozentsatz der gesamten Breite oder eine ganze Zahl für die Anzahl der Pixel sein.

align gilt seit HTML 4.0 als unerwünscht. Stattdessen sollen jetzt Stylesheets benutzt werden.

width gilt seit HTML 4.0 als unerwünscht. Stattdessen sollen jetzt Stylesheets benutzt werden.

7.7 Vom Leben in der Zelle: Die Tabelle

Gib dem Tag 'nen Stil

```html
<table>
  <colgroup><col width="50%"><col width="50%"></colgroup>
  <tr>
    <td>
      <h2>col </h2>
    </td>
    <td>
      <h3> IE 4+, M1, N6, O5 </h3>
    </td>
  </tr>
  <tr>
    <td>
      <h3>&lt;col&gt; </h3>
    </td>
    <td>
      <h3>Definiert in HTML 4.0 </h3>
    </td>
  </tr>
  <tr>
    <td colspan="2">
      <p>Das &lt;col&gt;-Tag weist den einzelnen Spalten einer Tabelle
         innerhalb eines colgroup-Elements Attribute zu.</p>
      <p>Das &lt;col&gt;-Tag kann nur innerhalb eines colgroup-Elements
         sitzen. Wenn allerdings das span-Attribut des &lt;colgroup&gt;-Tags
         benutzt wird, kann das &lt;col&gt;-Tag nicht verwendet werden.</p>
      <p> Es gibt kein schlie&szlig;endes Tag. </p>
    </td>
  </tr>
</table>
```

Das <colgroup>-Tag wird direkt hinter dem <table>-Tag gesetzt und definiert die Spalten einer Tabelle in beliebigen Gruppen. Innerhalb des colgroup-Elements werden mit dem <col>-Tag die Spalten genauer spezifiziert – jede Spalte der Tabelle kann auf diese Weise angesprochen werden.

Jede Spalte kann durch einen ID-Selektor angesprochen werden, damit das width-Attribut auch durch ein Stylesheet bestimmt werden kann.

Das <colgroup>- und das <col>-Tag werden von Netscape 4 nicht erkannt, aber der Browser ignoriert das Tag gnädig, so dass seiner Benutzung in modernen Browsern nichts entgegensteht.

col	IE 4+, M1, N6, O5
<col>	Definiert in HTML 4.0

Das <col>-Tag weist den einzelnen Spalten einer Tabelle innerhalb eines colgroup-Elements Attribute zu.

Das <col>-Tag kann nur innerhalb eines colgroup-Elements sitzen. Wenn allerdings das span-Attribut des <colgroup>-Tags benutzt wird, kann das <col>-Tag nicht verwendet werden.

Es gibt kein schließendes Tag.

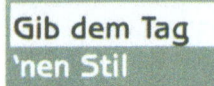

Kapitel 7 HTML is a Box in a Box

tfoot — *Zurzeit von keinem Browser unterstützt*

`<tfoot> ... </tfoot>` *Definiert in HTML 4.0*

Das <tfoot>-Tag ist eines von drei Tags für Tabellen, die in HTML 4.0 in die Spezifikation aufgenommen wurden und die Tabellen in drei Bereiche unterteilen.

Das <tbody>-Tag definiert den »Body«, in dem die Daten der Tabelle liegen, das <thead>-Tag definiert den Tabellenkopf und das <tfoot>-Tag die Fußnote zur Tabelle. Diese Unterteilung soll ein Scrollen durch den Tabelleninhalt möglich machen, während der Tabellenkopf und die Fußnote fest im Browserfenster stehen und sichtbar bleiben. Leider hat noch kein Browser diese Tags wirklich implementiert.

Beachten Sie, dass die korrekte Aufruffolge für diese Tags thead gefolgt von tfoot und zuletzt tbody ist. Das schließende Tag ist optional. Es ist allerdings zu empfehlen, es stets zu setzen.

	Kernattribute	`class dir id lang onclick ondblclick onkeydown onkeypress onkeyup onmousedown onmousemove onmouseout onmouseover onmouseup style title`
align gilt seit HTML 4.0 als unerwünscht. Stattdessen sollen jetzt Stylesheets benutzt werden.	align	steuert die horizontale Ausrichtung des Zelleninhalts für alle Zellen der Fußzeile. Die fünf gültigen Werte sind `center`, `char`, `justify`, `left` und `right`.
	char	weist ein Zeichen für die Ausrichtung des Inhalts einer Zelle aus. An diesem Zeichen werden Dezimalstellen in einer Spalte vertikal ausgerichtet. Der Vorgabewert ist länderspezifisch. In den USA wird das erste Vorkommen eines Kommas oder eines Dezimalpunktes benutzt.
	charoff	ist eine ganze Zahl, die den Abstand des Zeichens für die Ausrichtung vom Zellenrand angibt. Per Vorgabe wird der Abstand vom linken Zellenrand berechnet.
	valign	steuert die vertikale Ausrichtung des Zelleninhalts in einer einzelnen Zeile. Die möglichen Werte sind `baseline`, `bottom`, `middle` und `top`.

7.7 Vom Leben in der Zelle: Die Tabelle

Gib dem Tag 'nen Stil

thead — Zurzeit von keinem Browser unterstützt

`<thead> ... </thead>` *Definiert in HTML 4.0*

Das <thead>-Tag ist eines der drei neuen Tags der Version 4.0, die eine Tabelle in drei Bereiche aufteilen.

Das <tbody>-Tag definiert den »Body«, in dem die Daten der Tabelle liegen, das <thead>-Tag definiert den Tabellenkopf und das <tfoot>-Tag die Fußnote zur Tabelle. Diese Unterteilung soll ein Scrollen durch den Tabelleninhalt möglich machen, während der Tabellenkopf und die Fußnote fest im Browserfenster stehen und sichtbar bleiben. Leider hat noch kein Browser diese Tags wirklich implementiert.

Beachten Sie, dass die korrekte Aufruffolge für diese Tags thead gefolgt von tfoot und zuletzt tbody ist. Das schließende Tag ist optional. Es ist allerdings zu empfehlen, es stets zu setzen.

Kernattribute	`class dir id lang onclick ondblclick onkeydown onkeypress onkeyup onmousedown onmousemove onmouseout onmouseover onmouseup style title`
align	steuert die horizontale Ausrichtung des Zelleninhalts für alle Zellen des Tabellenkopfs. Die fünf gültigen Werte sind `center`, `char`, `justify`, `left` und `right`.
char	weist ein Zeichen für die Ausrichtung des Inhalts einer Zelle aus. An diesem Zeichen werden Dezimalstellen in einer Spalte vertikal ausgerichtet. Der Vorgabewert ist länderspezifisch. In den USA wird das erste Vorkommen eines Kommas oder eines Dezimalpunktes benutzt.
charoff	ist eine ganze Zahl, die den Abstand des Zeichens für die Ausrichtung vom Zellenrand angibt. Per Vorgabe wird der Abstand vom linken Zellenrand berechnet.
valign	steuert die vertikale Ausrichtung des Zelleninhalts in einer einzelnen Zeile. Die möglichen Werte sind `baseline`, `bottom`, `middle` und `top`.

align gilt seit HTML 4.0 als unerwünscht. Stattdessen sollen jetzt Stylesheets benutzt werden.

271

7.8 Der kleine Bruder des Framesets: iframes

Tatsächlich haben iframes mit iMacs außer dem führenden »i« überhaupt nichts zu tun – iframes sind »Inlineframes«. In vielerlei Hinsicht ähneln sie den langsam aus der Mode kommenden Frames: Sie öffnen ein Fenster in ein anderes HTML-Dokument hinein und lassen den Inhalt der öffnenden Seite fest im Browserfenster stehen, während der Benutzer durch den Inhalt des iframe-Fensters scrollt.

<iframe> erstellt an beliebiger Stelle im Dokument einen Inlineframe, d.h. einen rechteckigen Bereich, in den ein Dokument geladen werden kann. iframes eignen sich, um z.B. News innerhalb einer Seite zu halten und so zusätzliche Informationen bereitzustellen. Sie zwingen den Benutzer nicht, bei einem tieferen Interesse auf eine andere Seite zu linken (was wieder Ladezeit und Bruch der Umgebung bedeutet). Sie ersetzen in einem gewissen Maße Frames, ohne deren Nachteile einzubringen.

Anders als die altbekannten Frames allerdings liegen iframes im body-Element des Dokuments und nicht in einem Frameset. Das Dokument mit dem iframe besitzt eine eigene Adresse, und ein Bookmark findet die Seite problemlos wieder (sofern sie noch existiert).

Wenn Sie dem iframe einen Namen geben, kann sein Inhalt mit der gleichen Technik wie bei konventionellen Frames ausgetauscht werden.

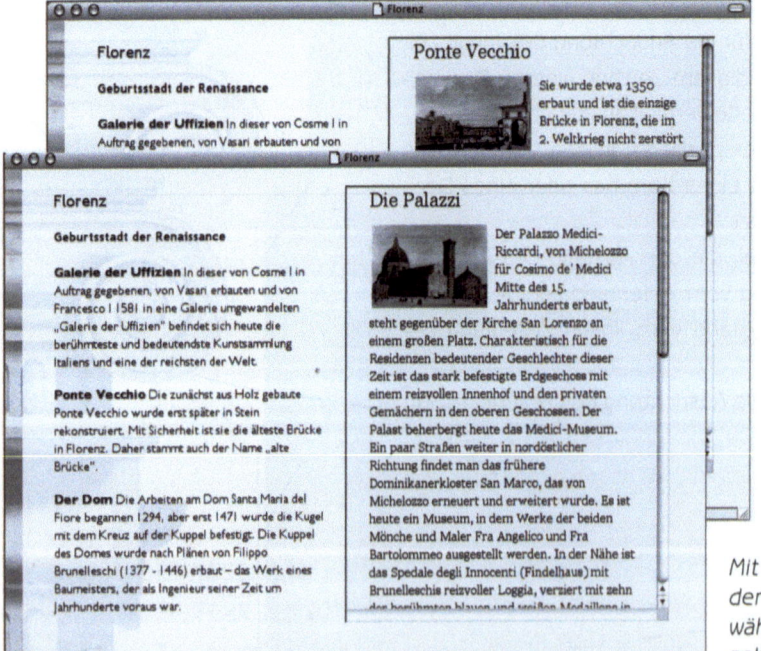

Mit dem <iframe>-Tag lassen sich Teile der Seite fest im Browserfenster halten, während andere Bereiche ausgewechselt oder gescrollt werden können.

7.8 Der kleine Bruder des Framesets: iframes

iframe
IE4+ M1 N6 O5+

`<iframe> ... </iframe>` *Definiert in HTML 4.0*

Das <iframe>-Tag fügt einen Inlineframe in das body-Element des HTML-Dokuments ein. Auf diese Weise wird eine weitere HTML-Datei innerhalb des Dokuments dargestellt. Anders als mit den <frameset>-, <frame>- und <noframes>-Tags kann das <iframe>-Tag nur innerhalb des body-Elements benutzt werden. Ein <iframe>-Tag darf nicht innerhalb eines frameset-Elements verwendet werden. Das schließende Tag ist zwingend erforderlich.

Ein iframe-Element stellt beliebigen Inhalt, einschließlich Formularen, Bildern, Multimedia, anderer Frames, Tabellen usw., dar. Die einzige Methode, einem iframe Inhalte zuzuweisen, ist die Angabe einer URL im src-Attribut. Jeder darstellbare Inhalt kann innerhalb eines iframe-Elements gerendert werden.

Zwischen dem öffnenden und schließenden <iframe>-Tag können ein beliebiger Text, Bilder oder Links stehen. Die Inhalte zwischen dem öffnenden und schließenden Tag werden nur von Browsern dargestellt, die das <iframe>-Tag nicht erkennen.

Kernattribute	`class id style title`
align	richtet den Inlineframe gegen den folgenden Text aus. Die Werte sind `bottom`, `middle` und `top`, `right` und `left`. Die Werte `right` und `left` richten den Text rechts bzw. links am Rand aus und erlauben dem Text, den Inlineframe zu umfließen.
frameborder	legt einen Rahmen um den Frame oder entfernt ihn. Die möglichen Werte sind `0` oder `no` und `1` oder `yes`. `yes` oder `1` erlaubt die Darstellung eines Rahmens. `no` oder `0` unterdrückt die Ausgabe eines Rahmens.
longdesc	ist die URL-Adresse eines HTML-Dokuments, das eine ausführliche Beschreibung des Frames enthält. Das Attribut ist dafür gedacht, mehr Informationen zur Verfügung zu stellen, als das title-Element darstellen kann.
marginheight	setzt einen Abstand nach unten und nach oben zwischen Framerahmen und Inhalt und wird in Pixel angegeben. Wenn unrealistische Werte angegeben werden, ignoriert der Browser das Attribut.
marginwidth	setzt einen Abstand nach links und nach rechts zwischen Framerahmen und Inhalt und wird in Pixel

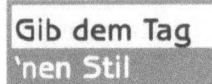

In dem Dokument, das die iframe-Seite enthält, wird die iframe-Seite genauso ausgetauscht wie in einem frameset, nämlich mit dem Attribut `target`:

```
<a href="palazzi.html"
    target="iframe1">
    Galerie der
    Uffizien</a>
```

Dafür muss das iframe-Element mit dem Attribut name *notiert werden.*

```
<iframe name="iframe1"
    src="vecchio.html"
    scrolling="yes"> ...
</iframe>
```

	angegeben. Bei unrealistischen Werten ignoriert der Browser das Attribut.
name	ist eine Zeichenfolge, die den Frame identifiziert. Der Name muss eindeutig sein und darf nur einmal im Dokument vorkommen.
noresize	verhindert Änderungen der Framegröße durch den Benutzer.
scrolling	legt eine horizontale und vertikale Scrollleiste fest, die im Frame erscheint. Wenn der Inhalt größer ist als der Frame, erlaubt sie dem Besucher, aufwärts und abwärts oder nach rechts und links zu scrollen, um den gesamten Inhalt zu sehen. Die drei möglichen Werte sind: yes (die Scrollleiste erscheint immer), no (die Scrollleiste erscheint nie) und auto (die Scrollleiste wird eingespielt, wenn sie erforderlich ist). Wenn kein Wert angegeben wird, ist die Voreinstellung auto.
src	gibt die URL-Adresse einer HTML-, ASP-, PHP- oder anderen Seite an. Der Inhalt der referenzierten URL wird im Frame dargestellt.
width	bestimmt die horizontale Größe des iFrames entweder in Pixel oder als Prozentsatz des umspannenden Elements.

Iframes mit Stylesheets

Sobald ein iframe ein wiederkehrendes Element einer Site ist und an verschiedenen Stellen die gleiche Darstellung aufweist, oder wenn er eine Darstellung zeigen soll, die sich mit HTML nicht erzielen lässt, oder auf der Seite positioniert werden soll, lohnt es sich, für die Darstellung des iframes Stylesheets einzusetzen.

- ```
  iframe {width: 360px;       /* Breite des Fensters
          height: 300px;      /* Höhe des Fensters
          margin-left: 20px;  /* Abstand gegen
                              /* andere Elemente
          float: right }      /* als schwebende Box
                              /* neben umfließenden
                              /* Elementen
  ```

oder anstelle der letzten Deklaration:

- ```
  position: absolute;       /* positioniert im
    left: 400; top: 20px;   /* Dokument
  ```

7.8 Der kleine Bruder des Framesets: iframes

Im body-Element des HTML-Dokuments wird das Tag gesetzt:

```
<p><iframe src="../iframe.html" scrolling="yes">
   <a href="../iframe.html" target="_blank">Mehr
       &uuml;ber iframes</a> </iframe>
Tats&auml;chlich haben iframes mit iMacs
au&szlig;er dem f&uuml;hrenden &raquo;i&laquo;
&uuml;berhaupt ...
</p>
```

Der Text und der Hyperlink innerhalb der öffnenden und schließenden Klammern des <iframe>-Tags ist nur in Browsern sichtbar, die iframe-Elemente nicht darstellen können. Das HTML-Dokument, das im iframe eingespielt wird, übernimmt keine Stylesheets des Dokuments, in dem das iframe-Element eingebunden wurde. Seine »innere« Darstellung wird über eigene Stylesheets geregelt.

Netscape 4.xx kann iframes nicht darstellen. Da aber alles, was zwischen dem <iframe>-Tag und seinem Ende-Tag steht, von Browsern ignoriert wird, die iframes beherrschen, kann man einen Link hinzufügen und eine neue Seite in Netscape 4.xx laden. So müssen keine zwei Varianten der Seiten unterhalten werden.

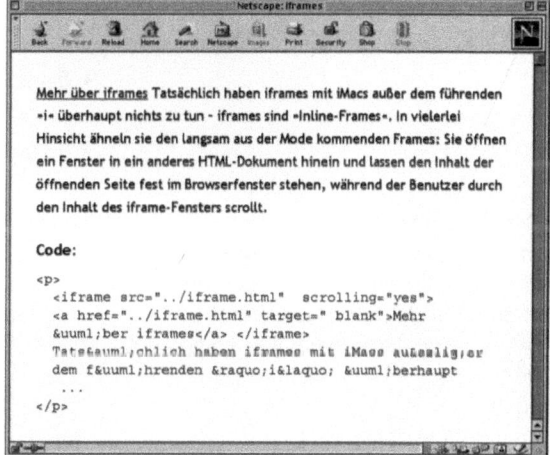

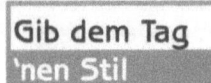

7.9 Wenn das Stylesheet nicht funktioniert

Klammer zu?

Wenn Stylesheets in keinem Browser funktionieren, muss die Syntax geprüft werden. Wenn die HTML-Seite nur zum Teil korrekt ausgegeben wird und andere Teile aus scheinbar unerfindlichen Gründen nicht, wird es wahrscheinlich einer der klassischen Syntaxfehler sein:

- Alle schließenden Klammern vorhanden?
- Alle Eigenschaften durch Semikola voneinander getrennt?
- Alle Hochkommas um Worte mit Leerzeichen oder Sonderzeichen gesetzt und auch geschlossen?
- Alle Hochkommas in Hochkommas als einfache Hochkommas (style="font-family: 'Times New Roman';") notiert?
- Einen Doppelpunkt hinter die Eigenschaften und vor die Werte der Eigenschaft gesetzt?
- Stylesheets sind allergisch gegen HTML:

Der HTML-Kommentar `<!-- -->` *macht Schluss mit Stil – spätestens von hier an funktioniert keiner mehr. In der ersten Zeile hingegen steht der korrekte Kommentar für Stylesheets:* `/* ... */`. *Verboten ist auch* `<style type="text/css">` *im externen Stylesheet.*

- `/* mystyle.css         */`
- `h1, h2 {font-family: sans-serif;}`
- ◊   `<!-- zum Testen Stile unterhalb dieser Linie einfügen -->`
- `p      {margin-left: 50px;}`

Derartiges passiert schon mal, wenn man die Stile zuvor lokal im HTML-Dokument getestet hat, um sie hier zu kopieren und in die .css-Datei zu setzen.

Kein Freiraum für Maßangaben

Stylesheets sind genauso wie HTML nicht »case-sensitiv« – d.h., Groß- und Kleinschreibung spielen keine Rolle. Wohl aber sind sie sehr sensibel, was das »Leerzeichen« angeht: Zwischen einem Wert und der dazugehörigen Maßeinheit darf kein Leerzeichen stehen:

- `body { font-size: 14 px}`

7.9 Wenn das Stylesheet nicht funktioniert

wird ordnungsgemäß von allen Browsern ignoriert, auch Dreamweaver zeigt die Schrift weiter in 12 px an. Wert und Maßeinheit müssen direkt aufeinander folgen.

- `body { font-size: 14px}`

Wenn Tabellen so flach aussehen ...
Wohl jeder Webdesigner hat irgendwann die Macht des <body>-Tags entdeckt und Stildefinitionen in den body geschrieben – ein Garant für konsistente Darstellung. Jetzt können wir das also in das Stylesheet schreiben:

- `body { font-family: Georgia; color: #007B39; }`

So einfach ist das: Eine Seite, auf der alles, aber auch wirklich alles dunkelrot wird. Auch Dreamweaver macht es dem Benutzer einfach. Im CSS-Stile-Inspektor muss er nur folgendermaßen vorgehen:
- »Neuer CSS-Stil« aufrufen,
- im folgenden Fenster »HTML-Tag neu definieren« aktivieren,
- das <body>-Tag wählen,
- im Register »Schrift« die Farbe auswählen.

Wer die Optik der dreidimensionalen Schattierung von HTML-Tabellen mag, wird sie vermissen, denn Tabellen sind jetzt simpel und flach und erinnern uns an die Darstellung von Grafik auf dem antiken Mac. Linien werden zu einfachen Strichen ohne plastischen Effekt.

Wer jetzt seine dreidimensionalen Tabellen oder die klassische Anmutung der Linien wiederhaben möchte, hat einen langen Weg vor sich:

- `h1, h2, h3, h4, h5, p, ul, ol, pre, blockquote, td {color:#007B39 }`

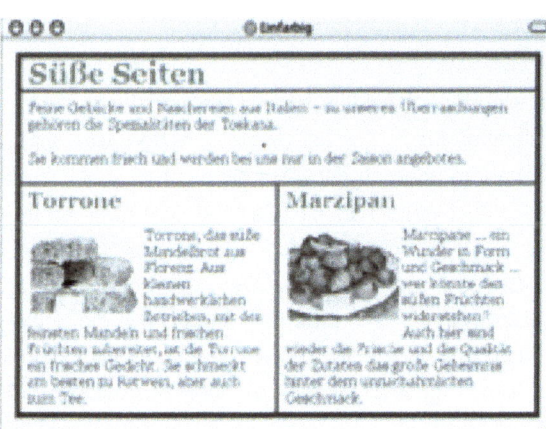

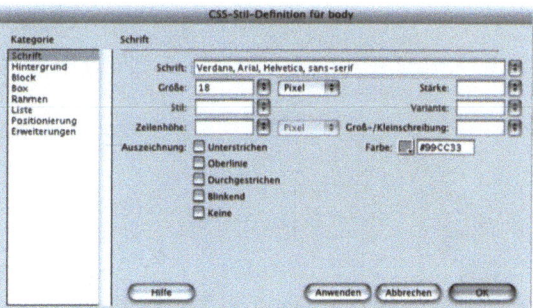

In Dreamweaver ist der Weg zurück in die Normalität der dreidimensionalen Tabellenrahmen fast noch länger: Für alle HTML-Tags außer `<table>` und `<hr>` die Farbe #007B39 im Schrift-Register einstellen.

Wenn a:hover nicht funktioniert

Bei den ersten Schritten und bei ein paar kleinen Experimenten findet man schnell heraus, dass einige Verhalten scheinbar inkonsistent sind. Eines der größeren Mysterien ist, dass bereits besuchte Hyperlinks nicht immer nach der `a:hover`-Spezifikation funktionieren.

Wenn Sie wollen, dass `a:hover` bei bereits besuchten Hyperlinks genauso gut funktioniert wie bei frischen Links, sollten Sie `a:hover` als letzte Eigenschaft notieren:

- `a:link { color: darkslategray }`
- `a:visited { color: gray }`
- `a:hover { color: lightslategray }`

Nur so kommt `hover` durch die Cascading-Eigenschaft zum Zuge. Auf jeden Fall aber wird `a:hover` von Netscape 4 überhaupt nicht unterstützt. Dieser Code hingegen funktioniert in mittelalterlichen Browsern unvorhersehbar:

- `a:hover { color: lightslategray }`
- `a:link { color: darkslategray }`
- `a:visited { color: gray }`

Konflikte?

Insbesondere durch die verschiedenen Arten von Selektoren kann es zu Konflikten kommen, wenn mehrere Stile um eine Element ringen. In so einem Fall überschreiben Klassenselektoren normale Selektoren. ID-Selektoren überschreiben Klassen. Regeln am Ende des Stylesheets überschreiben Regeln am Anfang des Stylesheets.

Des Weiteren können wir davon ausgehen, dass der Browser Inlinestile liest, nachdem er eingebettete Stile gelesen hat und den eingebetteten Stil wiederum, nachdem er ein importiertes Stylesheet gelesen hat. Ergo:

- `p {color: red; }`
- `p {color: green; }`

liefert grünen Text, wie man es wohl auch erwarten wird. Wenn zum p-Element keine Deklaration für `color` oder `height` notiert wird, wird p die Farbe seines Vorfahren übernehmen. Das gilt nicht für `height` da `height` keine inhärente Eigenschaft ist (was Sie unschwer erraten können). Für `height` wird also der Startwert `auto` benutzt.

Wenn das HTML-Dokument mit Dreamweaver oder GoLive erzeugt wurde und ein Stil nicht funktioniert, bitte nachsehen, was die beiden Editoren »inline« in das HTML-Tag gesetzt haben. Wenn der Inlinestil mit dem HTML-Attribut `style` gesetzt ist, gibt er dank »Cascading« den Ausschlag.

7.9 Wenn das Stylesheet nicht funktioniert

Rahmen bitte mit Stil: border

Egal wie dick und wie bunt sie sind: `border` braucht einen Stil, sonst gibt es keinen Rahmen.

- `table { border: 4px #999999; padding: 18px 18px;}`

liefert also einen unsichtbaren Rahmen. Erst wenn deklariert wird, welcher Rahmen es sein darf, kann der Rahmen in Erscheinung treten.

- `table { border: 4px #999999 solid;`
  `padding: 18px 18px; }`

Einen wahrhaft netten Bug zeigt Dreamweaver MX auf dem Mac im Zusammenhang mit border:
`h1 { background: #CCFFCC;`
`border: 1px durchgehend`
`#999999;}`
Da hat doch tatsächlich jemand ein Stück Stylesheet ins Deutsche übersetzt.

Wenn der Rahmen nicht sichtbar wird, fehlt wahrscheintlich der Stil.

Wenn Stile aus dem <body>-Tag nicht durchgereicht werden

In den meisten Fällen wird die Ursache in der Benutzung von Layouttabellen liegen. Die Implementierung von Tabellen in älteren Browsern bricht die Stile des <body>-Tags, so dass es nicht reicht, die Typografie im <body> zu definieren. Ändern Sie den body-Stil im Stylesheet folgendermaßen:

- `body, table, td, p { Deklarationen }`

Das wendet den Stil direkt auf die Tabelle und die Elemente der Tabelle an. Für Navigator ist das von vornherein die einzige Methode.

Das verflixte Boxmodell: Obendrauf gerechnet

Im CSS-Boxmodell werden `padding` und `border` zur Gesamtgröße der Box hinzugerechnet.

- Falsch: Eine Box mit einer Breite von 300 Pixel und 20 Pixel padding im Inneren ist in Internet Explorer unter Windows 300 Pixel breit. Das ist entsprechend den Empfehlungen der CSS1-Spezifikation falsch.
- Richtig: Eine Box mit einer Breite von 300 Pixel und 20 Pixel padding im Inneren der Box ist entsprechend der CSS1-Empfehlung 340 Pixel breit (300 + 20 Pixel auf der linken und 20 Pixel auf der rechten Seite).

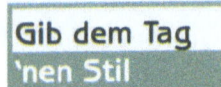

Kapitel 7 HTML is a Box in a Box

Wer sich also schon immer gefragt hat, warum Netscape 6 und Internet Explorer 5 eine Box unterschiedlich darstellen: Das trifft nur auf den PC zu. Auf dem Mac rendern Internet Explorer 5 und Netscape 6 genauso wie Opera 5 die Box korrekt (wenn !Doctype=strict angegeben wird). Die Sichtweise von IE5 erscheint zwar logischer, aber sie ist schlichtweg falsch. Damit das Boxmodell in IE6 korrekt angewendet werden kann, ist die !Doctype-strict-Anweisung notwendig.

Das verflixte Boxmodell: Internet Explorer wählte die logischere Variante und rechnet padding *und* border *in die Breite und Höhe einer Box hinein. Der Standard allerdings sieht vor, dass* padding *und* border *hinzugerechnet werden.*

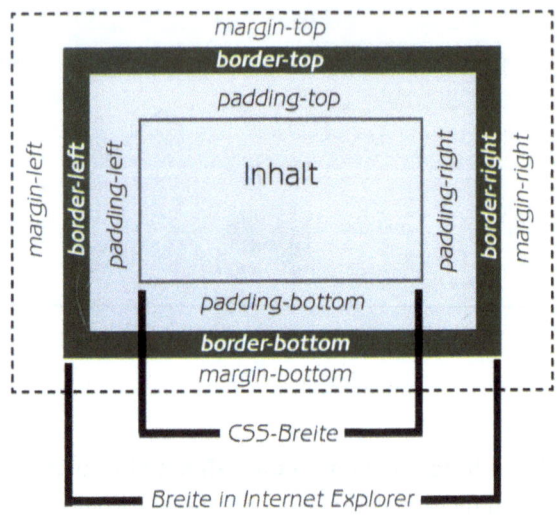

Kommentare im Stylesheet in IE5 und IE5.5

Internet Explorer 5+ unter Windows hat einen teuflisch verrückten Parsing-Fehler: Kommentare werden nicht erkannt. Diesen Fehler machen sich die wahrhaftigen Cracks zunutze: Während alle anderen Browser den Kommentar im Stylesheet ignorieren, wie es sich gehört, können im Kommentar Eigenschaften überschrieben werden, die IE5/5.5 zu schaffen machen. Internet Explorer 6 interpretiert Kommentare wieder korrekt und hat die meisten dieser Probleme behoben, so dass dieses tricky-CSS relativ gefahrlos benutzt werden kann:

- .schrift { font-size:.8em;//font-size:1em }

Internet Explorer 5/5.5 und die Breite des div-Containers

Wird width:100% für einen div-Container eingesetzt, berechnet IE5.5 auf dem PC die Breite einer Tabelle innerhalb des div-Containers, die ebenfalls mit width:100% angegeben wird, nicht auf der Basis des div-Containers, sondern benutzt entgegen der Spezifikation die Breite des

7.9 Wenn das Stylesheet nicht funktioniert

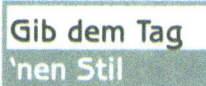

Browserfensters als Bezugsgröße. Wahrscheinlich vererbt IE den Wert desjenigen Vorfahrens, der als Letzter eine Breite explizit deklariert hat.

Um Probleme zu umgehen, kann der ignorierte Kommentar herangezogen werden: Ein weiterer div-Container wird um den fraglichen div-Container aufgezogen und die Breite dieses div-Containers wird im Kommentar mit `//width:inherit` angegeben. Tabellen innerhalb des fraglichen div-Containers werden mit einer Breite `width:100%` deklariert, aber gleichzeitig sorgt der ignorierte Kommentar mit `//width:inherit` dafür, dass IE den Wert vom letzten Vorfahren übernimmt, der die Breite explizit deklariert hat.

- `#container1 { background:white;//width:100%; }`
- `table.c    { width:100%;//width:inherit; }`

Netscape 4.x: Der Hintergrund eines Textes

Wenn Hintergrundfarben einem anderen Element als `body` zugewiesen wird, stehen Sie vor der unliebsamen Entdeckung, dass Netscape die Hintergrundfarbe nur hinter das Element selber setzt und nicht auf den Block, den das Element bildet.

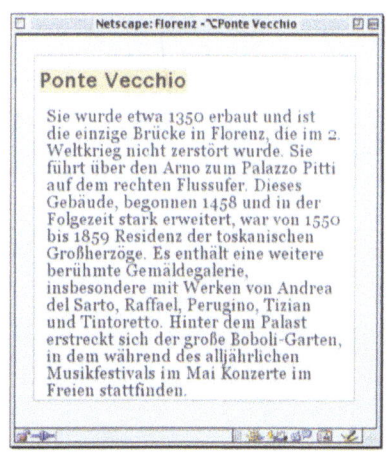

Die Hintergrundfarbe müsste aber eine Box hinter dem Element über die gesamte Breite des Elements aufspannen, auch wenn nur ein Zeichen in der Zeile steht. Sobald Sie allerdings einen Rahmen aufziehen, der mindestens 0 Pixel breit ist, wird der Hintergrund korrekt aufgefüllt.

- `body { background: #FDF5E6 }`
- `h1   { color: #333333;`
   `       background: #FF7F50;`
   `       border: 0px solid #FDF5E6 }`

Es ist egal, in welcher Farbe der Rahmen aufgespannt wird. Vorsichtshalber setzt man ihn auch noch auf die Hintergrundfarbe.

Netscape 4.x: Mediatypen

Netscape 4.x ignoriert alle gelinkten und eingebetteten Stile, deren Mediatyp ein anderer als `screen` ist. Auch wenn »zusammengepackt« wird: Mit `MEDIA="screen, projection"` wird das Stylesheet ignoriert und das Gleiche gilt für `MEDIA=all`.

Netscape 4.x und die URL

URLs werden in Stylesheets selten benutzt – wenn doch, dann geben sie meistens die Adresse eines Hintergrundbildes an, das innerhalb des Site-Verzeichnisses liegt. In der Regel wird es sich also um eine relative URL handeln.

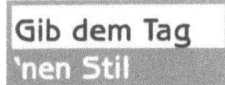

Kapitel 7 HTML is a Box in a Box

Netscape 4.x berechnet die URL allerdings nicht relativ zum Stylesheet, sondern relativ zum Dokument. Hier kann es angebracht sein, die URL absolut anzugeben, damit auch Netscape 4.x die Grafik findet:

- body { background: snow
    url("http://www.meinedomaine.de/logo-h.gif")
    repeat-y fixed 0px 0px}

Einmal mehr: Netscape 4.x und JavaScript

Während der beginnenden Standardisierung von CSS versuchte Netscape, seinen eigenen Ansatz einzubringen: JavaScript Stylesheets JSSS. JSSS ähnelt CSS, baut aber auf JavaScript auf. Als abzusehen war, dass sich die CSS-Empfehlung, wie wir sie heute kennen, durchsetzen würde, nutzte Netscape die bereits implementierte JSSS-Engine, um damit CSS zu implementieren. Ergo: Wenn der Besucher JavaScript ausgeschaltet hat, funktionieren Stylesheets nicht.

Netscape macht ein Bäuerchen

- <meta http-equiv="Content-Type"
  content="text/html; charset=iso-8859-1">

Wenn ältere Versionen (vor 4.5) von Netscape das <meta>-Tag im Dokument finden, rendert der Browser das Dokument erneut. Das geht flott und wenn der HTML-Code bereits im Cache liegt, wird auch nicht neu gerendert, sondern aus dem Cache aufgebaut.

Da Netscape 4 bei jeder Veränderung der Fenstergröße Stylesheets sofort vergisst, fügen Adobe GoLive und Macromedia Dreamweaver automatisch einen »Netscape Fix« im head-Element von Seiten ein, die div-Container enthalten.

Das ist aber gleichzeitig auch absolut überflüssig. Wenn das Tag eingesetzt wird, sollte es tatsächlich ganz oben im Dokument stehen (also vor dem <title>-Tag).

Wenn das Browserfenster in Netscape 4 verändert wird

Bei jeder Vergößerung und Verkleinerung des Browserfensters lädt Netscape die Seite neu. Das wäre an und für sich noch akzeptabel (auch wenn man sich fragt, wozu dies gut ist) – aber dummerweise vergisst Netscape 4 beim Laden alle Stilanweisungen. Nach dem Laden sind alle Ebenen einer Seite fein säuberlich nacheinander dargestellt, denn Netscape hat die Positionsangaben vergessen. Liegen in einem div-Container Links, Bilder oder Image Maps mit Hotspots, sind sie nicht mehr klickbar. Java-Script findet die Ebenen nicht mehr, denn auch der Wert für das Attribut id, die Identifikation des div-Containers, ist verloren gegangen.

7.9 Wenn das Stylesheet nicht funktioniert

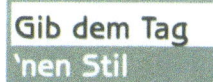

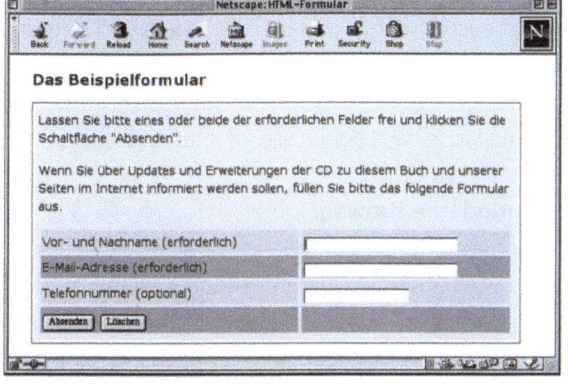
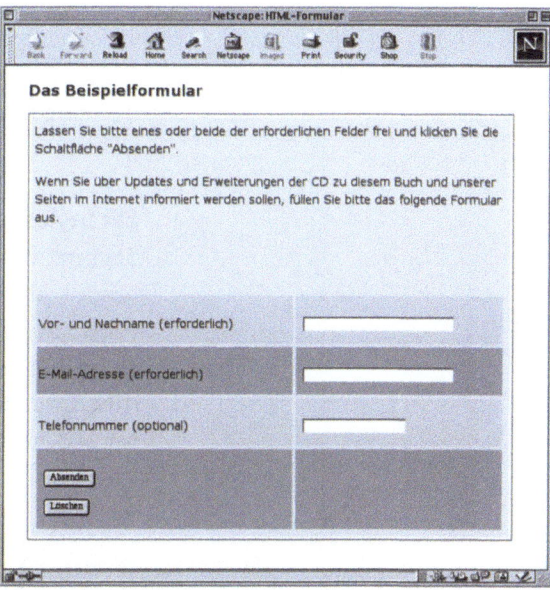

Netscape 4: Inlineelemente und padding, border und margin

Wenn einem Inlineelement wie `a`, `input` oder `img` eine der Eigenschaften `padding`, `margin` oder `border` zugewiesen wird, macht Netscape 4.x aus dem Inlineelement ein Blockelement mit Zeilenumbruch. Das beste Mittel gegen diesen Bug ist ein zweites Stylesheet für Inlineelemente, das durch die @import-Regel im Dokument aktiviert wird. Es wird nur von modernen Browsern erkannt und von Netscape 4.x ignoriert.

margin, padding und border sind gefährlich für alle Inlineelemente in Netscape 4: Auf der linken Seite sehen Sie Tabellenzellen und Eingabefelder mit der Angabe von margin im Stylesheet und auf der rechten Seite ohne Angabe von margin

Netscape 4.x und Netscape 6 und Formulare

- `input, textarea, select { background : #C42,`
- `font:10px/1.4em Verdana, Arial, Sans-serif }`

führt auch in Netscape 6 dazu, dass ein Eingabefeld viel zu lang werden kann. Es gibt zwei Techniken, um dieses Problem zu umgehen:

- Die Deklaration eines nichtproportionalen Zeichensatzes (Courier, Andale Mono, monospace) für Eingabefelder: Mit einer Proportionalschrift wie Verdana, Arial usw. wird es dem Browser überlassen, die Breite für eine Textarea zu berechnen. Welchen Buchstaben soll der Browser der Berechnung zugrunde legen? Ein »i« oder ein »m«?
- Der Verzicht auf die Pixelangabe bei der Breite der Textarea: Stattdessen gibt man besser `width:100%` und einen HTML4.01 Strict-DOCTYPE an, um Netscape in den standardkonformen Modus zu zwingen.

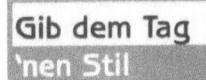

Formular in Opera und Netscape

In Formularen sollte vorsichtshalber `margin:0` für Opera und Netscape gesetzt werden – insbesondere, wenn die Eigenschaft `float` für die Positionierung herangezogen wird. So bekommt das Formular die gleichen minimalen Abstände nach außen wie im Internet Explorer.

Ein Stylesheet für moderne Browser

Statt mit einem Skript abzufragen, um welchen Browser es sich hier handelt, benutzt man besser ein zweites Stylesheet, in dem alle Stile versammelt sind, die Netscape 4.x ins Schleudern bringen. Das Stylesheet, mit dem auch Netscape überlebt, wird im head-Element des HTML-Dokuments »gelinkt«. Das zweite Stylesheet für moderne Browser wird innerhalb des style-Elements, in dem auch die lokalen globalen Stile des Dokuments stehen, mit der @import-Regel importiert:

```
◊   <head>
◊   <title>Die @import-Regel</title>
        ...
◊   <link rel="stylesheet" href="simpel.css"
    type="text/css">
◊   <style type="text/css">
◊       <!--
•           @import url("modern.css");
•           ...
◊       -->
◊   </style>
◊   </head>
```

Wichtig ist, dass die @import-Regel immer hinter dem link-Element für das verknüpfte Stylesheet notiert wird, damit die Regeln des zweiten Stylesheets die »Vorsichtsmaßnahmen« des ersten Stylesheets überschreiben.

Stylesheets für verschiedene Plattformen auswählen

Wenn Schriftgrößen nicht in Pixel, sondern in Punkt angegeben werden, erscheinen sie sehr unterschiedlich groß auf den verschiedenen Plattformen. Eine Schrift in 12 Punkt ist auf dem Mac schon fast zu klein, auf dem PC sieht sie riesig aus. Mit Hilfe eines JavaScripts im <head>-Bereich des Dokuments verzweigt man in verschiedene Stylesheets, um die jeweils an das Betriebssystem angepassten Schriftgrößen zu nutzen. Allerdings ist es wesentlich einfacher, Schriftgrößen für die Ausgabe auf dem Monitor gleich in Pixeln anzugeben, denn auf diese Weise wird die Konsistenz deutlich besser gesichert.

7.9 Wenn das Stylesheet nicht funktioniert

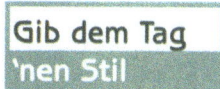

Relative Maßgaben

Wenn Schriftgrößen in relativen Maßangaben wie ems definiert werden, kann sich der Besucher die Seite zurechtzoomen, um kleine Textpassagen bequem zu lesen. Wenn zudem nicht nur die Schriftgrößen, sondern auch die Größen von Layoutelementen wie div-Containern oder Tabellen durch ems beschrieben werden, umbricht das Layout nicht und Seiten lassen sich tatsächlich vergrößern und verkleinern. Die Vorstellungen des Designers über die Aufteilung des Browserfensters werden auf allen Monitoren erfüllt, ohne dass es zu Umbrüchen im Textfluss kommt.

Zwar ist der Textzoom in allen Browsern unterschiedlich implementiert und weist auch unterschiedliche Bezeichnungen auf (»Textzoom«, »Schriftgrad« oder »Schriftgröße«), aber er bringt ein kleines Wunder zustande: Die Darstellung kommt den persönlichen Bedürfnissen des Besuchers entgegen.

Der Umstieg von absoluten auf relative Maßangaben ist gewöhnungsbedürftig und erfordert eine sorgfältige Überarbeitung des Stylesheets:

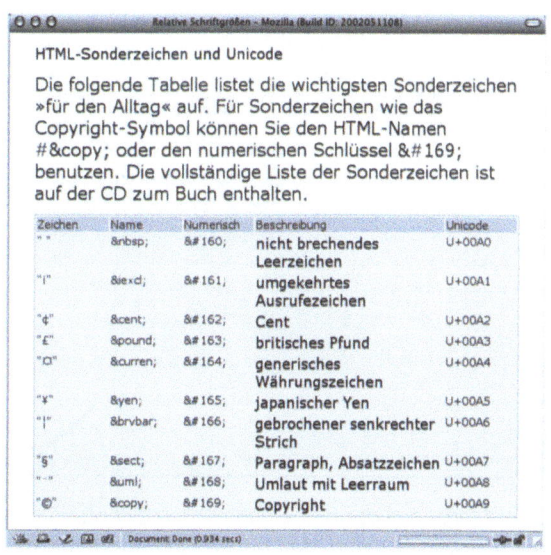

- p   { font: 1.4em "Gill Sans"; }
- td   { font: 1.2em "Gill Sans"; }
- td p { font: 1.2em "Gill Sans"; }

sorgt jetzt keinesfalls dafür, dass Text in <p>-Tags genauso groß dargestellt wird wie Text in <td>-Tags, sondern vergrößert Textabsätze innerhalb von Tabellenzellen, da sich relative Größen aus der Größe ihres umfassenden Blocks berechnen.

Think relative ...
Damit relative Größenangaben den Absatz innerhalb von Tabellenzellen in der gleichen Größe setzen wie Text in <td>-Tags, muss
`td p {font: 1em "Gill Sans"; }`
definiert werden.

Relative Maßangaben und der Textzoom

Mit Pixelangaben werden Schriftgrößen auf den verschiedenen Plattformen in den meisten Browsern konsistent dargestellt – mit einer Ausnahme: Opera. Für einen »modernen« Browser ist das ein peinlicher Bug, der auch mit den verschiedenen Updates noch nicht bereinigt wurde. Die Entwickler von Opera sagen: »Relativ ist relativ«. Andererseits gilt auch: 10 Pixel sind 10 Pixel.

Auch die Angabe von ems verbessert die Schriftdarstellung in Opera nicht. Während alle anderen Browser eine perfekte Übereinstimmung zeigen, bleiben Schriften in Opera deutlich kleiner. Aber wie alle modernen Browser bietet Opera einen Textzoom, der dem Besucher wieder zu einer annehmbaren Schriftdarstellung verhilft.

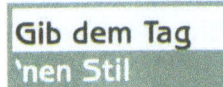

Kapitel 7   HTML is a Box in a Box

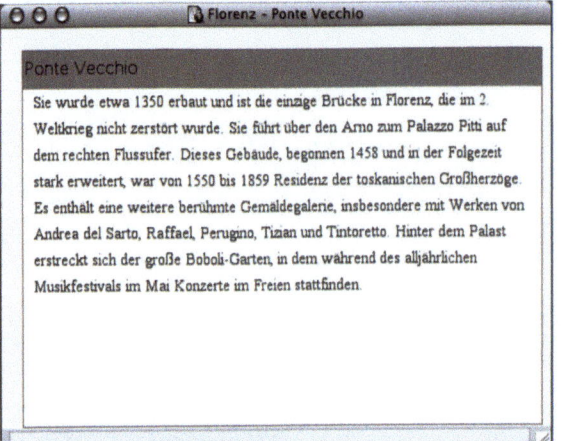

Opera tanzt aus der Reihe und rendert Schriften, die mit relativen Schriftgrößen notiert wurden, deutlich kleiner als alle anderen Browser.

In allen anderen Browsern – sowohl in Internet Explorer als auch in Netscape 6/7 und Mozilla sind die Darstellungen erfreulich konstant.

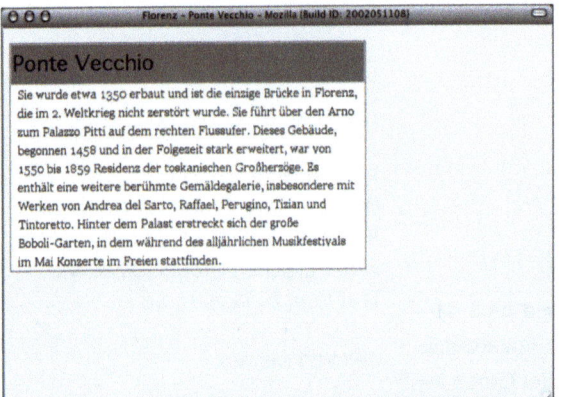

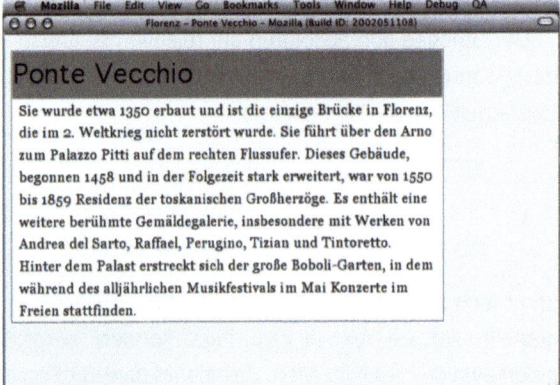

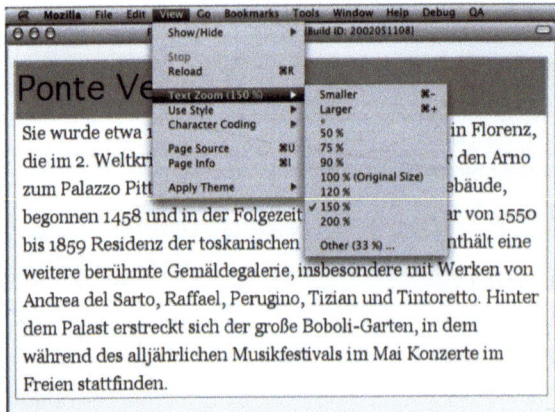

Der Textzoom könnte zu einer der segensreichsten Techniken der modernen Browser werden. Er vergrößert bei ems-Angaben nicht nur die Schrift, sondern auch die Layoutelemente der Seite.

Pixel für Pixel

Kapitel 8   Schrift, Grafik und Farbe

Was stellen Autoren und Grafiker nicht alles an, damit sich ein Leser bereit findet, einen Text zu lesen ...

Der richtige Platz für Experimente ist natürlich das Internet, wo die Möglichkeiten ungeheuer sind und doch gleichzeitig so beschränkt. Da ist es kein Wunder, dass die Techniken kommen und gehen: Die pure HTML-Serifenschrift, die schwarz vor dem grauen Hintergrund stand, die winzigen GIF-Bilder, die in Massen auftauchten und beim Klick mit der Maus rot wurden, ladbare Schriften wurden diskutiert und nicht zuletzt die Schrift in Flash, der Hoffnungsschimmer der Typofans.

Pixel für Pixel

Kapitel 8 Schrift, Grafik und Farbe

Eine wichtige Lebensweisheit – »kenne die Regeln, die du brichst« – trifft auch voll auf das Grafikdesign zu (von diesen Plattitüden gibt es jede Menge: »renne nicht, bevor du nicht laufen gelernt hast« u.Ä.).

8.1 Schriften für den Monitor

Der Monitor, diese technische Krücke, löst eine Seite nur unzureichend auf. Hier stehen 72 bis 120 dpi zur Verfügung, während wir in Zeitschriften und Büchern mit 300 dpi drucken. Bis die Technik höhere Monitorauflösungen leistet, werden wir Texte auf dem Monitor langsamer und unwilliger lesen als auf dem Papier.

Auf der anderen Seite ermüdet der hohe Kontrast des Monitors das Auge – hier herrschen strahlendes Persilweiß und höllisches Schwarz, während beim Druck auf »echtes« Papier ein mildes Gelb oder Graublau und ein schlappes Schwarz unsere Augen schützen. Der Kontrast vom Hintergrundweiß zur Farbe der Schrift muss gesenkt werden – bei Schwarz auf Weiß ist der Kontrastunterschied zu hoch.

Too few Pixel

Neun Pixel braucht ein Buchstabe, um sich voll ausbreiten zu können.

Auch die Schrift selber muss für das Medium »Bildschirm« geeignet sein. Die klassischen Schriften des Drucks, die Times, die Palatino und die Garamond, sind für den Druck auf Papier optimiert. Serifen erschweren insbesondere das Lesen von Kleinbuchstaben (abcde) auf dem Monitor, denn hier bestehen die Zeichensätze nicht aus Vektoren, sondern sind aus Pixelklötzen aufgebaut. Bei kleinen Schriften stehen nur wenige Pixel für die Serife zur Verfügung.

In großen Schriften ab 12 Punkt sieht die Serife schon besser aus. Für Überschriften wird man durchaus edle Serifenschriften in Betracht ziehen, um sich wieder aus dem Einerlei der serifenfreien Schriften herauszubewegen.

Serifenfreie Schriften erweisen sich fast immer als einfacher zu lesen, kursive Schriften verbieten sich, es sei denn, sie werden in Schriftgrößen von 12 Punkt und mehr benutzt, denn Pixel kennen keine Schräglage.

Kursiv geht schief

Kursive Schriften verbieten sich aber fast immer auf dem Monitor – kursiver Text erschwert das Lesen (erinnern wir uns mal wieder an die geringere Auflösung des Monitors und dass nur wenige Pixel für die

8.1 Schriften für den Monitor

Darstellung eines kleinen Buchstabens zur Verfügung stehen). Und als ob das nicht schon genug wäre ... wenn kein spezieller Kursivschnitt der Schrift installiert ist, kippt der Browser den Text nach eigenen Vorstellungen in die Schräglage. Das Ergebnis pixelt und treppt, dass sich die Lettern vor Qualen biegen.

Ein hartes Los trifft die Schrift, wenn sie als Kursivschnitt vom eckigen Pixelraster des Monitors schräg gestellt wird.

Natürlich könnte man sich damit behelfen, eine Schrift mit speziellem Kursivschnitt einzusetzen – aber welcher Besucher hätte wohl die LO Univers 45 LightOblique, I Frutiger Italic oder LI Frutiger LightItalic auf seinem Rechner installiert? Davon abgesehen, so viel besser wird das Schriftbild der speziellen Kursivschnitte auch nicht.

Bold, also Fett, ist als Textauszeichnung nicht besser, wenn kleine Schriftgrößen angesetzt sind. Inzwischen empfiehlt das W3C das <strong>-Tag anstelle des <b>-Tags und sieht darin eher eine besondere Hervorhebung als einen Fettschnitt. Anstelle des <i>-Tags soll das <em>-Tag verwendet werden, also eine Betonung. Also definiert man die beiden Tags im Stylesheet neu – z.B. dunkelrot statt kursiv sowie grau und fett anstelle des fetten Begriffs mit einem hohen Kontrast gegen die benachbarten Wörter:

Fett ausgezeichnete Textpassagen – insbesondere in kleinen Schriftgrößen, wenn die fette Darstellung durch Hinzurechnen von Extrapixel entsteht – werden zum Leistungssport für den Leser.

- `em { font-style: normal; color: #CC0000; }`
- `strong { color: #666666; }`

Sehen Sie sich die Menüs der Programme an: Sie sind ausnahmslos mit serifenfreien Schriften ausgestattet. Betont werden Begriffe durch einen Fettschnitt, ausgeblendet durch eine scheinbare Einprägung, ein Relief oder durch einen besonders niedrigen Kontrast zwischen Schrift und Hintergrund.

Unterhalb von 10 Punkt sind nur noch spezielle Fonts wie Mini7 lesbar. Diese Schrift dürfte aber bislang so gut wie kein Surfer installiert haben. Da bleibt nur noch die Ausflucht in die Flashgrafik (siehe S.292).

Top Eight

Insbesondere die Schriften der ersten Generation von Windows-Anwendungen sind mittlerweile technisch überholt. Dazu gehören in vorderster Linie Arial und Times New Roman. Microsoft liefert mittlerweile eine kleine Sammlung neuer Schriften zusammen mit Windows, Internet Explorer und dem Office-Paket aus, die auch auf dem Mac fast immer installiert sind.

HTML-Editoren wie Dreamweaver und Adobe GoLive bieten vorgefertigte Schriftauswahllisten. Die Renner sind:

- Arial, Helvetica, sans-serif. Arial gilt als serifenfreie Standardschrift auf dem PC, Helvetica als Standardschrift auf dem Mac.

Kapitel 8   Schrift, Grafik und Farbe

- Times New Roman, Times, serif. Times New Roman gilt als Standardschrift auf dem PC, Times als Standardschrift auf dem Mac.
- Verdana, Arial, Helvetica, sans-serif
- Georgia, Times New Roman, Times, serif

Die hier aufgeführten Schriften können sowohl einen Italicschnitt als auch einen fetten Schnitt aufweisen. Mit Ausnahme von Times New Roman bieten sie auch einen fetten Italicschnitt.

Standardschnitt	Italic	Fett	Fett und Italic
Verdana	Verdana	**Verdana**	***Verdana***
Arial	Arial	**Arial**	***Arial***
Trebuchet	Trebuchet	**Trebuchet**	***Trebuchet***
Comic Sans MS	Comic Sans MS	**Comic Sans MS**	***Comic Sans MS***
Georgia	Georgia	**Georgia**	***Georgia***
Times New Roman	Times New Roman	**Times New Roman**	*Times New Roman*

Trends in Sachen Schriften

Zwar sind die Verdana als Nachfolger für die Arial und die Georgia als Nachfolger für die Times New Roman gedacht, aber etabliert sind sie keinesfalls. Kaum eine Anwendung – nicht einmal Microsoft Office-Anwendungen – hat bislang ihre Voreinstellungen geändert, so dass diese Schriften kaum verwendet werden. Im Web sieht man allerdings die Verdana schon häufiger – sie ist auf dem besten Wege, zur Trendschrift des Webs zu avancieren.

Verdana, Georgia, Trebuchet und Comic Sans MS wurden gegenüber ihren Vorgängern für die Darstellung auf dem Monitor entworfen. Nicht nur ihre Form, sondern auch ihre Größe und der Zeichenabstand sind für das Pixelraster optimiert.

In gleicher Schriftgröße sind Verdana und Georgia größer und laufen breiter als die älteren Schriftarten Arial und Times New Roman. Auch

Der überwiegende Teil der Sites im Web versucht, Texte so klein wie möglich einzusetzen, um mehr Inhalt zu zeigen, ohne den Leser zu einem Sprung zu verleiten. Entscheidend ist also die Qualität einer Schrift in kleinsten Größen.

Verdana: Qualität unter der Lupe
Arial: Qualität unter der Lupe
Trebuchet: Qualität unter der Lupe
Comic Sans MS: Qualität unter der Lupe
Georgia: Qualität unter der Lupe
Times New Roman: Qualität unter der Lupe

als Serifenschrift bietet Georgia einen Kursivschnitt, der auf dem Monitor bei 12 Pixel Schriftgröße eine gutes Bild darstellt.

Comic Sans MS, ein selten erspähtes Mauerblümchen, hebt sich durch ein angenehmes Schriftbild und durch schöne Versalien vom täglichen Schriftenallerlei ab und ist auch in kleinen Punkt- oder Pixelgrößen gut lesbar – Typomanen allerdings lehnen sie als »amateurhaft« ab.

Trebuchet eignet sich insbesondere für kleinste Schriftgrößen und bietet ein ausgewogenes Schriftbild für tabellarische Daten. Die Schrift ist selbst mit 8 oder 10 Pixel Schriftgröße noch lesbar.

Versalien und Kapitälchen

Versalien erschweren das Lesen auf dem Monitor genauso wie auf dem Papier. Die gleichmäßige Höhe aller Zeichen differenziert nicht ausreichend, so dass wir ein paar Gänge mehr einlegen müssen, um einen Text in Versalien zu begreifen.

Die Lesbarkeit hängt auch von den »Oberlängen« des Schriftbildes ab. Das Auf und Ab der einzelnen Buchstaben ist ein arbeitssparender Anhaltspunkt, der das Lesen komfortabler gestaltet.

Texte auf dem Monitor brauchen einen deutlich höheren Zeilenabstand als der gedruckte Text.

Das erklärt wohl auch, warum der Trend im Web so viele durchgängig in Gemeinen geschriebene Menüpunkte zeigt – sie setzen sich vom Fließtext ab, vermeiden aber die Nachteile der Versalien.

Im Druck wird bei der Verwendung von Versalien oder Kapitälchen empfohlen, sie leicht gesperrt zu setzen. Auf dem Monitor bekommt ihnen ein noch höherer Buchstabenabstand:

- ```
  h4 { font: small-caps 14px Georgia, serif;
       color: #333333;
       letter-spacing: 0.1em; }
  ```

Der große Vorteil der Groß- und Kleinschreibung: Sie erleichtert das Lesen.

Zeilenhöhe

Die Zeilenhöhe muss deutlich größer sein als auf dem Papier, sonst verschwimmen die Zeilen vor unseren Augen.

Die Zeilenhöhe, gemessen von Grundlinie zu Grundlinie, wird – wie auch in den meisten Textverarbeitungs- und Satzprogrammen – vom Browser automatisch eingestellt. Die meisten Programme setzen den Raum zwischen den Grundlinien mit 120% der Schrifthöhe an (bei einer Schriftgröße von 10 Pixel wird die Zeilenhöhe also auf 12 Pixel gesetzt) und die Browser haben diese Einstellung übernommen. Auf dem Mo-

Ein höherer Zeichenabstand verbessert das Schriftbild, wenn Versalien oder durchgehende Kleinschreibung verwendet werden.
  ```

nitor werden Schriften aber besser lesbar, wenn die Zeilenhöhe auf 130% bis 140% gesetzt wird. Schriften wie die Verdana, Arial und Trebuchet kommen mit dieser Einstellung gut aus. Times New Roman braucht eine größere Zeilenhöhe und moderne Schriften wie Georgia und Walbaum erfordern darüber hinaus einen noch einmal höheren Abstand zwischen den Zeilen innerhalb eines Textabsatzes.

Keine Schrift leidet, wenn die Zeilenhöhe heraufgesetzt wird. Aber alle Schriften leiden, wenn die Zeilenhöhe geringer angesetzt wird.

Zeilenlänge

Genauso wie auf dem Papier gilt, dass Texte nicht über eine bestimmte Zeilenlänge laufen sollten. Die alte Designerregel »Weißraum macht edel« gilt auch auf dem Bildschirm. Dass Texte auf dem Monitor so schwer lesbar sind, liegt nicht unwesentlich auch darin begründet, dass die Zeilen fast auf allen Seiten noch viel zu lang sind. Während im Printdesign 30 bis 40 Zeichen als optimale Zeilenlänge angegeben werden, ist das für dem Monitor noch immer zu viel.

Auf der anderen Seite muss sich der Webdesigner die Frage stellen, ob er eine feste Zeilenlänge bevorzugt – dann entstehen unter Umständen auf großen Monitoren Freiräume, die deplatziert wirken können.

Lasset es flattern: Textausrichtung

Generell wird Text für den Monitor linksbündig im Flattersatz gesetzt und ein kurzer rechtsbündiger Text kann einen grafischen Effekt oder den Aufbau des Dokuments unterstützen.

Blocksatz hingegen ist für den Druck gedacht und versagt auf dem Monitor. Den Browsern fehlt die Silbentrennung, die dafür sorgt, dass ein Text sich ohne auffällige Lücken im Blocksatz von links bis rechts gleichmäßig erstreckt. Die feinen typografischen Werkzeuge für das Spationieren, mit denen der Blocksatz in Zeitschriften, Magazinen und Büchern in Fleißarbeit und manuell Zeile für Zeile korrigiert wird, bekommen wir zwar mit CSS2 frei Haus geliefert, aber was hilft das, wenn wir nicht wissen, in welcher Größe, auf welchem Monitor, bei welcher Auflösung die Seite beim Besucher erwacht?

So bleibt der Blocksatz (`text-align:justify`) im Web kleinen und bedachten Effekten vorbehalten.

Noch liefert der Blocksatz hässliche Lücken. Wir warten also sehnsüchtig auf die Silbentrennung in den Browsern.

8.2 Ladbare Schriften

8.2 Ladbare Schriften

Der Schock über die spartanische Schriftensteuerung in HTML wird zwar durch CSS1 und CSS2 gemildert, aber ein Wermutstropfen bleibt – die Frage, ob der Besucher auch tatsächlich die gewünschten Schriften und Schnitte auf seinem Rechner installiert hat. Damit stellt sich natürlich die Frage nach den ladbaren Schriften. Ansätze dafür gibt es tatsächlich, aber – nicht, dass wir nicht genug Aufregung durch den Browserkrieg hätten – ein weiterer Krieg um Hausgemachtes bremst wieder einmal eine neue Technologie aus: ladbare Schriften.

Es wäre herzerfrischend, wenn wir dem Besucher von Zeit zu Zeit eine andere Schrift als Times, Arial oder Verdana präsentieren könnten, und so manch ein Logo müsste nicht aufwendig in Grafik umgesetzt werden, wenn wir Schrift frei auswählen könnten.

OpenType

OpenType ist eine übergreifende Fonttechnologie, die von Adobe und Microsoft entwickelt wurde und unter Mac OS und Windows einsetzbar ist. Während in traditionellen digitalen Zeichensätzen jeder Schnitt der Schrift in einer gesonderten Datei gespeichert wird, sind OpenType-Schriftfamilien in jeweils nur einer Datei auf dem Rechner installiert, die sämtliche Schnitte und Sonderzeichen wie Mediävalziffern, Kapitälchen und Zierschriften enthält.

OpenType-Schriften basieren auf dem Unicode-Verschlüsselungsstandard und können mit einem umfangreichen Zeichensatz eine Vielzahl von Sprachen unterstützen. OpenType-Schriften sind relativ kompakt und alle Schriftfamilien können in Kombination mit PostScript Type 1- und TrueType-Schriften eingesetzt werden.

Software für die Transformation: WEFT

Microsofts Ansatz für ladbare Schriften ist dementsprechend Embedded OpenType. OpenType-Schriften lassen sich mit dem Microsoft-Tool WEFT (Web Embedding Font Tool) in ladbare Schriften für das Web konvertieren.

WEFT wird zunächst gestartet, um die Site mit all ihren Links zu analysieren und aufzeigen, welche Schriften überhaupt konvertiert werden dürfen (anhand der Copyrightinformationen). Der Webdesigner erzeugt aus TrueType-Schriften (und da Adobe mit im Spiel ist, später auch aus Typ-1-Schriften) Embedded-OpenType-Schriften (EOT). Diese enthal-

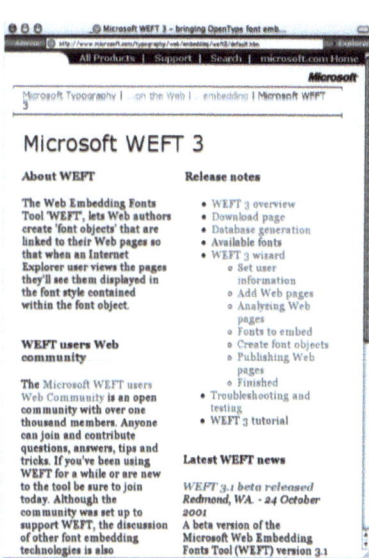

293

ten die Originalhints (die von Adobe freigegeben wurden). Da die ladbaren Schriften wie auch Bilder im Cache des Browsers gespeichert werden, gilt diese Technologie nicht als sicher: Sie biete keinen wirksamen Schutz gegen den Schriftenklau, argumentieren Gegner.

Internet Explorer unterstützt Embedded OpenType seit Version 4.01. Wer mit Netscape surft, bleibt außen vor.

TrueDoc

Netscape und Bitstream haben im Gegenzug das TrueDoc-Format entwickelt. Genauso wie bei Embedded OpenType müssen Schriften konvertiert werden, damit sie als ladbare Schriften zusammen mit der Webseite zum Besucher gelangen. Anders als bei OpenType verwirft TrueDoc die Originalhints der Schrift bei der Konvertierung und vektorisiert den Font erneut.

Der Ansatz von Netscape und Bitstream ist sanft entschlafen und nachdem Netscape mit den Versionen 6 und 7 den Ansatz nicht mehr unterstützt, hat Bitstream den Vertrieb seines Schrifttools WebFont Maker eingestellt.

OpenType hingegen entwickelt sich zur offenen Plattform für Schriften sowohl unter Windows als auch unter Mac OS und ist derzeit eher in der Lage, die Hoffnung der Designer auf ladbare Schriften im Internet aufrechtzuerhalten.

8.3 Schrift als Grafik: GIF und Flash

Mit CSS2 werden zahllose GIF-Schaltflächen und -Schriften so langsam aus den Sites verschwinden – sie sind unhandlich im Vergleich zu Schaltflächen, die im Stylesheet definiert werden. Schließlich erfordert jede Änderung einen Neuaufbau des GIF-Bildes – im Stylesheet aber vielleicht nur die Änderung der Farbe von stealblue zu teal. Auch der Mouse-Rollover-Effekt, unverzichtbar, wird inzwischen nicht mehr nur auf Schrift und reine Grafik beschränkt, sondern kann sich durch die HTML-Attribute, die als so genannte Eventhandler fungieren, auf beliebige Elemente erstrecken und zu allem Überfluss für jedes Element auch noch einen anderen Mauszeiger mitbringen. Das ist schneller und effizienter als jedes GIF-Bild.

GIF lebt

Sobald ein bestimmter Schrifttyp erforderlich ist (z.B. für ein Logo) und überall dort, wo sich der Designer absolut auf die Darstellungsgröße verlassen muss oder wo er bestimmte Effekte einsetzen will und unter keinen Umständen ältere Browser ausgrenzen möchte, bleibt die gute alte GIF-Grafik der Sieger nach Punkten für Zuverlässigkeit und Verfügbarkeit. Bis ein Standard für ladbare Schriften greift, werden wir uns an vielen Stellen schlichtweg an das sicherste aller Mittel halten, Schriften perfekt bis in den letzten Pixel und in der gewünschten Größe für den Monitor umzusetzen: die Grafik.

Solide, langsam, unhandlich, aber immer zur Hand

Werden Schriften als GIF-Bild aufbereitet, stellt sich nicht die Frage, ob die Schrift auch auf dem Rechner des Besuchers installiert ist. Zudem wird die Grafikschrift stets in der Größe angezeigt, die sich der Designer ausdenkt.

GIF-Grafiken bieten im Verein mit JavaScript ohne den Einsatz der Pseudoselektoren `a:hover`, `a:link`, `a:visited` und `a:active` die einzige Chance, zu frei designten Rollover-Animationen zu kommen. Darum erfreuen sich Grafikschriften, insbesondere in der Navigationsleiste, immer noch großer Beliebtheit.

Kapitel 8 Schrift, Grafik und Farbe

GIF-Grafiken für Schriften sind eine mit hohem Pflegeaufwand verbundene Technik. Schon das Ändern der Hintergrundfarbe erfordert den Neuaufbau der Grafiken, selbst wenn das GIF-Bild mit einem transparenten Hintergrund angelegt wurde.

Alias oder Antialias – das ist hier die Frage

Damit Schrift weniger pixelig aussieht, verwenden Betriebssysteme und Bildbearbeitungsprogramme einen Trick: Antialiasing. Das lässt Schriften zwar glatter erscheinen, gleichzeitig werden sie dadurch unscharf. Insbesondere kleine Schriftgrößen sind nur mit besonderer Konzentration lesbar und strengen den Leser an. Bei kleinen Schriften, die als Grafiken auf die Seite gestellt werden, wird das Antialiasing im Bildbearbeitungsprogramm besser abgeschaltet.

Grafikschriften beherrscht jedes Bildbearbeitungsprogramm, die Meister sind hier sicherlich Adobe Photoshop oder ImageReady und Macromedia Fireworks. Alle diese Programme sind auch in der Lage, die Schrift direkt für den Einsatz als »Effektgrafik« umzusetzen, d.h. Versionen für einen noch nicht besuchten Link, für einen besuchten Link, für einen gedrückten Link und für einen Link unter dem Mauszeiger durch ihre Ebenen- und Ebenenstiloptionen herzustellen, die auch direkt im Bildbearbeitungsprogramm getestet werden können.

GIF und Schriftart

Für GIF-Schriften werden vorzugsweise serifenlose Schriften wie Arial, Verdana oder Helvetica ohne oder mit wenig Antialising verwendet. Serifenschriften wie Times oder Garamond sind auf dem Monitor gerade in kleinen Punktgrößen schwer lesbar und erzeugen größere GIF-Dateien.

Mindestens vier Farbstufen braucht eine GIF-Schrift, um noch in akzeptabler Qualität auf dem Monitor des Besuchers zu erscheinen.

GIF und Transparenz

GIF ist nicht zuletzt auch deswegen so beliebt als Grafikformat, weil es als eines der wenigen Bilddatenformate Transparenz speichern konnte. GIF-Schriften oder -Bilder legen sich ohne viereckigen Rahmen vor den Hintergrund des HTML-Elements, insbesondere aber vor Hintergrundbilder.

Obwohl selbst die preiswertesten Schätzchen unter den Bildbearbeitungsprogrammen ein GIF-Bild mit transparentem Hintergrund speichern können, verrät sich der Transparenzeffekt durch einen Haloeffekt, wenn die Kanten der Schrift oder des freigestell-

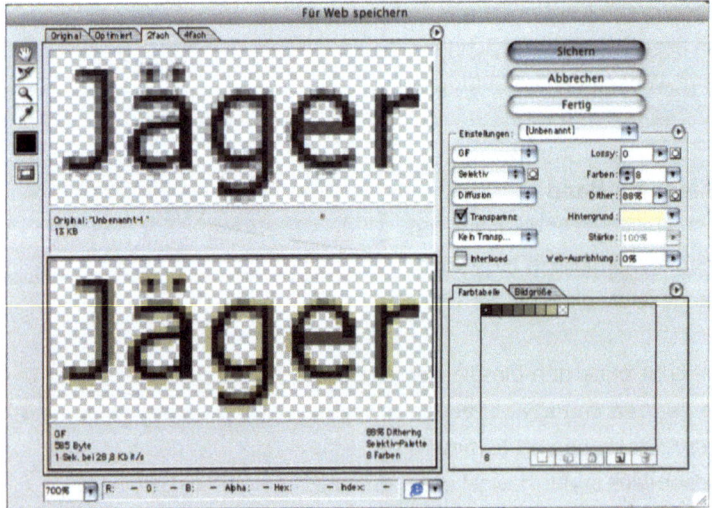

8.3 Schrift als Grafik: Gif und Flash

ten Bildmotivs nicht auf die Hintergrundfarbe vorbereitet wurden. Wird die Hintergrundfarbe geändert, müssen fast immer die GIF-Bilder neu angelegt werden, um der Änderung der Hintergrundfarbe Rechnung zu tragen.

Der Dithereffekt

Wenn ein Bild oder eine Grafik Farben enthält, die sich durch die jeweils verwendete Farbpalette nicht darstellen lassen, kann GIF die fehlende Farbe durch eine Kombination aus vorhandenen Farben simulieren. Dabei entsteht ein Tüpfel- oder Dithereffekt, den der Betrachter aber nur bei genauem Hinsehen entdeckt.

Wenn eine bestimmte Farbe gefordert ist, die nicht in der websicheren Farbpalette enthalten ist, kann der Grafiker entweder eine eigene Farbpalette anlegen oder die Farbe durch den Dithereffekt simulieren.

Nur in der Vergrößerung entpuppt sich der Beigeton als Dithereffekt, der tatsächlich aus zwei Farben besteht.

Schrift als Grafik: Flash

Für manische Typografen führt der Weg ins Glück allein über Flash. Mit Flash hat Macromedia ein Wunder in der Grafik bewirkt. Alles was vorher war, bleibt weit hinter Flash zurück und Flash ist die einzige Umgebung, in der Schriften sicher und sauber eingebettet werden können – und zwar mit einem ausgezeichneten Antialiasing, das die Form nicht beeinträchtigt. Kein Wunsch bleibt versagt: Schrift in Flash ist ohne Qualitätsverlust beliebig skalierbar, Transparenz und Semitransparenz sorgen für Übergangseffekte.

Flash setzt nicht nur sehr sparsame Grafiken und Animationen auf den Monitor, sondern insbesondere auch ganze Seiten und selbst die komplette Site mit allen Raffinessen setzt Flash in Bewegung – und das, ohne den Designer mit den Eigenschaften, Fehlern und Schwächen von Browsern auf verschiedenen Betriebssystemplattformen zu behelligen.

Es gibt genügend Gründe, beim hölzernen HTML zu bleiben – es sind gerade die Stylesheets, die Typografie und Layout durchgehend gestalten und die mit wenigen Zeilen einen Umbau von Typo und Layout erlauben. Daneben steht für kommerzielle Sites natürlich auch noch die Funktion der Suchmaschinen, die aus einer Flash-Seite keine substantielle Information gewinnen können.

Was natürlich nicht heißen soll, dass Flash-Seiten nicht mehr erwünscht sind. Im Gegenteil: Sie sind so einfach einzubinden, dass es immer wieder Sinn machen wird, Sites aus beiden Bestandteilen zu mischen.

Das Flash-Plug-in ist heute fester Lieferbestandteil jedes Browsers. Gibt es also noch Gründe, auf dem hakeligen HTML und seinen – zugegebenermaßen – unhandlichen Stylesheets zu beharren?

Etwa 5 bis 10% aller Besucher im Internet, so lauten die Schätzungen, haben kein Flash-Plug-in installiert.

8.4 Maßangaben

points, ems, pixels und andere Maßeinheiten

Wer einmal ein umfangreiches Dokument in einem Textverarbeitungs- oder Satzprogramm angelegt hat, kennt den Aufwand, die Größe von Fließtext und Überschriften, von Bildunterschriften, Kopf- und Fußzeilen in ein Gleichgewicht zu bringen.

Zwar können Sie alle Größen in den Vorlagen ändern, aber in einer Zeitschrift, einem Buch, einem Katalog oder einem Handbuch kommen schnell 20 und mehr Stilvorlagen zusammen. Wenn Sie die Größe einer Überschrift ändern, müssen wahrscheinlich viele andere Überschriften ebenfalls geändert werden.

Größenangaben in Stylesheets

Stylesheets bieten ein umfangreiches Repertoire an verschiedenen Maßen, das für Schriften, für das Tabellenlayout, für Ränder und Abstände genutzt werden kann. Hier geben Sie z.B. die Schriftgröße für das body-Element in Pixel an und die Schriftgröße von Absätzen mit Einzügen, Aufzählungen, Bildlegenden und Überschriften in einem Prozentsatz dieser Schriftgröße. Die Änderung der Schriftgröße des body-Stils ändert automatisch die Schriftgrößen der »Kinder«.

Allgemein können wir zwischen drei Techniken für die Größenangabe unterscheiden:

1. pt (Punkt) ist eine absolute Größeneinheit für die Schriftgröße – so wie Zentimeter, Inch oder Pica. Alle diese Einheiten kommen aus einem Medium, das eine absolute Kontrolle der Größe erlaubt – dem Druck. Absolute Maße beinhalten, dass der Font nicht skaliert wird.
2. Relative Maße wie ex und em oder prozentuale Größenangaben sind skalierbar und erlauben dem Besucher, die Textgröße jederzeit zu ändern.
3. Die Angabe px garantiert, dass eine Differenz von einem Pixel sofort sichtbar wird. Es handelt sich um eine relative Größenangabe in Hinsicht darauf, dass sie von der Größe und der Auflösung des Bildschirms abhängig ist.

Relative Längenangaben

Name	Bedeutung	Beispiel
px	Ein Punkt auf dem Bildschirm des Computers.	7px
em	Ein em ist die Schriftgröße des Elements, es sei denn, em wird für font-size angewendet. Bei font-size entspricht em der Schriftgröße des Vorfahren.	-4em
ex	Ein ex die ist x-Höhe der Schrift. Das ist meistens die halbe Schrifthöhe, aber in Skriptschriften beträgt die x-Höhe oft nur ein Viertel der Schrifthöhe. In der Regel setzen Browser darum 1ex als halbe Höhe der jeweiligen Schrift an.	7ex
%	Ein Prozentsatz von einem Ausgangswert.	45.5%

Absolute Längenangaben

Name	Bedeutung	Beispiel
in	Inch	7in
pt	Ein Punkt ist 1/72 Inch	-5pt
pc	Pica, 12 Punkte	1.3pc
mm	Millimeter	6.12mm
cm	Zentimeter	6.237cm

Point: `p { font-size: 16pt }`

Mit Punktgrößen freundet sich der Printdesigner naturgemäß am schnellsten an. Punktgrößen beziehen sich auf ein virtuelles Rechteck, das sich von der Unterlänge wie bei »p« bis zur oberen Grenze eines Zeichensatzes (wie beim »d«) aufspannt. Punktangaben differieren von Browser zu Browser, von Plattform zu Plattform. Was auf dem PC im Internet Explorer als riesige Schrift gezeigt wird, ist unter Netscape auf dem Mac viel zu klein.

Der Textzoom funktioniert in den meisten Browsern überhaupt nicht, wenn Schriften in Punktgrößen angegeben werden. In der guten alten Zeit benutzte man ein JavaScript, um die Plattform auszulesen und zu entsprechenden Stylesheets zu verzweigen – inzwischen werden die meisten Webentwickler Pixelgrößen oder ems bevorzugen.

em: `p { font-size: 1em }`

In der Typografie bezieht sich `em` auf die Breite des Buchstabens »m« in der jeweiligen Schriftgröße. In CSS bezieht es sich auf die Größe des Elternelements – in der Regel die vorgegebene Größe der body-Schrift. `em` eignet sich also gut als Basismaß, von dem aus alle weiteren Maße berechnet werden:

- `p { font-size: 20px }`
- `b { font-size: 1.5em }`

Das <b>-Tag wird innerhalb eines <p>-Tags also 30 Pixel groß gesetzt. Das funktioniert zwar nicht im Internet Explorer 3 (na ja ...), eignet sich aber auch für den Druck.

ex: `p { font-size: 2ex }`

Die x-Höhe einer Schrift bezieht sich auf die Höhe des kleinen »x«. Wird die x-Höhe anstelle einer normalen Schriftgröße benutzt, erhalten Sie eine konsistentere Darstellung der verschiedenen Schriften, insbesondere, wenn Sie die Schriftart Verdana benutzen, die eine relativ große x-Höhe im Vergleich zu anderen serifenlosen Schriften aufweist.

Pixel: `p { font-size: 20px }`

Für die meisten Webdesigner ist das Pixel eine vertraute Basis. Das beste am Pixel ist, dass es Textgrößen auf dem PC und auf dem Mac in gleicher Weise behandelt.

Der Betrachter der Seite kann die Darstellung von Schriften, die in Pixelgrößen vorgegeben worden sind, in modernen Browsern beeinflussen. Pixelangaben funktionieren in allen Browsern auf allen Plattformen recht zuverlässig und bieten dort eine ähnliche Größe.

Also ist es vorteilhaft, »Pixel« anzugeben, weil Schriftgrößen in allen Browsern und auf allen Plattformen gleich groß dargestellt werden. Das erspart die Abfrage des Browsers, die Verzweigung im Stylesheet und das Testen, ob der Text die vorgesehenen Dimensionen einhält.

Der Nachteil: Seiten mit Pixelangaben in `font-size` werden nicht konsistent gedruckt. Manchmal funktioniert der Druck überhaupt nicht, manchmal wird die Schrift winzig klein.

Andere Maßangaben:

Wenn Sie mit den vorangegangenen Maßeinheiten nicht zurechtkommen, versuchen Sie es mit einer der folgenden:

- `in` steht für Inch
- `cm` für Zentimeter
- `mm` für Millimeter
- `pc` für Pica

8.4 Maßangaben

Diese Maßangaben führen zu unvorhersehbaren Ergebnissen, wenn sie für die Darstellung von Elementen auf dem Computermonitor benutzt werden. Monitore arbeiten mit Pixelauflösungen und der Treiber der Grafikkarte hat meistens nur eine rudimentäre Vorstellung, wie groß der Monitor ist.

Sobald Stylesheets für den Druck angelegt werden, sind die Maße der »echten« Welt – vom Zentimeter bis zum Punkt – wieder unverzichtbare Basis für das Design.

Keywords: `p { font-size: large }`
Damit das Stylesheet besonders gut lesbar wird, können Sie `font-size` auch durch Schlüsselwörter steuern. Sieben Schlüsselwörter sind definiert und stimmen mit den numerischen Werten überein, die wir vormals im <font>-Tag gesehen haben:

- `xx-small` • `x-small` • `small` • `medium` • `large`
- `x-large` • `xx-large`

Good old times ... mit diesen sieben Werten hat der Browser wieder das Sagen in Hinsicht auf die Schriftgröße. Im Netscape Communicator – sowohl unter Windows als auch auf dem Mac – wird `x-large` mit 28 Pixel dargestellt, mit 24 Pixel im Internet Explorer 4 (Windows und Mac) und mit 18 Pixel im Internet Explorer 3 für Windows 95. Diese Freiheit der Browser können wir noch um einen weiteren Schritt vergrößern:

- `smaller`
- `larger`

Ein Wert `smaller` weist den Browser an, die Schriftgröße entsprechend der Schlüsselwort-Skala noch einen Tick kleiner zu gestalten. Wenn auf einen `large` Text ein `smaller` angewendet wird, wird daraus `medium`. Genauso funktioniert `larger`. `smaller` und `larger` werden vom Internet Explorer 3 nicht unterstützt.

Prozentangaben: `h2 { font-size: 12pt; line-height: 150% }`
Der dritte Weg zur Angabe der Schriftgröße basiert auf Prozentangaben. Hier haben wir also eine komfortable Zusammenstellung: Bei Änderungen in den Schriftgrößen müssen die meisten Zeilenhöhen nicht angefasst werden, da sie automatisch mitgezogen werden.

8.5 Farben

Der eingeschränkten Farbpalette mit 216 Farben steht das nächste Revival ins Haus, sobald nämlich die Palmtops vermehrt ins Internet stürmen. Wir werden sie nicht los.

Werte wie "#FF9999" repräsentieren Farben als hexadezimale Zahlen für Rot, Grün und Blau: #rrggbb. Die ersten beiden Ziffern hinter dem # bilden die Hexzahl für Rot, die nächsten beiden die Hexzahl für Grün und die letzten beiden die Hexzahl für Blau. Die entsprechenden Wert für Rot, Grün und Blau bewegen sich dabei immer zwischen 0 und 255.

Als »optimale« Farben gelten alle Farben, die sich aus den Werten 00, 33, 66, 99, CC oder FF zusammensetzen. Alle möglichen Kombinationen miteinander ergeben 216 Farben – die berühmte browsersichere Palette. Die meisten Browser unterstützen diese »browser save« Palette. Sie benutzt sechs Abstufungen von Rot, Grün und Blau in ihren verschiedenen Kombinationen.

Die acht Grundfarben setzen sich aus den höchsten bzw. tiefsten Farbanteilen (FF und 00) sowie deren Mischungen zusammen.

RGB	00	51	102	153	204	255
Hex	00	33	66	99	CC	FF

Die neueren Computergenerationen unterstützen Millionen von Farben, lediglich sehr alte Geräte können auf ihren Monitoren nur 256 Farben darstellen. Ein Browser, der auf einem älteren Modell installiert ist, wird Farben, die er nicht darstellen kann, aus einer festgelegten Tabelle, der Palette, entnehmen. Als Effekt wird man kleine Farbpünktchen sehen.

Die browsersichere Palette stirbt nicht aus

Nun sind Grafikkarten und Monitore, die nur VGA – also 256 Farben – darstellen können, tatsächlich so gut wie ausgestorben. Und wenn die letzten Benutzer dieser Technik kleine Pünktchen in Farben sehen, die ihr Monitor nicht darstellen kann und die ihr Browser »dithert« – so schlimm wird das nicht sein. In diesem Sinne gibt es immer wieder Diskussionen, die »browsersichere Farbpalette« endgültig zu begraben.

Wer glaubt, dass dieser Effekt zusammen mit den älteren Computermodellen ausstirbt, der hat sich getäuscht: Ja – auch neue, mächtige und moderne Grafikkarten können den Rechner auf weniger als 16,7 Millionen Farben einstellen, wenn etwa zuvor ein Spiel die Anzahl der Farben reduziert hat. Auf Notebooks ist es immer noch gang und gäbe, auf 16.000 oder 32.000 Farben herunterzuschalten – entweder um etwas an Geschwindigkeit zuzulegen oder um eine höhere Bildschirmauflösung einzusetzen.

Die Wahl einer dieser websicheren Farben verhindert also den Tüpfeleffekt. Gebraucht werden die websicheren Farben insbesondere, wenn Bilder an den Hintergrund der Webseite angepasst werden sollen. Wenn Sie die Hintergrundfarbe nicht als websichere Farbe wählen, laufen Sie Gefahr, dass der Rand eines Bildes und der Hintergrund unterschiedlich dargestellt werden, obwohl beide aus den gleichen RGB-Werten aufgebaut worden sind, je nachdem ob der Rechner indizierte oder TrueColor-Farben benutzt – auch auf einem Monitor mit 32.768 Farben muss der Browser auf eine Farbpalette ausweichen.

Farbnamen

Für 16 Grundfarben bietet HTML einen einfach zu merkenden Namen. Weitere 120 Farbnamen hat Netscape für zusätzliche Farbwerte neben der systematischen Palette der 216 browsersicheren Farben definiert. Diese 120 Farbnamen liefern Zwischentöne und Pastellfarben mit Namen wie darkseagreen, mintcream und ghostwhite und werden von den meisten Browsern (IE 3+, M1, N4+, aber nicht Opera) unterstützt. Wer der hexadezimalen Farbnummer entkommen will, kann sich heute auch gut mit Farbnamen behelfen – wenn er bereit ist, Farbnamen in englischer Sprache zu lernen.

Auch ältere Browser schlagen sich tapfer, wenn ihnen die blumigen Namen anstelle hexadezimaler Farbnummern vorgesetzt werden. Trotzdem ist es sicherer, die hexadezimalen Codes weiterhin zu benutzen, da bis auf die 16 Grundfarben alle anderen Farbnamen nicht browsersicher sind und gedithert werden können.

Die Beispiele in diesem Buch verwenden vorwiegend die Netscape-Farbnamen, obwohl sie nicht in allen Browsern unterstützt werden – sie sind schlicht und einfach besser lesbar.

◊ `<td style="background: seagreen">seagreen</td>`

Übrigens muss der Monitor schon eine Farbtiefe von 64.000 Farben aufweisen, um jede einzelne dieser insgesamt 136 Farben unterschiedlich anzuzeigen.

Diese Farben wurden ursprünglich als die 16 Farben ausgesucht, die von der Windows-VGA-Palette unterstützt werden.

black	#000000	gray	#808080
	rgb(0,0,0)		rgb(128,128,128)
maroon	#800000	red	#FF0000
	rgb(128,0,0)		rgb(255,0,0)
green	#800000	lime	#00FF00
	rgb(128,0,0)		rgb(0,255,0)
olive	#808000	yellow	#FFFF00
	rgb(128,128,0)		rgb(255,255,0)
navy	#000080	blue	#0000FF
	rgb(0,0,128)		rgb(0,0,255)
purple	#800080	fuchsia	#FF00FF
	rgb(128,0,128)		rgb(255,0,255)
teal	#008080	aqua	#00FFFF
	rgb(0,128,128)		rgb(0,255,255)
silver	#C0C0C0	white	#FFFFFF
	rgb(192,192,192)		rgb(255,255,255)

Kapitel 8 Schrift, Grafik und Farbe

Die Farben des Browsers

Möchten Sie Seiten passend zum Outfit des Browsers? Wer Webseiten stärker an die visuelle Anmutung der jeweiligen Betriebssystemoberfläche eines Besuchers anlehnen möchte, für den hat CSS2 25 Schlüsselwörter für die Farben des Desktops.

CSS2 hat alles im Griff:

Beispiele	Bezeichnung	Erklärung
	`activeborder`	Farbe der Titelzeile des aktiven Fensters
	`activecaption`	Farbe des Titels des aktiven Fensters
	`appworkspace`	Hintergrundfarbe der aktiven Anwendung
	`background`	Hintergrundfarbe des Desktops
	`buttonface`	Farbe der Schaltflächen

`<input type="button"`
`    name="schalter"`
`    value="Klick mich!"`
`    style="background:`
`        buttonface">`
	`buttonhighlight`	Farbe der hervorgehobenen Schaltfläche in Dialogfenstern

	`buttonshadow`	Farbe der 3D-Schatten von Schaltflächen
	`buttontext`	Textfarbe von Schaltflächen
	`captiontext`	Farbe der Überschriften in Dialogfenstern
	`graytext`	Farbe inaktiver Elemente in Menüs (die i.A. hellgrau dargestellt werden)

`<input type="text"`
`    readonly`
`    name="eingabe"`
`    value="Nie!"`
`    style="color:`
`        graytext">`
	`highlight`	Farbe ausgewählter Elemente in Menüs

	`highlighttext`	Farbe des selektierten Textes
	`inactiveborder`	Farbe der Titelzeile eines inaktiven Fensters
	`inactivecaption`	Textfarbe des Titels eines inaktiven Fensters
	`infobackground`	Farbe der Tooltipps, die bei einem kurzen Verweilen des Mauszeigers aufpoppen
	`menu`	Farbe der Menüleisten
	`menutext`	Farbe der Menüelemente
	`scrollbar`	Farbe der Scrollleisten
	`threeddarkshadow`	Dunkler Schatten von 3D-Elementen
	`threedface`	Farbe von 3D-Elementen
	`threedhighlight`	Farbe eines hervorgehobenen 3D-Elements
	`threedlightshadow`	Heller Schatten von 3D-Elementen
`body { background: window;}`	`window`	Farbe des Fensterhintergrunds
	`windowframe`	Farbe des Fensterrahmens
`h1 { color: windowtext;}`	`windowtext`	Textfarbe des Fensters

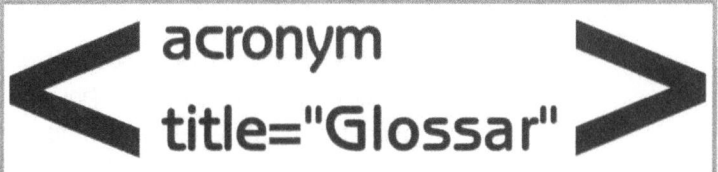

Glossar

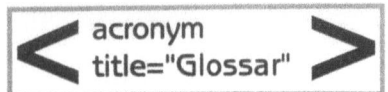

Technische Begriffe

.bin und .hqx
Dateiformate für den Mac. Beim Download, insbesondere von Programmen für den Macintosh, gibt es oft die Wahl, die Datei als ".bin" oder ".hqx." zu laden. Die .bin-Datei ist kleiner und wird schneller geladen, ist aber weniger kompatibel mit älteren Mac-Systemen. Die .hqx-Datei ist größer und braucht länger für den Download, ist aber auch kompatibel zu älteren Systemen wie OS 7.0, OS 8.0 und 8.5.

FTP
File Transfer Protocol. Genauso wie HTTP steuert auch FTP das Laden von Dateien vom Server zum Rechner des Benutzers und umgekehrt, aber FTP überträgt Dateien, nicht Dokumente.
FTP transportiert jede Art von Datei – .DOC, .EXE, .SIT, .ZIP, .GIF, .JPG –, ob der jeweilige Quell- oder Zielcomputer sie nun interpretieren kann oder nicht.

GIF
Graphic Interchange Format. Ursprünglich für Compuserve als platz- und bandbreitesparendes Bildformat entwickelt, blühte GIF im Internet so richtig auf und ist in vielerlei Hinsicht bis heute auch von moderneren Bildformaten nicht zu schlagen: Es unterstützt Transparenz, kommt mit zwei bis 256 Farben aus und kann gleich mehrere Bilder in eine Datei packen (GIF-Animationen).

HTML
HyperText Markup Language. HTML ist eine Teilmenge von SGML (Simplified General Markup Language). Hypertext bedeutet, dass Dokumente durch »Anker« markiert werden, die dynamische Sprünge zu anderen Dokumenten oder Passagen innerhalb des gleichen Dokuments erlauben.

HTTP
HyperText Transport Protocol. Die Methode, durch die HTML-Dokumente in einem Netzwerk gesendet und empfangen werden.

IPP
Internet Presence Provider. Jemand, der den Daten Ihrer Domains den Platz auf seinem Server zur Verfügung stellt.

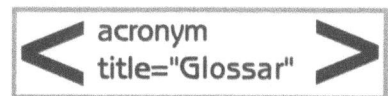

Internet Service Provider. Jemand, der Ihnen eine Leitung ins Internet bietet (z.B. AOL, T-Online usw.).	ISP
Eine Programmiersprache, ähnlich wie C++, die von Sun entwickelt wurde – nicht zu verwechseln mit JavaScript! Java hat gegenüber klassischen Programmiersprachen einen großen Vorteil: Anwendungen laufen unabhängig von anderen Anwendungen. Für Word brauchen Sie Windows, Java braucht nichts. Sie brauchen einen Java-Compiler und ein Laufzeitsystem, um Java-»Applets« (Mini-Anwendungen) zu laden, aber um das Applet auszuführen, brauchen Sie weder Windows noch Mac OS oder Unix oder irgendein anderes Betriebssystem.	Java
Eine HTML-Erweiterung von Netscape. JavaScript ist eine Skriptsprache, die in ein HTML-Dokument eingebaut ist – im Gegensatz zu Java (das ein eigenständiger Code ist, der zum Browser heruntergeladen wird). JavaScript wird von Netscape kontrolliert (die den Namen wiederum von Sun in Lizenz verliehen bekamen und ihre eigene Skriptsprache LiveScript unter diesem Namen weiterentwickelten) und an Firmen wie Microsoft in Lizenz vergeben.	JavaScript
Joint Photographic Experts Group. Der »andere« Bildstandard des Internets. JPEG unterstützt 16,7 Mio. Farben in einer »verlustbehafteten« Komprimierung und kann ein fotografisches Bild auf 1/10 bis 1/20 seiner Originalgröße verkleinern.	JPG oder JPEG
Multipurpose Internet Mail Extensions. Ein Verfahren, um Multimediadateien (Bilder, Audio, Video) oder Anwendungen an eine E-Mail zu hängen, die ansonsten nur ASCII-Zeichen transportieren kann.	MIME
Post Office Protocol, Version 3. Ein POP3-Server agiert als Postbüro für E-Mail und überträgt E-Mails auf Ihren lokalen Rechner.	POP3
Simple Mail Transport Protocol. Das Protokoll zwischen POP3-Servern. Während Sie POP3 benutzen, um Ihre E-Mail vom Server zu holen, benutzt der POP3-Server SMTP, um E-Mails weiterzuleiten. Sie geben den SMTP-Server für E-Mails an, die Sie verschicken.	SMTP
Ein Begriff, der in der 3D-Grafik geläufiger ist. Der Browser muss für die Darstellung von Schriften und Grafik auf dem Monitor jedes Element – von der Grafik bis zur Schrift – und seine Position Pixel für Pixel berechnen. Diese Berechnung wird mit dem englischen Ausdruck »Rendering« bezeichnet.	Rendern

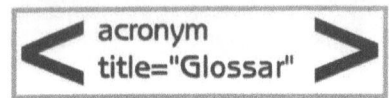

SSI — Server Side Includes sind ein Satz relativ einfacher Befehle, die in eine HTML-Seite eingebettet und direkt auf dem Server ausgeführt werden. Damit werden z.B. wiederkehrende Elemente wie Menüleisten, Fußzeilen und Adressen einer Site, die auf vielen Seiten vorkommen, in eine separate Datei ausgelagert.

Mit dem Aufruf im Browser werden SSI-Befehle auf dem Server direkt ausgeführt und erst dann der Seitencode an den Browser des Besuchers geschickt. Wenn die Elemente später verändert werden, müssen nur die Elemente in der ausgelagerten Datei bearbeitet werden, nicht die Seiten selbst. SSI ist nicht browserabhängig, da es schon auf dem Server verarbeitet wird. Stylesheets wirken nicht anders, als lägen die HTML-Elemente direkt in der Seite.

Telnet — In der Ära vor den grafischen Browsern war Telnet die einzige Kommunikationstechnik für die Verbindung zu einem Internet-Server. Telnet »emuliert« ein »Terminal«, d.h., Telnet zeigt dem Benutzer den Server, als säße er mit seinem Bildschirm direkt am Server. Telnet wird auch heute noch auf Unix-Servern eingesetzt, aber der Benutzer braucht einen speziellen Telnet-Zugang zum Server.

URL — Uniform Resource Locator. Ein World-Wide-Web-Name. Alle Server im Internet haben eine TCP-IP-Adresse, die aus vier dreistelligen Zahlen besteht, etwas 123.456.789.012. Durch die Zuweisung eines Namens wird die Adressierung im Web für die Benutzer einfacher. URL-Adressen (Domainnamen) werden in Deutschland von der DeNIC gegen eine Jahresgebühr vergeben.

Jeder kann eine eigene URL haben. Heute besteht das Problem darin, eine URL zu finden, die noch niemand hat.

URL + URN = URI — URI oder Uniform Resource Identifier ist ein neuerer Begriff für URL. Dabei sind URI und URL praktisch identisch, wenn sie eine eindeutige, real existierende Datenquelle – z.B. ein HTML-Dokument, ein GIF-Bild oder ein PDF-Dokument – ansprechen.

Um generell Ressourcen im Netz anzusprechen, die nicht unbedingt derart »handfest« sind, wurde der Begriff der URN (Uniform Resource Name) für Inhalte, die über kein bekanntes Internetprotokoll abrufbar sind, eingeführt. URL und URN bilden zusammen eine URI.

Eine vollständige Internetadresse besteht also aus der Bezeichnung des Protokolls, z.B. http oder ftp, gefolgt von einem Doppelpunkt, zwei Schrägstrichen und der Adresse des Hostrechners. Dahinter kann eine Portnummer stehen (was aber eher selten der Fall ist) und hinter der optionalen Portnummer folgt eine Pfadangabe zu der gewünschten Da-

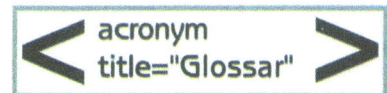

tenquelle. Die Datenquelle muss keine Datei sein, sondern kann ebenso gut eine Sprungadresse innerhalb eines Dokuments darstellen, Daten in Abhängigkeit von bestimmten Bedingungen (z.B. Uhrzeit, Benutzer oder vorangegangene Aktionen) aus einer Datenbank auslesen oder ein Skript mit Parametern beschicken. Beispiele für URIs sind:

http://www.w3c.org/
http://213.72.68.201/panorama/brunnen.mov
http://www.ivent.de/forum/posting.php?mode=newtopic&f=5
http://www.mediaevent.de/html/kernattribute.html#onmouseover

In den Spezifikationen benutzt das W3C den Begriff der URI als generischen Namen für Adressen im Internet und notiert:

`<uri>`

Innerhalb von Stylesheet-Eigenschaften benutzt das W3C die URL als funktionale Bezeichnung:

`body { background: url("http://www.bg.com/pinkish.gif") }`

World Wide Web. WWW ist im einfachsten Sinne eine grafische Benutzeroberfläche für das Internet.   **WWW oder W3**

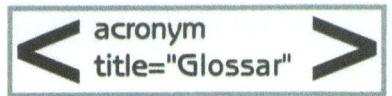

Kleines Typo-ABC und -Wörterbuch für Screen und Web

ANSI-Code
Zeichensatz für Windows, stimmt für die Nummern 32 bis 127 mit dem ®ASCII-Code überein (ANSI = Abkürzung für American National Standards Institute).

Antialiasing   antialiasing
Ein Verfahren, um bei der Bildschirmdarstellung von Grafikobjekten und Buchstaben unschöne, treppenartige Kanten in den Diagonalen zu entschärfen. Dies erfolgt durch das Errechnen von Farbverläufen zwischen der Objekt- und der Hintergrundfarbe.

Antiquaschriften   antiqua face
Schriften, die auf die römische Buchstabenschrift zurückgehen, also die heute allgemein gebräuchlichen Buchschriften mit geraden Schäften, runden Verbindungsstrichen und isolierten Buchstaben: Times, Palatino, Garamond, Courier.

ASCII-Code
(= American Standard Code for Information Interchange); 7-Bit-Codierung für 128 Zeichen, enthält nicht die europäischen Sonderzeichen; diese sind durch den 8-Bit-ASCII-Code eingeschlossen, allerdings länder- und herstellerspezifisch, was bei einer Konvertierung berücksichtigt werden muss; vgl. ANSI-Code.

Auszeichnungsstil   font weight, font style, text decoration
Je nach Zusammenhang: mager, **halbfett**, **fett**, *kursiv*, schattiert, unterstrichen, KAPITÄLCHEN.

Designgröße
Optimale Punktgröße einer Schrift, für die sie gestaltet ist und die ihre optischen Gesetzmäßigkeiten berücksichtigt.

Dickte
Raum, den ein Buchstabe zwischen seinen Nachbarn beansprucht, einschließlich des äußeren Leerraums.

Displayschriften
Für den Titelsatz (16 bis 36 Punkt) optimierte Zeichensätze. Sie unterscheiden sich von Textschriften vor allem in der Zurichtung, dem

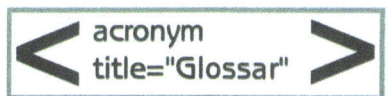

Zwischenraum zwischen den Buchstaben, nicht aber im Buchstabenbild. Es handelt sich also nicht um neue Fonts.

Durchschuss — **leading**
Dieser Begriff aus der Bleisatzzeit bezeichnet den Zwischenraum zwischen zwei Zeilen.

Geviert und Halbgeviert — **em-dash und en-dash**
Ein Geviert ist eine Maßeinheit, definiert als die Punktgröße der Schrift – eine 12-Punkt-Schrift benutzt 12 Punkt für ein Geviert. Ein Halbgeviert ist die Hälfte eines Gevierts. Im englischen Sprachraum wird von einem »em-space« und »en-space« gesprochen, wenn es sich um einen Freiraum – etwa zwischen zwei Zeichen – handelt, und der Gedanken- bzw. Bindestrich wird als »em-dash« bzw. »en-dash« bezeichnet.

Font — **font**
Eine Schriftart, aber auch der komplette Zeichensatz (Buchstaben, Ziffern, Symbole, Akzente und Satzzeichen) einer Schrift in einer Größe.

Gemeine — **lower-case**
Kleinbuchstaben einer Schrift.

Groteskschriften — **sans serif face**
So nannte man im 19. Jahrhundert bei deren Aufkommen die serifenlosen Antiquaformen: Helvetica, Frutiger, Univers, Andale Mono.

Grundlinie — **baseline**
Siehe Schriftlinie.

Hints — **hints**
Schrift skaliert nicht linear, daher die sog. »Hints« in Adobe Type-1- und TrueType-Schriften. Zum Beispiel ist bei kleinerem Schriftgrad das O kreisförmig, bei großem Schriftgrad mehr hochoval. Bei PostScript-Schriften vom Lizenzgeber Adobe lange geheim gehaltene Codierungen, die das typische Charakteristikum des jeweiligen Fonts auch bei kleinen Schriftgraden und/oder groben Auflösungen erhält.

Hurenkinder — **widows**
Wenn beim automatischen Umbruch von Texten die letzte Zeile eines Absatzes auf einer neuen Seiten erscheint, entsteht ein unharmonisches Seitenbild. Stattdessen wird ein Seitenumbruch durchgeführt und der Absatz vollständig auf der nächsten Seite gesetzt, auch wenn

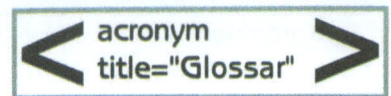

dadurch am Ende der vorangegangenen Seite ein freier Raum entsteht. Satzprogramme verhindern diese Situation durch eine automatische Absatzkontrolle.

Initial   **initial**
Großbuchstabe am Anfang eines Kapitels oder Absatzes. Häufig in größerem Schriftgrad mit Ornamenten oder Bildmotiven ausgeschmückt.

Kapitälchen   **small caps**
Auszeichnungsschrift aus kleinen Großbuchstaben mit der Höhe der Mittellinie (diese entspricht der Höhe des kleinen x).

Laufweite   **letter spacing**
Der Zwischenraum zwischen den Buchstaben, auch Zurichtung genannt. Sie ist vom Schriftenhersteller festgelegt, lässt sich aber heute mit Ästhetikprogrammen manipulieren.

Ligaturen   **ligature**
Doppelbuchstaben wie ff und ss oder Kombinationen wie fl oder ft, die wie ein Zeichen behandelt werden und bei professionellen digitalen Schriften sich über eine Taste abrufen lassen bzw. bei TrueType-GX-Schriften automatisch zum Einsatz kommen, sobald zwei entsprechende Buchstaben aufeinander folgen.

Makrotypografie
Typografische Regeln für die Gestaltung von Absätzen, Seiten oder ganzen Publikationen, die das Gestaltungsraster, die Spalteneinteilung oder die Verteilung typografischer Elemente auf der Seite festlegen.

Mediävalziffern, auch »Minuskelziffern«
Im Gegensatz zu Standardziffern, die häufig alle die gleiche Breite und Höhe aufweisen und sich besonders für den Tabellensatz eignen, zeigen Mediävalziffern deutlichere Auszeichnungen und unterschiedliche Breiten und teilweise unterschiedliche Unterlängen auf, sind im Text besser lesbar und wirken »schöner«.

Mikrotypografie
Typografische Gestaltungsregeln auf Wort- und Satzebene, wie zum Beispiel die Anordnung der Leerzeichen bei Telefonnummern sowie die Form der An- und Abführungen.

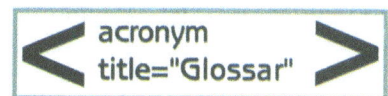

Minuskelziffern
Siehe Mediävalziffern.

Schriftgröße — font size
Zusätzlich zur Größe des Versals enthält die Schriftgröße noch den Platz für die Unterlänge (etwa ein kleines »g«) sowie oben und unten etwas Fleisch (Abstand zwischen der Oberkante der Oberlänge bis zum oberen Kegelrand und zwischen der Unterkante der Unterlänge bis zum unteren Kegelrand), was zusammen den Mindestzeilenabstand bildet. Da es keine Norm gibt, welchen vertikalen Raum das Zeichen auf dem Kegel einnimmt, fällt die gedruckte Schriftgröße bei verschiedenen Schriftarten unterschiedlich aus – sie liegt im Ermessen des Schriftkünstlers, der die Schrift entwirft.

Schriftgrößen werden in Deutschland traditionell im deutsch-französischen Didot-System angegeben, das noch aus der Zeit des Bleisatzes stammt. Ein Didot-Punkt (kurz p) entspricht ca. 0,375 mm. Durch die DTP-Software wurde das System inzwischen überholt, wo der DTP-Point (kurz pt) benutzt wird, der 0,353 mm entspricht. 1 Punkt = 0,375 mm ~ 1/70", d.h. 1 Punkt ~ 1 Pixel. Die Äquivalenz ist aber nur ein schlichter historischer Zufall.

Schriftlinie — baseline
Die Grundlinie aller Druckschriften des lateinischen, griechischen und kyrillischen Alphabets, auf der alle Großbuchstaben und die Kleinbuchstaben ohne Unterlängen »stehen«.

Schusterjungen — orphans
Wenn beim automatischen Umbruch von Texten die erste Zeile eines Absatzes auf der letzten Zeile der Seite oder Spalte steht, entsteht ein unharmonisches Seitenbild. Stattdessen wird ein Seitenumbruch durchgeführt und der Absatz vollständig auf der nächsten Seite gesetzt, auch wenn dadurch am Ende der vorangegangenen Seite ein freier Raum entsteht.

Serifen
Endstriche der Antiquabuchstaben, zum Beispiel als Abschluss der Grundstriche zur Schriftlinie.

Sperren
Eine Möglichkeit der Schriftauszeichnung, bei der die Abstände der Buchstaben geringfügig und gleichmäßig vergrößert werden.

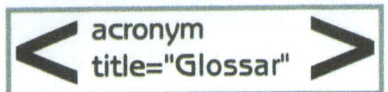

Spationieren
Ein älterer Begriff für Sperren.

Subsetting
Ein Verfahren, das in Dokumente eingebettete Schriften vor dem illegalen Kopieren schützen soll. Beim Subsetting werden nur die Daten der Schriftzeichen in die Datei integriert, die auch im File vorkommen.

Vorlage   **template**
Eine Musterseite, von der alle weiteren Seiten eines Dokuments oder einer Site abgeleitet werden. Die automatische Erzeugung von Seiten aus einer Musterseite gibt es in Satzprogrammen wie QuarkXPress und Webeditoren wie Macromedia Dreamweaver und Adobe GoLive.

Tracking   **tracking**
Schriftgradabhängige Laufweitenkontrolle.

Unterschneidung   **kerning**
Unter Kerning versteht man das Zusammen- oder Auseinanderrücken von Buchstabenpaaren (auch: pair-kerning), beispielsweise beim großen T und kleinen e, damit diese nicht durch unpassende Abstände die Ästhetik des jeweiligen Schriftbilds zerstören. Erfolgt eine solche Korrektur automatisch, spricht man von einer Ästhetikfunktion oder einem Ästhetikprogramm: AV, Ve, Ta, Ty usw.

Versalien   **capital, caps**
Großbuchstaben einer Schrift.

x-Höhe   **x-height**
Die Höhe des Zeichens x bzw. der Kleinbuchstaben einer Schrift. Diese Höhe wird auch als m-Höhe oder Mittellänge bezeichnet.

Zeilenhöhe   **line-height**
Der vertikale Abstand zwischen zwei aufeinander folgenden Zeilen in einem Absatz. Er wird von Grundlinie zu Grundlinie gemessen.

Anhang

Sonderzeichen in HTML 4.01 und Farbnamen

Zeichen	Name	Numerisch	Beschreibung	Unicode
" "			nicht brechendes Leerzeichen	U+00A0
¡	&iexcl;	&#161;	umgekehrtes Ausrufezeichen	U+00A1
¢	&cent;	&#162;	Cent	U+00A2
£	&pound;	&#163;	britisches Pfund	U+00A3
¤	&curren;	&#164;	generisches Währungszeichen	U+00A4
¥	&yen;	&#165;	japanischer Yen	U+00A5
¦	&brvbar;	&#166;	gebrochener senkrechter Strich	U+00A6
§	&sect;	&#167;	Paragraph, Absatzzeichen	U+00A7
¨	&uml;	&#168;	Umlaut mit Leerraum	U+00A8
©	&copy;	&#169;	Copyright	U+00A9
ª	&ordf;	&#170;	weibliches Ordinal (Ordnungszahl)	U+00AA
«	&laquo;	&#171;	typografisches Anführungszeichen nach links weisend = Guillemet nach links	U+00AB
¬	&not;	&#172;	Negierung	U+00AC
	&shy;	&#173;	weiches Trennzeichen	U+00AD
®	&reg;	&#174;	registrierte Handelsmarke	U+00AE
¯	&macr;	&#175;	Makron	U+00AF
°	&deg;	&#176;	Grad	U+00B0
±	&plusmn;	&#177;	Plusminus	U+00B1
²	&sup2;	&#178;	hoch 2 = Quadrat	U+00B2
³	&sup3;	&#179;	hoch 3 = Qubik	U+00B3
´	&acute;	&#180;	Akut mit Leerraum	U+00B4
µ	&micro;	&#181;	Mikro	U+00B5
¶	&para;	&#182;	Absatzzeichen	U+00B6
·	&middot;	&#183;	Mittelpunkt	U+00B7
¸	&cedil;	&#184;	Cedilla mit Leerraum	U+00B8
¹	&sup1;	&#185;	hoch 1	U+00B9
º	&ordm;	&#186;	männliches Ordinal (Ordnungszahl)	U+00BA
»	&raquo;	&#187;	typografisches Anführungszeichen nach rechts weisend = Guillemet nach rechts	U+00BB
1/4	&frac14;	&#188;	ein Viertel	U+00BC

Zeichen	Name	Numerisch	Beschreibung	Unicode
1/2	&frac12;	&#189;	ein Halb	U+00BD
3/4	&frac34;	&#190;	drei Viertel	U+00BE
¿	&iquest;	&#191;	umgekehrtes Fragezeichen	U+00BF
À	&Agrave;	&#192;	großes lateinisches A mit Gravis	U+00C0
Á	&Aacute;	&#193;	großes lateinisches A mit Akut	U+00C1
Â	&Acirc;	&#194;	großes lateinisches A mit Zirkumflex	U+00C2
Ã	&Atilde;	&#195;	großes lateinisches A mit Tilde	U+00C3
Ä	&Auml;	&#196;	Ä	U+00C4
Å	&Aring;	&#197;	großes lateinisches A mit Ring	U+00C5
Æ	&AElig;	&#198;	großes lateinisches AE = große lateinische Ligatur AE	U+00C6
Ç	&Ccedil;	&#199;	großes lateinisches C mit Cedilla	U+00C7
È	&Egrave;	&#200;	großes lateinisches E mit Gravis	U+00C8
É	&Eacute;	&#201;	großes lateinisches E mit Akut	U+00C9
Ê	&Ecirc;	&#202;	großes lateinisches E mit Zirkumflex	U+00CA
Ë	&Euml;	&#203;	großes lateinisches E mit Diaeresis	U+00CB
Ì	&Igrave;	&#204;	großes lateinisches I mit Gravis	U+00CC
Í	&Iacute;	&#205;	großes lateinisches I mit Akut	U+00CD
Î	&Icirc;	&#206;	großes lateinisches I mit Zirkumflex	U+00CE
Ï	&Iuml;	&#207;	großes lateinisches I mit Umlaut	U+00CF
Ð	&ETH;	&#208;	großes lateinisches ETH	U+00D0
Ñ	&Ntilde;	&#209;	großes lateinisches N mit Tilde	U+00D1
Ò	&Ograve;	&#210;	großes lateinisches O mit Gravis	U+00D2
Ó	&Oacute;	&#211;	großes lateinisches O mit Akut	U+00D3
Ô	&Ocirc;	&#212;	großes lateinisches O mit Zirkumflex	U+00D4
Õ	&Otilde;	&#213;	großes lateinisches O mit Tilde	U+00D5
Ö	&Ouml;	&#214;	Ö	U+00D6
×	&times;	&#215;	Multiplikationszeichen	U+00D7
Ø	&Oslash;	&#216;	großes lateinisches O mit Querstrich	U+00D8
Ù	&Ugrave;	&#217;	großes lateinisches U mit Gravis	U+00D9
Ú	&Uacute;	&#218;	großes lateinisches U mit Akut	U+00DA
Û	&Ucirc;	&#219;	großes lateinisches U mit Zirkumflex	U+00DB
Ü	&Uuml;	&#220;	Ü	U+00DC
†	&Yacute;	&#221;	großes lateinisches Y mit Akut	U+00DD

‌

Zeichen	Name	Numerisch	Beschreibung	Unicode
Þ	&THORN;	&#222;	großes lateinisches THORN	U+00DE
ß	&szlig;	&#223;	kleines lateinisches ß = ess-zed	U+00DF
à	&agrave;	&#224;	kleines lateinisches a mit Gravis	U+00E0
á	&aacute;	&#225;	kleines lateinisches a mit Akut	U+00E1
â	&acirc;	&#226;	kleines lateinisches a mit Zirkumflex	U+00E2
ã	&atilde;	&#227;	kleines lateinisches a mit Tilde	U+00E3
ä	&auml;	&#228;	ä	U+00E4
å	&aring;	&#229;	kleines lateinisches a mit Ring = kleines lateinisches a Ring	U+00E5
æ	&aelig;	&#230;	kleines lateinisches ae = kleine lateinische Ligatur ae	U+00E6
ç	&ccedil;	&#231;	kleines lateinisches c mit Cedilla	U+00E7
è	&egrave;	&#232;	kleines lateinisches e mit Gravis	U+00E8
é	&eacute;	&#233;	kleines lateinisches e mit Akut	U+00E9
ê	&ecirc;	&#234;	kleines lateinisches e mit Zirkumflex	U+00EA
ë	&euml;	&#235;	kleines lateinisches e mit Diaeresis	U+00EB
ì	&igrave;	&#236;	kleines lateinisches i mit Gravis	U+00EC
í	&iacute;	&#237;	kleines lateinisches i mit Akut	U+00ED
î	&icirc;	&#238;	kleines lateinisches i mit Zirkumflex	U+00EE
ï	&iuml;	&#239;	kleines lateinisches i mit Diaeresis	U+00EF
ð	&eth;	&#240;	kleines lateinisches Eth	U+00F0
ñ	&ntilde;	&#241;	kleines lateinisches n mit Tilde	U+00F1
ò	&ograve;	&#242;	kleines lateinisches o mit Gravis	U+00F2
ó	&oacute;	&#243;	kleines lateinisches o mit Akut	U+00F3
ô	&ocirc;	&#244;	kleines lateinisches o mit Zirkumflex	U+00F4
õ	&otilde;	&#245;	kleines lateinisches o mit Tilde	U+00F5
ö	&ouml;	&#246;	ö	U+00F6
÷	&divide;	&#247;	Divisionszeichen	U+00F7
ø	&oslash;	&#248;	kleines lateinisches o mit Querstrich	U+00F8
ù	&ugrave;	&#249;	kleines lateinisches u mit Gravis	U+00F9
ú	&uacute;	&#250;	kleines lateinisches u mit Akut	U+00FA
û	&ucirc;	&#251;	kleines lateinisches u mit Zirkumflex	U+00FB
ü	&uuml;	&#252;	ü	U+00FC
ý	&yacute;	&#253;	kleines lateinisches y mit Akut	U+00FD
þ	&thorn;	&#254;	kleines lateinisches thorn	U+00FE

Zeichen	Name	Numerisch	Beschreibung	Unicode
ÿ	&yuml;	&#255;	kleines lateinisches y mit Diaeresis	U+00FF
ƒ	&fnof;	&#402;	kleines lateinisches f mit Häkchen = Funktion = Florin	U+0192
Α	&Alpha;	&#913;	großes griechisches Alpha	U+0391
Β	&Beta;	&#914;	großes griechisches Beta	U+0392
Γ	&Gamma;	&#915;	großes griechisches Gamma	U+0393
Δ	&Delta;	&#916;	großes griechisches Delta	U+0394
Ε	&Epsilon;	&#917;	großes griechisches Epsilon	U+0395
Ζ	&Zeta;	&#918;	großes griechisches Zeta	U+0396
Η	&Eta;	&#919;	großes griechisches Eta	U+0397
Θ	&Theta;	&#920;	großes griechisches Theta	U+0398
Ι	&Iota;	&#921;	großes griechisches Iota	U+0399
Κ	&Kappa;	&#922;	großes griechisches Kappa	U+039A
Λ	&Lambda;	&#923;	großes griechisches Lambda	U+039B
Μ	&Mu;	&#924;	großes griechisches Mu	U+039C
Ν	&Nu;	&#925;	großes griechisches Nu	U+039D
Ξ	&Xi;	&#926;	großes griechisches Xi	U+039E
Ο	&Omicron;	&#927;	großes griechisches Omicron	U+039F
Π	&Pi;	&#928;	großes griechisches Pi	U+03A0
Ρ	&Rho;	&#929;	großes griechisches Rho	U+03A1
Σ	&Sigma;	&#931;	großes griechisches Sigma	U+03A3
Τ	&Tau;	&#932;	großes griechisches Tau	U+03A4
Υ	&Upsilon;	&#933;	großes griechisches Ypsilon	U+03A5
Φ	&Phi;	&#934;	großes griechisches Phi	U+03A6
Χ	&Chi;	&#935;	großes griechisches Chi	U+03A7
Ψ	&Psi;	&#936;	großes griechisches Psi	U+03A8
Ω	&Omega;	&#937;	großes griechisches Omega	U+03A9
α	&alpha;	&#945;	kleines griechisches alpha	U+03B1
β	&beta;	&#946;	kleines griechisches beta	U+03B2
γ	&gamma;	&#947;	kleines griechisches gamma	U+03B3
δ	&delta;	&#948;	kleines griechisches delta	U+03B4
ε	&epsilon;	&#949;	kleines griechisches epsilon	U+03B5
ζ	&zeta;	&#950;	kleines griechisches zeta	U+03B6
η	&eta;	&#951;	kleines griechisches eta	U+03B7

‌

Zeichen	Name	Numerisch	Beschreibung	Unicode
θ	&theta;	&#952;	kleines griechisches theta	U+03B8
ι	&iota;	&#953;	kleines griechisches iota	U+03B9
κ	&kappa;	&#954;	kleines griechisches kappa	U+03BA
λ	&lambda;	&#955;	kleines griechisches lambda	U+03BB
μ	&mu;	&#956;	kleines griechisches mu	U+03BC
ν	&nu;	&#957;	kleines griechisches nu	U+03BD
ξ	&xi;	&#958;	kleines griechisches xi	U+03BE
ο	&omicron;	&#959;	kleines griechisches omicron	U+03BF
π	&pi;	&#960;	kleines griechisches pi	U+03C0
ρ	&rho;	&#961;	kleines griechisches rho	U+03C1
ς	&sigmaf;	&#962;	kleines griechisches finales sigma	U+03C2
σ	&sigma;	&#963;	kleines griechisches sigma	U+03C3
τ	&tau;	&#964;	kleines griechisches tau	U+03C4
υ	&upsilon;	&#965;	kleines griechisches ypsilon	U+03C5
φ	&phi;	&#966;	kleines griechisches phi	U+03C6
χ	&chi;	&#967;	kleines griechisches chi	U+03C7
ψ	&psi;	&#968;	kleines griechisches psi	U+03C8
ω	&omega;	&#969;	kleines griechisches omega	U+03C9
ϑ	&thetasym;	&#977;	kleines griechisches theta	U+03D1
ϒ	&upsih;	&#978;	griechisches ypsilon mit hook symbol	U+03D2
ϖ	&piv;	&#982;	griechisches pi	U+03D6
•	&bull;	&#8226;	gefüllter Kreis (bullet) = Aufzählungsymbol	U+2022
…	&hellip;	&#8230;	Auslassungspunkte	U+2026
′	&prime;	&#8242;	einfaches Anführungszeichen = Minuten = Fuß	U+2032
″	&Prime;	&#8243;	doppeltes Anführungszeichen = Sekunden = Inch	U+2033
‾	&oline;	&#8254;	Überstreichung	U+203E
⁄	&frasl;	&#8260;	Bruchstrich	U+2044
℘	&weierpv	&#8472;	großes P in Skriptfont = Weierstraß'sche P-Funktion	U+2118
ℑ	&image;	&#8465;	großes I Fraktur = imaginärer Anteil einer Zahl	U+2111
ℜ	&real;	&#8476;	großes R Fraktur = realer Anteil einer Zahl	U+211C
™	&trade;	&#8482;	Handelsmarke	U+2122
ℵ	&alefsym;	&#8501;	Alefsymbol = erste finite Ordnungszahl	U+2135
←	&larr;	&#8592;	Pfeil nach links	U+2190

Zeichen	Name	Numerisch	Beschreibung	Unicode
↑	&uarr;	&#8593;	Pfeil nach oben	U+2191
→	&rarr;	&#8594;	Pfeil nach rechts	U+2192
↓	&darr;	&#8595;	Pfeil nach unten	U+2193
↔	&harr;	&#8596;	Pfeil nach links und rechts	U+2194
↵	&crarr;	&#8629;	Pfeil nach unten mit Ecke nach links = carriage return = Zeilenumbruch	U+21B5
⇐	&lArr;	&#8656;	Doppelpfeil nach links	U+21D0
⇑	&uArr;	&#8657;	Doppelpfeil nach oben	U+21D1
⇒	&rArr;	&#8658;	Doppelpfeil nach rechts	U+21D2
⇓	&dArr;	&#8659;	Doppelpfeil nach unten	U+21D3
⇔	&hArr;	&#8660;	Doppelpfeil nach links und rechts	U+21D4
∀	&forall;	&#8704;	für alle	U+2200
∂	&part;	&#8706;	partiales Differential	U+2202
∃	&exist;	&#8707;	es gibt	U+2203
∅	&empty;	&#8709;	leere Menge	U+2205
∇	&nabla;	&#8711;	Nablafunktion	U+2207
∈	&isin;	&#8712;	Element von	U+2208
∉	&notin;	&#8713;	kein Element von	U+2209
∋	&ni;	&#8715;	enthält	U+220B
∏	&prod;	&#8719;	Produktzeichen	U+220F
∑	&sum;	&#8721;	Summenzeichen	U+2211
−	&minus;	&#8722;	Minuszeichen	U+2212
∗	&lowast;	&#8727;	Stern-Operator	U+2217
√	&radic;	&#8730;	Quadratwurzel	U+221A
∝	&prop;	&#8733;	proportional zu	U+221D
∞	&infin;	&#8734;	unendlich	U+221E
∠	&ang;	&#8736;	Winkel	U+2220
∧	&and;	&#8743;	logisches Und	U+2227
∨	&or;	&#8744;	logisches Oder	U+2228
∩	&cap;	&#8745;	Schnittmenge	U+2229
∪	&cup;	&#8746;	Vereinigung	U+222A
∫	&int;	&#8747;	Integral	U+222B
∴	&there4;	&#8756;	darum	U+2234

‌

Zeichen	Name	Numerisch	Beschreibung	Unicode
∼	&sim;	&#8764;	Tilde-Operator = ähnlich wie	U+223C
≅	&cong;	&#8773;	ungefähr gleich	U+2245
≈	≈;	&#8776;	fast gleich = asymptotisch zu	U+2248
≠	&ne;	&#8800;	nicht gleich	U+2260
≡	&equiv;	&#8801;	identisch	U+2261
≤	&le;	&#8804;	kleiner oder gleich	U+2264
≥	&ge;	&#8805;	größer oder gleich	U+2265
⊂	&sub;	&#8834;	Untermenge von	U+2282
⊃	&sup;	&#8835;	Obermenge von	U+2283
⊄	&nsub;	&#8836;	Keine Untermenge von	U+2284
⊆	&sube;	&#8838;	Untermenge oder gleich	U+2286
⊇	&supe;	&#8839;	Obermenge oder gleich	U+2287
⊕	&oplus;	&#8853;	Pluszeichen im Kreis = direkte Summe	U+2295
⊗	&otimes;	&#8855;	Multiplikationszeichen im Kreis = Vektorprodukt	U+2297
⊥	&perp;	&#8869;	senkrecht auf = orthogonal zu	U+22A5
·	&sdot;	&#8901;	Punktoperator	U+22C5
⌈	&lceil;	&#8968;	linke Ecke oben (Rahmen)	U+2308
⌉	&rceil;	&#8969;	rechte Ecke oben (Rahmen)	U+2309
⌊	&lfloor;	&#8970;	linke Ecke unten (Rahmen)	U+230A
⌋	&rfloor;	&#8971;	rechte Ecke unten (Rahmen)	U+230B
⟨	&lang;	&#9001;	linke winklige Klammer	U+2329
⟩	&rang;	&#9002;	rechte winklige Klammer	U+232A
◊	&loz;	&#9674;	Raute	U+25CA
♠	&spades;	&#9824;	gefülltes Pik	U+2660
♣	&clubs;	&#9827;	gefülltes Kreuz	U+2663
♥	&hearts;	&#9829;	gefülltes Herz	U+2665
♦	&diams;	&#9830;	gefülltes Karo	U+2666
"	&quot;	&#34;	Anführungszeichen	U+0022
&	&amp;	&#38;	Ampersand	U+0026
<	&lt;	&#60;	kleiner als	U+003C
>	&gt;	&#62;	größer als	U+003E
Œ	&OElig;	&#338;	große lateinische Ligatur OE	U+0152
œ	&oelig;	&#339;	kleine lateinische Ligatur oe	U+0153

Zeichen	Name	Numerisch	Beschreibung	Unicode
Š	&Scaron;	&#352;	großes lateinisches S mit Caron	U+0160
š	&scaron;	&#353;	kleines lateinisches s mit Caron	U+0161
Ÿ	&Yuml;	&#376;	großes lateinisches Y mit Diaeresis	U+0178
ˆ	&circ;	&#710;	Zirkumflex	U+02C6
˜	&tilde;	&#732;	kleine Tilde	U+02DC
" "			n-Raum	U+2002
" "			m-Raum	U+2003
" "			feiner Leerraum	U+2009
""	&zwnj;	&#8204;	Null-Leerraum, der nicht zusammenführt (z.B., um Worte wie www.langerlink.de ohne Trennzeichen zu trennen)	U+200C
""	&zwj;	&#8205;	Null-Leerraum, der zwei Worte zusammenführt	U+200D
‹	&lrm;	&#8206;	links-nach-rechts-Fragezeichen	U+200E
›	&rlm;	&#8207;	rechts-nach-links-Fragezeichen	U+200F
–	&ndash;	&#8211;	n-Strich	U+2013
—	&mdash;	&#8212;	m-Strich	U+2014
'	&lsquo;	&#8216;	linkes einfaches Anführungszeichen oben	U+2018
'	&rsquo;	&#8217;	rechtes einfaches Anführungszeichen oben	U+2019
‚	&sbquo;	&#8218;	einfaches Anführungszeichen unten	U+201A
"	&ldquo;	&#8220;	linkes doppeltes Anführungszeichen oben	U+201C
"	&rdquo;	&#8221;	rechtes doppeltes Anführungszeichen oben	U+201D
„	&bdquo;	&#8222;	doppeltes Anführungszeichen unten	U+201E
†	&dagger;	&#8224;	"Dolch"	U+2020
‡	&Dagger;	&#8225;	doppelter "Dolch"	U+2021
‰	&permil;	&#8240;	Promille	U+2030
‹	&lsaquo;	&#8249;	einzelnes, nach links weisendes winkliges Anführungszeichen	U+2039
›	&rsaquo;	&#8250;	einzelnes, nach rechts weisendes winkliges Anführungszeichen	U+203A
€	&euro;	&#8364;	Euro	U+20AC

Farbe	Netscape Farbname	Hexadezimalwert	RGB-Wert	nächste web-sichere Farbe	Hexadezimalwert
	black	000000	0-0-0		000000
	dimgray	696969	105-105-105		666666
	gray	7F7F7F	127-127-127		666666
	darkgray	A9A9A9	169-169-169		999999*
	silver	C0C0C0	192-192-192		CCCCCC
	lightgray	D3D3D3	211-211-211		CCCCCC*
	gainsboro	DCDCDC	220-220-220		CCCCCC*
	whitesmoke	F5F5F5	245-245-245		FFFFFF
	white	FFFFFF	255-255-255		FFFFFF
	red	FF0000	255-0-0		FF0000
	orangered	FF4500	255-69-0		FF3300
	tomato	FF6347	253-99-71		FF6633
	darkorange	FF8C00	255-140-0		FF9900
	orange	FFA500	255-165-0		FF9900
	gold	FFD700	255-215-0		FFCC00
	maroon	800000	128-0-0		990000*
	darkred	8B0000	139-0-0		990000*
	saddlebrown	8B4513	139-69-19		993300
	sienna	A0522D	160-82-45		996633
	brown	A52A2A	165-42-42		993333
	firebrick	B22222	178-34-34		CC3333
	indianred	CD5C5C	205-92-92		CC6666
	chocolate	D2691E	210-105-30		CC6633
	crimson	DC143C	220-20-60		CC0033
	rosybrown	BC8F8F	188-143-143		CC9999
	darksalmon	E9967A	233-150-122		FF9966
	lightcoral	F08080	240-128-128		FF9999
	sandybrown	F4A460	244-164-96		FF9966
	salmon	FA8072	250-128-114		FF9966
	coral	FF7F50	255-127-80		FF6666
	lightsalmon	FFA07A	255-160-122		FF9966
	peachpuff	FFDAB9	255-218-185		FFCCCC
	navajowhite	FFDEAD	255-222-173		FFCC99
	moccasin	FFE4B5	255-228-181		FFFFCC
	bisque	FFE4C4	255-228-196		FFCCCC
	midnightblue	191970	25-25-112		000066*
	indigo	4B0082	75-0-130		330099
	darkslateblue	483D8B	72-61-139		333399
	navy	000080	0-0-128		000099*
	darkblue	00008B	0-0-139		000099*

Farbe	Netscape Farbname	Hexadezimalwert	RGB-Wert	nächste websichere Farbe	Hexadezimalwert
	mediumblue	0000CD	0-0-205		0000CC
	blue	0000FF	0-0-255		0000FF
	dodgerblue	1E90FF	30-144-255		0099FF
	cornflowerblue	6495ED	100-149-237		6699FF
	deepskyblue	00BFFF	0-191-255		00CCFF
	skyblue	87CEEB	135-206-235		99CCFF
	lightskyblue	87CEFA	135-206-250		99CCFF
	lightblue	ADD8E6	173-216-230		99CCFF
	lightsteelblue	B0C4DE	176-196-222		99CCCC
	aliceblue	F0F8FF	240-248-255		FFFFFF
	azure	F0FFFF	240-255-255		FFFFFF
	royalblue	4169E1	65-105-225		3366FF
	steelblue	4682B4	70-130-180		3399CC
	mediumslateblue	7B68EE	123-104-238		6666FF
	slateblue	6A5ACD	106-90-205		6666CC
	teal	008080	0-128-128		009999
	darkcyan	008B8B	0-139-139		009999
	lightseagreen	20B2AA	32-178-170		339999
	darkturquoise	00CED1	0-206-209		00CCCC
	mediumturquoise	48D1CC	72-209-204		33CCCC
	turquoise	40E0D0	64-224-208		33CCCC
	paleturquoise	AFEEEE	175-238-238		99FFFF
	powderblue	B0E0E6	176-224-230		CCFFFF
	cyan	00FFFF	0-255-255		00FFFF
	aqua	00FFFF	0-255-255		00FFFF
	lightcyan	E0FFFF	224-255-255		FFFFFF
	mintcream	F5FFFA	245-255-250		FFFFFF
	darkolivegreen	556B2F	85-107-47		666633
	olive	808000	128-128-0		999900
	olivedrab	6B8E23	107-142-35		669933
	darkkhaki	BDB76B	189-183-107		CCCC66
	darkslategray	2F4F4F	47-79-79		336666
	darkgreen	006400	0-100-0		006600
	green	008000	0-128-0		009900
	mediumspringgreen	00FA9A	0-250-154		00FF99
	lime	00FF00	0-255-0		00FF00
	springgreen	00FF7F	0-255-127		00FF66
	forestgreen	228B22	34-139-34		339933
	seagreen	2E8B57	46-139-87		339966
	limegreen	32CD32	50-205-50		33CC33

Farbe	Netscape Farbname	Hexadezimalwert	RGB-Wert	nächste web-sichere Farbe	Hexadezimalwert
	mediumseagreen	3CB371	60-179-113		33CC66
	cadetblue	5F9EA0	95-158-160		669999
	mediumaquamarine	66CDAA	102-205-170		66CC99
	aquamarine	7FFFD4	127-255-212		66FFCC
	slategray	708090	112-128-144		669999
	lightslategray	778899	119-136-153		669999
	lawngreen	7CFC00	124-252-0		00FF00
	chartreuse	7FFF00	127-255-0		66FF00
	lightgreen	90EE90	144-238-144		99FF99
	palegreen	98FB98	152-251-152		99FF99
	yellowgreen	9ACD32	154-205-50		99CC33
	darkseagreen	8FBC8F	143-188-143		99CC99
	greenyellow	ADFF2F	173-255-47		99FF33
	honeydew	F0FFF0	240-255-240		FFFFFF
	darkmagenta	8B008B	139-0-139		990099
	purple	800080	128-0-128		990099
	mediumvioletred	C71585	199-21-133		CC0099
	palevioletred	DB7093	219-112-147		CC6699
	magenta	FF00FF	255-0-255		FF00FF
	fuchsia	FF00FF	255-0-255		FF00FF
	deeppink	FF1493	255-20-147		FF0099
	hotpink	FF69B4	255-105-180		FF66CC
	lightpink	FFB6C1	255-182-193		FFCCCC
	pink	FFC0CB	255-192-203		FFCCCC
	mistyrose	FFE4E1	255-228-225		FFCCCC
	lavenderblush	FFF0F5	255-240-245		FFFFFF
	blueviolet	8A2BE2	138-43-226		9933FF
	mediumpurple	9370DB	147-112-219		9966CC
	darkviolet	9400D3	148-0-211		9900CC
	darkorchid	9932CC	153-50-204		9933CC
	mediumorchid	BA55D3	186-85-211		CC66CC
	orchid	DA70D6	218-112-214		CC66CC
	violet	EE82EE	238-130-238		FF99FF
	plum	DDA0DD	221-160-221		CC99CC
	thistle	D8BFD8	216-191-216		CCCCCC*
	lavender	E6E6FA	230-230-250		FFFFFF*
	ghostwhite	F8F8FF	248-248-255		FFFFFF
	darkgoldenrod	B8860B	184-134-11		CC9900
	peru	CD853F	205-133-63		CC9933
	goldenrod	DAA520	218-165-32		CC9933

Farbe	Netscape Farbname	Hexadezimalwert	RGB-Wert	nächste web-sichere Farbe	Hexadezimalwert
	tan	D2B48C	210-180-140		CCCC99
	burlywood	DEB887	222-184-135		CCCC99
	palegoldenrod	EEE8AA	238-232-170		FFFF99
	khaki	F0E68C	240-230-140		FFFF99
	beige	F5F5DC	245-245-220		FFFFCC
	wheat	F5DEB3	245-222-179		FFCCCC
	antiquewhite	FAEBD7	250-235-215		FFFFCC
	linen	FAF0E6	250-240-230		FFFFFF
	lightgoldenrodyellow	FAFAD2	250-250-210		FFFFCC
	oldlace	FDF5E6	253-245-230		FFFFFF
	blanchealmond	FFEBCD	255-235-205		FFFFCC
	papayawhip	FFEFD5	255-239-213		FFFFCC
	ivory	FFFFF0	255-240-240		FFFFFF
	seashell	FFF5EE	255-245-238		FFFFFF
	floralwhite	FFFAF0	255-250-240		FFFFFF
	snow	FFFAFA	255-250-250		FFFFFF
	yellow	FFFF00	255-255-0		FFFF00
	lightyellow	FFFFE0	255-255-224		FFFFCC
	cornsilk	FFF8DC	255-248-220		FFFFCC
	lemonchiffon	FFFACD	255-250-205		FFFFCC

* Diese Farbnamen werden in der nächsten Mac-Systempalettenfarbe dargestellt, wenn sie auf einem Macintosh mit einem anderen Browser als Netscape Navigator 4.0 betrachtet werden. Netscape Navigator geht stets zur nächsten Webpalettenfarbe.

- Der Name »aliceblue« wird von Netscape nicht unterstützt.
- WebTV stellt »blueviolet« genauso dar wie »blue« (0000FF).
- WebTV stellt »goldenrod« genauso dar wie »gold« (FFD700).
- WebTV stellt »greenyellow« genauso dar wie »green« (008000).
- WebTV stellt »limegreen« genauso dar wie »lime« (00FF00).
- Nach der WebTV-Spezifikation unterstützt WebTV »mediumspringgreen«, aber der Name stimmt nicht mit der Darstellung des numerischen Codes überein (00FA9A).
- WebTV stellt »navyblue« genauso dar wie »navy« (000080).
- WebTV stellt »olivedrab« genauso dar wie »olive« (808000).
- WebTV stellt »orangered« genauso dar wie »orange« (FFA500).
- WebTV stellt »yellowgreen« genauso dar wie »yellow« (FFFF00).

Ressourcen im Internet

Technische Referenzen und Beispiele in deutscher Sprache

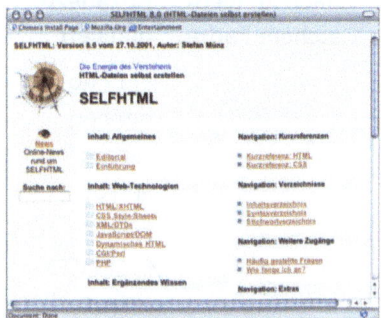

http://selfhtml.teamone.de/index.htm
Das Epos von biblischem Ausmaß: Von HTML über Cascading Stylesheets, JavaScript bis XML und PHP. Technik für Techniker.

http://www.ideenreich.com/
Tipps und Tricks. Alles sehr auf "Tricky HTML" fixiert, aber dennoch auch mit nützlichen Artikeln. Augen zu oder Monitor auf »monochrom« stellen.

http://www.bjoernsworld.de/css/grundlagen.html
Eine Einführung in die Technik der Stylesheets auf nur einer Seite.

Links zum Thema barrierefreies Webdesign und Sprachsynthese

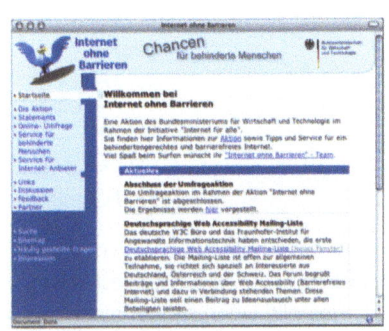

http://www.logox.de/
Kommerzielle Text-to-Speech-Software der G DATA Software AG.

http://www.kgw.tu-berlin.de/~felixbur/ttsDemos_ger.html
Hier informiert der Fachbereich 1, Kommunikations- und Geschichtswissenschaften, über den Stand der Forschung und Entwicklung und listet kommerzielle und Forschungsprodukte in diesem Umfeld auf.

http://www.internet-ohne-barrieren.de/aktion/ueberblick.php
Internet ohne Barrieren gibt Ratschläge, Seiten behindertengerecht zu gestalten.

Technische Referenzen (englisch)

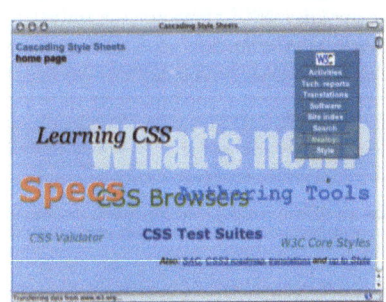

http://www.w3c.org
Das »Trockenfutter« für alle, die es ganz genau wissen wollen. Wobei eine alte Weisheit zu beachten wäre: »A Specification is not a User Manual. The Bible was not meant to be read, but interpreted«.

http://www.codestyle.org/css/media/index.shtml
Überblick über den Stand der Technik in alternativen Medien mit einer Übersicht, welche Browser bereits Medien wie Projektion und Druck unterstützen und welche Fonts auf welchen Systemen installiert sind.

http://www.webstandards.org/
Wer sorgt jetzt nach dem Browserkrieg für Ruhe und Frieden im Webdesign und sagt uns, welcher Browser der richtige ist?

http://jigsaw.w3.org/css-validator/
Überprüft Stylesheets

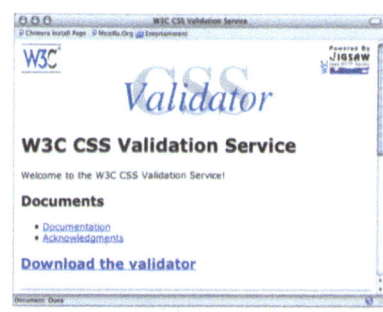

http://www.meyerweb.com/eric/
Die Seiten von Eric A. Meyer, Autor einer Reihe von Fachartikeln und Referenzen bei O'Reilly. Jede Menge Hintergrundwissen und Erklärungen zu den exotischsten Eigenschaften.

http://hotwired.lycos.com/webmonkey/
Viele Workshops, Tutorials, Diskussionen zu Fragen des Designs. Bemerkenswert: Besonders verständliche Hintergrundartikel, trotz der englischen Sprache.

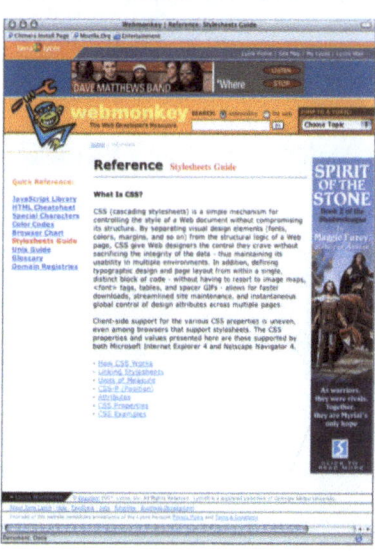

http://www.glish.com/css/hacks.asp
Das Boxmodell, Erklärungen und »Hacks« werden hier sehr detailliert von Eric Costello aufgedeckt. Wobei »Hacks« keine tiefgründigen Programmiertricks darstellen, sondern gründliche Forschungen in den tiefsten Windungen von Spezifikationen und Browsern.

http://www.microsoft.com/typography
Dieses und jenes über ladbare Schriften, OpenType und Microsoft Web Embedding Fonts Tool "WEFT". Außerdem stehen hier noch einmal die klassischen MS-Schriften zum Download zur Verfügung – von Arial bis Verdana.

http://www.webreference.com/
Workshops, Tutorials, kommentierte Referenzen, Artikel. Von allem etwas und davon sehr viel und detailliert. Technik für Techniker.

Zwischen Design und Technik

http://www.alistapart.com/index.html
Trends, Meinungen und hervorragende Artikel mit Hintergrund, Witz und technischem Sachverstand. Unverzichtbar für Webdesigner, die sich für Technik interessieren, und für Techniker, die sich für Design interessieren.

http://www.glassdog.com/design-o-rama/index.shtml
Etwas betagte, aber sehr kompetente Einführung in HTML und CSS, insbesondere aber auch eine sehr schöne Seite.

http://www.wpdfd.com/index.htm
http://www.bluerobot.com/web/layouts/
CSS-Layouts zum Nachbauen.

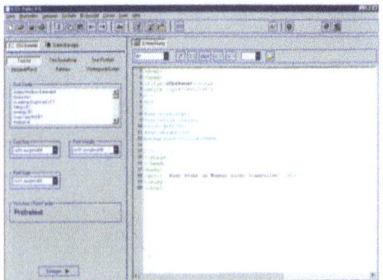

CSS Styler 4.6 für den PC

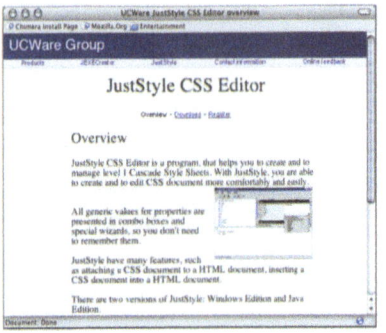

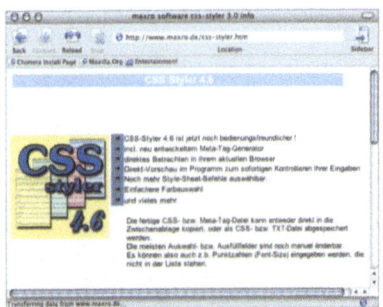

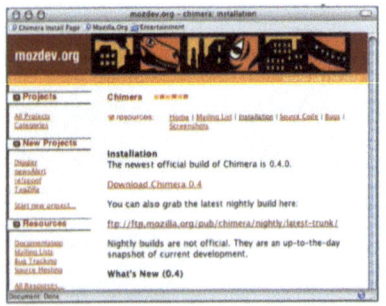

http://www.thenoodleincident.com/tutorials/box_lesson/index.html
CSS-Layout-Lektionen.

http://www.projectseven.com/
Eine Fundgrube für alle, die schöne und sorgfältig getestete Webdesigns mögen und die Erklärungen und Hintergründe nachvollziehen wollen.

http://www.gilbertson.nu/
Vorlagen für private Homepages.

http://www.typographie.info/
Alles rund um die Typografie, schön aufgemacht und kompetent erklärt (in Deutsch).

Ressourcen

http://www.ucware.com/juststyle/
JustStyle CSS Editor, aus 100% reinem Java, ist unabhängig von der Systemplattform.

http://www.bradsoft.com/
TopStyle Pro 2.5 ist ein CSS-Editor für den PC von Nick Bradbury, dem Programmierer von HomeSite, einem bekannten HTML-Editor für den PC.

http://www.westciv.com/style_master/
Style Master 2.1 ist ein CSS-Editor für Windows 95, 98, ME, NT und 2000 sowie Mac OS 8+ (Mac OS X in Vorbereitung). Style Master 2.1 unterstützt CSS2 komplett.

http://www.maxro.de/css-styler.htm
CSS Styler 4.6 ist ein CSS-Editor für den PC in deutscher Sprache.

http://www.sausage.com/
HotDog, ein Webeditor, der HTML, CSS, ASP, PHP, VBScript und JavaScript unterstützt.

Browserquellen

http://www.mozilla.org/
Mozilla, die Mutter des Netscape 6-Browsers. Läuft unter Mac OS 9, Mac OS X, i386 Linux, Windows, Linux PPC, Solaris, FreeBSD, Irix, BeOS, HPUX, OS/2, BSD/OS etc.

http://www.opera.com/
Der Opera-Browser. Schnell auf vielen Systemplattformen.

http://chimera.mozdev.org/
Ein Mozilla-basierter Browser für Mac OS X – der wohl schnellste aller Mozilla-Browser.

http://www.netcluesoft.com/
Clue Web Browser, aus 100% reinem Java, ist unabhängig von der Systemplattform.

http://www.omnigroup.com/applications/omniweb/
Eleganter flotter Browser für Mac OS X.

http://www.konqueror.org/
Konqueror ist ein moderner grafischer Browser für Unix/Linux, der HTML 4, CSS1, ECMAScript und DOM Level 1 vollständig und substanzielle Teile von XML und CSS2 unterstützt.

Wer sagt, OS/2 wäre tot?
http://www-4.ibm.com/software/os/warp/browser/
Ein Browser für OS/2, der auf Mozilla beruht.
http://www.opera.com/
Auch Opera hat eine Version für OS/2 in petto.

Ladbare Schriften

http://www.truedoc.com/webpages/intro/
Informationen zu dem sanft entschlafenen Konzept für ladbare Schriften von Bitstream und Netscape. Aber noch sind Proben von ladbaren Schriften auf dem truedoc-Server und erlauben kleine Tests und Experimente.

http://www.microsoft.com/typography/
Informationen zu OpenType und Download des Schrifttools WEFT.

Webfarben

WDVL: Color Resources
http://www.stars.com/Authoring/Graphics/Colour/Resources.html
The Safety Palette
http://msdn.microsoft.com/workshop/design/color/safety.asp

Using Named Colors in Internet Explorer
http://msdn.microsoft.com/workshop/design/color/colorname.asp

Nicht einzuordnen

http://www.tlc-systems.com/
Art and the Zen of Web Sites: Sprüche berühmter Persönlichkeiten zum Thema Webdesign:
"Use the defaults, Luke. Use the defaults."
  > Obi-Web Kenobi

Literatur (noch echt auf Papier)

Empfehlung der Autorin:
Jeffrey Veen
Webdesign - Konzept, Gestalt, Vision
Markt + Technik 2001
ISBN: 3-8272-6213-5

Arno Lindhorst
CSS
Das Einsteigerseminar Cascading Stylesheets
vmi-Buch, BHV 2001
ISBN: 3-8266-7153-8

Anja Kiehn, Ina Titzmann
Typographie interaktiv!
Ein Leitfaden für gelungenes Screen-Design
Springer-Verlag, Heidelberg 1998
ISBN: 3-540-62879-7

Steve Krug
Don't make me think!
Web Usability: Das intuitive Web
mitp 2002
ISBN: 3-8266-0890-9

Eric A. Meyer
CSS – kurz & gut
OReilly/VVA 2001
ISBN: 3-89721-237-4

Stefan Münz, Astrid Keßler, Thomas J. Sebestyen
Cascading Style Sheets
von DATA Becker, Ddf. 2001
ISBN: 3-8158-2102-9

Jakob Nielsen, Marie Tahir
Homepage Usability
New Riders Publishing 2002
ISBN: 0-73571-102-X

Werner Schweibenz, Frank Thissen
Qualität im Web
Benutzerfreundliche Webseiten durch
Usability Evaluation (X.media.press)
Springer-Verlag, Berlin, Heidelberg 2002
ISBN: 3-540-41371-5

Christian Spanik, Joachim Fette, Mechtild Käufer
CSS Cascading Style Sheets
Endlich lernen, was Sie wollen
More Software, Königswinter 2000
ISBN: 3-8982-6122-0

Lynda Weinman, William Weinman
creative html design.2
Das anspruchsvolle Tutorial für kreatives Web Design
Markt+Technik 2001
ISBN: 3-8272-6011-6

Index

!Doctype 24, 40, 232, 233
3D-Grafik 307
:active 149
:after 151
:before 151
:first 81, 168
:left 81, 168
:right 81, 168
<basefont>-Tag 16
<body>-Tag 62
<button>-Tag 246
<col>-Tag 268
<colgroup>-Tag 267
<div>-Tag 48, 121, 234, 237
<font>-Tag 15, 83
<form>-Tag 244
<i>-Tag 15
<iframe>-Tag 273
<img>-Tag 15, 43
<input>-Tag 247
<link>-Tag 214
<p>-Tag 51, 300
<select>-Tag 253
<span>-Tag 46, 236, 237
<style>-Tag 64
<table>-Tag 260
<tbody>-Tag 266
<td>-Tag 261
<textarea>-Tag 254
<tfoot>-Tag 270
<th>-Tag 264
<thead>-Tag 271
<tr>-Tag 263
<u>-Tag 53
<ul>-Tag 54
@import 201, 214, 216, 284
@import-Anweisung 63, 67
@import-Regel 284
@media 218
@page 165
@page-Modell 165

A

Abkürzungen (siehe Kurzschrift) 73
Abmessungen 81
Absatz 68, 70, 101
Absatzformat 46, 51, 54
Absatzkontrolle 312
Abstand 112, 114, 135
Abwärtskompatibilität 17
Adobe GoLive 10, 19, 25, 45, 64, 314
Adobe InDesign 120
Adressierung 308
Akzente 311
Anführungszeichen 91, 154
Animation 297
ANSI-Code (American National Standards Institute) 310
Antialiasing 296, 310
Antiquaschriften 310
ASCII-Code (American Standard Code for Information Interchange) 310
Attribute siehe HTML-Attribute
Attributselektoren 187
Auflösung (des Monitors) 29
Fenstergröße 43
Aufzählung 51, 54, 77, 101
Aufzählungssymbole 56, 101, 102
aural 155
Ausrichtung 42, 262, 270
Auszeichnungsstil 310
azimuth 80, 159

B

background 80, 105, 109
background-attachment 80, 105, 106
background-color 80, 105, 107
background-image 80, 105, 107
background-position 80, 108
background-repeat 80, 105, 108
baseline 127, 311, 313
Baummodell 69
Benutzeroberfläche 81, 146
Beschneiden 136
Beschnittzeichen 165
Betonung 162, 163
Bezugspunkt 120
Bildbearbeitungsprogramm 296
Bildschirm (siehe Monitor) 32
Bildschirmausgabe 216
Bindestrich 230
Bitstream 294
Blockelemente 59, 111, 224
Blocksatz 92, 94, 95, 292
Bookmark 40
border 80, 110, 119
border-bottom 80, 119
border-bottom-color 80, 115
border-bottom-style 80, 116
border-bottom-width 80, 118
border-collapse 81, 142
border-color 80, 115
border-left 80, 119
border-left-color 80, 115
border-left-style 80, 116
border-left-width 80, 118
border-right 80, 119
border-right-color 80, 115
border-right-style 80, 116
border-right-width 80, 118
border-spacing 81, 142, 143
border-style 80, 116
border-top 80, 119
border-top-color 80, 115
border-top-style 80, 116
border-top-width 80, 118
border-width 80, 118
bottom 81, 122, 135

Braillezeile 57
Branding 35
Breite 126
    maximale 126
    minimale 126
Browser 20, 51, 53, 67, 76, 305
Browserfenster 42, 48, 120, 132
Buchstabenabstand 291
bullet 231
button siehe Schaltfläche 243

C

caps 314
caption 91
caption-side 81, 142, 144
Cascading Stylesheets 9, 16
case-sensitiv 230, 276
Checkbox 249
clear 81, 122, 131
clip 81, 122, 136
Codierung 310
color 97, 106, 115
Computermonitor 27
content 81, 151
Content-Management 150
Copyright 231
counter 151
counter-increment 81, 153
counter-reset 81, 153
CSS-Eigenschaften 61, 70, 76, 77
CSS-Regel 60, 74
CSS-Selektor 59, 60, 61, 238, 269, 278
    Attributselektoren 187
    HTML-Elementselektoren 172
    ID-Selektoren 177
    Kontextselektoren 180
    Universalselektor 172
CSS1 22, 23
CSS2 16, 22, 23, 44
cue 81, 158
cue-after 81, 158

cue-before 81, 158
cursor 146

D

Datenbanken 150
Deklaration 60, 93
Designgröße 310
Dezimalpunkt 263
Dickte 310
Didot-Punkt 313
direction 80, 92, 93
display 81, 122, 138
Displayschriften 310
dithern 302
Doppelbuchstaben 312
Doppelpunkt 276
Druck 53, 58, 164
    doppelseitiger Druck 168
    mit Stylesheets 216
    Druckausgabe 53, 81, 165
    Druckbild 28
    Druckertreiber 165
DTP-Point 313
DTP-Software 313
Durchschuss 101, 311
Dynamische Generierung 150

E

Ebene (in Macromedia Dreamweaver) 48, 64, 237
ECMAScript 21
E-Commerce 229
Eigenschaften (siehe CSS-Eigenschaften)
Eingabefeld 243
Eingabe 254
    Eingabefeld 243, 254
    Eingabefenster 250
Einzug 56, 62, 77
Elementselektor 61
elevation 81, 160
em-dash 311

Embedded-Open-Type (EOT) 293
empty-cells 81, 142, 144
en-dash 311
Ereignishandler 229
Euro 231
ex siehe x-Höhe 300

F

family-name 83
Farben 302
Farbnummer 303
Farbpalette 302
Farbstufen 296
Farbtiefe 303
Fernsehmonitor 49
Flash 295, 297
Flattersatz 292
Fließtext 62
float 81, 122, 130
font-size 313
font-family 80, 82, 83, 91, 230
font-size 80, 82, 85, 299
font-size-adjust 80, 82, 86, 87
font-stretch 80, 88
font-style 80, 82, 88, 91
font-variant 80, 82, 89
font-weight 80, 82, 89
Format (siehe Stilvorlagen) 54
Formulare 51, 240, 241, 242, 244, 253, 283
    JavaScript 241
    Tabellen in Formularen 240
Frames 28, 36f, 57, 111, 132, 212
Framesets 38f
HTML 4.01 40
Hyperlink 40
FreeBSD 22
FTP (File Transfer Protocol) 306
Fußnote 51, 266

G

Gecko 22
Gedankenstrich 231
Gemeine 311
Generated Content 81, 150
Gestaltungsraster 312
Geviert 311
GIF (Graphic Interchange Format) 41, 295, 306
    Blindes GIF 43
    Transparenz 296
Grad 231
Großbuchstaben 98, 313
Groteskschriften 311
Grundlinie 127, 129, 165, 311, 313
    einer Tabellenzelle 127
Gruppieren (von Stilen) 75

H

Halbgeviert 311
height 81, 122, 123
Hexadezimalzahl 107, 302
Hintergrundbild 106, 107, 109, 199
    positionieren von 199
Hintergrundfarbe 77, 107, 110, 281
Hints 311
Hochkomma 154, 230, 276
Höhe 123
    maximale 126
    minimale 126
Hotspot 282
hover 81
HPUX 22
HTML (HyperText Markup Language) 9, 222, 306
HTML-Attribute 45, 56, 58, 63, 222, 227
HTML-Element 55, 223
HTML-Kommentar 64
HTML-Selektoren 61
HTML-Tags 11
HTTP (Hyper Text Transport Protocol) 306
Hurenkinder 53, 168, 311
Hyperlink 36, 38, 275, 278
Hyperlinkeffekte 181

I

ID-Selektoren 177
IE3 siehe Internet Explorer 3 20
iframe 273, 275
Image Map 250, 252, 282
Importance 72
Index 35
Inhaltsverzeichnis 35
Inhärenz 68, 70, 71
Initiale 312
Inlineelemente 59, 224
Inlinestil 63, 65
Internet Explorer 3 17, 20, 49
Internet Explorer 4 19, 20, 48
Internet Explorer 5 10, 280
IPP (Internet Presence Provider) 306
ISP (Internet Service Provider) 307
italic 88

J

Java 307
Java-Applet 56
Java-Compiler 307
JavaScript 19, 21, 177, 229, 237, 248, 284, 295, 307
JavaScript Stylesheets 282
JPEG, JPG (Joint Photographic Experts Group) 307

K

Kapitälchen 89, 291, 312
Kegel 313
Kernattribute 227
kerning 314
Klang 159
Klassenselektoren 55, 61, 174f, 278
Kleinbuchstaben 98, 288, 311, 313
Kleinschreibung 82
Kommentar 75, 280
Konflikt 278
Konsistenz 35, 75
Kontextselektor 179
Kursivschnitt 88
Kurzschrift 73f, 77
    background 109
    border 119
    border-bottom 119
    border-left 119
    border-right 119
    border-top 119
    font 91

L

Ladbare Zeichensätze 16
Laufweite 82, 312
    einer Schrift 88
Laufweitenkontrolle 314
Lautstärke 156
Layout 35, 37, 45, 46
Layoutraster 42, 120
Layouttabellen 41, 224, 279
leading 311
Leerraum 310
Leerzeichen 61, 92, 123, 231, 276
left 81, 122, 135
Lesbarkeit 291
letter spacing 80, 92, 93, 312
Ligaturen 312
line-height 122, 125, 314
linearisieren (von HTML-Code) 21, 49, 53, 57

Linearität 41
link 81
Linux 22
list-style 80, 101, 104
list-style-image 80, 101f
list-style-position 80, 101, 102
list-style-type 80, 101, 103
Liste (siehe Aufzählung) 56
Lynx 24, 49

M
Mac OS 22
Macromedia Dreamweaver 10, 19, 25, 45, 64, 121, 314
Magazine 35
Makrotypografie 312
margin 80, 111, 113
margin-bottom 80, 113
margin-left 80, 113
margin-right 80, 113
margin-top 80, 113
Marginalspalte 35, 62
marginheight 273
marginwidth 273
marker-offset 80, 104
marks 81, 166
Maßangaben 59, 298f
Mauszeiger 139
max-height 81, 122, 126
max-width 81, 122, 126
Mediävalziffern 312
Medientypen 216
Microsoft FrontPage 19, 25
Microsoft Word 11, 83
Mikrotypografie 312
Millimeter 299, 300
MIME (Multipurpose Internet Mail Extensions) 307
min-height 81, 122, 126
min-width 81, 122, 126
Minuskelziffern 312, 313

Monitor 27, 34, 45, 303, 307
 Typografie für den Monitor 51
Mozilla 22f
Musterseite 314

N
Navigation 30
 ID-Selektoren 238
 PHP 241
 Schaltfläche 246
 Zeilenumbruch 234
Navigation mit Frames 38
Navigationsleiste 139, 226
Netscape 4 20, 22, 43, 49, 91, 283
Netscape 5 17
Netscape 6 10, 17, 24, 214, 283
Nummerierung 101

O
oblique 88
onclick 227
ondblclick 227
onkeydown 227
Onlineforum 150
onmousemove 227
onmouseout 227
OpenType 293, 294
OpenVMS 22
Opera 10, 23, 214, 284
Orientierung 38
orphans 81, 168, 313
outline 81, 148, 149
outline-color 81, 148
outline-style 81, 148
outline-width 81, 149
overflow 81, 122, 136, 137

P
padding 80, 110, 112
padding-bottom 80, 112
padding-left 80, 112

padding-right 80, 112
padding-top 80, 112
page 81, 167
page-break-after 81, 167
page-break-before 81, 167
page-break-inside 81, 167
Paged Media 164
PageMaker 9, 92
pair-kerning (siehe kerning) 314
Parsing-Fehler 280
Passmarken 166
Passwort 250
pause 81, 157
pause-after 81, 157
pause-before 81, 156
Pflege (von HTML-Seiten) 53
PHP-Code 241, 242
Pica 300
pitch 81, 162
pitch-range 81, 162
Pixel 300, 301, 313
Plattformen 53
play-during 81, 159
POP3 (Post Office Protocol) 307
position 81, 122, 132
Positionierung 15, 41, 45, 46, 48, 57, 59, 81, 111, 121, 135, 210, 237, 238, 242
 absolute Positionierung 132
 feste Positionierung 59, 132
 Navigationsleiste 206
 relative Positionierung 134
 statische Positionierung 134
 von Formularen 243
PostSript-Schrift 311
Programmiersprache 51, 221, 225
Prozentangabe 301
Pseudoelement 151, 186
Pseudoklassen 81, 181, 183
Pulldown-Liste 253
Punkt 299, 313

Punktgröße 310, 311
Plusminus 231

Q

QuarkXPress 9, 51, 92, 120, 314
    Stilvorlage 54
    Vorbelegung 58
`quotes` 81, 154

R

Radiobutton 251
Rahmen 111, 116, 146, 279
Rahmen (in GoLive) 48, 64, 237
Registerhaltigkeit 256
RGB-Werte 107
`richness` 81, 163
`right` 81, 122, 135
Rollover-Effekt 295

S

Satzprogramm 51, 225
    versus Stylesheet 54
Satzzeichen 311
Schachtelmodell 68
Schaltfläche 243, 249, 253
Schatteneffekt 97
Schrägstriche 230
Schrift 287f
    ladbare 294
Schriftart 71, 296
Schriftauszeichnung 82, 313
Schriftenformatierung 45
Schriftfamilie 82, 83
    Namen bei Mac OS 83
    Namen unter Windows 83
Schriftfarbe 60
Schriftgestaltung 190
Schriftgewicht 82
Schriftgrad 311
Schriftgröße 60, 82, 83, 313
    Leerzeichen 85
    Netscape 4 85
    Prozentangabe 85
    relative 85
    Umrechnungsfaktor 86
Schriftlinie 313
Schriftschnitt 82, 88
Schriftstil 68, 80
Schusterjungen 53, 168, 313
schwebende Elemente 130
Scrollleiste 36, 274
Seitenausgabe 164
Seitenbild 311
Seitenlayout 19
    mit Tabellen 46
Seitenrand 120, 165
Seitenselektor 165
Seitenumbruch 167, 226, 313
Seitenverhältnis 123, 124
Seitenwerte (von Schriftgrößen) 87
Seitenzahlen 35
Selektoren 50, 169
Semikolon 60, 230, 276
Serifen 313
Sicherheit bei Änderungen 53
Sichtbarkeit 140
Silbentrennung 292
Site 46
`size` 81, 166
small caps 312
SMTP (Simple Mail Transport Protocol) 307
Sonderzeichen 230, 310
Spalten (im Layout) 34, 35
Spalteneinteilung 312
Spaltensatz 226, 256
Spationieren 92, 292, 314
`speak` 81, 156
`speak-numeral` 81, 163
`speak-punctuation` 81, 163
`speech-rate` 81, 161
Sperren 314
Sprachausgabe 16, 49, 53, 57, 81, 120, 155, 158, 224
Sprachfrequenz 162
Standardziffern 312
Stapelordnung 141
Stil 64
Stilvorlagen 54
Stimmfamilie 161
Stimmlage 162
`stress` 81, 162
Stylesheetdatei 49, 63
    externe 63, 66, 71
    importierte 67
    mehrere 67
    zentrale 53
Stylesheets 35
    <font>-Tag 45
    alternative 215
    Cascading-Eigenschaft 71
    Deklaration 60
    globale Stile 64
Selektor 60
Subsetting 314
Suchmaschinen 38, 39, 53, 226
Syntax 59

T

Tabellen 41, 42, 44, 51, 68, 81, 140, 142, 260, 273, 277
    Tabellenbreite 43, 56
    Tabellenkopf 264
    Tabellensatz 44
    Tabellenzeile 68, 138
    Tabellenzelle 41, 43, 56, 62, 68, 111
`table` 142
`table-layout` 81, 142, 145
Tabulator 183, 243
Tagespresse 35
Teaser 222
Telnet 308
template (siehe Musterseite) 314
`text-align` 80, 92, 94

text-decoration 81, 92, 95
text-indent 81, 92, 96
text-shadow 81, 92, 97
text-transform 81, 92, 98
Textausrichtung 92
    Flattersatz 292
Textauszeichnung 184
Textbrowser 49, 199
Textdekoration 92
Texteinzug 20
Textfeld 254
Textfluss 92, 122
Textgestaltung 80, 82
Textschattierung 92
Textverarbeitung 51, 54, 55
Textzeilen 42, 223
Textzoom 285
top 81, 122, 135
Tracking 314
Transparenz 306
TrueDoc 294
TrueType 293
Type 1-Schrift 311
Typografie 51

U
Überlauf (von Tabellen) 41
Umbruch 83, 265
Umfließen 196
Umlaute 230
Umrandung 146
unicode-bidi 80, 92, 99
Unicodezeichen 60
Universalselektor 172
Unterlänge 312
Unterschneidung 314
Unterstreichung (von Hyperlinks)
    70, 96
URI (Uniform Resource Identifier)
    308
URL (Uniform Resource Locator)
    308

User Agent 165

V
Vererbung 68
Versalien 291, 314
vertical-align 81, 122, 127
Viewport 134
visibility 81, 122, 140
visited 81
voice-family 81, 161
volume 81, 156
Voreinstellung (von Werten) 62,
    70
Vorlage 314

W
W3C 9
Web-TV 49
Webeditoren 54, 314
WEFT (Web Embedding Font Tool)
    293
Weißraum 99, 100
Werbebanner 49
white-space 80, 92, 99
widow 81, 168, 311
width 81, 124
Win32 22
word-spacing 80, 92, 100
World Wide Web Consortium
    (W3C) 10, 15, 309
WYSIWYG-Editoren 19, 25

X
x-height 299f, 314

Z
z-index 81, 122, 141, 238
Zähler 154
Zeichenabstand 92, 290
Zeichenfolge 154, 255
Zeichenkette 154, 229
Zeichensatz 311

Zeichenvorlagen 55
Zeilenhöhe 101, 125, 165,
    223, 291, 314
Zeilenlänge 292
    optimale 292
Zeilenleser 120
Zeilenumbruch 99
Zeitschriften 35
Zentimeter 299, 301
Ziffern 230

If you have any concerns about our products,
you can contact us on
ProductSafety@springernature.com

In case Publisher is established outside the EU,
the EU authorized representative is:
**Springer Nature Customer Service Center GmbH
Europaplatz 3, 69115 Heidelberg, Germany**

Printed by Libri Plureos GmbH
in Hamburg, Germany